인공지능과 불법행위책임

이해원

ARTIFICIAL INTELLIGENCE AND TORT LAW

박영사

필자는 1990년대 중반부터 2000년대 초반까지 서울대학교에서 컴퓨터공학을 전공하였다. 기억을 돌이켜보면, 그 당시에는 컴퓨터공학도에게도 인공지능이라는 용어나 개념은 매우 생소한 것이었다. 필자의 경우 학사를 마칠 때까지 인공지능을 다루는 전공 과목 자체가 개설되지 않았었고, 학사를 갓 졸업한 1998년 3월에 와서야 대학원에 인공지능 연구실(AI Lab)이 신설되었다. 장담할 수는 없지만, 적어도 우리나라의 경우에는 다른 대학의 사정도 이와 별반 다르지 않았을 것이다.

이처럼 전공자에게도 매우 생경하였던 용어, 낯선 영역이었던 인공지능은 오늘날 국내외를 막론하고 경제사회 전 영역에서 혁신과 성장을 이끄는 핵심 기술로 자리매김하고 있다. 특히 2022년 11월 OpenAI 재단이 ChatGPT를 공개한 이후 인간의 창작물과 구별하기 어려운 수준의 글, 음악, 그림 등을 만들어내는 '생성형 인공지능(Generative AI)'이 전 세계적으로 폭발적인 관심을 끌게 되면서 이 글을 쓰는 2023년 9월 기준으로 인공지능은 더 이상 특정 전문가나 기술자의 전유물이 아니라 대중들이 언제 어디서나 쉽게 일상생활에서 사용할 수 있는 범용적인 도구로 정착되고 있다.

인공지능 기술이 급속히 발전하고 이를 이용한 다양한 서비스가 하루가 다르게 등장하는 현실에서 인공지능을 사회적으로 수용하고 뒷받침하기 위한 이론적, 학술적 연구 또한 학제를 불문하고 활발히 이루어지고 있다. 이 책은 인공지능을 법학적 시각에서 검토한 연구로서, "인공지능 사고에 관하여 누가 어떠한 근거로 어떠한 민사책임을 부담해야 하는가"를 불법행위책임의 측면에서 논한 필자의 2021년도 법학박사학위 청구논문을 수정, 보완한 것이다.

인공지능이 법학에 새롭게 제기하는 쟁점은 많지 않으며, 대부분의 경우 기존 법리로도 충분히 설명이나 해결이 가능하므로, 소위 '인공지능 법학'에 관한 논의는 과장되었다는 견해도 존재하며, 필자 역시 이러한 견해는 경청할 필요가 있다고 생각한다. 또한 인공지능은 완성형 기술이 아닌 현재진행형 기술로서 그 개념을 명확히 정의하기 쉽지 않으며 향후 어떠한 모습으로 발전할 것인지를 예측하는 것도 불가능하다는 점에서 이 책의 주제인 '인공지능과 불법행위책임'을 연구하기에는 근본적인 한계가 존재하는 것도 사실이다. 그럼에도 불구하고 법학이 실천적 학문으로 기능하려면 지속적으로 인공지능과 같은 새로운 기술의 등장과 그에 따른 경제사회 변화를 추적하여 미래 법현상을 예측하고 그에 따라 적기에 변화할 수 있어야 한다. 이러한 측면에서라도 인공지능에 관한 법학적 논의는 일정 부분 유의미하다고 생각한다.

항상 필자에게 평안과 행복을 주는 가족들의 도움과 헌신이 없었다면 이 책의 출판은 불가능하였을 것이다. 무한한 감사의 마음을 보낸다. 학문적 기초가 많이 부족한 필자를 성심성의껏 지도해 주신 존경하는 연세대학교 법학전문대학원 오병철 교수님께도 감사드린다. 출판 전 과정에서 수고를 아끼지 않은 박영사 임직원 분들께도 감사 인사를 빼놓을 수 없다. 졸고(拙稿)에 남아있을지 모르는 오기나 오류는 부족한 필자가 오롯이 감당할 부분이다.

2023년 10월
이해원

차 례

제1장

서 론

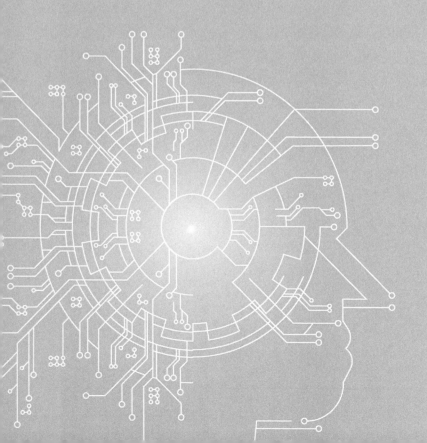

서론

"그러나 그들의 금으로 만들어진 시녀들이 있어서 그들의 주인을 돕기 위해 움직였다. 그들은 살아있는 처녀들과 유사했다. 그들은 마음속에 이해력이 있었고, 목소리와 힘이 있었으며, 불멸의 신들이 가진 기술을 소유했다. 이들은 자신들의 주인 아래서 움직였다."[1]

– 호머, 일리아드, xviii, 411 ff.

제1절 연구의 대상

인간처럼 사고하고 행동하는 존재를 만드는 것은 신화 시대부터 이어져 내려온 인류의 오래된 꿈이다. '인공적인 사고를 가진 존재'에 관한 최초의 기록은 기원전 6세기경 호머(Homer)가 기록한 서사시 '일리아드(Iliad)'라는 것이 일반적인 견해이다.[2] 일리아드 제18권에서 호머는 제우스의 아들이자 대장장이의 신(神) 헤파이토스(Hephaistos)가 제작한 '오토마타(automata)'에 관하여 이야기한다. 헤

---

1) 호머의 일리아드 중 헤파이토스가 만들었다는 일종의 인조인간인 '오토마타(automata)'에 관한 부분이다. 국문 번역은 박소영, "인공지능의 역사", 인간·환경·미래 제22호, 인제대학교 인간환경미래연구원(2019. 4.), 95쪽에서 가져온 것이다.

2) Pamela McCorduck, MACHINES WHO THINK: A PERSONAL INQUIRY INTO THE HISTORY AND PROSPECTS OF ARTIFICIAL INTELLIGENCE 4 (CRC Press 2004).

파이토스는 고된 대장장이 일을 도와줄 존재로서 황금으로 하녀를 만들었는데, 이들은 주위 환경을 이해하고 물리적 힘을 행사할 수 있으며 사람의 말을 알아듣고 대답하는 등 마치 살아있는 사람처럼 행동하며 헤파이토스의 시중을 들었다. 말 그대로 '스스로(auto) 생각하는(mata) 존재'였던 것이다. 인간의 형상을 띄고 인간처럼 사고하고 행동하는 존재에 관한 언급은 그리스가 아닌 다른 문명에서도 찾아볼 수 있다. 예컨대 유대의 전설에는 랍비가 수행과 의식을 마친 후 진흙을 뭉쳐 만든 후 신성한 단어 또는 신의 이름을 주입함으로써 살아있는 하인처럼 주인의 명령을 충직하게 수행하는 존재인 골렘(golem)이 등장하며,[3] 북유럽 신화에서는 오딘(Odin)의 상담자로서 목이 잘린 미미르(Mimir)의 살아있는 머리가 언급된다.

오랫동안 신화와 전설 속에서의 상상적 존재였던 '인간처럼 사고하고 행동하는 존재'가 상상을 뛰어넘어 '인공지능(Artificial Intelligence)'[4]이라고 명명되고 현실화되기 시작한 것은 컴퓨터공학이 독자적인 학문으로서 본격적으로 자리매김하기 시작한 1950년대부터라고 할 수 있다. 이후 40여 년에 걸쳐 부침을 계속하던 인공지능은 1990년대 중반 이후 전세계적으로 촉발된 인터넷 혁명과 하드웨어, 소프트웨어 등 컴퓨팅 기술의 획기적인 성장을 계기로 단순한 이론적, 실험적 차원의 논의를 넘어 실제로 이용가능하고 상업화가 가능한 수준으로 발전하였다.[5] 미국 스탠포드(Stanford) 대학이 매년 발표하는 '인공지능 연차 보고서'에 따르면, 2012년부터 2019년까지 인공지능의 성능은 3~4개월에 2배씩 증가하여 약 30만 배 향상되었으며,[6] 이미지 인식(image recognition), 언어 이해 및 생성(language understanding/generation) 등의 분야에서 인공지능의 성능은 인간의 평

---

3) 골렘 신화를 다룬 대표적인 문학 작품으로는 Gustab Meyrink, 김재혁 역, 「골렘」, 책세상 (2003).
4) 본 장에서의 '인공지능'은 "인간의 지능이 가지는 학습, 추리, 적응, 논증 등의 기능을 갖춘 컴퓨터"라는 사전적 정의 정도의 개념, 즉 사회에서 통용되는 일반명사로서의 인공지능이 갖는 개념을 뜻하며 법학 연구에서 요구되는 정치(精緻)한 개념을 의미하지는 않는다. 인공지능의 법학적 개념은 제2장에서 본격적으로 살펴본다.
5) 인공지능의 역사에 관한 개괄적 소개로는 한국인공지능법학회, 「인공지능과 법」, 박영사 (2019), 3-9쪽 참조.
6) Stanford Institute for Human-Centered AI, *THE AI INDEX 2019 ANNUAL REPORT* 65-66, Stanford University (2019).

균 수준을 뛰어넘은 지 오래이다.[7]

인공지능 기술의 급격한 발전에 힘입어 그 적용 분야도 사회 전방위적으로 급속히 확대되고 있다. 몇 가지 사례만 언급하면 다음과 같다. 인간 상담사가 아닌 인공지능이 상담을 대신하는 챗봇(chatbot) 서비스는 2015년 이후 공공·민간을 막론하고 경제사회 전 영역에 보편화되었다.[8] 전 세계적으로 하루에만 10억 시간에 달하는 영상이 시청되고 있는 유튜브(Youtube)는 2016년부터 인공지능에 기반한 영상 추천 시스템을 도입하여 이용자들의 시청시간을 과거 대비 70% 이상 증가시켰다.[9] 미국 연방대법원판결 데이터베이스를 분석하여 재판 결과를 예측하는 인공지능은 2017년 70.2%의 정확도를 달성하여 인간 전문가의 예측 정확도를 20% 이상 능가하였다.[10] 구글(Google)의 자회사 웨이모(Waymo)는 2018. 12. 애리조나주 피닉스시에서 운전자의 탑승이 필요없는 자율주행자동차(autonomous vehicle) 승차공유 사업을 개시하였다.[11] 특히 글, 음악, 그림, 동영상 등을 만들어내는 생성형 인공지능(Generative AI)은 2022년 이후 2022. 11. 30. OpenAI가 ChatGPT를 공개한 이후 급속도로 대중에게 보급되었고, 오늘날 구글, 마이크로소프트(Microsoft), 메타(Meta) 등 주요 글로벌 IT기업들은 경쟁적으로 생성형 인공지능을 개발, 출시하고 있다.

이처럼 인공지능 기술과 관련 산업이 급속히 발전하고 현실화되면서 공학뿐 아니라 인문학, 사회과학 등 다양한 학문 분야에서 이를 사회적으로 수용하고 뒷받침하기 위한 연구가 활발히 이루어지고 있다. 법학 또한 예외가 아니다. 미국에서는 일찍이 1990년대 초반부터 인공지능에 관한 법학적 문제가 논의되기 시작하였으며,[12] 국내의 경우에도 2015년 하반기를 기점으로 민사법, 형사법, 공

---

7) Stanford Institute for Human-Centered AI, *THE AI INDEX 2023 ANNUAL REPORT* 69-124, Stanford University (2023).
8) 한국정보화진흥원, "인공지능 기반 챗봇 서비스의 국내외 동향분석 및 발전 전망", D.gov Trend & Future 2018-2호(2018. 4.), 8-25쪽.
9) 오세욱, "알고리즘으로 본 유튜브의 미디어 지향", 관훈저널 제61권 제1호, 관훈클럽(2019. 3.), 13-15쪽.
10) Daniel M. Katz et al., *A general approach for predicting the behavior of the Supreme Court of the United States*, 12 PLOS ONE Vol. 4 1, at 8-14 (2017).
11) 설민수, "미국과 비교한 자율주행자동차의 개발 현황과 한국 개발규제체계의 개선 방안", 사법 제48호, 사법발전재단(2019. 3.), 450쪽.

법, 지식재산권법, 법정책학, 법경제학, 입법학 등 세부 분야를 가리지 않고 인공지능에 관한 법학적 논의가 급속히 증가하는 추세이다.[13] 민사법의 측면에서 한정하여 보더라도 인공지능의 등장은 권리능력의 주체, 행위성, 의사표시, 계약의 효력, 사고 발생시 책임의 귀속 등과 같은 근대 민사법의 기본 질서에 관하여 근본적인 의문을 제기하고 있다.[14]

본질적으로 근대 이후 민법이 전제하고 있는 '인간 중심'의 법체계는 인간이 아니지만 인간처럼 사고하고 행동하는 존재인 인공지능과는 근본적으로 친하기 어렵다. 일례로 현행 법체계는 기본적으로 인간에게만 자율성을 인정하고 인간이 아닌 존재의 자율성은 예정하지 않고 있다. 그러나 제2장에서 후술하겠지만 인공지능은 비록 인간이 창조해 낸 '인공물'이기는 하나 스스로 학습하고 그에 따라 인간이 예측하기 어려운 방향으로 동작한다는 기술적 특성상 적어도 외부에 비추어지는 현상학적(現象學的) 측면에서는 일정 부분 자율성을 가졌음을 부정하기 어렵다. 그렇다면 인공지능에게 현상학적 측면을 넘어 규범적 측면에서 자율성을 인정할 수 있는지, 만약 규범적 차원의 자율성을 인정한다면 자율성을 가진 존재인 인공지능을 민사법적으로 어떻게 취급해야 하는지와 같은 본질적인 문제가 제기된다. 한편 인공지능의 동작에는 인간의 관여가 최소한에 머물러 있어 그 속에서 인간의 내면적 동기를 찾기 어려울 뿐만 아니라 심지어 불가능할 수도 있다는 점에서 인공지능의 동작을 인간의 행위로 일률적으로 귀속시킬 수 있는지, 그렇지 않다면 인공지능의 동작을 민사법적으로 어떻게 설명해야 하는지가 문제된다.

인공지능으로 인하여 제기되는 민사법상의 다양한 쟁점 중 이 책에서는 '불법

---

12) 인공지능에 관한 법학적 접근의 효시로는 Lawrence B. Solum, *Legal Personhood for Artificial Intelligences*, 70 N. C. L. REV. 1231 (1992)이 꼽힌다.

13) '인공지능'이라는 용어가 사용된 최초의 국내 법학 학술논문은 한웅길, "민법학의 연구에 있어서의 컴퓨터시스템의 활용방안", 동아법학 제16호, 동아대학교 법학연구소(1993 12.), 131 – 195쪽으로 보인다. 그러나 위 논문은 인공지능의 법학적 쟁점을 다룬 것이 아니라 제목 그대로 (민)법학 연구에서의 컴퓨터 시스템 및 인공지능을 활용한 논문 작성 및 자료 검색 등의 방법론을 소개한 것이다. 민사법적 측면에서 인공지능을 본격적으로 다룬 최초의 국내 연구는 최경진, "지능형 신기술에 관한 민사법적 검토", 정보법학 제19권 제3호, 한국정보법학회(2015. 12.), 203 – 238쪽으로 보인다.

14) 최경진, "인공지능의 사법적 쟁점", 저스티스 제182 – 2호, 한국법학원(2021. 2.), 154 – 161쪽.

행위책임'을 살펴본다. 이 책에서 나름의 답을 제시하고자 하는 '주제질문'은 "인공지능의 동작으로 인하여 타인에게 손해를 발생시킨 사고(이하 '인공지능 사고')에 관하여 누구에게 어떠한 근거로 어떠한 내용의 민사책임을 물어야 하는가"이다. 위 질문을 주제질문으로 삼은 이유는 다음과 같다.

주지하다시피 불법행위책임은 계약책임과 달리 당사자 사이의 사전 협상을 통한 위험의 예측 및 회피가 애초부터 불가능하거나, 위험의 예측 및 회피가 이론적으로는 가능할지 몰라도 거래비용(transaction cost)이 지나치게 높아 현실적으로 불가능에 가까운 '사고(accident)'를 다루는 법리이다. 사고 발생을 사전에 (ex ante) 완벽히 예방하는 것은 불가능하므로, 발생한 사고를 사후적으로(ex post) 어떻게 합리적이고 타당하게 처리할 것인지를 다루는 불법행위책임은 사회 구성원들의 법적 안정성을 제고하고 행동의 자유를 보장함은 물론 사회 전체적인 안전의 달성에도 기여한다. 따라서 새로운 기술과 산업이 등장하면 그로 인하여 발생하는 새로운 유형의 사고에 관한 책임법제가 정립되어야만 사회 안전이 유지될 수 있고 해당 기술 및 산업도 발전할 수 있다. 일례로 산업혁명의 결과로 19세기 이후 들어 내연기관이 보편화되면서 독일에서는 철도 사고를 합리적으로 규율하고 철도사고의 피해자를 보호하기 위하여 1838년 「프로이센 철도법」 (Gesetz über die Eisenbahn—unternehmungen)이 제정되었으며, 산업화로 인하여 대량 생산되는 제조물에 의한 사고로부터 소비자를 보호하기 위하여 20세기 이후 제조물책임의 법리가 전 세계적으로 확립되었다.

비록 인공지능이 향후 우리 사회에 어떻게 자리매김할 것인지 현 시점에서 정확히 예측하기는 불가능하지만, 적어도 1990년대 후반 급격히 대두된 인터넷이나 컴퓨팅 기술과 같이 가까운 시일 내에 사회 전방위적으로 보편적으로 사용되고 광범위하게 영향을 미칠 유력한 기술이라는 점은 부인하기 어렵다고 본다. 그런데 과학기술의 발전 및 그로 인한 사회의 변화에 관하여 법은 근본적으로 적기에 대응하기 어려우며, 특히 책임법제는 그 보수적 속성상 기술 혁신의 속도보다 느리게 발전할 수밖에 없다.[15] 그러므로 '인공지능과 불법행위책임'에 관한 논의

---

15) Kyle Graham, *Of Frightened Horses and Autonomous Vehicles: Tort Law and Its Assimilation of Innovations*, 52 SANTA CLARA L. REV. 1241, 1242 (2012).

는 인공지능 기술이나 서비스가 완전한 성숙 단계에 이르지 않은 현 시점에서 선행될 필요가 있다.

물론 인공지능은 인터넷이나 컴퓨팅 기술과는 달리 아직까지 발전 단계에 있는 현재진행형 기술로서 불명확한 점이 많다. 인공지능이 앞으로 어떻게 발전하고 어떻게 경제사회 영역에 자리매김할 것인지, 인공지능이 접목된 현재의 제품·서비스와 미래의 인공지능 제품·서비스가 어떤 차이를 보일 것인지 등 구체적인 모습을 현 시점에서 정확히 예측하는 것은 사실상 불가능하다. 이러한 점에서 이 책의 내용은 태생적으로 일정한 한계를 가진다. 그럼에도 불구하고 법학이 실천적 학문으로 기능하기 위해서는 지속적으로 기술 발전과 그로 인한 경제사회의 변화를 추적하면서 미래의 법현상을 예측하고 그에 맞는 해석론과 입법론을 끊임없이 제시할 수 있어야 한다.[16]

제2절 연구의 내용 및 범위

Ⅰ. 연구의 내용

이 책은 총 7개의 장으로 이루어져 있으며, 그 주요 내용은 다음과 같다.

제1장은 연구의 배경, 대상 및 범위에 관하여 간략히 언급한다.

제2장은 본격적인 논의에 앞서 연구 대상과 범위를 명확히 하기 위하여 이 책에서 사용하는 인공지능의 개념을 정의하고, 불법행위책임 측면에서 인공지능이 제기하는 주요 쟁점을 제시한다.

제3장은 인공지능 사고의 불법행위책임과 관련하여 '책임의 주체', 그중에서도 '인공지능 자체의 권리주체성'을 검토한다. 인공지능 자체에 법인격을 인정하면 인공지능 사고에 관하여 그 사고를 발생시킨 해당 인공지능에게 불법행위책임을 지울 수 있기 때문이다. 이를 위하여 국내외의 기존 견해를 과학기술적 측면, 철학적 측면, 법정책적 측면에서 검토하고 소결론을 제시한다.

---

16) 최경진(각주 14), 167쪽.

제4장은 인공지능 사고에 불법행위책임을 적용하기 위한 '책임의 근거'에 관하여 검토한다. 이를 위하여 기존의 불법행위책임법리(일반불법행위책임, 민법상 특수불법행위책임, 제조물책임)를 해석론적으로 인공지능 사고에 적용할 수 있는지를 검토한 후, 인공지능 사고에 관하여 입법론적으로 무과실책임을 도입할 수 있는지를 검토하며, 유럽연합(European Union, 이하 'EU')을 중심으로 관련 입법 사례를 살펴본다. 이를 토대로 인공지능 사고의 책임 법리 구성안을 제안한다.

제5장은 제4장에서 제시한 책임 법리 구성안을 전제로 인공지능 사고에 불법행위책임이 성립한 경우 '책임의 내용'에 관하여 검토한다. 구체적으로는 인공지능 사고에 있어 손해배상청구권 등 피해자의 구제 수단, 손해배상의 범위, 손해배상액의 조정, 면책사유, 공동불법행위책임의 내용 등을 살펴본다.

제6장은 제4장에서 제안한 인공지능 사고의 책임 법리 구성안에 관하여 법경제학적 측면에서 타당성을 검토한다.

제7장은 지금까지의 논의를 종합하여 이 책의 주제질문, 즉 "인공지능 사고에 관하여 누가 어떠한 책임 근거에 따라 어떠한 민사책임을 부담해야 하는지"에 관하여 결론을 제시한다.

Ⅱ. 연구의 범위

논의의 집중을 위하여 이 책의 연구 범위를 다음과 같이 설정한다.

(1) '인공지능'의 범위와 관련, 이 책에서 다루는 '인공지능'은 자율주행자동차나 드론(drone) 등과 같은 특정 영역, 특정 분야 혹은 특정 제품에 한정되는 특수한 인공지능이 아니라 일반적·범용적인 인공지능을 의미한다.[17]

(2) 불법행위책임의 논의 범위와 관련, 이 책에서 분석의 대상으로 삼는 불법행위책임은 기본적으로 우리의 실정법, 판례 혹은 학설상 인정되거나 논의되어 온 책임법리를 기준으로 하며, 미국이나 독일 등 특정 외국의 책임법리를 기준으로 하지 않는다. 물론 해외 법리에 관한 비교법적 분석 및

---

17) 인공지능의 구체적 개념정의는 제2장에서 제시한다.

이를 통한 시사점의 도출은 법학에서 보편적으로 사용되는 방법론 중 하나이며 이 책에서도 이를 도외시하지 않는다. 그러나 이 책의 목적은 전세계적으로 보편적으로 적용가능한 인공지능의 책임법리가 아니라 우리의 실상에 부합하는 현실적이고 실용적이면서도 법리적 타당성을 갖춘 책임법리를 제시함에 있다. 따라서 외국이 아닌 우리의 법체계나 논의체계를 기준으로 인공지능의 책임법리를 논하는 것이 보다 타당하다고 생각한다.

(3) 이 책은 인공지능을 둘러싼 다양한 쟁점 중 민사법적 쟁점, 그 중에서도 불법행위책임에 방점을 두고 있다. 따라서 인공지능 윤리(AI ethics)와 같은 윤리학적·도덕적 차원의 쟁점, 인공지능 규제와 같은 공법적 측면의 쟁점, 그리고 인공지능 사고에 관한 국가 차원의 피해 보상이나 기금 조성과 같은 사회보장법적 측면의 쟁점은 이 책의 논의 범위에서 제외한다.

(4) 인공지능 사고에 관하여 계약 관계에 있는 당사자들 사이에 계약법상 책임(채무불이행책임, 담보책임 등)이 성립할 수 있으며, 계약법에 따른 손해배상책임 또한 피해자 입장에서는 유력한 법적 구제 수단이 된다는 점에는 별다른 이론이 없을 것이다. 그러나 이는 '인공지능과 계약책임'이라는 별도의 주제로서 심도있게 다루어야 할 영역이라고 생각하며,[18] 이 책에서 계약책임까지 다룰 경우 자칫 표면적, 피상적 논의에만 그칠 우려가 있어 매우 조심스럽다. 이러한 이유로 이 책은 인공지능 사고에 관한 계약책임의 문제는 불법행위책임을 논하는 과정에서 언급이 필요한 경우에 한하여 최소한으로만 다루며, 이에 관한 상세한 논의는 추후 연구 주제로 남겨둔다.

---

18) 이를 다룬 연구로 일례로 이상용, "인공지능과 계약법 - 인공 에이전트에 의한 계약과 사적 자치의 원칙-", 비교사법 제23권 제4호, 한국사법학회(2016. 11.), 1639-1700쪽.

제2장

인공지능의 정의 및
불법행위책임에서의 의의

인공지능의 정의 및 불법행위책임에서의 의의

제1절 서론

본 장에서는 '인공지능과 불법행위책임'이라는 이 책의 주제를 본격적으로 논하기에 앞서 그 논의 대상을 구체화하고 논점을 선명하게 부각시키기 위하여 인공지능의 개념을 정의하고(제2절), 그렇게 정의된 인공지능의 특성을 살펴본 후(제3절), 인공지능의 정의 및 그 특성이 불법행위책임에 관하여 제기하는 쟁점을 소개한다(제4절).

제2절 인공지능의 정의

Ⅰ. 개념

1. 기존 논의

국문으로 '인공지능'이라고 번역되는 영문 용어인 'Artificial Intelligence'는 1956년 다트머스 대학교(Dartmouth College)에서 개최된 국제회의(Dartmouth Conference)에서 처음으로 사용되었다. 위 회의의 주최자였던 수학자이자 컴퓨터공학자인 존 매카시(John McCarthy)는 '사람의 지능에 관여된 일을 컴퓨터가 대신하는 것으로 만드는 과학과 공학'을 뜻하는 용어를 고민하다가 'Artificial Intelligence'라는 용어를 만들었다.[1] 국내에서 인공지능이 학술적 차원에서 논의되기 시작한 것은 1980년대 초반부터인 것으로 보이는데, 당시 논문들은 인공지능의 개념을 정치(精緻)하게 정의하기보다는 "인간의 지적 기능을 기계로 실현하는 문제를 다루는 연구 분야", "인간의 지적 동작의 모델화", "컴퓨터가 인간의 지능을 갖게 하는 학문" 정도로 다소 모호하게 소개하는 수준에 그치고 있었다.[2]

오늘날 경제사회 전 분야를 막론하고 인공지능이라는 용어가 광범위하게 사용되고 있음에도 불구하고 그 개념에 관하여 아직까지 확립된 정의는 없다.[3] 누구나 인공지능을 이야기하지만 정작 인공지능이 무엇인지는 말하는 사람마다 서로 다른 그림을 그리고 있는 것이 현실이다. '장님 코끼리 만지기(盲人摸象)'와 유사한 상황이라 하겠다. 일례로 우리가 통상적으로 인공지능이라고 인식하는 추상적 개념에 관하여 과연 인공지능이라는 용어를 사용하여야 하는지, 아니면 로봇

---

1) John McCarthy et al, *A Proposal for the Dartmouth Summer Research Project on Artificial Intelligence*, at 1 (1955). *available at* http://jmc.stanford.edu/articles/dartmouth/dartmouth.pdf.

2) 일례로 임제탁, "인공지능", 전자공학회논집 제10권 제1호, 대한전자공학회(1983), 1쪽, 김재희, "인공지능의 동향과 응용", 전자공학회논집 제12권 제2호, 대한전자공학회(1985), 19쪽.

3) Stuart J. Russel & Peter Norvig, ARTIFICIAL INTELLIGENCE: A MODERN APPROACH 1-5 (3rd ed. Prentice Hall 2010). 위 책은 인공지능의 개념에 관하여 ① 사람처럼 생각(think humanly), ② 사람처럼 행동(acting humanly), ③ 이성적으로 생각(think rationally), ④ 이성적으로 행동(acting rationally)의 4가지 기준에 따른 공학적 관점의 정의를 소개하고 있다.

(robot)과 같은 다른 용어를 사용하여야 하는지에 관하여도 아직까지 확립된 기준은 없는 상황이다. 그러나 적어도 규범적으로는 국내외를 막론하고 인공지능의 개념 정의가 수 차례 이루어진 바 있다.

우리나라의 경우 2020. 6. 9. 개정되어 2021. 6. 10. 시행된 「지능정보화 기본법」은 '지능정보기술'을 "전자적 방법으로 학습·추론·판단 등을 구현하는 기술"로 정의하고 있으며(제2조 제4호 가목), 2018. 6. 12. 일부 개정된 「지능형 로봇 개발 및 보급 촉진법」은 '지능형 로봇'을 "외부환경을 스스로 인식하고 상황을 판단하여 자율적으로 동작하는 기계장치(기계장치의 작동에 필요한 소프트웨어를 포함한다)"로 정의하고 있다(제2조 제1호). 국회 회기만료로 폐기되기는 하였지만 제20회 국회에서 발의된 「로봇기본법」 제정안(이하 '로봇기본법안')[4]은 '로봇'을 "외부환경을 스스로 인식하고 상황을 판단하여 자율적으로 동작하는 기계장치 또는 소프트웨어"로 정의하고 있다(제2조 제1호). 또한 2023. 8. 기준으로 국회 계류중인 다수의 인공지능법안은[5] 세부 표현에서 다소 차이는 있지만 대체로 인공지능을 "학습, 추론, 지각, 판단, 언어의 이해 등 인간이 가진 지적 능력을 전자적 방법으로 구현한 것"으로 정의하고 있다.

해외 사례를 살펴보면, 우선 유럽연합의 경우 집행위원회(European Commission)가 2018년 구성한 '인공지능 전문가 그룹(Independent High−Level Expert Group on Artificial Intelligence, 이하 'AI HLEG')'은 인공지능을 "특정 목표를 달성하기 위하여 환경을 분석하고 일정 수준의 자율성을 가지고 조치를 취함으로써 지능적인 행동을 보여주는 시스템"으로, '인공지능 시스템'을 "사람이 설계한 소프트웨어 시스템(및 경우에 따라서는 하드웨어 시스템)으로, 데이터를 수집하여 주위 환경을 인식하고, 수집한 정형적 또는 비정형적 데이터를 해석하여 규칙을 추론하며,

---

4) 의안번호 제2008068호.
5) 인공지능책임법안(제2120353호, 황의의원 대표발의), 인공지능 연구개발 및 산업 진흥, 윤리적 책임 등에 관한 법률안(제2101823호, 이상민의원 대표발의), 인공지능산업 육성에 관한 법률안(제2103515호, 양향자의원 대표발의), 인공지능 기술 기본법안(제2104772호, 민형배의원 대표발의), 인공지능 육성 및 신뢰 기반 조성 등에 관한 법률안(제2111261호, 정필모의원 대표발의), 인공지능에 관한 법률안(제2111573호, 이용빈의원 대표발의), 알고리즘 및 인공지능에 관한 법률안(제2113509호, 윤영찬의원 대표발의), 인공지능산업 육성 및 신뢰 확보에 관한 법률안(제2118726호, 윤두현의원 대표발의) 등 다수.

데이터로부터 도출된 정보를 처리하여 주어진 목표를 달성하기 위한 최선의 행동을 결정하고 행동하는 시스템"으로 정의하고 있다.[6] 나아가 유럽연합 집행위원회가 2021. 4. 21. 제안한 '인공지능법에 관한 규정 제안(이하 'EU 인공지능법안)'은[7] 인공지능 시스템(AI system)을 "자율성 요소로 작동하도록 설계된 시스템으로서 기계 및/또는 인간이 제공한 데이터와 입력값을 기반으로 기계 학습 및/또는 논리나 지식기반 접근을 통하여 주어진 목표들을 달성하는 방법을 추론하는 시스템, 그리고 상호작용을 거쳐 주위 환경에 영향을 줄 수 있는 생성물(콘텐츠, 예측, 추천, 결정 등)을 생산하는 시스템"으로 정의하고 있다.[8] 한편 경제개발협력기구(Organization for Economic Cooperation and Development, 이하 'OECD')가 2019. 5. 22. 발표한 '인공지능 권고안(OECD Recommendation of the Council on Artificial Intelligence)'은 '인공지능 시스템'을 "인간이 정의한 목적에 따라 실제 환경 또는 가상 환경에 영향을 미치는 예측, 권장, 의사결정을 할 수 있는 기계 – 기반(machine – based) 시스템으로, 다양한 수준의 자율성에서 작동하도록

---

6) AI HLEG, *A Definition of AI: Main Capabilities and Discipline*, at 1–6 (2019. 4. 6). *available at* https://ec.europa.eu/newsroom/dae/document.cfm?doc_id=56341.

7) European Commission, *Proposal for a REGULATION OF THE EUROPEAN PARLIAMENT AND OF THE COUNCIL LAYING DOWN HARMONISED RULES ON ARTIFICIAL INTELLIGENCE (ARTIFICIAL INTELLIGENCE ACT) AND AMENDING CERTAIN UNION LEGISLATIVE ACTS*, 2021/0106(COD) (2021. 4. 21.). 이하 위 문서 자체를 인용할 경우 '2021/0106(COD)'라 한다. EU 인공지능법안은 2년간의 논의를 거쳐 2023. 6. 7. EU 의회에서 표결을 거쳐 채택되었고, 2023. 8. 현재 EU 집행위원회 및 이사회와의 협상 단계에 있다. EU 인공지능법안은 2년간의 논의를 거치면서 당초 제안된 안에서 상당 부분이 수정되었다.

8) EU 인공지능법안 제3조 (1). "'artificial intelligence system' (AI system) means a system that is designed to operate with elements of autonomy and that, based on machine and/or human–provided data and inputs, infers how to achieve a given set of objectives using machine learning and/or logic– and knowledge based approaches, and produces system–generated outputs such as content (generative AI systems), predictions, recommendations or decisions, influencing the environments with which the AI system interacts;". 2021/0106(COD)에서의 정의는 이보다 단순하였으나, 2년간의 논의 과정에서 인공지능 시스템과 단순한 소프트웨어 시스템을 명확하게 구분하기 위하여 기계 학습이나 논리 혹은 지식 기반 학습과 같은 기술적 용어가 포함되는 것으로 정의 규정이 변경되었다. Council of European Union, Interinstitutional File: 2021/0106(COD) (14954/22), at 71 (2022. 11. 25.).

설계된 시스템"으로 정의하고 있다.[9] 미국의 경우 2018. 8. 13. 제정된 「2019 회계연도 국방수권법」은 미 국방부에 인공지능 연구, 개발, 활용 사업의 진행 권한을 부여하는 법률로서, 인공지능을 "인간과 같은 인식, 인지, 계획, 학습, 소통, 물리적 행동 등을 필요로 하는 임무를 해결하는 컴퓨터 소프트웨어, 하드웨어, 지능형 에이전트 또는 형체가 있는 로봇을 포함하는 인공 시스템"이라고 정의하고 있다.[10]

2. 개념 징표의 도출

이상 살펴본 기존 논의를 종합하면, 구체적인 표현이나 기술(記述)의 방법에 있어서 일부 차이는 있지만 국내외적으로 인공지능의 개념에 관하여 다음과 같은 요소를 공유하고 있다고 보인다.

가. 컴퓨터 프로그램으로 구체화된 알고리즘

알고리즘과 컴퓨터 프로그램은 종종 혼동되어 사용되나 양자는 서로 엄밀히 구분되는 개념이다. 알고리즘은 특정 문제를 해결하기 위한 일련의 절차나 방법에 대한 논리적 서술 그 자체를 말한다.[11] 일례로 자연수 2개가 주어졌을 경우 이들의 최대공약수를 구하는 방법인 '유클리드 호제법(互除法)'은 종이와 펜만 있으면 손으로도 쉽게 실행할 수 있는 알고리즘으로, 다음과 같다.

> 두 자연수 m, n (m>n)이 주어진 경우
> 1. n이 0이면 m을 출력하고 종료한다.

---

9) OECD, *Recommendation of the Council on Artificial Intelligence*, OECD/LEGAL/0449, at 1 (2019).

10) John S. McCain National Defense Authorization Act for Fiscal Year 2019, Sec. 238 (g). 이에 관한 상세한 설명은 법제처, "미국 인공지능 법제", 2019. 6, 2쪽.

11) Andrew Goffey, *Algorithm*, in Software Studies: A Lexicon (Matthew Fuller ed., MIT Press 2008), at 15. 참고로 '알고리즘'이라는 용어는 9세기 페르시아의 수학자로 산술 연산 규칙을 창안한 '알−크와리즈미(*al−Khwarizmi*)'의 이름에서 유래한 것이다.

2. m이 n으로 나누어 떨어지면 n을 출력하고 알고리즘을 종료한다.
3. 그렇지 않으면 m을 n으로 나눈 나머지를 새롭게 m에 대입하고, m과 n을 바꾸고 2번으로 돌아간다.

이를 컴퓨터가 이해할 수 있는 프로그래밍 언어(programming language)로 구현하면 비로소 알고리즘이 아닌 '컴퓨터 프로그램'이 된다. 일례로 대표적인 컴퓨터 프로그래밍 언어인 C로 유클리트 호제법을 실행하는 프로그램을 작성하면 다음과 같다.[12][13]

```
void main(int m, int n)                    // 두 자연수 m, n을 입력받음
{
        if (n == 0)                        // n이 0이면
                printf("%d\n", m);         // m을 출력하고 종료
        while(1)                           // n이 0이 아니면
        {
                if (mod(m, n)==0)          // m이 n으로 나누어 떨어지면
                {
                        prinft("%d\n", n); // n을 출력하고 종료
                        break;
                }
                else                       // 그렇지 않으면
```

---

12) C는 컴퓨터 프로그래밍 언어 중 가장 널리 보편적으로 사용되는 언어이며 컴퓨터공학도가 필수적으로 배우는 언어이다. C의 역사에 관하여는 Dennis M. Ritchie, *The Development Of The C Programming Language*, in History of programming languages − II. (Thomas J. Bergin and Richard G. Gibson eds., Association for Computing Machinery 1996), at 671−698.
13) 엄밀히 말하여 본문에서 제시한 C 프로그램은 mod() 함수와 swap() 함수 코드를 제시하지 않았다는 점에서 불완전하며, 특히 C의 특성상 swap()을 하기 위해서는 변수값이 아닌 변수의 주소값을 가리키는 포인터(pointer)를 변수로 사용하여야 하나, 논의의 간명함을 위하여 생략한다.

```
        {
                m = mod(m, n);   // m/n의 나머지를 m에 대입
                swap(m, n);       // m과 n을 서로 교환
        }
    }
}
```

이처럼 알고리즘과 컴퓨터 프로그램은 서로 분명히 구분되는 개념이다. 그런데 알고리즘은 그 구체적인 구현 방식과는 독립된 '추상적 실체(abstract entity)'이므로 반드시 컴퓨터가 실행할 수 있는 프로그램 형태로 구현되어야 할 필요는 없다. 일례로 온도와 습도를 변수로 하여 특정 식물에 필요한 수분을 산출하는 알고리즘이 있다면, 컴퓨터 프로그램을 사용하지 않더라도 온도계나 습도계와 같은 물리적 장치를 이용하여 식물에 자동으로 물을 주는 장치를 구현할 수 있다. 그러나 이러한 구현 형태는 일종의 '자동 장치(automated gadget)'에는 해당할지 모르나 이를 인공지능이라고 부를 수는 없다. 앞서 언급하였듯이, 인공지능이라는 용어는 애초 컴퓨터공학에서 탄생한 것으로서, 그 기본 전제로 '컴퓨터가 이해할 수 있는 프로그램으로 구현되어 컴퓨터를 통하여 실행가능한 알고리즘'을 전제하고 있기 때문이다.

나. 소프트웨어와 하드웨어가 총체화된 전산 시스템

앞서 살펴본 국내외 사례에서 인공지능을 정의하면서 공통적으로 사용된 개념의 하나는 다름 아닌 '시스템'이다. 컴퓨터공학에서 말하는 '시스템'이란 "특정 목적을 달성하기 위하여 상호 유기적으로 결합된 소프트웨어 및 하드웨어의 집합체"를 의미한다. 예를 들어 인간의 음성을 인식하여 구체적 지시가 없더라도 자동으로 업무를 보조해 주는 '전자 비서'가 있다면, 그에 필요한 소프트웨어(음성 인식 소프트웨어, 명령 분석 소프트웨어, 필요 업무 분석 소프트웨어 등) 및 하드웨어(음성 인식 마이크, 음성 출력 스피커, 업무 실행용 기계 팔 등)가 전체로서 '인간 업무의 보조'라는 목표를 달성하기 위한 단일한 시스템을 구성하게 된다. 특히 현대

의 범용 컴퓨터 구조(architecture)상 모든 소프트웨어는 컴퓨터에서 실행되기 위하여는 메모리(memory)라는 유체물 형태의 저장 장치가 반드시 필요하므로,[14] 본질적으로 인공지능은 순수한 형태의 소프트웨어로 존재할 수 없고 어떤 식으로든 하드웨어와 결합한 '유체물'로서의 시스템 형태를 취하게 된다. 이처럼 인공지능의 주요 개념 징표로서 소프트웨어와 하드웨어가 결합된 '시스템'이 가지는 함의는 소프트웨어와 하드웨어가 분리되어 개발 및 유통되고 이용자(user) 단계에서 총체적으로 결합되는 경우 또한 무리없이 인공지능의 개념에 포섭할 수 있다는 점에 있다. 예를 들어 인공지능 소프트웨어는 네트워크 상의 클라우드(cloud)에 존재하고, 인공지능 하드웨어는 별도의 시장에서 유통되는 경우, 이용자가 인공지능 하드웨어를 구입한 후 클라우드에 접속하여 인공지능 소프트웨어를 해당 하드웨어에 설치(install)한 경우에도 총체적인 전산 시스템을 구성하게 되므로 인공지능 개념에 포섭할 수 있다.

다. 자율성을 보유한 전산 시스템

인공지능이 기존의 전통적인 전산 시스템과 차별화되는 가장 큰 개념적 징표는 인간의 구체적 지시가 없더라도 목표 달성을 위하여 동작하는 '자율성(autonomy)'에 있다.[15] 전통적인 전산 시스템은 인간이 동작에 필요한 각종 변수값을 입력해주어야 할 뿐 아니라, 해당 시스템이 목표를 달성하기 위하여 필요한 세부 동작 단계도 인간이 특정하여 구현해 주어야 한다. 그러나 인공지능은 인간의 이러한 구체적 특정 행위 없이 '최종 목표'만 추상적으로 주어지면 그에 도달하기 위하여 필요한 변수값이나 세부 동작 등을 스스로 선택, 결정하여 실행에

---

14) 현대의 범용 컴퓨터 구조는 기본적으로 1945년에 폰 노이만(John Von Neumann)이 제시한 소위 '폰 노이만 구조(Von Neumann Architecture)'이다. 폰 노이만 구조는 연산을 실행하는 중앙처리장치(CPU)와 프로그램 및 데이터를 저장하는 메모리를 분리하여 CPU가 메모리를 수시로 접근(access)하는 구조이다. 폰 노이만 구조를 최초로 기술한 문헌으로는 John von Neumann, *First Draft of a Report on the EDVAC*, at 1-43 (1945). 폰 노이만 구조에 관한 상세한 해설은 Michael D. Godfrey & David F. Hendry, *The Computer as von Neumann Planned It*, 15 IEEE ANNALS OF THE HISTORY OF COMPUTING NO. 1, at 11, 11-21 (1993).

15) 각주 8에서 언급하였듯이 EU 인공지능법안은 인공지능 시스템 정의 규정에 자율성을 명문으로 규정하고 있다.

옮긴다. 동작의 '선택' 및 '결정'을 위하여 인공지능에는 주위 환경 분석, 학습, 추론 등과 같은 인간의 지적 활동을 대신할 수 있는 알고리즘이 컴퓨터 프로그램 형태로 구현되어 탑재된다. 따라서 인간의 자동차 조립 노동을 대체하기 위하여 공장에 설치된 조립 로봇(assembly robot)이 외견상 인공지능처럼 인식될 수 있을지는 몰라도 그 조립 로봇의 동작에 필요한 변수값(구동 범위, 구동 시간 간격, 조립 속도 등)이나 구체적인 세부 동작(부품을 조립하는 순서 등)이 인간에 의하여 구체적으로 설정되거나 지시되어 있다면, 이러한 시스템은 이 책에서의 인공지능에 해당하지 않는다.16)

3. 인공지능 개념의 구성

위에서 언급한 3가지 공통 개념 징표(컴퓨터 프로그램성, 전산 시스템성, 자율성)들을 취합하여 다시 문리적으로 재구성하면, 결국 기존의 국내외적 개념 정의와 유사하게 "인간의 구체적 지시나 통제가 없더라도 특정 목표를 달성하기 위하여 필요한 동작을 자율적으로 선택하고 실행할 수 있는 알고리즘이 컴퓨터 프로그램 형태로 체화된 소프트웨어와 그 특정 목표의 달성에 필요한 하드웨어가 총체적으로 결합된 전산 시스템"으로 인공지능을 개념정의하는 것이 타당하다고 생각된다.17)

물론 위 개념 정의에 관하여는 여전히 구체성이 없고 모호하다거나 기존의 정의와 대동소이하다는 등의 비판이 제기될 수 있다. 그러나 인공지능은 본래 공학

---

16) 이러한 시스템은 현상학적으로는 자율성을 보유한 것처럼 보일지 모르나 인간이 사전에 개발해 놓은 프로그램을 맹목적으로 따르므로 인간의 단순한 도구에 불과하다고 평가할 수 있다. 김진우, "인공지능에 대한 전자인 제도 도입의 필요성과 실현방안에 관한 고찰", 저스티스 제171호, 한국법학원(2019. 4.), 7–8쪽.

17) 이처럼 인공지능을 소프트웨어와 하드웨어가 결합된 전산 시스템으로 이해하면, 계약법에서 자주 거론되는 전자대리인(electronic agent)은 자연스럽게 인공지능 개념에 포섭된다. 참고로 로봇이라는 용어는 '고된 일'을 뜻하는 체코어와 슬로바키어인 '로보타(robota)'에서 유래한 말로서 1920년 체코의 극작가 카렐 차페크(Karel Čapek)가 쓴 '로숨의 유니버셜 로봇'(R.U.R: Rossum's Universal Robots)에서 처음으로 등장하였다. Karel Čapek, 김희숙역, 「로봇: 로숨의 유니버셜 로봇」, 모비딕(2015). 전자대리인의 개념에 관하여는 정진명·이상용, "인공지능 사회를 대비한 민사법적 과제 연구", 법무부(2017), 11쪽.

적 개념으로 수식이나 논리기호와 같은 수학적 표현을 사용하지 않고 문리적으로 이를 풀어서 정의하기가 쉽지 않고, 더욱이 문리적 표현이 가지는 본질적 추상성에 비추어 볼 때 그 개념의 구체화에는 일정한 한계가 존재할 수밖에 없다고 본다. 더욱이 인공지능은 현 시점에서 성숙 단계에 이른 기술이 아니라 계속 변화하는 현재진행형 기술이라는 점을 고려하면, 인공지능의 개념을 현 단계에서 지나치게 협소하게 정의하거나 구체화하는 것 또한 섣부른 판단이 될 수 있으며, 향후 등장할 수 있는 인공지능의 양상을 포섭할 수 없어 규율의 공백을 야기할 수도 있다.[18] 따라서 현 수준에서는 위에서 제안한 것과 같이 인공지능이 다른 기술과 대비되는 특징이라고 보편적으로 받아들여지는 개념 징표들을 종합하여 다소 광범위하게 정의하는 것이 최선이라고 생각된다.

Ⅱ. 분류

1. 분류의 필요성

앞서 살펴보았듯이 국내외 사례 및 인공지능의 본질적 속성 등을 종합하여 이 책은 인공지능을 "인간의 구체적 지시나 통제가 없더라도 특정 목표를 달성하기 위하여 필요한 동작을 자율적으로 선택하고 실행할 수 있는 알고리즘이 컴퓨터 프로그램 형태로 체화된 소프트웨어와 그 특정 목표의 달성에 필요한 하드웨어가 총체적으로 결합된 전산 시스템"으로 정의하였다. 그러나 위 정의에 의하더라도 '인간의 구체적 지시나 통제'의 정도, '자율성'의 정도 등에 따라 실제로 발현되는 인공지능의 양상은 다양하게 전개될 수 있고, 그에 따라 법적 평가 또한 상이할 수 있으므로, 인공지능의 개념 정의와는 별도로 그 개념이 적용되는 인공지능의 실제 양상을 구체화하여 '분류'할 필요가 있다. 이러한 분류를 통하여 인공지능 개념에 내재된 광의성 또는 불투명성을 극복하고, 이 책의 연구 주제인 '인공지능과 불법행위책임'에서 다루고자 하는 인공지능으로 그 논의 대상을 구체화할 수 있기 때문이다.

---

18) 박도현, "인공지능과 해악 – 창발적 해악론을 중심으로 –", 서울대학교 박사학위청구논문 (2021. 2.), 55쪽.

2. 일반적 분류

인공지능 분류에 관하여 확립된 정설은 없으나, 일상적으로 가장 많이 회자되며 국내 법학계에서도 가장 많이 언급되는 분류는 '약인공지능(weak AI)', '강인공지능(strong AI)',[19] '초인공지능(super AI)'의 3대 분류로 보인다. 약인공지능과 강인공지능은 설(John Searle)이 1980년에 처음 제시한 개념으로,[20] 강인공지능이 인간처럼 생각과 사고를 하여 판단을 내릴 뿐 아니라 타인과의 소통을 통하여 이해할 수도 있는 자율적이고 범용적인 존재라면, 약인공지능은 강인공지능과 같은 수준에 이르지 못한 존재, 즉 특정 영역에 한정하여 인간이 수행하던 작업을 자율적으로 대신하는 존재를 의미한다.[21] 한편 초인공지능은 강인공지능뿐 아니라 인간의 지적 수준까지 뛰어넘은 존재로서 말 그대로 '초지능'(superintelligence)을 뜻한다.[22]

3. 특정 분류: 자율주행자동차의 경우

인공지능 중 분류 체계가 가장 잘 정립된 영역은 '자율주행자동차'라 할 수 있다.[23] 국내외적으로 가장 폭넓게 통용되는 자율주행자동차 분류 체계는 미국 교통부 도로교통안전청(National Highway Traffic Safety Administration, 이하 'NHTSA')의 6단계(0~5단계) 분류이다.[24]

---

19) 공학계에서는 강인공지능 대신 '범용 인공지능(Artificial General Intelligence)'이라는 용어를 주로 사용한다.
20) John Searle, *Minds, brains, and programs*, 3 BEHAVIORAL AND BRAIN SCIENCE ISSUE 3, at 417, 417 – 418 (1980).
21) 윤나라, "인공지능의 탈신화화", 기호학 연구 제64권, 한국기호학회(2020. 9.), 55 – 56쪽.
22) Nick Bostrom, SUPERINTELLIGENCE: PATHS, DANGERS, STRATEGIES 22 – 29 (Oxford Univ. Press 2014).
23) 자율주행자동차의 개념에 관하여는 다양한 정의가 공존하고 있으나, 이 책에서는 「자동차관리법」상의 정의인 "운전자 또는 승객의 조작 없이 자동차 스스로 운행이 가능한 자동차"를 사용한다(제2조 제1의3).
24) https://www.nhtsa.gov/technology – innovation/automated – vehicles – safety

0단계는 운전자가 모든 운전 조작을 하는 '無자동화' 단계이다. 1단계는 운전자가 운전을 주도적으로 조작하나 변속 및 핸들 조작 일부를 운전 보조 시스템이 도와주는 '운전자 보조' 단계이다. 2단계는 운전 보조 시스템이 운전 조작의 상당수를 수행할 수 있으나 여전히 운전자가 운전의 모든 과정을 모니터링하고 상시 관여하여야 하는 '부분 자동화' 단계이다. 3단계는 자동 주행 시스템이 운전을 하고 운전자가 이를 상시 모니터링하거나 관여할 필요는 없지만, 자동 주행 시스템이 돌발 상황을 통보하면 운전자가 운전에 개입하여야 하는 '조건부 자동화' 단계이다. 4단계는 도로 교통 시스템의 완비와 같은 '특정 상황'이 충족되면 자동 주행 시스템이 모든 운전 조작을 수행하며 운전자의 개입은 필수가 아닌 선택 사항인 '고도 자동화' 단계이다. 5단계는 특정 상황을 요하지 않고 모든 상황에서 자동 주행 시스템이 모든 운전을 담당하며 운전자는 자신이 원할 때만 선택적으로 개입하는 '완전 자동화' 단계이다.[25]

통상적으로 3단계 이상부터 현재 사회적으로 통용되는 의미로서의 자율주행 자동차에 해당한다고 본다.

4. 이 책에서의 분류

일반적 분류 체계를 따르고 있는 기존 연구의 대다수는 현 시점의 인공지능을 약인공지능으로 분류하며, 초인공지능은 출현 가능성이 희박하고 현재로서는 그 양상을 구체화하기 어렵다는 등의 이유로 배제한 후 강인공지능의 출현 가능성에 대한 입장에 따라 '약인공지능' 또는 '약인공지능 + 강인공지능'을 논의의 대상으로 삼고 있다.

이 책 또한 현재의 인공지능 수준은 강인공지능 단계에는 이르지 못하였으며, 진정한 의미의 강인공지능이 출현하지 않은 현 시점에서 그보다 한 단계 뛰어넘은 초인공지능을 논하는 것은 가정적·가설적 차원을 넘어 학술적으로 유의미한 논의를 이끌어내기는 어렵다고 본다. 따라서 이 책의 논의 범위에서 우선 초인공지능은 제외한다. 그러나 기존 연구에서 사용해 온 약인공지능과 강인공지능이라

---

25) *Ibid.*

는 일반적 분류 체계는 이 책의 연구 주제인 '인공지능과 불법행위책임'을 심도있게 다루기에는 다소 미흡하며, 보다 세밀하고 구체적인 분류 체계가 요구된다고 생각한다.

약인공지능과 강인공지능은 모두 "일정 수준의 자율성을 갖추어 인간의 개입 없이도 문제를 해결하는 주체"를 의미한다는 점에서는 같다. 단지 '자율성'의 정도나 그 해결 대상 문제의 '범용성'의 정도에 있어서 차이가 있을 뿐이다. 그런데 자율성이나 범용성은 모두 추상적이고 모호한 개념으로 다양한 해석을 낳을 수 있기 때문에 약인공지능과 강인공지능을 구분하는 개념 징표로는 한계가 있다. 한편 인공지능도 결국 인간의 창작물이며, 인간이 처리하여 온 문제를 대신 해결하기 위하여 기능하는 인간의 도구라는 점에 비추어 본다면, 인공지능의 분류 기준에 있어 문제 해결력이나 범용성도 물론 중요하지만 인간과 인공지능과의 '관계' 또한 중요하다. 특히 본질적으로 가해자와 피해자 사이의 관계적 맥락을 전제하는 사고(accident)에 관한 합리적이고 타당한 법적 해결을 도모하는 불법행위책임의 측면에서는 인공지능의 동작이 인간에게 미치는 영향, 즉 인공지능과 인간과의 관계가 더욱 중요하다. 그러나 일반적 분류 체계는 이러한 관계적 측면에서의 약인공지능과 강인공지능의 차이를 명확히 제시하지 못하는 문제가 있다. 반면 위에서 살펴본 NHTSA의 6단계 분류 체계는 비록 자율주행자동차라는 '특정 영역의 인공지능'에 국한되기는 하나 인간과 인공지능이 '운전'이라는 문제 해결을 위하여 상호 어떠한 관계를 형성하며 역할 분담을 어떻게 수행하는지를 기준으로 구체적으로 분류 체계를 제시하고 있어, 자율주행자동차로 인하여 발생하는 법적 문제를 논함에 있어 일반적 분류 체계보다 훨씬 유용한 도구로 기능하고 있다.

이상을 종합하여 이 책에서는 인공지능의 자율성, 문제 해결 및 의사 결정 능력 및 인간과의 관계 등을 종합하여 다음과 같이 인공지능을 '보조', '부분 자율', '고도 자율', '완전 자율'의 4단계로 분류한다.

- 1단계: 인공지능이 문제를 자율적으로 해결하지만, 이는 인간의 문제 해결을 위한 보조적 기능이며 문제 해결을 위한 최종 의사 결정은 인간이 하는 단계 ('보조 단계')
- 2단계: 인공지능이 문제를 자율적으로 해결하고 최종 의사 결정도 내리지만, 인간이 인공지능의 문제 해결 및 의사 결정을 상시 모니터링하고 필요시 개입하여야 하는 단계('부분 자율 단계')
- 3단계: 인공지능이 문제를 자율적으로 해결하고 최종 의사 결정도 내리며, 인간이 이를 상시 모니터링할 필요는 없지만, 인공지능으로부터 돌발 상황을 통보받으면 사고 방지를 위하여 개입하여야 하는 단계('고도 자율 단계')
- 4단계: 인공지능이 문제를 자율적으로 해결하고 최종 의사 결정도 내리며, 인간은 이를 상시 모니터링할 필요가 없고 자신이 원할 때만 개입하는 단계('완전 자율 단계')

이 책은 1단계부터 제4단계까지의 인공지능을 모두 연구 대상으로 삼으나, 제3장 이하에서부터 본격적으로 검토하겠지만 인공지능과 불법행위책임이라는 주제에 있어 법리적으로나 현실적으로나 가장 많은 문제를 제기하는 것은 제4단계 (완전 자율) 인공지능이고, 제1단계부터 제3단계까지의 인공지능은 기존의 불법행위책임법리에 의하더라도 상당 부분 합리적이고 타당한 규율이 가능하므로, 주된 논의의 대상은 제4단계(완전 자율) 인공지능이다.

제3절 인공지능의 특성

제2절에서 인공지능의 개념을 정의하고 이 책에서 다루는 인공지능의 범위를 구체화하였다. 본 절에서는 위와 같이 정의된 인공지능이 불법행위책임에서 제기하는 문제 및 쟁점을 논하기 위하여 필요한 범위내에서 인공지능의 특성을 간략히 살펴본다.

Ⅰ. 자율성

인공지능이 기존의 컴퓨터 프로그램, 나아가 인간이 사용해 온 기존의 도구와 차별화되는 가장 큰 특성은 다름아닌 '자율성(autonomy)'에 있다.[26]

일반적으로 자율성이란 "자기 스스로의 원칙에 따라 어떤 일을 하거나 스스로 자신을 통제할 수 있는 특성"을 의미하며, 특히 인공지능과 같은 '인간이 아닌 존재'에서 자율성이란 인간의 개입 없는 '선택'과 '결정'의 능력, 즉 인간의 개입 없이 스스로 어떤 결정을 할 것인지를 선택하고 그 결정을 실행할 수 있는 능력을 말한다.[27]

인간이 사용해 온 전통적인 도구들은 모두 인간의 조작에 의하여 작동되고 통제되는 대상이다. 그러나 인공지능은 그 정도의 차이는 있으나 기본적으로 알고리즘 및 이를 구현한 컴퓨터 프로그램에 의한 연산 결과가 인간의 조작 및 통제 행위를 일정 부분 대체하는 존재라는 점에서 기존의 전통적인 도구들과는 차별성을 갖는 존재이다. 인공지능 알고리즘이나 이를 구현한 컴퓨터 프로그램 그 자체는 모두 인간의 창작물이긴 하지만, 인공지능은 인간이 규정한 목적과 범위 내에서는 스스로 구체적인 행위를 선택할 수 있으므로 적어도 외형적으로는 마치 인공지능 그 자체가 자율성을 가진 것으로 인식될 수 있다.[28] 일례로 이세돌 9단과 바둑을 두어 4:1로 승리한 알파고(AlphaGo)는 인간의 구체적인 조작 및 통제 없이 가장 승리할 확률이 높은 착점을 선택하여 실행하고, 테슬라(Tesla)가 출시한 자율주행자동차는 인간의 운전 조작이 없더라도 주위 환경 및 교통 흐름에 맞추어 목적지까지 일정 부분 스스로 운행이 가능하다. 이는 외부 관찰자의 시선에서는 자율성의 발현으로 인식될 수 있다.

물론 현재까지 인공지능이 보여준 자율성의 정도를 인간과 동등한 수준의 소위 '온전한 자율성(complete autonomy)'이라고 평가할 수는 없다고 보인다. 인간과 동등한 수준의 온전한 자율성을 갖는 인공지능에 해당하려면 인간이 사전에 정하여 둔 목적이나 범위에 일체 구속되지 않아야 함은 물론 인간이 전혀 예측하

---

26) Ryan Abbott, THE REASONABLE ROBOT 34−35 (Cambridge University Press 2020).
27) 정진명·이상용(각주 17), 17−18쪽.
28) 김진우(각주 16), 7쪽도 유사한 취지이다.

지 못한 선택과 결정까지 내릴 수 있어야 할 것인바, 이는 이 책의 논의 대상에서 제외한 '초인공지능'의 수준에 이르러야만 가능할 것이다. 그러나 후술하는 '설명불가능성'을 고려하면, 초인공지능의 수준에 이르지 않더라도 현 시점에서 인공지능이 종국적으로 어떠한 판단을 내릴 것인지에 관하여 해당 인공지능 알고리즘을 고안하거나 이를 프로그래밍한 사람도 역시 정확히 예측할 수 없다. 그렇다면 그 수준이나 정도의 차이는 있을지 몰라도 인공지능에게 '모종의 자율적 판단 역량'을 완전히 부정하는 것은 타당하지 않다고 생각된다. 학계의 견해도 대체로 이와 같다.[29]

Ⅱ. 설명불가능성

1. 의의

인공지능이 인간의 조작과 통제 없이 내리는 '선택'과 '결정'의 가장 큰 문제는 왜 그러한 선택과 결정을 하였는지를 해당 인공지능을 만들어 낸 인간조차도 설명하기 어렵다는 점에 있다.[30] 이를 인공지능의 '설명불가능성' 문제라고도 한다.

2. 근본 이유

인공지능의 설명불가능성은 ① 전통적인 컴퓨터 알고리즘과 인공지능 알고리즘의 본질적 차이, ② 데이터 의존성, ③ 불투명성에서 기인한다. 이하 구체적으로 살펴보면 다음과 같다.

가. 본질적 차이

기존의 전통적인 알고리즘은 주어진 문제를 논리적 규칙(rule)에 따라 단계적으로 처리하여 결과값을 도출하는 순차적(sequencial) 알고리즘이다. 문제를 풀기

---

29) 인공지능법학회, 「인공지능과 법」, 박영사(2019), 44-45쪽.
30) David Gunning, *Explainable Artificial Intelligence(XAI)*, DARPA-BAA-16-53 (2016. 8.).

위한 해법인 규칙이 사전에 이미 결정되어 있고 그러한 규칙 또한 알고리즘을 고안한 사람에 의하여 사전에 이미 결정되어 있다. 예를 들어 2개의 숫자를 입력받아 그 합을 계산하는 알고리즘은 다음과 같이 순차적으로 기술할 수 있다.

```
algorithm add(A, B)
{
        C←A+B;
        return C;
}
```

이와 같은 전통적인 알고리즘은 사람이 이해하기 쉽다. 기본적으로 사람이 머릿속에서 생각하는 문제풀이 해법을 시간 순서에 맞게 기호화하여 기술한 것에 불과하기 때문이다. 그러나 인공지능 알고리즘은 전통적인 알고리즘과 달리 문제를 푸는 해법이 사전에 결정되어 있지 않다. 인공지능 알고리즘은 입력값이 주어지면 사전에 결정되어 있는 해법에 따라 결과값을 계산하기 위한 알고리즘이 아니라, 해법 자체를 구하기 위한 알고리즘이기 때문이다. 바꾸어 말하면 인공지능 알고리즘은 입력값과 결과값이 주어지면 결과값을 만들 수 있는 규칙을 사후적으로 구하는 것을 목적으로 한다.

예를 들어 세 개의 숫자 A, B, C가 주어진 경우, A, B, C 사이의 규칙을 찾아내는 인공지능 알고리즘은 추상적으로 다음과 같이 기술할 수 있다.

```
algorithm find_rule(A, B, C)
{
        learn(A, B, C);
        return algorithm XXX(A, B);
}
```

algorithm add(A, B)와 *algorithm* find_add_rule(A, B, C)을 비교하면 알 수

있듯이, 전통적인 알고리즘 'algorithm add'는 숫자 A, B를 입력받으면 사전에 정해져 있는 합산 규칙(A+B)를 실행하여 그 결과값(C)을 반환한다. 그러나 인공지능 알고리즘 'algorithm find_rule'은 숫자 A, B, C를 입력받으면 A, B와 C 사이의 관계를 학습(learn)한 뒤 A, B와 C 사이의 관계를 만족시키는 알고리즘(즉 규칙)을 찾아 그 알고리즘을 결과값으로(algorithm XXX) 반환한다.

여기서 주목하여야 할 점은, 인공지능 알고리즘 'algorithm find_rule'이 결과값으로 반환하는 알고리즘이 반드시 'algorithm add'라고 단정할 수 없다는 것이다.[31] 예를 들어 (A, B, C)=(1, 2, 3)인 경우, A, B와 C의 관계를 만족하는 규칙은 'A+B=C'도 있지만(1+2=3), 'A+(B/B)+A=C', 'A+B*B−B=C' 등과 같이 다른 규칙들 또한 무수히 상정할 수 있다(1+2/2+1=3, 1+2*2−2=3). 따라서 정확한 규칙을 찾기 위하여 인공지능 알고리즘은 다수의 데이터를 필요로 한다. 빅데이터가 인공지능과 불가분의 관계인 이유는 바로 여기에 있다. 정확한 규칙을 찾을 때까지 현재의 잠정적 규칙에 빅데이터를 입력하여 얻은 계산값과 정답을 비교하여 그 오차만큼 현재의 규칙을 개선하는 과정을 무한 반복(iteration)하는 것이 인공지능 알고리즘의 기본 원리이다. 여기서 인공지능의 본질적 한계로서의 '설명불가능성'이 자연스럽게 도출된다.

전통적 알고리즘에서 문제를 푸는 규칙은 사람이 사전에 고안한 것이므로, 당연한 논리적 귀결로 사람이 알고리즘의 내용을 잘 이해할 수 있다. algorithm add의 내용을 이해하지 못하는 사회평균적인 일반인은 아마 없을 것이다. 한편 오류가 발생하더라도 전통적 알고리즘은 사람이 사전에 고안한 논리 흐름의 순서대로 추적하여 잘못된 부분을 수정(debug)하기가 용이하다. algorithm add(1, 2)를 실행하였는데 결과값으로 두 수의 합인 '3'이 아니라 두 수의 차이인 '−1'이 리턴된다면 무엇이 문제인지 쉽게 알 수 있다. 그러나 인공지능 알고리즘에서 규칙은 사람이 아닌 기계가 학습을 통하여 사후적으로 찾아낸 것이므로, 사람은 기계가 왜 그러한 규칙을 찾아냈는지, 왜 그러한 규칙이 아닌 다른 규칙은 찾아내지 않은 것인지, 기계가 찾아낸 규칙이 항상 정확한지 등에 관하여 이해하기

---

31) 이런 이유에서 algorithm find_add_rule(A, B, C)의 리턴값을 algorithm add(A, B)로 고정하여 기술하지 않았으며, 어떤 알고리즘도 가능하다는 의미에서 XXX(A, B)로 표시하였다.

어렵다.[32] (A, B, C) = (1, 2, 3)이 학습 데이터로 주어진 경우 인공지능 알고리즘 'algorithm find_rule'는 'A+B=C'라는 규칙을 찾아내어 출력할 수도 있지만, 'A+B/B+A=C', 'A*B+A=C' 등 'A+B=C'가 아니더라도 (A, B, C) = (1, 2, 3) 이라는 관계를 만족시키는 규칙들을 찾아내어 출력할 수도 있다. 이러한 규칙들은 모두 (A, B, C) = (1, 2, 3)이라는 관계를 만족시키므로 어느 규칙이 옳고 그른지를 기계는 판명하기 어려우며 이는 사람도 마찬가지이다.

인공지능 알고리즘 'algorithm find_rule'이 결과값으로 'A+B=C'라는 규칙을 출력할 것인지, 아니면 'A+B/B+A=C'라는 규칙을 출력할 것인지는 입력 데이터가 무엇인지에 따라 결정되며, 그 결정 과정은 존재할 수 있는 무수히 많은 규칙들 중에서 정답을 도출할 가능성이 확률적·통계적으로 가장 높은 규칙을 선택하는 것이다. 이를 수학적·공학적 관점으로 바꾸어 말하면, 인공지능 알고리즘을 실행하여 사람이 얻는 결과는 주어진 문제에 관하여 확률적, 통계적으로 가장 정답에 가까운 결과값을 도출해 내는 '규칙 함수'의 가중치 값이다.[33]

사람은 인공지능 알고리즘으로 얻은 가중치 값을 규칙 함수에 적용하면 정답에 가까운 결과값을 얻는다는 사실은 알지만 왜 인공지능 알고리즘이 그러한 가중치 값을 계산하였는지는 알지 못한다. 인공지능 알고리즘이 복잡해지면 복잡해질수록 규칙 함수 내부의 가중치의 개수는 급증하게 된다. 이미지 식별과 같이 사람은 손쉽게 수행하는 작업에 관한 인공지능 알고리즘의 가중치 개수는 최소 수백만, 통상 수천만 개에 달한다고 알려져 있다. 수백만, 수천만 개에 달하는 가중치 값이 어떻게 계산된 것인지, 가중치 값 하나하나가 인공지능 알고리즘 전체에서 가지는 의미나 역할이 무엇인지 등을 사람이 파악하는 것은 현 단계에서 불가능에 가깝다.[34] 따라서 인공지능의 동작으로 타인에게 손해가 발생하더라도 그것이 인공지능 자체의 오류 때문인지, 아니면 외부의 다른 요인에서 기인한 것인지 판단하기 어렵다.

---

32) Gunning, *supra note* 30, at 6.
33) 물론 인공지능이 규칙을 찾아내는 방법은 어떠한 학습 알고리즘을 사용하느냐에 따라 구체적·세부적으로는 차이가 있다. 이에 관하여는 Russel & Norvig, *supra note* 3, at 693-857,
34) 박소영, "손해배상책임 관점에서의 인공지능 특징과 관련 제도 논의", Law & Technology 제15권 제3호, 서울대학교 기술과법센터(2019. 5.), 36-37쪽.

나. 데이터 의존성

앞서 언급하였듯이 인공지능 알고리즘은 기본적으로 입력으로 주어지는 학습 데이터에서 숨겨진 규칙을 추출하고 이에 기반하여 규칙 함수의 가중치값을 귀납적으로 추정하는 방식이다. 따라서 설령 인공지능 알고리즘에는 오류가 없더라도 인공지능이 학습하는 데이터의 양, 종류, 유형 등에 따라 학습 결과에 오류가 발생할 수 있다. 학습 데이터가 인종, 성별, 정치적 성향, 경제적 능력 등의 측면에서 편향(bias)되어 있다면 그러한 편향된 데이터를 가지고 학습한 인공지능이 도출하는 규칙 역시 편향되는 것이 일반적이다. 설령 학습 데이터 그 자체에는 편향성이 없더라도 학습 데이터의 양이 부족하거나 양은 충분하더라도 질적으로 대표성이 결여되어 있다면 이 경우에도 인공지능 알고리즘이 도출하는 규칙은 편향성을 띄게 될 위험이 높다. 입력 데이터에 내재된 편향성이 그대로 인공지능 알고리즘에 투영되는 것이다.

학습 데이터의 편향성이 인공지능 알고리즘에 미치는 영향에 관하여는 실제 사례가 상당수 축적되어 있다. 일례로 2015년 구글(Google)이 출시한 구글 포토(Google Photo) 카메라 앱(app)은 흑인 커플의 얼굴을 사람이 아닌 고릴라로 분류하여 논란이 되었는데 이는 학습에 사용된 데이터가 백인 중심으로 편향되었기 때문으로 추정된다.[35] 2018년 수행된 성별과 인종에 따른 인공지능의 안면 인식률 차이에 관한 연구에 의하면 백인 남성의 오류율은 최대 0.8%에 불과한 반면 흑인 여성의 오류율은 최대 34.7%에 달한다.[36] 미국의 법원에서 판사가 형량을 선고하거나 가석방을 결정할 때 보조 수단으로 사용되는 양형 기준 산정 인공지능 '컴파스(COMPAS)'[37]는 백인의 경우보다 흑인의 경우 재범 확률이 높다고 예측하는 경향을 보이지만, 실제 인종별 재범률은 컴파스의 예측과 일치하지 않았다는 연구 결과도 있다.[38] 문제는 편향성과 같은 학습 데이터에 존재하는 오류

---

35) 오요한·홍성욱, "인공지능 알고리즘은 사람을 차별하는가?", 과학기술학연구 제18권 제3호, 한국과학기술회(2018. 12.), 157-158쪽.

36) Joy Buolamwini & Timnit Gebru, *Gender Shades: Intersectional Accuracy Disparities in Commercial Gender Classification*, 81 PROCEEDINGS OF MACHINE LEARNING RESEARCH NO. 1, at 1, 6-7 (2019).

37) 정식 명칭은 'Correctional Offender Management Profiling for Alternative Sanctions'이다.

는 인공지능 오동작의 충분조건은 될 수 있어도 필요조건은 될 수 없다는 점에 있다. 즉 인공지능이 오류를 일으켰을 때 그 오류가 학습 데이터 때문인지, 알고리즘 때문인지, 아니면 외부 환경 등 제3의 원인 때문인지 알기 어렵다.

더욱이 인공지능은 개발되어 상품으로 출시된 이후인 사용 단계에서도 지속적으로 학습을 수행하고 성능 개선을 추구하는 것이 일반적이다. 개발 단계에서 사용된 가상의 학습 데이터보다 사용 단계에서 수집·축적된 실제의 학습 데이터가 인공지능 알고리즘의 성능 개선에 더욱 유의미할 수 있기 때문이다. 따라서 인공지능이 오류를 일으키고, 그 오류의 원인이 학습 데이터에 있다는 사실이 밝혀졌다고 가정하더라도, 문제된 데이터가 개발 단계에서 사용된 학습 데이터인지 아니면 사용 단계에서 사용된 학습 데이터의 문제인지를 밝히는 것 역시 매우 어렵다.[39]

다. 불투명성

인공지능 오류의 원인을 파악하기 위한 가장 확실한 방법은 인공지능 알고리즘 자체를 외부에 공개하는 것이다. 알고리즘이 공개되어야만 오동작의 원인이 알고리즘 자체에 있는지, 학습 데이터에 있는지, 아니면 외부 요인에 있는지에 관하여 최소한 분석이라도 해 볼 수 있다. 그러나 인공지능 알고리즘은 그 자체로 막대한 경제적 가치를 가진 중요한 지식재산이므로 외부에 공개될 가능성은 극히 희박하다.[40] 일부 기업은 알고리즘이 공개되는 것을 피하고자 유출 위험을 감수하면서 특허 출원을 하지 않고 영업비밀로 관리하고 있는 실상이다.[41] 이런 이유에서 인공지능은 입력값이 주어지면 결과값이 무엇인지는 확인할 수 있지만 그러한 결과값이 어떻게 도출된 것인지는 확인할 수 없는 블랙박스(black box)에

---

38) 오요한·홍성욱(각주 35), 167-169쪽.
39) 국내에도 2020. 12. 서비스를 시작한 챗봇(chatbot) '이루다'가 일부 이용자들이 학습시킨 성적 발언, 소수자 혐오 발언 등의 문제로 오동작을 일으켜 20일 만에 서비스를 중단한 사례가 있다. 전창배, "이루다 논란이 남긴 교훈과 숙제", 관훈저널 제158호, 관훈클럽(2021. 3.), 121-127쪽.
40) 인공지능을 무료로 이용가능토록 하거나 인공지능을 이용한 프로그램을 개발할 수 있도록 프로그래밍 함수(Application Programming Interface)를 공개하는 경우는 찾아볼 수 있으나 인공지능 알고리즘 그 자체를 공개하는 경우는 극히 예외적이다.
41) 박소영(각주 34), 36쪽.

비유되기도 한다. 알고리즘의 비공개는 필연적으로 인공지능의 동작에 관하여 내부자가 아닌 외부자는 확인하고 검증할 수 없는 불투명성을 초래하는바, 이러한 불투명성은 결국 인공지능의 동작을 사람이 이해할 수 없도록 만드는 중요한 요인의 하나이다.

3. 설명가능한 인공지능: 개념 및 한계

인공지능의 '설명불가능성'을 극복하기 위한 연구로 '설명가능한 인공지능(Explainable AI, 이하 'XAI')'를 들 수 있다.

XAI는 2016년 미국 국방과학연구소에서 제안된 개념으로, 말 그대로 인공지능의 내부 동작 과정을 인공지능의 설계나 제작 등에 관여하지 않은 외부인도 쉽게 이해할 수 있도록 설명을 제공하는 인공지능을 말한다.[42] XAI는 인공지능의 내부 동작 과정에 관하여 설명할 수 없으면 인공지능을 통해 생성된 결과 또는 예측이 타당한지를 분석할 수 없고, 그 결과 인공지능을 완전히 신뢰하고 사용할 수 없어 결국 인공지능이 실생활에 사용되는 데 큰 장애로 작용하게 된다는 위기의식에서 논의되기 시작하였다. 그러나 2016년 최초로 XAI 개념이 제시된 이후 현재까지 전세계적으로 다양한 연구가 진행되었지만 아직까지는 부분적이고 제한적인 설명을 제공하는 수준이며, 공학적·전문적 지식이 없는 일반인은 그마저도 이해하기 어렵다는 한계를 극복하지 못하고 있다.[43] 기술적으로 인공지능의 동작을 사람이 이해할 수 있도록 설명하기가 어렵기 때문이기도 하지만, 인공지능의 설명가능성과 인공지능의 성능(performance)은 일방을 강조하면 타방이 저하되는 상충 관계(trade-off)에 놓여 있고, 설명가능성은 필연적으로 인공지능의 개발 비용을 증가시키므로, 설명가능성을 지나치게 강조할 경우 오히려 인공지능 기술의 발전이나 관련 제품의 실현가능성을 저해할 위험도 있기 때문이다.[44] 특

---

42) Gunning, *supra note* 30, at 5.
43) 정승준·변준영·김창익, "설명 가능한 인공지능 기술의 소개", 전자공학회지 제46권 제2호, 대한전자공학회(2019. 2.), 56쪽.
44) Alejandro Barredo Arrieta et al., *Explainable Artificial Intelligence (XAI): Concepts, taxonomies, opportunities and challenges toward responsible AI*, 58 INFORMATION FUSION, at 82, 99-100 (2020).

히 인공지능 알고리즘은 현재 하나의 단일한 마스터 알고리즘(master algorithm)
이 존재하는 것이 아니라 특정 영역, 분야, 과제별로 다수의 알고리즘들이 공존
하고 있는데, 각각의 인공지능 알고리즘마다 XAI 알고리즘 또한 개별적으로 개
발, 적용되어야 하는 상황이며,[45] 특히 인공지능 알고리즘의 대표격인 딥러닝
(deep learning)[46]의 경우에는 본질적으로 XAI가 적용되기 어려운 것으로 알려져
있다.[47] 이런 이유로 XAI는 그 개념의 참신함이나 현실적 필요성에도 불구하고
아직까지 현실화되기는 요원한 단계이다.

Ⅲ. 예측불가능성

앞서 언급한 인공지능의 자율성과 설명불가능성은 자연스럽게 인공지능 동작
에 대한 예측의 어려움, 즉 '예측불가능성(unforeseeability)'으로 이어진다.

인간은 인지적 한계가 있으므로 가능한 모든 해결책을 찾기보다는 인지할 수
있는 범위 내에서 만족할 수 있는 해결책을 모색한다. 그러나 인공지능은 이론적
으로 인지적 한계나 계산능력의 한계라는 것이 존재하지 않으므로 가용한 모든
정보를 분석하여 가능한 최적의 결과를 도출한다. 이로 인하여 인공지능은 인간
과 다른 선택과 결정을 할 수 있다. 인간이라면 직관적으로 거부할 수 밖에 없는
선택이나 결정도 인간이 가지는 인지적 한계에서 자유로운 인공지능은 내릴 수
있고, 그로 인하여 인간이 도저히 상상할 수 없는 방법으로 일을 처리할 수도 있
는 것이다. 이와 같은 인공지능의 특성은 인간이라면 도저히 발생시키지 않았을
사고를 일으킬 수 있고, 인간이 그러한 사고의 발생가능성을 예측하고 방지하거

---

45) *Ibid.*
46) 딥러닝은 기본적으로 인간의 뇌를 모방한 인경신경망에 기반한 알고리즘이다. 인간의 뇌는
뉴런(neuron)이라는 신경 세포로 이루어져 있다. 뉴런들은 서로 네트워크로 복잡하게 연결
되어 신호를 주고받으며, 이러한 뉴런 간의 신호 전달로 인하여 인간의 사고 활동이 이루어
지게 된다. 딥러닝은 이러한 뉴런의 연결 구조를 모방하여 개별의 '인공 뉴런'들을 연결한 집
합적인 네트워크 구조인 인공신경망을 통하여 학습을 신속하고 효율적으로 수행하는 인공지
능 알고리즘이다. Geoffrey E. Hilton et al., *A Fast Learning Algorithm for Deep Belief
Nets*, 18 NEURAL COMPUTATION ISSUE 7, at 1527, 1527−1528 (2006).
47) Arrieta et al., *supra note* 44, at 100 & fig.12.

나 위험을 회피하기 어려운 '예측곤란'의 상황을 야기할 수 있다.[48] 일례로 구글(Google)이 사용 중인 얼굴 인식 알고리즘은 99%가 넘는 정확성을 자랑하고 있지만 과거 유색 인종과 고릴라를 구분하지 못하는 오류를 범하여 문제가 되었다.[49] 사람이라면 특단의 사정이 없는 한 이러한 실수를 하지 않았을 것이다.

Ⅳ. 물리적 표출성

인공지능이 기존의 전통적인 컴퓨터 프로그램과 다른 특성 중의 하나는 많은 경우 단순히 무형의 소프트웨어의 상태로만 존재하고 동작하는 것에서 그치지 않고 많은 경우 외부에 실제로 물리력을 행사할 수 있는 하드웨어(예를 들어 로봇 팔 등)와 결합한 형태를 취한다는 점에 있다.[50] 따라서 인공지능이 오류를 일으킬 경우 그로 인한 손해는 영업손실과 같은 순수한 경제적 손해나 대물적 손해에 그치지 않고 신체나 생명 침해와 같은 인적 손해에까지 이를 수 있다.

물론 인공지능이 아니더라도 정보통신기술이 전 사회 영역에 보편화된 오늘날 대부분의 제품은 하드웨어와 소프트웨어가 결합된 임베디드(embedded) 형태로 존재하며, 이 경우에도 소프트웨어의 오류는 하드웨어의 오동작으로 연결될 경우 각종 인적 사고를 발생시킬 수도 있다. 그러나 인공지능과 기존의 임베디드 제품과의 차이는 후자의 경우는 자율성, 설명불가능성, 예측불가능성과 같은 속성을 갖추지 못하고 있거나 일부 존재하더라도 전자에 비하면 상대적으로 경미한 수준이므로 그 동작에 대한 사람의 통제가능성이 상당 부분 확보될 수 있는 반면, 인공지능은 그렇지 못하다는 점에 있다. 이는 사고의 발생 가능성, 빈도 및 통제가능성의 측면뿐 아니라 사고 발생시의 사회적 수용가능성 측면에도 상당한 영향을 미치는바, 인공지능의 물리적 동작으로 발생한 사고에 관하여는 사람이 발생한 동일한 유형의 사고보다 사회적 수용가능성이 낮다. 사람은 같은 동족인 사람의 실수에 대하여는 관대하지만 사람이 아닌 기계의 실수에는 엄격하기 때

---

48) 양종모, "인공지능의 위험의 특성과 법적 규제방안", 홍익법학 제17권 제4호, 홍익대학교 법학연구소(2016. 12.), 544쪽.
49) 한겨레 2019. 1. 9.자 기사, "기계학습의 맹점, '흑인＝고릴라' 오류가 알려주는 것".
50) Abbott, *supra note* 26, at 33 – 34.

문이다. 일례로 자율주행자동차의 운행으로 발생하는 교통사고의 빈도는 인간의 운행으로 발생하는 교통사고보다 매우 낮은 것으로 알려져 있으나, 실제 자율주행자동차 사고가 발생할 때마다 그 안정성에 관한 사회적 불신이 높게 제기되고 있다.[51]

제4절 불법행위책임에서의 인공지능의 의의

앞서 살펴보았듯이 이 책에서 논의의 대상으로 삼는 인공지능은 "인간의 구체적 지시가 없더라도 특정 목표를 달성하기 위한 동작을 수행하는 전산 시스템"으로서, 구체적으로는 보조 단계, 부분 자율 단계, 고도 자율 단계, 완전 자율 단계의 4단계로 분류할 수 있는 소프트웨어 및 하드웨어의 결합체를 뜻한다. 이와 같은 개념정의 하에서의 인공지능이 가지는 4대 특성으로 자율성, 설명불가능성, 예측불가능성, 물리적 표출성을 꼽을 수 있다는 점 또한 앞서 살펴보았다. 이러한 인공지능의 정의 및 특성이 전통적인 불법행위책임법리에서 가지는 의의는 다음과 같다.

I. 책임의 주체

인공지능은 그 개념 자체에서 전통적으로 인간의 고유한 영역이라고 받아들여졌던 '지적 활동'을 수행하는 존재이다. 또한 인공지능은 앞서 살펴보았듯이 '자율성', '설명불가능성', '예측불가능성'을 그 본질적 속성으로 한다. '지적 활동', '자율성', '설명불가능성', '예측불가능성'과 같은 속성은 오랫동안 인간의 고유한 영역으로 받아들여져 왔음을 부인할 수 없다. 그렇다면 이러한 속성을 가진 인공지능에게 법인격을 인정하고 해당 인공지능 자체에 불법행위책임을 묻는 것이 가능한가에 관한 의문이 자연스럽게 제기된다. 물론 이러한 생각은 인간의 피조

---

51) 권영준·이소은, "자율주행자동차와 민사책임", 민사법학 제75호, 한국민사법학회(2016. 6.), 455－456쪽.

물에게 권리주체성을 인정한다는 점에서 다소 '급진적'임을 부인할 수 없으나,[52] 20세기 후반 이후 대두되고 있는 탈인간중심주의적 사상(대표적으로 포스트휴머니즘 사상 등)을 생각해 본다면 실현불가능한 것이라고 단언하기도 어렵다.[53]

Ⅱ. 책임 귀속의 근거

불법행위책임은 기본적으로 예견가능성과 회피가능성을 귀책의 근거로 하는 과실책임주의에 기초하고 있다. 인공지능의 '예측불가능성'은 과실책임주의에 중대한 도전을 제기하는데, 인공지능의 동작을 예측할 수 없다면 논리적 귀결로서 인공지능의 동작으로 발생하는 사고에 관하여 예견가능성 및 회피가능성이라는 개념 자체가 성립하기 어렵기 때문이다. 따라서 인공지능의 예측불가능성이 증대될수록 인공지능으로 발생한 사고에 관하여 누군가에게 책임을 묻기 위하여는 과실이 아닌 새로운 귀책 근거가 요구될 수 있다.

설령 인공지능 사고에 관하여 책임주체성의 문제나 책임 귀속 근거의 문제가 이론적으로는 해결될 수 있다 하더라도, 전통적인 증명책임법리는 피해자가 불법행위책임의 요건 사실을 모두 증명할 것을 요구한다. 인공지능의 '설명불가능성'은 인공지능 사고의 원인이 무엇인지, 원인제공자가 누구인지, 원인제공자에게 귀책사유가 존재하는지, 그리고 손해와 사고 사이에 인과관계가 있는지 등에 관하여 인간이 이해할 수 있는 수준의 설명을 제공하지 못하게 하고, 이는 거의 대부분 불법행위책임의 요건 사실에 관한 피해자의 증명 실패로 귀결된다. 특히 인공지능은 고도의 소프트웨어 및 하드웨어 기술이 유기적으로 상호 연결된 전산시스템인바, 전문적 지식이 없는 통상적인 일반인은 인공지능 사고로 인하여 손해를 입더라도 그 사실을 증명하는 것이 사실상 불가능할 것이다.[54]

---

52) 정진명·이상용, 앞의 보고서(각주 17), 20쪽.
53) 탈인간중심주의적 사상에 관하여는 제3장에서 상술한다.
54) 박소영, 앞의 논문(각주 34), 36쪽.

Ⅲ. 책임의 내용

인공지능은 기존의 전통적인 전산 시스템과 달리 외부에 물리력을 행사하여 인적, 물적 사고를 발생시킬 수 있으며, 인공지능이 가진 고속의 연산처리 능력은 자율성 및 예측불가능성과 결합하여 인간이 회피하기 어려운 대형 사고를 발생시킬 위험이 있다. 한편 인공지능이 사고를 일으키기까지는 인공지능 알고리즘 개발자, 인공지능 프로그래머, 학습 데이터 제공자, 하드웨어 공급자, 인공지능 이용자(user)[55] 등 다양한 관련자들이 존재할 수 있으며, 이들에게 인정되는 책임 귀속의 근거는 각자의 지위나 역할 및 행위관련성 등의 정도에 따라 상이할 수도 있다. 이와 같이 다수의 당사자가 관련되고 대형의 사고가 발생할 수 있는 인공지능 사고의 특성을 감안하여 책임의 내용에 관한 새로운 법리가 필요한지, 아니면 기존의 법리를 적용하면 충분한지가 문제된다.

제5절 결어

본 장에서는 본격적인 논의를 위한 준비 단계로서 이 책에서 사용하는 인공지능의 개념을 정의하였고, 인공지능의 특성을 살펴본 후 불법행위책임에서 인공지능이 가지는 의의를 정리하였다. 요약하면 다음과 같다.

(1) 이 책에서 '인공지능'의 개념은 추상적으로는 "인간의 구체적 지시나 통제가 없더라도 특정 목표를 달성하기 위하여 필요한 동작을 자율적으로 선택하고 실행할 수 있는 알고리즘이 컴퓨터 프로그램 형태로 체화된 소프

---

55) 문리적으로는 '이용자'라는 용어보다는 '사용자'라는 용어가 더 적합할 것이다. 그러나 이 책은 사용자책임(민법 제756조)도 상당한 비중을 두고 다루고 있는데, 사용자책임에서의 사용자(employer)와 인공지능을 쓰는 주체의 개념으로서의 사용자(user)는 영문으로는 명확히 구별되는 용어이지만 국문에서는 한글 표기(사용자)와 한자 표기(使用者)가 모두 동일하여 구분되지 않는다. 이런 이유로 이 책은 '사용자'를 사용자책임에서의 사용자(employer)로, '이용자'를 인공지능을 쓰는 주체(user)의 개념으로 구분하여 사용한다.

트웨어와 그 특정 목표의 달성에 필요한 하드웨어가 총체적으로 결합된 전산 시스템"로 정의되며, 구체적으로는 자율성, 문제 해결력 및 인간과의 관계 등을 고려하여 보조, 부분 자율화, 고도 자율화, 완전 자율화의 4단계로 분류된다.

(2) 인공지능이 기존의 전통적인 도구와 구별되는 특성은 ① 자율성, ② 설명 불가능성, ③ 예측불가능성, ④ 물리적 표출성이다.

(3) 인공지능은 ① 책임의 주체성, ② 책임의 귀속 근거, ③ 책임의 내용과 같은 다양한 측면에서 불법행위책임법리에 다양한 도전을 제기하고 있다.

이상의 논의를 토대로 제3장에서부터 이 책의 주제질문인 "인공지능 사고에 관하여 누가 어떤 근거로 어떠한 책임을 부담하는지"에 관하여 본격적으로 살펴본다.

제3장

인공지능과 불법행위책임: 책임의 주체

인공지능과 불법행위책임: 책임의 주체

제1절 서론

전통적인 사고에 있어서 불법행위책임의 주체는 실정법상 법인격의 주체인 자연인 또는 법인 중 해당 사고에 대하여 법리상 책임이 인정되는 자 중에서 구체적 사실관계에 따라 결정된다는 점에 관하여는 별다른 의문이 없다. 그러나 인공지능 사고의 불법행위책임에 있어서는 전통적인 사고에서는 당연시되었던 '책임의 주체'에 관한 문제부터 근본적인 검토가 요구된다.

제2장에서 살펴보았듯이 인공지능은 '자율성', '설명불가능성', '예측불가능성' 등과 같이 지금까지 인간이 사용해 온 기존의 도구와는 차별화되는 속성을 가지고 있다. 이로 인하여 인공지능 사고의 피해자는 인공지능이 왜 그러한 사고를 일으켰는지, 또 그 이유는 무엇인지 알기 어렵다. 이는 자연스럽게 인공지능 사고에 관하여 불법행위책임을 부담하여야 하는 자연인 또는 법인이 누구인지 특

정하기 어려운 '불명확성'으로 이어진다. '책임 주체의 불명확성'은 사고를 일으킨 인공지능이 자율적이고 독립적으로 동작할수록, 그리고 인공지능의 동작에 영향을 미치는 환경적 요인이 증대될수록 심화될 것이다.[1]

인공지능 사고가 발생하였음에도 피해자가 책임의 주체를 특정할 수 없다면 결국 사고로 발생한 손해는 피해자가 감수할 수밖에 없다. 다소 황당할 수 있지만 직관적으로 위 문제를 가장 간명하게 해결하는 방안은 해당 사고를 일으킨 인공지능 그 자체에 손해배상책임을 지우는 것이다. 피해자는 인공지능 사고의 배후에 있는 자연인이나 법인이 누군지 특정하기는 어렵지만 적어도 해당 사고를 일으킨 인공지능 자체는 상대적으로 용이하게 특정할 수 있는데, 사고 발생 당시의 사실관계만 조사하면 그 특정이 충분히 가능하기 때문이다. 이론적으로 보더라도 인공지능과 불법행위책임을 둘러싼 법리적 쟁점의 상당수는 인공지능 자체가 불법행위책임을 부담할 경우 간명하게 해결할 수 있는 반면, 그렇지 않을 경우 인공지능 사고에 대하여 누구에게 어떠한 근거로 어떠한 책임을 지우는 것이 타당한지에 관하여 원점에서부터 다시 논의가 이루어져야 한다.

이러한 이유로 '인공지능과 불법행위책임'을 논하기 위하여는 인공지능의 책임주체성을 출발점으로 삼는 것이 논리적이다. 그런데 인공지능에게 불법행위책임을 지우는 것은 곧 인공지능에게 법적 의무를 부담할 수 있는 지위를 인정하는 것이므로 필연적으로 인공지능의 권리능력, 즉 법인격(legal personhood) 인정 여부에 관한 논의로 연결된다. 사실 인공지능의 법인격 인정 여부는 비단 불법행위책임에만 국한되는 문제가 아니라 민사법 전 분야, 나아가 법학 전반과 관련된 근본적인 문제로서 인공지능에 관한 법학적 논의의 출발점이라 할 수 있다. 따라서 본 장에서는 인공지능의 법인격 인정 여부를 중심으로 인공지능 사고에 있어 인공지능 자체의 책임주체성을 살펴보고자 한다.

물론 엄밀히 말하여 전통적인 불법행위책임법리에서의 불법행위능력(혹은 책임능력)은 권리능력이 있음을 전제로 하여 책임을 변식할 수 있는 지능의 유무, 즉 자기가 하는 행위의 법적 책임을 인식할 수 있는 정신적 능력을 의미하는 것

---

1) 김진우, "인공지능에 대한 전자인 제도 도입의 필요성과 실현방안에 관한 고찰", 저스티스 제 171호, 한국법학원(2019. 4.), 13쪽.

으로서 권리능력과는 구분되는 개념이다.[2] 그러나 전통적인 책임능력의 개념은 자연인을 전제한 것으로서 자연인이 아닌 법인의 경우에는 불법행위책임의 주체성 인정에 있어 책임능력은 문제되지 않는다는 것이 통설인바,[3] 이는 인공지능의 경우에도 마찬가지라고 생각된다. 자연인이 아닌 인공지능이 '자신의 동작의 법적 책임을 인식하는 정신적 능력'을 갖추었다고 인정할 수 있는지는 상당한 논란의 여지가 있어 보이나, 인공지능 사고에 있어서 인공지능의 책임주체성 여부가 유의미한 국면은 인공지능이 책임을 변식할 수 있는지가 아니라 피해자가 인공지능에게 불법행위에 따른 손해배상을 청구하여 손해를 전보받을 수 있는지에 있기 때문이다. 따라서 법인의 경우와 유사하게 인공지능에 있어 불법행위능력이란 불법행위에 따른 법률효과(예컨대 손해배상책임)의 귀속주체가 될 수 있는 능력을 의미한다고 보아야 할 것이며,[4] 이는 결국 인공지능의 법인격 인정 여부로 귀결된다고 생각된다. 따라서 특별히 필요한 경우를 제외하고 인공지능의 불법행위능력(혹은 책임능력)을 별도로 논하지는 않는다.

제2절 인공지능 법인격 인정에 관한 기존 논의

I. 서론

공학적 측면에서 볼 때 인공지능이 이론적 논의 수준을 넘어 실현가능한 기술과 제품으로 대두하기 시작한 것은 딥러닝(deep learning) 알고리즘이 발표된 2006년 이후라는 것이 정설이다.[5] 그러나 인문학이나 사회과학의 측면에서는 이

---

2) 곽윤직 편집대표, 「민법주해 제18권(채권 11)」, 박영사(2005), 462쪽, 대법원 1977. 5. 24. 선고 77다354 판결 참조.

3) 법인에게 법령상 일정한 의무를 부과하는 한 그 위반에 대한 책임을 지우는 것이 당연하며 이는 법인의제설과 법인실재설 중 어느 것을 취하더라도 관계없다는 것이 통설이다. 이동진, "법인 기관의 불법행위책임", 비교사법 제22권 제4호, 한국비교사법학회(2015. 12.), 1605－1606쪽, 송호영, "법인의 불법행위책임에 관한 소고", 법학논총 제25권 제4호, 한양대학교 법학연구소(2008. 12.), 211쪽.

4) 송호영(각주 3), 211쪽.

5) Geoffrey E. Hilton et al., *A Fast Learning Algorithm for Deep Belief Nets*, 18 NEURAL

미 1990년대부터 인공지능의 법인격 인정 여부에 관한 논의가 시작되었다.[6] 인공지능의 법인격 인정 여부는 최근 법학, 철학, 윤리학 등 학문 분야를 막론하고 가장 활발히 논의되고 있는 주제 중의 하나이다.[7]

본질적으로 공학의 영역인 인공지능에 관하여 인문학적·사회과학적 주제라 할 수 있는 법인격 인정에 관한 논의가 활발히 이루어지고 있는 이유는 제2장에서 간략히 살펴보았듯이 지금까지 인간이 발명한 도구 중에서 인간만의 고유한 특징으로 여겨졌던 속성(자율성, 독자성, 지적 능력 등)이 가장 많이 인정될 수 있는 도구가 바로 인공지능이기 때문인 것으로 보인다. 인간만의 고유한 특성이라고 생각되었던 속성들을 인간이 고안해 낸 도구인 인공지능이 보유하고 있다면 과연 인간과 인공지능을 구분하는 기준은 무엇인지, 그러한 구분이 타당한지, 본질적으로 인간이란 무엇인지 등에 관한 의문이 제기되고, 그러한 의문의 연장선상에서 자연스럽게 인공지능을 인간과 동등하거나 유사한 수준의 존재로의 취급할 수 있는지의 문제, 즉 인공지능에 법인격을 부여하는 문제가 대두되는 것이 자연스러운 사고의 흐름이라 하겠다.

인공지능의 법인격 인정 문제에 관한 기존의 논의를 살펴보면, 논의의 근저에 위치한 학문이나 논의의 관심사 및 범위 등에 따라서 광범위한 스펙트럼(spectrum)을 형성하고 있어 분류하기가 쉽지 않으나, 대략 인공지능의 법인격을 자연인과 유사한 수준으로 전면적으로 인정하자는 견해('긍정론'),[8][9] 인공지능의 법인

COMPUTATION ISSUE 7, at 1527, 1527 (2006).

6) 인공지능의 법인격 인정 문제에 관한 선도적인 논문은 Lawrence B. Solum, *Legal Personhood for Artificial Intelligences*, 70 N. C. L. REV. 1231 (1992). 독일의 경우에는 Andreas Matthias, Automaten als Träger von Rechten, Humboldt-Univ., Diss., 2007. 을 들 수 있다.

7) 국내 법학계로 한정하여 보더라도 2017년 이후 인공지능의 법인격 문제를 정면으로 다룬 논문이 30편 이상 발표되었다는 지적으로는 오병철, "전자인격 도입을 전제로 한 인공지능 로봇의 권리능력의 세부적 제안", 법조 제69권 제3호, 법조협회(2020. 6.), 55쪽.

8) 김민배, "AI 로봇의 법적 지위에 대한 쟁점과 과제 - Bryson 등의 법인격 이론을 중심으로 -", 토지공법연구 제87집, 한국토지공법학회(2019. 8.), 810-811쪽, 김진우(각주 1), 41-42쪽, 전지연, "형법상 전자인(e-person)의 가능성", 비교형사법연구 제21권 제2호, 한국비교형사법학회(2019. 7.), 12-17쪽, 김성돈, "전통적인 형법이론에 대한 인공지능 기술의 도전", 형사법연구 제30권 제2호, 한국형사법학회(2018. 6.), 98-109쪽 등.

9) 해외 견해로는 Joanna Bryson et al., *Of, for, and by the People: The Legal Lacuna of*

격을 인정하되 전면적인 수준이 아니라 필요한 범위 내에서 제한적으로 인정하자는 견해('제한적 긍정론'),[10][11] 인공지능의 법인격을 부정하는 견해('부정론')[12][13]의 세

Synthetic Persons, 25 ARTIFICIAL INTELLIGENCE & L. 273 (2017); F. Patrick Hubbard, *Do Androids Dream?: Personhood and Intelligent Artifacts*, 83 TEMP. L. REV. 405, 419-432 (2011); Curtis E. A. Karnow, *Liability for Distributed Artificial Intelligences*, 11 BERKELEY TECH. L. J. 147, 147-183 (1996); Jean-Francois Lerourge, *The Use of Electronic Agents Questioned under Contractual Law: Suggested Solutions on a European and American Level*, 18 J. MARSHALL J. COMPUTER & INFO. L. 403, 490-410 (1999); Emily M. Weitzenboeck, *Electronic Agents and the Formation of Contracts*, 9 INT'L J. L. & INFO. TECH. 204, 204-234 (2001) 등.

10) 김건우, "법적 주체로서 자율적 인공지능 로봇 I: 의의와 관점", 성균관법학 제30권 제2호, 성균관대학교 법학연구소(2018. 6.), 219-233쪽, 신현탁, "인공지능(AI)의 법인격 - 전자인격(Electronic Person) 개념에 관한 소고 -", 인권과 정의 제478호, 한국변호사협회(2018. 12.), 54-63쪽, 이중기, "인공지능을 가진 로봇의 법적 취급 : 자율주행자동차 사고의 법적 인식과 책임을 중심으로", 홍익법학 제17권 제3호, 홍익대학교 법학연구소(2016. 9.), 20-24쪽, 이성진, "인공지능과 법인격 인정", 민사법의 이론과 실무 제23권 제3호, 민사법의 이론과 실무학회(2020. 8.), 83-85쪽, 김성호, "인공지능에 대한 법인격 부여 필요성", 법학논총 제37권 제3호, 한양대학교 법학연구소(2020. 9.), 150-152쪽 등.

11) 해외 견해로는 Christian Linke, Die elektronische Person - Erforderlichkeit einer Rechtspersönlichkeit für autonome Systeme?, MMR 2021, 200, 203 ff; Jan-Erik Schirmer, Von Mäusen, Menschen und Maschinen - Autonome Systeme in der Architektur der Rechtsfähigkeit, JZ 2019, 711, 712 ff; Oliver Keßler, Intelligente Roboter - Neue Technologien im Einsatz, MMR 2017, 589, 592 ff 등.

12) 오병철, "인공지능 로봇에 의한 손해의 불법행위책임", 법학연구 제27권 제4호, 연세대학교 법학연구소(2017. 12.), 169-173쪽, 이상용, "인공지능과 법인격", 민사법학 제89호, 한국민사법학회(2019. 12.), 27-39쪽, 이경규, "인(人) 이외의 존재에 대한 법인격 인정과 인공지능의 법적 지위에 관한 소고", 법학연구 제21권 제1호, 인하대학교 법학연구소(2018. 3.), 350-351쪽, 신동일·김두환, "인공지능과 법체계 - 전자인격론의 모순과 정보권한과의 갈등을 중심으로 -", 강원법학 제57권, 강원대학교 비교법학연구소(2019. 6.), 463-514쪽, 고세일, "인공지능과 불법행위책임 법리", 법학연구 제29권 제2호, 충남대학교 법학연구소(2018. 5.), 93-96쪽 등 다수. 신학적 측면에서의 부정론으로는 김태오, "인공지능 로봇에 대한 인간의 인격개념 사용 문제: 신학적 인간학의 인격개념 이해를 중심으로", 카톨릭신학 제31호, 한국카톨릭신학학회(2017. 12.), 117-122쪽.

13) 해외 견해로는 Solum, *supra note* 12, at 1258-1279; Samir Chopra & Laurence White, *Artificial agents - personhood in law and philosophy*, PROCEEDINGS OF THE 16TH EUROPEAN CONFERENCE ON ARTIFICIAL INTELLIGENCE, at 635, 635 (2004); Ugo Pagallo, *Vital, Sophia, and Co.—The Quest for the Legal Personhood of Robots*, 9 INFORMATION NO. 9, at 230, 238-240 (2018), Grützmacher/Heckmann, Autonome Systeme und Kl - vom vollautomatisierten zum autonomen Vertragsschluss?, CR 2019,

가지 견해로 구분하는 것이 타당하다고 생각된다.[14] 그런데 긍정론과 제한적 긍정론은 그 인정 범위에 있어서는 차이를 보이지만 근본적으로 인공지능의 법인격을 인정한다는 점에서는 공통된다. 따라서 논의의 간명함과 집중을 위하여 우선 긍정론과 부정론의 주요 논거를 과학기술적 측면, 철학적 측면, 법정책적 측면의 3대 기준을 중심으로 살펴본 후,[15] 제한적 긍정론은 긍정론과 대비되는 부분을 중심으로 살펴본다.

II. 긍정론

1. 개요

긍정론은 한마디로 인공지능의 기술적 특성, 법인격 인정 시의 법적 편의성 및 정책적 필요성 등을 고려할 때 인공지능에 법인격을 인정할 수 있다는 견해이

553, 559; Thomas Riehm, Nein zur ePerson!, RDi 2020, 42, S.42−47 등. 특히 프랑스에서의 부정설에 관하여는 박수곤, "자율적 지능 로봇의 법적 지위에 대한 소고", 법학논총 제31권 제2호, 국민대학교 법학연구소(2018. 10.), 72−74쪽.

14) 인공지능 법인격 인정시의 장단점을 언급만 하고 구체적인 판단은 유보하는 견해도 있다. 일례로 장재옥·김현희, "인공지능의 법적 지위에 관한 논의 - 전자인(간)과 관련하여 -", 법학논문집 제43집 제1호, 중앙대학교 법학연구소(2019. 4.), 134−135쪽. 그러나 위 견해는 인공지능의 불법행위책임주체성에 관하여 실질적인 해결책을 제시하지 못한다는 점에서 별도 학설로 구분하여 논할 필요는 없다고 생각된다.

15) 이 책에서 긍정론과 부정론의 철학적 배경을 살펴보는 이유는 인공지능의 법인격 인정 여부는 단순히 법학적 차원의 논의를 넘어 인간이란 과연 무엇인가와 같은 철학의 근본 주제와 관련되기 때문이다. 이를 카우프만(Arthur Kaufmann)의 표현을 빌려 설명하면 다음과 같다. Arthur Kaufmann, 김영환 역, 「법철학」, 나남(2013), 48쪽.

"법도그마틱(Rechtsdogmatik)이 현행 실정법의 규범적 의미에 대한 학문이라면, 법철학은 마땅히 있어야 할 법, '정당한 법(richtiges Recht)'을 그 대상으로 한다. 도그마틱한 법학이 현존하는 법을 벗어나지 않고 따라서 단지 체계내재적으로만 이를 비판하는 반면, 법철학은 가치 또는 반가치의 관점에서 체계초월적으로 현존하는 법에 관심을 갖는다. 현행법을 그 대상으로 하는 법도그마틱적 논거는 단기간에 옛날의 것이 되어버리는 반면(왜냐하면 법은 끊임없이 변하기 때문이다), 철학적 논거는 장기간이 지나도 그 시의성을 잃지 않는다. 철학에서 관건이 되는 것은, 기억하는 바와 같이 다음과 같은 근본문제들이다. '도대체' 무엇이 법인가, '도대체' 우리는 왜 처벌해야 하는가 등이다."

다. 긍정론을 주장하는 학자들의 견해는 세부적으로는 다소 차이가 있으나 공통되는 주장을 과학기술적 측면, 철학적 측면, 법정책학적 측면에서 각 정리하면 다음과 같다.

2. 과학기술적 측면

근대 이후 폭발적으로 발전해 온 과학기술은 인간의 정신 작용에 관하여 기존의 철학적, 관념적 연구를 넘어 실증적 연구를 가능하게 하였다. 그 결과 인지과학, 뇌과학, 신경학, 생물학, 심리학 등의 학문을 중심으로 인간 정신 작용의 기제(基劑)를 자유의지나 이성과 분리하여 설명할 수 있다는 연구 결과가 발표되고 있다. 일례로 뇌과학자들은 자기공명영상장치(fMRI) 기술 등을 동원하여 뇌의 어떤 지점의 변화가 인간의 의사능력과 의사결정에 영향을 미치는 지를 확인하였고,[16] 이를 토대로 "인간의 행위는 자유의지와 관계없이 뇌의 순수한 생화학적 반응에 불과할 수 있다."는 가설을 수립하여 실험적 증명을 시도하고 있다.[17] 구체적으로 코른후버(Hans Kornhuber)는 인간이 신체를 움직이는 결정을 하기 전에 이미 뇌에 전기적 활동신호가 발생하는 준비전위(rediness potential) 현상이 발생한다는 사실을 발견하였고,[18] 리벳(Benjamin Libet)은 준비전위와 인간의 의식적 결정 사이의 시간적 간격을 측정하는 소위 '리벳 실험'을 통하여 인간의 행위는 의식적 결정이 아니라 뇌에서 일어나는 물리적 사건, 즉 뇌파에 의하여 정해짐을 밝혔다.[19] 로트(Gerhard Roth)는 고도의 지적 기능을 담당하며 의식적인 행위를 관장하는 뇌 조직인 대뇌피질(cerebral cortex)의 작용이 감정을 담당하는 변연계(limbic system)의 작용에 결정적으로 의존하고 있다는 사실을 밝힌 후, "뇌의

---

16) fMRI를 사용하면 영상의 변화를 통하여 인간이 특정 행위를 할 때 활성화 또는 비활성화 되는 뇌의 지점을 특정할 수 있기 때문이다.
17) 탁희성·김일수, 「뇌과학의 발전과 형법적 패러다임에 관한 연구(I)」, 형사정책연구원 연구총서(2013), 52쪽.
18) 김동현, "인지과학적 관점에서 바라본 자유의지와 형사책임론의 문제", 서울대학교 법학 제51권 제4호, 서울대학교 법학연구소(2010. 12.), 281쪽.
19) Benjamin Libet, *Do We Have Free Will?* 6 JOURNAL OF CONSCIOUSNESS STUDIES, at 47, 51–54 (1999). 박은정, "자유의지와 뇌과학: 상호 인정 투쟁", 법철학연구 제18권 제2호, 한국법철학회(2015. 8.), 120–121쪽도 동일한 취지이다.

어떤 지점의 변화가 인간의 의사능력과 의사결정에 영향을 미치는지를 명확하게 확인할 수 있는 이상 신경생물학적 관점에서 인간의 자유의지란 존재하지 않으며 그러한 개념을 유지할 수도 없다."고 주장하였다.[20] 한마디로 뇌과학자들의 주장은 "자유의지는 환상에 불과하다."는 것이다.

생물학적 관점에서도 인간 고유의 정신 작용이라는 개념에 대한 강력한 도전이 제기되고 있다. 윌슨(Edward O. Wilson)과 도킨스(Richard Dawkins)는 각기 다른 문명에서 발견한 다수의 공통 문화 코드를 제시하며 인간의 정신 작용에 대한 '유전자결정론'을 주창한다. 생명의 진화는 유전자(DNA)의 보존, 전달이라는 목적 하에 진행되는 것이고, 인간을 비롯한 생명체는 단지 DNA의 보존, 전달을 위한 도구일 뿐이며, 인간의 정신은 DNA로부터 사전에 결정(setting)되어 있는 프로그램에 따른 발현일 뿐이라는 것이다.[21] 유전자결정론은 그 결정론적·환원주의적 사고로 인하여 많은 비판을 받고 있지만 생물학계에서는 유력한 견해로 인정되고 있다.[22]

이와 같은 과학적 연구결과는 인공지능의 법인격을 인정하자는 긍정론을 뒷받침하는 강력한 논거가 된다. 자유의지, 이성, 영혼 등 인간 고유의 속성으로 전제되었던 정신 작용의 실체에 관하여 과학적 근거에 기초하여 근본적인 의문을 제기하기 때문이다. 만약 인간의 행위가 자유의지와 같은 인간 의식의 활동에 따른 것이 아니라 뇌나 DNA의 활동과 같은 물리적 사건의 결과일 뿐이라면, 이를 인간만이 가진 고유의 본성이라 할 수 없고, 오히려 인간의 심적 상태는 어떤 정보가 입력되면 그에 해당하는 상태를 출력하는 기계적·기능적 상태와 다를 바 없다고 볼 수 있다. 이러한 '유물론적 기능주의(materialistic functionalism)' 관점을 취한다면,[23] 인간 사고 작용의 주체는 생물학적 두뇌에 제한되는 것이 아니라 인

---

20) 김동현(각주 18), 283–284쪽.
21) Richard Dawkins, 홍영남·이상임 역, 「이기적 유전자」, 을유문화사(2018), 제11장.
22) 김동현(각주 18), 280쪽.
23) 유물론적 기능주의는 인간의 심적(心的) 상태를 물리 상태로 간주하여 심적인 것은 물리적 구성이 아니라 기능적 인과관계로 정의할 수 있다고 본다. 즉 인간의 심적 상태는 그 체계(system)를 이루는 물리적 재료에 의해서 결정되는 것이 아니라 올바른 인과관계를 가지고 있느냐에 따라 결정된다는 것이다. 따라서 인간의 뇌이건 컴퓨터이건 올바른 인과관계만 다룰 수 있다면 어떤 것이든 마음을 가질 수 있다는 결론에 이르게 된다. 손병홍·송하석·심철호, "인공지능과 의식: 강한 인공지능의 존재론적 및 의미론적 문제", 철학적 분석 제5호,

공지능과 같이 프로그램을 실행할 수 있는 어떠한 체계에도 확대될 수 있으므로, 인공지능을 인간과 마찬가지의 주체, 즉 법인격의 주체로 인정하자는 주장을 이론적으로 구성할 수 있다.[24]

구체적으로 긍정론은 인간 사고 작용을 기계적·기능적 상태로 구현한 것이 인공지능이라면, 인공지능은 기본적으로 이미 인간의 개입이나 통제 없이 인지하고 판단하고 행위할 수 있는 일정 수준의 자율성을 갖추고 있으며, 과학기술이 발전함에 따라 인공지능의 자율성 수준은 지속적으로 고도화될 것이라는 입장이다. 비록 인공지능의 판단 및 행동이 인간이 작성한 알고리즘과 그에 기반한 일련의 학습 과정을 통해 이루어지기는 하나 적어도 현상학적 측면, 즉 인공지능의 판단 및 행동인지 아니면 인간의 판단 및 행동인지를 알 수 없는 외부의 관찰자의 측면에서는 자율성을 지닌 주체로 인식될 수 있다는 것이다. 특히 미국의 로봇법학자 케일로(Ryan Calo)는 "설령 인공지능에게 인간과 같은 의도나 의식의 존재를 인정하기 어렵다 할지라도 인공지능은 설계자나 제작자가 미리 설정하거나 이용자(user)가 내린 명령을 그대로 따르거나 반복하는 데 그치지 않고 마치 생명체가 당면한 환경에 적응하는 것처럼 실수나 시행착오를 통해 학습함으로써 환경과 끊임없이 상호작용하며 이러한 인공지능의 상호작용적 행위는 설계자, 제작자 또는 이용자가 예측할 수 없는 방식으로 이루어진다."고 주장하며 자율성 대신 '창발성(emergence)'이라는 표현을 사용하여 인공지능의 예측불가능성을 강조하고 있다.[25] 이처럼 인간 수준의 자율성을 지닌 인공지능을 그 현상학적 측면을 무시한 채 단순히 인간이 지배하는 대상, 즉 권리객체로서 취급하는 것은 타당하지 않으며 권리의 주체로 인정하여야 한다는 것이 긍정론의 입장이다.[26]

　　한국분석철학회(2002. 6.), 7−8쪽.

24) 박정식, "인공지능과 인간의 마음", 코기토 제86호, 부산대학교 인문학연구소(2018. 10.), 204−207쪽.

25) Ryan Calo, *Robotics and the Lessons of Cyberlaw*, 103 CALIF. L. REV. 513, 538−545 (2015). Calo는 위 논문에서 다른 기술과 구분되는 인공지능의 특징을 ① 신체성 ② 창발성 ③ 사회적 결합(social valence)의 세 가지로 주장한다.

26) 김건우(각주 10), 217쪽, 이중기(각주 10), 7−8쪽, 신현탁(각주 10), 47−48쪽.

3. 철학적 측면

긍정론의 철학적 근거는 크게 법실증주의(legal positivism) 사상과 탈인간중심주의(post-humanism) 사상을 들 수 있다.

가. 법실증주의 사상

법철학의 가장 근본적인 문제는 "인간은 자유롭게 법을 제정할 수 있는가? 아니면 법을 만들 때 인간에게 제한이 가해지는가?"이다.[27] 이는 바꾸어 말하면 "법을 고찰함에 있어 주어진 법만을 대상으로 할 것인가? 아니면 주어진 법 외에도 인간의 이성에 의하여 사고될 수 있는 법도 대상으로 할 것인가?"에 관한 질문이라고 할 수 있다.[28] 법실증주의는 한마디로 위 근본 질문에 대하여 첫 번째 견해를 취하는 철학이라 할 수 있다.[29] 요컨대 법실증주의는 인간이 감지할 수 없는 법의 추상적 세계를 탐구의 대상으로 할 것이 아니라 현실 속에서 존재하는 법의 구체적 세계만을 탐구의 대상으로 하는 법철학적 사조를 말한다.[30]

법실증주의의 기본명제는 '법과 도덕의 분리'이다. 법실증주의 철학에서 법과 도덕 사이에 어떠한 필연적인 연관성은 존재하지 않는다. 오히려 법실증주의는 지금 있는 법(존재)과 있어야 할 법(당위)을 엄밀히 서로 구별할 것을 주장한다.[31] 법실증주의는 형이상학적인 전제들(존재의 보편적인 원칙, 궁극적 사물, 선험적

---

27) Kaufmann(각주 15), 76쪽.
28) 김상용, "법실증주의에 관한 일고찰", 한독법학 제19권, 한독법률학회(2014. 2.), 265-266쪽.
29) 김상용(각주 28), 277쪽. 물론 법실증주의의 개념, 유형, 적용범위 등에 관하여는 다양한 견해가 존재하고 있어 법실증주의를 일률적으로 단일한 개념으로 통칭하는 것은 사실상 불가능하며 적절하지도 않다. 법실증주의의 다양한 양상이나 학자들의 견해 및 이에 관한 상세한 소개와 분석은 이 책의 주제와는 동떨어진 것이므로 이를 자세히 다루지 않는다. 법실증주의에 관한 상세한 내용은 김상용(각주 28), 265-266쪽, 김영환, "법실증주의의 개별유형과 그 개념에 대해서", 법학논총 제17권, 한양대학교 법학연구소(2000. 10.), 81-113쪽, 김정오 외, 「법철학」, 박영사(2020), 15-40쪽, Kaufmann(각주 15), 71-140쪽.
30) 이런 의미에서 법실증주의는 후술하는 자연법(自然法) 사상에 속하지 않는 모든 법적 사고 내지 법사상, 즉 역사법학, 개념법학, 순수법학, 목적법학, 법현실주의 등 주어진 법에 대한 탐구만을 법학의 사명으로 파악하는 법사상을 모두 포괄하는 개념이다. 김상용(각주 28), 268쪽.
31) 김영환(각주 29), 81-82쪽.

인 것, 경험불가능한 것, 절대적인 것 등)을 거부하고, 법의 개념을 가치와 관련이 없는 경험적인 표지에 의해 규정한다. 따라서 법실증주의에서 법개념의 척도로 작용하는 것은 단지 '실증성'이라는 요소뿐이다.[32] 법은 형이상학적 세계가 아니라 형이하학적 세계에 속할 때, 즉 실증적일 때에만 존재하는 것이 된다. 법실증주의가 전제하는 법과 도덕의 분리는 19세기의 대표적인 공리주의자인 벤담(Jeremy Bentham)과 오스틴(John Austin)을 동시에 관통했던 생각, 즉 정치적 개념이 담고 있는 명분 자체보다는 그 개념을 사용하는 정치적 담론이 가져다 줄 실제적인 결과에 주목해야 한다는 현실주의적이고 실용주의적인 생각과도 궤를 같이 한다. 공리주의자들이 보기에 어떠한 권리가 존재하려면 그것에 선행하면서 권리를 창출하는 법질서가 있어야 한다는 것은 그 자체로 자명한 명제였기 때문이다.[33]

법실증주의의 기본 명제인 '법과 도덕의 분리'는 논리필연적으로 법의 개념과 이념 사이의 이원론을 부정하는 결과를 초래한다. 즉 법실증주의는 일원론(一元論)이다. 모든 경험적인 표지를 충족하면 그대로 법의 개념에 속하기 때문이다. 그런데 법실증주의의 경험적 표지는 항상 고정된 것이 아니라 가변적인 것이다. 법실증주의 사상에서 실정법의 내용은 장소와 시간에 따라 변동되는 것이며, 장소와 시간에 무관하게 존재하는 절대적인 실정법은 존재하지 않는다.[34] 그러므로 법실증주의 사상에서는 어떤 존재에 법적 지위를 인정할 것인가의 문제는 도덕의 영역과는 무관하며 법이 제정되는 시점의 사회적 필요성을 고려하여 인간이 자유롭게 결정할 수 있는 문제가 된다. 그렇다면 다양하게 존재하는 사회적 필요성 중 어떤 것이 실정법으로 제정되는가? 법실증주의는 이를 단지 '정치'의 문제, 바꾸어 말하면 법학의 문제가 아니라 사회적 필요에 의한 '결단'의 문제라고 간주한다.[35] 하트(Herbert L. A. Hart)의 표현을 빌자면, 무엇이 법인가라는 문

---

32) 김영환(각주 29), 105쪽.
33) 김형석, "실증주의와 공리주의의 연결 고리 – 존 오스틴의 명령으로서의 법 개념 –", 법학논총 제36권 제4호, 한양대학교 법학연구소(2019. 12.), 462쪽.
34) Walter Ott, Der Rechtspositivismus, 2. Auflage, Duncker & Humblot (1992), 115–116 ff. 김영환(각주 29), 106쪽에서 재인용.
35) 남기호, "독일 고전철학의 자연법 개념", 사회이론 제54호, 사회이론학회(2018. 11.), 20–21쪽.

제는 사회구성원의 승인을 기초로 형성된 규칙, 즉 '승인의 규칙'에 따라 정해지는 것이다.[36)]

이상 살펴본 법실증주의 관점에 의하면 사회적 필요가 있고 사회 구성원들의 정치적 결단이 있다면 얼마든지 인공지능의 법인격을 인정할 수 있는 결론에 이르게 된다. 법적 지위는 사회적 관점에서 제정되는 것이므로 인공지능에 대하여도 법인격을 인간만의 고유한 속성과 같은 철학적 접근법이 아니라 사회적 현실, 법적 편의성, 정책적 필요성과 같은 현실적 문제를 이유로 인공지능에 법인격을 인정할 수 있기 때문이다.[37)]

나. 탈인간중심적 법사상

탈인간중심적 법사상은 현대사회에서 급속하게 발전하고 있는 정보통신기술, 생명과학, 진화론 등에 힘입어 성장하고 있는 사상으로, 말 그대로 인간을 법체계의 중심적인 지위로 삼지 않는 사고를 말한다. 유의할 점은, 탈인간중심적 법사상은 인간을 무시하거나 배제하는 것이 아니라, 인간과 비인간적 존재를 모두 포섭하여 기존의 법이론을 재구성하려는 사상이라는 점이다.[38)]

탈인간중심적 법사상은 과학기술의 발전에 따라 인간중심적인 주체 개념이 생물학적 인간(human)의 범위와 사회학적 인격(*persona*)의 범위에서 모두 확장되고 있다는 점에서 출발한다.[39)] 예컨대 생명공학의 발전으로 인하여 생물학적 인간의 범위는 태아, 배아, 나아가 기계와 인간이 결합된 사이버네틱스(cybernetics) 등으로 지속적으로 확장되고 있다. 한편 사회학적 인격 개념의 확장은 과학기술이 급속하기 성장하기 이전에도 이미 법체계 안에서 진행되어 왔는데, 법인(法人) 개념의 도입이나 미성년자 및 여성의 권리능력 신장이 대표적인 예이다. 이처럼 법체계는 인류 역사의 진보와 과학기술이 야기하는 환경의 변화에 대응하여 자신의 체계를 변화함으로써 진화하는 경향을 보여왔는데, 이러한 진화 경향의 선

---

36) 김정오 외(각주 29), 33-35쪽.
37) 이중기(각주 10), 20쪽, 24쪽, 김진우(각주 1), 41-42쪽.
38) 김연식, "과학기술의 발달에 따른 탈인간적 법이론의 기초 놓기", 법과사회 제53호, 법과사회이론학회(2016. 12.), 74-75쪽.
39) 양천수, "탈인간중심적 법학의 가능성", 행정법연구 제46호, 행정법이론실무학회(2016. 8.), 9쪽.

두에는 탈인간중심적 법사상이 있다.

탈인간중심적 법사상의 출발점으로는 루만(Niklas Luhmann)의 체계이론이 꼽힌다.[40] 루만의 체계이론은 오늘날 유력한 사회이론 중 하나로서 현대 사회를 분석하는 새로운 개념의 어휘를 발전시킴으로써 현대 사회의 새로운 설명 방법을 제시하였다고 평가받고 있다.[41] 체계이론은 인간을 사회이론의 기본적 분석 대상에서 배제하는 것에서 출발한다. 루만은 생물학적 체계가 세포와 같은 생화학적 '유기체'로 이루어져 있다면, 사회는 '소통'으로 이루어져 있다고 본다. 그런데 소통은 인간의 육체나 의식의 외부에 있다. 루만에게 있어 사회에서 관찰할 수 있는 것은 인간의 의식이 아니라 소통이다. 예컨대, 예술적 소통을 관찰한다는 것은 예술작품을 창작한 저자의 의식을 들여다보는 것이 아니라 예술작품과 그를 관찰하는 사람들 사이의 소통을 관찰하는 것이다. 루만은 소통의 귀속 주체에 대한 관심을 접고, 소통 그 자체만이 실제로 일어나는 것이며, 그것만 관찰 가능한 것이라고 전제한다. 즉 루만의 사회이론의 대상은 "소통을 기반으로 하는 작동적(作動的)이며 폐쇄적인 사회"이며, 이것이 루만의 사회체계이다.[42]

그렇다면 루만의 체계이론은 왜 탈인간중심적 법사상의 철학적 근거가 되는가? 루만의 체계이론에서 사회체계의 구성 요소인 소통은 인간을 전제로 하지 않기 때문이다. 루만의 사회체계는 소통을 스스로 생산해 내는 자기생산성($autopoiesis$)을 갖춘 체계이며, 인간의 몸을 갖지 않으면서도 인간처럼 소통할 수 있는 개념이다. 루만의 이론에서 인간은 사회체계 밖에서 생물학적 존재로서 소통에 참여하는 사회의 환경일 뿐이다. 물론 소통이 작동하려면 인간이 필요하지만, 인간은 소통에 필요한 외부조건일 뿐 소통의 필수 요소가 아니다.[43] 일례로 인간이 생물학적으로 사망하더라도 소통은 계속해서 일어날 수 있다.[44] 이를 루만은 "인간은

---

40) 루만의 체계이론에 관하여는 Georg Kneer & Armin Nassehi, 정성훈 역, 「니클라스 루만으로의 초대」, 갈무리(2008), 이남복, "루만의 구성주의 체계이론 – 실재론과 관념론을 넘어서 –", 담론201 제10권 제2호, 한국사회역사학회(2007. 8.), 151 – 193쪽.
41) 홍성수, "인간이 없는 인권이론? – 루만의 체계이론과 인권 –", 법철학연구 제13권 제3호, 한국법철학회(2010. 12.), 253쪽.
42) 홍성수(각주 41), 254쪽.
43) 홍성수(각주 41), 255쪽.
44) 김연식(각주 38), 79쪽은 인간 그 자체는 루만의 체계이론에서 소통의 주체가 아니라는 주장을 "노무현이라는 한 인간의 생물학적 죽음에도 불구하고 그에 대한 사회적 소통은 계속 이

소통할 수 없다, 심지어 그들의 뇌도 소통할 수 없다. 그들의 의식도 소통할 수 없다. 오로지 소통만이 소통할 수 있다."라고 표현한다.[45]

루만의 체계이론에 의하면 결국 인간과 비인간의 경계가 모호해지고 그에 따라 지금까지 객체로 자리매김하였던 비인간이 법적 주체로 포섭될 여지가 생긴다.[46] 루만의 이론에서 인간 그 자체는 특별한 이론적 지위를 가지고 있지 않으며, 루만 이론의 핵심은 비인간적 집합체인 사회체계에 행위자적 성격을 부여하는 것이기 때문이다. 그러나 루만의 이론에서 분석 대상으로 삼았던 비인간적 실체들은 법인이나 정당과 같이 그 구성원이 모두 인간이라는 한계가 있다.[47]

체계이론의 한계를 극복하고 인공지능과 같이 순수한 비인간적 대상을 인격화할 수 있는 이론은 토이브너(Gunther Teubner)가 제시하고 있다. 토이브너는 기본적으로 루만의 체계이론에 기초하되 라투르(Bruno Latour)의 '행위자−네트워크 이론(Actor−Network Theory)'을 접목시킨다. 행위자−네트워크 이론은 한마디로 인간과 비인간이 동등한 지위를 가지고 상호 작용을 하는 네트워크로서의 정치적 생태계(political ecology)를 전제하고 이 네트워크에 속한 비인간에게 행위능력(agency)을 부여하는 것이다.[48] 라투르는 인간 중심적인 행위자의 개념을 버리고 비인간과 인간을 구분하지 않고 행위능력을 가진 모든 요소에 적용되는 '행위소'라는 개념을 도입하였는데, 토이브너는 행위소 사이의 전략적인 동맹인 하이브리드(hybrid)라는 개념을 통하여 비인간적 존재를 사회적 소통에 관여시키고 이를 통하여 비인간적 존재의 인격화를 시도한다. 토이브너가 말하는 하이브리드란 쉽게 말하여 인간 행위소와 비인간 행위소 사이의 동맹이다. 비인간 행위소는 인간 행위소와의 동맹인 하이브리드를 통하여 소통 능력을 갖출 수 있

어진다."라는 예를 들어 설명한다.

45) Niklas Luhmann, *On the Scientific Context of the Concept of Communication*, 35−2 SOCIAL SCIENCE INFORMATION, at 257, 265 (1996).

46) 양천수(각주 39), 9−10쪽.

47) 루만의 시대는 인공지능과 같은 기술 혁명이 본격적으로 등장하지 않은 시대였기 때문에 루만은 이 점에 대하여 충분한 관심을 기울이지 않았을 것이라는 견해로는 김연식(각주 38), 87쪽.

48) 여기서의 행위능력은 원문의 agency를 번역한 것으로서 법률상 행위능력과는 구분되는 일종의 작동적 개념이다. 즉 라투르가 말하는 agency란 그 작동으로 인간의 행위와 유사한 효과를 유발할 수 있는 능력 또는 특성을 말한다. 김연식(각주 38), 87쪽

고, 인간 행위소는 비인간 행위소와의 하이브리드를 통하여 자신의 소통 능력을 확대할 수 있다. 법인이 인간을 통하여 거래하고 계약을 맺는 것처럼 하이브리드는 인간을 통하여 사회적 소통에 관여하게 되며, 이 때 사회적 소통의 귀속 지점은 인간이 아니라 하이브리드이다.[49] 즉 토이브너의 하이브리드 이론에 의하면 비인간적 존재도 하이브리드를 형성함으로써 루만이 말하는 사회체계에서의 소통의 주체가 될 수 있다.

이상 살펴본 탈인간중심적 사상을 취한다면 인간만이 법적 주체가 되어야 한다는 당위명제는 인정될 수 없다. 어떤 대상이 어떤 법적 능력을 가지거나 어떤 능력을 가지고 있어야 하는가는 존재론적으로 확정되는 것이 아니며, 사회체계를 어떻게 정의하고 그 체계의 기본 단위를 무엇으로 볼 것인가의 문제이기 때문이다.[50] 오히려 루만의 체계이론과 이를 확장시킨 토이브너의 하이브리드 이론에 의하면 비인간적 존재라 하더라도 사회적 소통 능력을 갖춘다면 사회적 주체가 될 수 있는데, 인공지능은 인류가 지금까지 고안한 다른 어떠한 도구보다도 그 자체로 혹은 인간과 상호 작용하여 사회적 소통이 가능한 도구이므로, 결국 인공지능에도 전부 또는 일부라도 법인격을 인정할 수 있다는 결론에 이르게 도달하게 된다.[51]

4. 법정책적 측면

긍정론자의 상당수는 설사 인공지능에게 자율성이나 자유의지와 같은 인간 고유의 속성이 인정될 수 없거나, 인공지능에게 법인격을 인정하는 것이 도덕적으로 정당화될 수 없다고 하더라도 법적 필요성이나 유용성이 인정된다면 인공지능에 법인격을 인정할 수 있다고 주장한다.[52] 원칙적으로 인간에게만 권리능

---

49) Gunther Teubner, *Rights of Non—Humans — Electronic Agents and Animals as New Actors in Politics and Law*, 33 J.L. & SOC'Y 497, 510 (2006).
50) 김성돈(각주 8), 101쪽.
51) Gunther Teubner, Digitale Rechtssubjekte? Zum privatrechtlichen Status autonomer Softwareagenten, Ancilla Iuris 2018, 107, S.141—145.
52) 김진우(각주 1), 23—27쪽, 신현탁(각주 10), 49쪽, Tom Allen & Robin Widdison, *Can Computers Make Contracts*, 9 HARV. J. L. & TECH. 25, 36—43 (1996).

력을 인정하고 그 밖의 존재에 대하여는 권리의 객체로만 취급하는 현행 법체계의 접근방식은 절대적인 것이 아니라 사회 변화에 따라 전환될 수 있는 가변적인 것이므로,[53] 법적 편의성이나 유용성이 있다면 자율성이나 자아의식의 존부 등 인간만의 고유한 속성이라고 여겨지는 특성을 갖추지 못한 인위적 존재에도 법인격을 부여할 수 있다는 것이다.[54]

이러한 주장을 뒷받침하는 대표적인 사례로 긍정론은 법인 제도를 제시한다. 법인 제도를 논거로 드는 이유는 다음과 같다. 법인의 본질에 대하여는 19세기 이후 독일을 중심으로 법인의제설, 법인부인설, 법인실재설이 주장되어 왔으나, 학설의 대립은 실질적으로는 큰 의미가 없으며[55] 어느 견해에 의하더라도 법이 법인이라는 법형상(Rechtsfigur)을 인정한 이유가 법률관계의 단순화와 개인 책임의 제한에 있다는 점에는 별다른 다툼이 없다. 구성원 개인과 별도로 단체 자체에 법인격을 인정하여 단체에 관련된 권리와 의무를 법인에게 귀속시킴으로써 법률관계를 단순화시킬 수 있고, 단체에 귀속하는 재산과 구성원 개인에 귀속하는 재산을 구분함으로써 단체의 공동 목적을 위하여 부담하게 된 채무에 대하여 구성원 개인이 고유의 재산으로 부담하는 것을 회피할 수 있어, 결과적으로 법적 안정성과 효율성을 모두 도모할 수 있도록 법이 창설한 법인격이 바로 법인이다.[56] 즉 법인은 그 본질에 관한 논란을 떠나 법기술적(法技術的) 성격을 가진 존재임은 분명하다.[57] 그런데 제1절에서 언급하였듯이 인공지능에 법인격을 인정할 경우 인공지능 사고에 관하여 인공지능 그 자체에 불법행위책임을 물을 수 있고 그로 인하여 법률 관계가 간명화될 수 있다. 그렇다면 인공지능에 대하여도 법인과 마찬가지로 법률로써 법인격을 창설할 수 있고 그렇게 하는 것이 법정책적으로 타당하다.

---

53) 이경규(각주 12), 327쪽.
54) 김진우(각주 1), 24쪽.
55) 일례로 곽윤직·김재형, 「민법총칙」, 박영사(2013), 156쪽. 플루메(Werner Flume)는 "법인 본질 논쟁을 교과서에서 다루는 것은 그저 의무적으로 하는 것에 불과하다."는 표현을 사용하며 법인론 논쟁을 비판한다. 송호영, "법인론과 관련한 독일 사법학계의 최근동향", 비교사법 제4권 제2호, 한국비교사법학회(1997. 12.), 600쪽.
56) 송호영, 「법인론」, 신론사(2013), 8-9쪽, 김준호, 「민법강의(제26판)」, 법문사(2019), 106쪽.
57) 송호영(각주 56), 9쪽.

Ⅲ. 부정론

1. 개요

인공지능은 인간의 창작물로서 인간이 사용하는 도구(tool)에 불과하므로 인공지능에 법인격을 인정할 수 없다는 견해이다. 부정설을 주장하는 학자들의 논거는 다양하나 간추려 정리해보면 다음과 같다.

2. 과학기술적 측면

인공지능의 자율성을 높게 평가하는 긍정론과 달리, 부정론은 인공지능의 자율성을 인간이 보유한 생리학적 관점의 자율성이 아니라 이용자나 조종자의 직접적인 통제하에 있지 않음을 의미하는 '공학적 자율성' 정도로 평가하며,[58] 공학적 맥락에서의 인공지능의 자율성 개념은 인공지능의 법적 지위를 결정하는 것과 유관한 사회적·윤리적 차원에서의 자율성 개념을 함축하지 않는다고 생각한다.[59] 인공지능의 행위를 외형적으로 관찰하면 인간의 직접적 개입이 드러나지 않으므로 마치 인공지능이 자유의지나 행위주체성을 가지는 것처럼 보일 수 있기는 하지만, 이는 외형적·현상학적 차원에 불과하고, 인공지능에게 그 행동에 대한 의도나 동기 등을 기대할 수 없으므로, 결국 인공지능에게 진정한 의미의 자율성은 인정할 수 없기 때문이다.[60]

부정론자들이 볼 때 기본적으로 인공지능의 행위는 인간이 사전에 개발해 둔 알고리즘에서 정하여 둔 특정한 맥락, 예를 들어 알파고(AlphaGo)의 바둑 두기에서의 기계적 반복(loop)을 벗어날 수 없다. 기계적 반복 행위는 기껏해야 인간이 사전에 설정한 한계 안에서의 '설계된 자율성', '제한된 자율성'에 해당할 뿐이

---

58) 박해선, "스마트사회와 민사책임", 법학논총 제23집 제2호, 조선대학교 법학연구원(2016. 8.), 270쪽.
59) 고인석, "인공지능이 자율성을 가진 존재일 수 있는가?", 철학 제133권, 한국철학회(2017. 11.), 182쪽.
60) Neil M. Richards & William D. Smart, *How Should the Law Think about Robots, in* ROBOT LAW 3, 18−21 (Ryan Calo et al., eds., EE Elgar Publishers 2016).

다.[61] 이와 달리 인간의 자율성은 특정한 맥락에서의 자율성이 아니다. 인간의 현실 세계는 하나의 명시적 대상이 아니라, 단번에 그 특성이 파악될 수 없는 불분명하고 모호한 맥락이다. 그런데 인간은 자신과 직접적으로 얽혀 있는 세계의 맥락 또는 흐름을 의식적으로 명확히 하여 그 요점을 이해할 수 있는 이성이 있고 그에 따라 자신의 행동을 결정할 수 있는 '설계되지 않은 자율성'이 있다.[62] 그러므로 인공지능의 자율성을 인간과 동등한 수준의 자율성의 발현이라고 평가할 수는 없다는 것이 부정론의 입장이다.

부정론은 자율성에 관한 인간과 인공지능의 가장 큰 차이의 하나로 인공지능은 스스로 임의로 작동을 개시(power−on and start)하거나 종료(shutdown and power−off)할 수 없다는 점 또한 지적하고 있다.[63] 인공지능은 어떠한 경우에도 인간이 작동을 개시하는 행위(전기의 공급 및 실행 명령의 입력 등)를 하지 아니하는 한, 절대로 정해진 알고리즘의 실행을 임의로 시작하지 못한다.[64] 물론 인공지능에 전원 버튼이나 알고리즘 실행 버튼을 클릭할 수 있는 하드웨어가 연결된 경우를 상상할 수는 있겠지만, 이러한 경우라도 인간이 인공지능의 작동에 필요한 전원을 물리적으로 차단한 경우 인간의 개입 없이 인공지능이 스스로 전원을 공급하여 시작하는 것은 불가능하다. 이처럼 시작과 종료도 스스로 결정할 수 없는 인공지능에게 인간과 동일하거나 유사한 자율성을 인정할 수는 없다는 것이 부정론의 견해이다.[65]

3. 철학적 측면

긍정론이 법실증주의와 탈인간중심적 사상에 기초하고 있다면 부정론은 이에 대비되는 양 사상, 즉 자연법(自然法) 사상과 인본주의(人本主義) 사상에 그 철학

---

61) 한희원, "인공지능(AI)의 법인격 주체 가능성의 이론적 기틀에 대한 기초 연구", 중앙법학 제20권 제3호, 중앙법학회(2018. 9.), 390쪽.
62) 이연희, "인공지능 시대에 인간의 존엄성 문제 고찰 − C. Taylor의 시각에서 −", 윤리연구 제 128호, 한국윤리학회(2020. 3.), 133−134쪽.
63) 오병철(각주 12), 165−166쪽.
64) 오병철(각주 12), 166쪽.
65) 오병철(각주 12), 166쪽.

적 기초를 두고 있다.[66]

가. 자연법 사상

자연법 사상은 앞서 살펴본 법실증주의와 함께 법철학의 양대 사조를 이루고 있다. 현실 속에서 구체적으로 존재하는 실정법만을 사고 내지 탐구의 대상으로 삼는 법실증주의와 달리 자연법 사상은 현실 세계에 존재하는 법뿐 아니라 이성에 의하여 사고될 수 있는 법도 고찰의 대상으로 삼아 실정법이 아닌 초월적인 법세계까지 법의 영역을 확대한다.[67] 앞서 살펴본 법철학의 근본적인 문제의식, 즉 인간은 자유롭게 법을 제정할 수 있는가 아니면 법을 제정할 때 인간에게 제한이 가해지는가라는 질문에 관하여 자연법 사상은 후자(候者)를 취하는 견해라 할 수 있다.[68]

자연법 사상은 고대의 자연철학적 사고에서 기원한다. 당시 철학은 말 그대로 자연철학, 즉 자연(nature)의 기본적 실체를 규명하는 학문이었다. 고대 그리스 시대의 철학자들은 자연을 관찰하여 자연 현상이 임의적으로 발생하는 것이 아니며 이를 관장하는 물리적 자연 법칙이 존재함을 알게 되었다. 자연 현상을 관장하는 물리적 자연 법칙이 존재한다면, 그 상위 개념으로 물리적 자연 법칙을 항구히 관장하는 형이상학적 법칙도 존재해야 한다는 것이 고대 자연철학자들의

---

66) 역사적으로나 철학적으로 볼 때 자연법 사상은 인본주의 사상의 법사상적 근원이 되었고, 인본주의 사상은 다시 자연법 사상을 심화, 발전시켰다. 따라서 자연법 사상과 인본주의 사상은 역사적, 철학적 맥락에서 상호 영향을 주고받으며 공존해 온 사상으로 이를 엄밀하게 양분하여 서술하는 것은 가능하지 않다. 다만 제3절 Ⅱ.에서 긍정론의 철학적 근거로 법실증주의와 탈인간중심적 철학을 살펴보았으므로, 이와 명확하게 대비하기 위하여 이하 자연법 사상과 인본주의 사상을 항을 달리 하여 서술한다. 자연법 사상과 인본주의 사상간의 공존과 영향에 관하여는 차수봉, "인간존엄의 법사상사적 고찰", 법학연구 제16권 제2호, 한국법학회(2016. 6.), 1 – 22쪽.
67) 김상용(각주 28), 266쪽.
68) 법실증주의와 마찬가지로 자연법 사상의 개념, 유형, 적용범위 등에 관하여 다수의 학자들이 제시한 다양한 견해가 상존하고 있다. 따라서 자연법 사상을 일률적으로 정의하거나 통칭하는 것 역시 법실증주의와 마찬가지로 사실상 불가능하며 적절하지도 않다. 자연법 사상에 대한 상세한 소개와 분석은 이 책의 주제와는 동떨어진 것이므로 이를 자세히 다루지 않는다. 자연법 사상에 관한 상세한 내용은 원상철, "자연법사상사", 원광법학 제20집, 원광대학교 법학연구소(2004. 10.), 187 – 206쪽, 김정오 외(각주 29), 15 – 40쪽, Kaufmann(각주 15), 71 – 140쪽.

생각이었다.[69] 이러한 생각에서 인간의 정의와 자연의 정의를 구분하여 자연의 정의를 인간의 정의보다 상위에 두는 사고가 자연스럽게 출현하였고,[70] 이러한 사고는 소크라테스, 플라톤, 아리스토텔레스, 키케로와 같은 철학자들을 거치며 발전하게 된다. 일례로 키케로는 윤리적 세계질서로서 보편적인 자연법칙이 존재한다는 것을 인정하고, 보편적 자연법칙에서 인간공동체의 질서로 제기되는 규범이 자연법이고, 정의의 기초가 바로 자연법이며, 원로원이나 다수의 사람들에 의하여도 자연법의 원리는 변경할 수 없다고 생각하였다.[71]

고대의 자연법 사상은 중세의 신학적 자연법 사상, 즉 신(神)이 정한 객관적 질서를 자연법으로 파악하는 사상으로 계수되었고, 르네상스를 거쳐 근대 자연법 사상의 기초가 되었다. 근대 자연법 사상은 중세의 비합리적인 신학적 방법에서 해방되어 신이 아닌 인간의 본성에서 보편적 규범을 찾으려고 하였다. 구체적으로는 신이나 국가가 존재하기 이전의 자연 상태에서의 인간을 산정함으로써 인간의 본성을 확인하고 이를 근거로 논리적 추론을 통해 인간의 자연적 권리와 의무를 도출하려 하였다.[72] 대표적으로 홉스(Thomas Hobbes), 로크(John Locke), 루소(Jean-Jacques Rousseau)는 인간의 자연 상태가 어떠한지에 관하여는 견해의 차이를 보였으나[73] 공통적으로 인간의 자연적 권리는 인간의 생명, 건강, 재산, 자유 등에 관한 권리이며, 인간의 이성이 보편적 법칙이라고 파악하였다. 오늘날의 자연법 사상은 다양한 형태로 세분화되어 전개되고 있으나 결국 그 본질은 인간의 자연적 권리와 이성에 바탕을 둔 근대 자연법 사상이다.

자연법 사상은 "부정의한 법은 법이 아니다."라는 법언으로 대변된다. 법실증주의와 달리 자연법은 법과 도덕을 분리하지 않는다. 자연법 사상은 법의 이념성을 강조한다. 자연법 사상에서 실정법이라고 하여 모두가 다 강제력을 갖는 것은

---

69) Kaufmann(각주 15), 77쪽.
70) 최초로 인간의 정의와 자연의 정의를 구분한 철학자는 헤라클레이토스(Herakleitos)이다. 그는 모든 자연 현상을 지배하는 힘을 세계이성, 즉 로고스(logos)로 인식하고, "모든 인간의 법칙들은 신적 유일성에 의해 살아나간다."라고 주장하며 처음으로 인간이 제정한 규율의 정의(실정법)와 자연의 정의(자연법)을 구분하였다. Kaufmann(각주 15), 78쪽.
71) 원상철(각주 68), 191쪽.
72) Kaufmann(각주 15), 82쪽.
73) 자연 상태를 홉스는 '만인에 의한 만인의 투쟁'으로, 로크는 '완전한 자유로움을 누리는 평화로운 상태'로, 루소는 '어떠한 선이나 악도 없으며 고립적이고 무지한 상태'로 각 파악하였다.

아니다. 실정법 외에 보편적이고 타당한 도덕률이나 규범과 같이 자연적으로 존재하는 법칙 또한 법이며, 실정법은 이러한 자연적 규범에 부합할 때 비로소 법으로 인정된다.[74]

그렇다면 자연법 사상은 왜 인공지능의 법인격을 부정하는 주장의 철학적 논거가 될 수 있는가? 현대 자연법 사상이 예정하는 보편적이고 타당한 자연적 규범, 즉 자연법적 질서는 다름아닌 '인간'에 기초하고 있기 때문이다. 자연법의 본질과 가치는 인간의 생명, 자유, 재산과 같은 인간존중의 가치를 확인하고 인권을 존중하는 것이며, 이러한 정신이 실정법을 비롯한 모든 사회규범을 총괄하고 구속하는 근본규범이라는 데 있다.[75] 사실 오늘날의 헌법과 민법전의 내용은 인류 보편의 가치를 담아 이를 실현하고자 하는 자연법 사상이 구체화된 것이라 할 수 있다.[76] 현대 사회는 기본적으로 자연법 사상에 따라 이루어진 법으로 인간의 존엄을 구현하고 사회질서를 유지하며 평화를 이루어 나가고 있는 것이다.[77] 따라서 인공지능의 법인격을 인정할 법적 필요성이나 유용성이 있고 이를 인정하는 실정법이 제정되었다는 것만으로는 부족하며, 인간의 자연적 권리와 이성이라는 보편 질서에 합치되어야만 그 규범력을 인정할 수 있다.

나. 인본주의 사상

인본주의 사상은 한마디로 인간을 법체계의 중심에 놓고 인간만이 주체가 되며 인간 외의 대상은 주체의 수단 혹은 도구로 자리매김하는 객체로 보는 사고방식이다.[78] 인간을 존엄한 가치의 대상을 여기고 개개인이 행복을 추구할 수 있는 사회의 구현은 현대 자유민주주의국가가 지향하여야 할 최종 목적이다. 이는 "모든 국민은 인간으로서의 존엄과 가치를 가지며, 행복을 추구할 권리를 가진다. 국가는 개인이 가지는 불가침의 기본적 인권을 확인하고 이를 보장할 의무를 진다."고 규정한 헌법 제10조에서도 확인할 수 있다.

---

74) 김상용(각주 28), 266-267쪽.
75) 원상철, "자연법론의 흐름과 법실증주의 비교검토", 법학연구 제17권, 한국법학회(2004. 12.), 632쪽.
76) 김상용(각주 28), 293쪽.
77) 김상용(각주 28), 293쪽.
78) 양천수(각주 39), 6쪽.

인본주의 사상의 뿌리는 고대 그리스에서부터 찾을 수 있다. 아테네에서 탄생한 초기 민주주의에서 시민은 국가의 구성원으로서 법 앞에 평등하며 정치적 사항을 자유롭게 연설할 수 있는 자유를 지니고 있었다. 소크라테스, 플라톤, 아리스토텔레스로 대표되는 고대 그리스 철학의 양 축은 '국가'와 '인간'이었다. 이후 스토아 철학자들은 자연법 사상을 강조함으로써 인간이 가지는 보편적인 권리로서의 자유와 평등을 중시하였다.79) 인본주의 사상은 르네상스와 그 이후에 전개된 일련의 세속주의 운동(종교개혁, 시민혁명 등)을 통해 규범적 질서의 중심이 신(神)에서 인간으로 넘어오면서 본격화되었다.80) 이는 앞서 살펴본 근대 자연법 사상과 궤를 같이한다. 인간의 본성을 강조한 근대 자연법 사상은 인간의 본질적으로 자유와 평등을 향유할 수 있는 존재로 파악하고 인간의 이성이 보편적 법칙이라고 주장하였기 때문이다. 홉스, 로크, 루소와 같은 근대의 대표적 사상가들은 모두 국가 이전의 인간의 자연 상태를 탐구한 후 인간의 이성과 존엄성을 강조하였다. 그러나 이성에 기한 인간 존엄성 개념을 통하여 인간의 지위를 지금과 같이 격상시킨 철학자는 바로 칸트(Immanuel Kant)이다.

칸트는 1781년에 발표한 '순수이성비판(*Kritik der reinen Vernunft*)'을 통하여 절대자 중심의 중세 세계관에서 벗어나 인간의 이성을 중심으로 하는 새로운 근대철학의 이정표를 마련하였다.81) 칸트는 인간이 유일하게 존엄성을 가졌으며 존엄성은 인간이라는 본성에서 기인한 것으로서 인간만이 본질적으로 소유하는 독존적(獨存的) 가치이자 그 자체로 목적이 되는 가치로 이해하였다. 그렇다면 왜 인간만이 유일하게 존엄성을 갖는 주체인가? 그 이유를 칸트는 '인간만이 이성적 행위자'라는 명제로부터 찾았다. 칸트에 따르면 이성은 인간에게 본성으로 주어지며 인간이 스스로 시공을 초월하여 보편타당한 도덕 원리에 부합하게 목표를 설정한다거나 결정을 내릴 수 있게 하는 자율성, 즉 도덕적 자유의지를 보유하고 있다는 특성을 가진다. 인간은 이성을 적합하게 발현함으로써 이 세계에 보편타당한 도덕적 가치가 실천되도록 할 수 있다. 그렇다면 인간은 실천이성을 가진 자율적인 존재이므로 다른 것을 위한 수단이 될 수 없고 오직 목적으로서만 대우

---

79) 차수봉(각주 66), 5쪽.
80) 양천수(각주 39), 6쪽.
81) 차수봉(각주 66), 8쪽.

받아야 한다.[82] 칸트의 이러한 사고는 "너는 인간을, 그것이 너 자신이건 타인이건 간에, 항상 동시에 목적으로서 존중할 것이며 결코 단순히 수단으로서 사용하지 말라."는 정언명령(定言命令)으로 대표된다.[83]

실천이성에 기초하여 인간 존엄성을 논증한 칸트의 철학은 근대를 넘어 현대 법체계에도 지대한 영향을 미치고 있다. 앞서 언급하였듯이 인본주의적 법사상에 의하면 인간만을 주체로 보며 다른 대상은 주체의 목적 또는 도구로서의 객체로 보는 이분법적 사고방식을 취하게 되는데, 이러한 사고의 구체적 발현 형태는 현대 법체계 전반에서 쉽게 찾아볼 수 있다. 가령 민법에서는 권리능력의 주체가, 형법에서는 범죄능력의 주체가, 헌법에서는 기본권의 주체가 우선적으로 언급되며, 그 법적 주체는 인간임을 전제하고 있다.[84] 나아가 현대 법체계는 주체와 주체간 또는 주체와 비주체(즉 권리의 객체)간 작용하는 행위 중심으로 규율하고 있다. 민법총칙에서 가장 비중있게 다루어지는 개념은 '법률행위'이며, 사실 민사법은 '법률행위의 법'이라고 말할 수 있을 정도로 행위 개념이 중심적인 위치를 차지한다. 형법에서도 형사책임의 기초이자 출발점은 다름아닌 행위이다. 행정법에서도 법률행위에 대응하는 행정행위 개념을 중심으로 총론이 체계화되어 있다.[85] 한마디로 현대 법체계는 '인간은 이성을 타고났으며 양도할 수 없는 신성할 권리를 가진 주체'라는 인본주의적 사상을 전제하고 있는 것이다.[86] 이러한 현대 법체계의 틀에 비추어 본다면 인공지능에 법인격을 인정할 수 없는 것은 당연한 논리적 귀결이다. 근본적으로 인공지능은 그 기술적 수준의 정도와 관계없이 본질적으로 인간과는 다른 기계, 도구에 불과하고 인간이 가진 이성이나 자율성을 가지지 않기 때문이다.

---

82) 이연희(각주 62), 127-128쪽.
83) "Handle so, daß du die Menschheit sowohl in deiner Person, als in der Person eines jeden anderen jederzeit zugleich als Zweck, niemals bloß als Mittel brauchst." Immanuel Kant, Grundlegung zur Metaphysik der Sitten, S. 61, 심재우, "인간의 존엄과 법질서 – 특히 칸트의 질서사상을 중심으로 –", 법학행정논집 제12권, 고려대학교 법학연구원(1974. 10.), 108쪽에서 재인용.
84) 민법 제3조, 형법 제10조, 헌법 제1조 제2항 등.
85) 양천수(각주 39), 8쪽.
86) Alain Supoit, 박재성·배영란 역, 「법률적 인간의 출현: 법의 인류학적 기능에 관한 시론」, 글항아리 (2015), 제1장.

4. 법정책적 측면

부정론은 인공지능에 법인격을 인정하는 것은 법정책적 측면에서도 실익이 없고 오히려 법체계에 혼란을 가져올 수 있다고 본다.[87]

우선 민사법적 관점에서 볼 때 부정론은 다음과 같은 이유로 인공지능의 법인격 인정의 실익을 부정한다. 계약법의 관점에서 인공지능을 둘러싼 가장 큰 쟁점은 인공지능이 관여한 의사표시의 귀속인데, 이는 인공지능에 독자적 법인격을 인정하지 않더라도 인공지능 이용자(user)에게 의사표시를 귀속시키거나 그렇지 않더라도 표현대리의 법리를 유추적용하는 등 기존 법리의 수정이나 확장으로 충분히 해결할 수 있으며 굳이 인공지능에 법인격을 인정할 필요가 없다.[88] 한편 인공지능에 권리능력을 인정하면 인공지능에게 고유한 책임재산도 인정하여야 하는데, 인공지능이 책임재산을 취득하기 위하여는 자연인이나 법인으로부터의 증여(贈與)를 받는 등의 기교적 법리를 구성해야 하는 문제가 있을 뿐 아니라 사실상 인공지능의 책임재산에 한정된 유한책임 제도로 기능하여 배후의 자연인이나 법인이 면책될 수 있어 부당하다.[89] 물권법적 측면에서 보더라도 인공지능은 민법상 물건이므로 권리능력을 인정하더라도 동시에 누군가에게 소유권을 인정하여야 하는데 이는 권리체계의 혼란을 가져오게 된다.[90] 만약 인공지능에 법인격을 인정할 경우 그 시기(始期)와 종기(終期), 권리능력 및 행위능력의 범위, 책임재산의 소유 여부 등에 관한 법적 근거가 마련되어야 할 뿐 아니라 등기 및 공시 제도가 갖추어져야 하고,[91] 이는 모두 사회적 비용을 수반하는바,[92] 이를 모두 상쇄할 정도의 법적 필요성이 인정되기는 어렵다.

형사법적 관점에서도 인공지능의 법인격을 인정할 법적 필요성은 없다는 것이 부정론의 입장이다. 기본적으로 형사책임의 본질은 인간의 자유의사에 대한

---

87) 이상용(각주 12), 33-35쪽, 오병철(각주 12), 169-173쪽.
88) 이상용(각주 12), 33-35쪽.
89) 이상용(각주 12), 35-36쪽, 오병철(각주 12), 172쪽.
90) 오병철(각주 12), 172쪽.
91) 오병철(각주 7), 55-77쪽.
92) 일례로 2020. 12. 기준으로 법인등기를 마친 단체는 1,400,364개에 달한다. 대법원 등기정보광장 법인 등기기록 현황 조회 결과. https://data.iros.go.kr/cr/rs/selectRgsCsDetl.do

비난가능성이며 형사책임의 주체가 되기 위하여는 행위능력뿐 아니라 책임능력도 요구되는바, 자유의사가 인정되기 어려워 애초부터 형사책임 원칙을 적용할수 없는 인공지능에게 형벌을 부과할 경우 형벌의 선고가 가진 진지함과 도덕적요소가 상실될 위험이 발생하고, 이는 자연인에 대한 형사책임 원칙의 효력도 안정적으로 유지할 수 없게 되어 결과적으로 형벌 개념과 형벌 제도 자체가 공허해질 우려가 있다.[93] 인공지능에 형사제재를 가하는 것이 현실적으로 가능한지도의문일 뿐 아니라 현행 형법이 규정하고 있는 형벌의 종류로는 인공지능에 대한형사제재가 불가능하므로 이 점에서도 인공지능의 법인격을 인정하는 것은 형사법 차원에서 실효성이 없다.[94] 무엇보다 인공지능의 법인격을 인정하지 않더라도 인공지능으로 인하여 야기된 결과에 대한 형사책임을 이용자나 개발자 등에게 형법적으로 귀속시킬 수 있어 형사책임의 공백 문제는 발생하지 않는바, 이점에서도 인공지능에 법인격을 별도로 인정할 필요성이나 당위성은 존재하지 않는다.[95]

IV. 제한적 긍정론

제한적 긍정론은 인공지능의 법인격을 자연인과 동일한 수준으로 전적으로 인정해야 할 당위성이나 필요성은 없으며, 법적으로나 사회적으로 필요성이 존재하는 경우에 한하여 제한적으로 법인격을 인정할 수 있다는 견해이다.

긍정론이 과학기술적 측면, 철학적 측면, 법정책적 측면에서 인공지능의 권리능력을 전면적으로 긍정하는 입장이라면, 제한적 긍정론은 이와 달리 과학기술적측면이나 철학적 측면, 특히 자율성, 자유의지, 이성과 같은 인간 고유의 속성적요소를 인공지능이 갖추지 않더라도 필요성이나 유용성이 인정되고 법리적으로기존 제도와의 정합성이 견지될 수 있다면 그 범위 내에서 인공지능의 법인격을인정할 수 있다고 주장한다는 점에서 긍정론과 차이를 보인다.[96] 인공지능이 아

---

93) 김영환(각주 12), 160쪽.
94) 김영환(각주 12), 161-162쪽.
95) 김영환(각주 12), 162-163쪽.
96) 김성호(각주 10), 150-152쪽, 김진우(각주 1), 25-26쪽.

무리 발전하더라도 결국 인공지능은 인간을 위하여 동작하는 도구로서의 기능만을 수행할 것이므로, 인간과의 유사성은 사실 법인격 인정 여부에 있어 유의미한 판단 요소가 될 수 없고, 인공지능은 그 기능의 범위 안에서 자연인 또는 법인의 보조자로서 제한적 권리능력만 인정되면 충분하다는 것이 제한적 긍정론의 기본 입장이다. 이러한 점에서 제한적 긍정론은 법실증주의 철학을 핵심 논거로 삼고 있다고 볼 수 있다.

제3절 입법 사례

인공지능의 법인격을 전부 또는 일부라도 인정한 입법례는 아직까지 전세계적으로 찾아볼 수 없다. 다만 2017. 2. 27. 유럽연합 의회(European Parliament)는 인공지능과 로봇을 둘러싼 여러 민사법적 문제의 해결 방안에 관한 여러 제안을 담은 권고안(로봇 분야의 민사법적 문제에 관한 입법권고안, 이하 'EU 인공지능 결의안')을 의결하여[97] 인공지능의 법인격 인정 문제를 공식적으로 제기한 바 있다. 한편 우리나라에서도 비록 2020. 5. 29.자로 폐기되기는 하였지만 인공지능의 법인격 인정이 가능하도록 최초로 입법을 시도한 로봇기본법안이 제안된 사례가 있다.[98] 엄밀히 말하여 '입법 사례'는 아니지만, '입법을 시도한 사례'도 유의미한 시사점을 줄 수 있으므로, 위 두 사례를 살펴본다.

---

97) European Parliament, *Resolution of 16 February 2017 with recommendations to the Commission on Civil Law Rules on Robotics*, 2015/2013(INL) (2017. 2. 16.). 이하 위 문서 자체를 인용할 경우 '2015/2013(INL)'이라 한다.
98) 의안번호 제2008068호.

I. 유럽연합: EU 인공지능 결의안을 중심으로

1. 배경

유럽연합은 2012년부터 로봇법 프로젝트(RoboLaw Project)를 추진하여 인공지능을 둘러싼 윤리적·법률적 이슈를 검토하고 이를 토대로 유럽연합 차원의 인공지능 윤리 원칙 및 규제 가이드라인 등을 제시하여 왔다.[99] EU 인공지능 결의안은 이와 같은 기존 논의의 연장선상에서 인공지능이 계약법, 불법행위법, 노동법 등 민사법적 영역에 미치는 각종 영향과 이를 둘러싼 현안을 해결하여 관련 산업 발전을 촉진하겠다는 취지로 마련된 것으로서, 2017. 2. 27. 유럽연합 의회에서 결의되었다.[100]

참고로 유럽연합 체계에서 신규 법안의 발의권은 집행위원회(European Commission) 만이 가지고 있으며, 유럽연합 의회의 결의(resolution)는 유럽연합 의회의 정치적 입장의 표명일 뿐 법적 구속력을 가지고 있지는 않다.[101] 그러나 유럽연합 집행위원회가 유럽연합 의회의 결의안에 따른 규범을 제정하지 않을 경우에는 그 사유를 유럽연합 의회에 제출해야 하므로, 이런 측면에서 일정 정도의 사실상 구속력은 가지고 있다고 볼 수 있다.[102]

2. 주요 내용

EU 인공지능 결의안은 인공지능이 경제사회 전 분야에 걸쳐 광범위한 영향력을 미칠 것이 예상되는 상황에서 유럽연합이 인공지능이 인류사회에 미치는 영향을 분석하고 그에 관한 법적, 윤리적 기준을 수립하여야 한다는 내용으로,[103] 구체적으로는 ① 인공지능에 관한 연구개발 및 기술혁신 체계 수립,[104] ② 인공

---

[99] 이원태, "유럽연합(EU)의 로봇법(RoboLaw) 프로젝트", KISO 저널 제23호, 한국인터넷자율 정책기구(2016. 6.), 29-32쪽.
[100] 김자회·주성구·장신, "지능형 자율로봇에 대한 전자적 인격 부여 - EU 결의안을 중심으로 -", 법조 제66권 제4호, 법조협회(2017. 8.), 125-126쪽.
[101] 주벨기에·유럽연합대사관, "EU 정책 브리핑", 외교부(2016), 75쪽, 93쪽.
[102] 김자회·주성구·장신(각주 100), 127쪽.
[103] 2015/2013(INL) §§ A-B(Introduction).

지능 윤리 원칙 마련,[105] ③ 인공지능 규제 및 감독 등을 관장하는 유럽연합 차원의 행정기관(EU Agency for Robotics and AI) 설치,[106] ④ 인공지능이 교육, 고용 및 환경에 끼치는 영향 분석,[107] ⑤ 인공지능에 관한 민사법적 책임 원칙[108] 등을 유럽연합 집행위원회가 검토할 것을 요구하고 있다.

인공지능의 법인격 인정 문제는 EU 인공지능 결의안의 주된 논의사항이 아니며, '인공지능에 대한 민사법적 책임 원칙' 부분에서 간략하게만 언급되고 있다. 관련 내용은 다음과 같다.

- 인공지능으로 야기된 손해의 책임 귀속 원리로 무과실책임[109] 또는 위험 관리 접근법(risk management approach) 중 어느 것을 채택하여 향후 입법화할 것인지 심층 분석을 통하여 결정할 필요가 있다. 여기서 무과실책임은 책임 귀속의 요건으로 손해 발생 및 인과관계만을 요구하는 원리이며, 위험 관리 접근법은 귀책사유의 존부와 무관하게 위험을 최소화할 수 있는 자인지, 즉 최소비용위험회피자에게 책임을 지우는 접근법이다.[110]
- 책임 귀속의 주체가 결정되면 해당 주체가 부담하는 책임의 범위는 인공지능의 학습 능력이나 자율성에 비례하여야 하며, 적어도 현 단계에서는 인공지능이 아닌 사람이 책임의 주체가 되어야 한다.[111]
- 인공지능으로 야기된 손해에 관한 보험제도의 도입을 고려하여야 하며, 이에 적합한 보험 상품을 개발할 것을 보험자에게 요구하여야 한다.[112]
- 입법 영향 평가(impact assessment of future legislative instrument)를 수행할 경우 인공지능으로 야기된 손해에 관하여 의무보험 제도의 도입, 보상 기금 조

---

104) *Id.* at §§ 6−9(Research and innovation).
105) *Id.* at §§ 10−14(Ethical principles).
106) *Id.* at §§ 15−17(A European Agency).
107) *Id.* at §§ 41−46(Education and employment), §§ 47−48(Environment impact).
108) *Id.* at §§ 49−59(Liability).
109) EU 인공지능 결의안의 영문판은 'strict liability'라는 용어를 사용하고 있어 엄격책임으로 오해할 소지가 있으나, 위 결의안의 독문판을 보면 무과실책임(*verschuldensunabhängigen Haftung*)으로 표현하고 있는바, 무과실책임이라고 번역하는 것이 정확하다.
110) *Id.* at §§ 53−55(Liability).
111) *Id.* at § 56(Liability).
112) *Id.* at §§ 57−58(Liability).

성, 로봇 등록제의 도입, 그리고 인공지능의 법인격 인정 등 상정 가능한 모든 법적 해결책을 검토, 분석하고 고려하여야 한다.[113)]

위 내용에서 알 수 있듯이, EU 인공지능 결의안에서 법인격에 관한 논의는 인공지능으로 발생한 손해를 규율하는 입법을 향후 추진할 경우 유럽연합 집행위원회가 고려하여야 하는 모든 가능한 법적 해결 방안 중의 하나에 그치고 있다. "가장 복잡한 형태의 자동화된 인공지능이 출현한 경우에는 그러한 인공지능으로 인한 손해를 인공지능 자체가 법적 책임을 부담할 수 있도록 인공지능에 전자인(electronic personhood)이라는 법인격을 창설하는 방안을 장기적으로 분석, 검토 및 고려할 필요가 있다."는 것으로서,[114)] 한마디로 "전자인의 도입에 대한 영향 평가와 가정적 분석을 장기적으로 진행할 것을 검토하라."는 수준에 불과하다.[115)] 즉, 국내 일부 언론이나 연구에서 소개된 것과 달리 EU 인공지능 결의안은 인공지능에 법인격을 전면적으로 인정하자는 내용이 아니다.[116)]

II. 국내: 로봇기본법안을 중심으로

1. 배경

로봇기본법안은 2017. 7. 19. 발의되었으나 2020. 5. 29. 제20대 국회 임기만

---

113) *Id*. at § 59(Liability).
114) *Id*. at § 59.(f). "[all possible legal solutions, such as:] creating a specific legal status for robots in the long run, so that at least the most sophisticated autonomous robots could be established as having the status of electronic persons responsible for making good any damage they may cause, and possibly applying electronic personality to cases where robots make autonomous decisions or otherwise interact with third parties independently."
115) 오병철(각주 7), 53쪽.
116) EU 인공지능 결의안에 대하여 유럽연합이 인공지능에 전자인의 지위를 부여했다는 취지의 언론 보도로는 예컨대 한국일보 2017. 3. 4.자 기사, "[SF, 미래에서 온 이야기] '로봇시민법' 만드는 EU … 전자인간에 윤리를 명하다" 등이, 국내 연구로는 김자회·주성구·장신(각주 100), 139쪽 등이 있다.

료로 자동폐기된 법안이다. 위 법안은 로봇과 로봇관련자가 준수하여야 하는 가치를 로봇윤리규범으로 명문화하고, 로봇이 보편화될 경우에 예상되는 다양한 사회적 문제를 다루는 추진체계를 설치하여 미래 로봇공존사회에 대비하며, 로봇과 로봇기술의 사회적 기반을 조성하겠다는 취지로 발의되었다.[117] 위 법안은 비록 제정에 이르지 못하고 국회 논의 단계에서 폐기되기는 하였으나 우리나라에서 최초로 인공지능의 법인격 문제를 정면으로 다룬 법안이다. 참고로 위 법안은 '로봇'이라는 용어를 사용하고 있으나, 그 개념은 '외부환경을 스스로 인식하고 상황을 판단하여 자율적으로 동작하는 기계장치 또는 소프트웨어'로서(안 제2조 제1호) 제2장에서 정의한 인공지능의 개념과 사실상 같다.

2. 주요 내용

로봇기본법안은 로봇 및 로봇기술에 관한 범국가적 추진체계로 국무총리 소속의 국가로봇윤리·정책위원회를 두도록 규정하고 있다(안 제9조). 국가로봇윤리·정책위원회는 로봇과 로봇기술의 발전이 초래하는 윤리적·법제도적 문제와 사회적 변화에 대한 대응 업무를 수행하는 범국가적 추진체계(control tower)이다. 국가로봇윤리·정책위원회의 법정 심의·의결 사항 중 하나는 다름 아닌 '자율성을 가진 정교한 로봇의 경우 전자인간으로서의 법적 지위 부여 방안에 관한 사항'이다(안 제9조 제2항 제2호). 즉 로봇기본법안은 국가로봇윤리·정책위원회의 심의·의결을 통하여 인공지능의 법인격을 전부 또는 일부라도 인정할 수 있는 법적 장치를 두고 있다. 3년마다 수립·시행되는 범정부적 차원의 로봇공존사회 기본계획 또한 '로봇에 대한 법적 지위 부여 등 로봇 및 로봇기술 관련 쟁점의 정책 반영에 관한 사항'을 포함하여야 한다(안 제13조 제2항 제9호).

인공지능의 법인격 인정 여부와 직접적인 관련은 없지만 로봇기본법안은 로봇 등록(register) 제도에 관하여도 규정하고 있다. 대통령령으로 정하는 로봇의 소유자는 해당 로봇을 시·도지사에게 등록하고 로봇등록증을 발급받아야 한다(안 제17조). 자동차관리법에 따른 자동차의 등록이나 동물보호법에 따른 등록대

---

117) 국회 산업통상자원중소벤처기업위원회, 로봇기본법안 검토보고서(2017. 9.), 4쪽.

상동물의 등록과 같이 일정 요건에 해당하는 로봇에 관하여 강제등록제도를 도입함으로써 공공의 주도하에 로봇을 체계적으로 관리하고 이를 통하여 로봇의 오·남용 등으로 인한 사회적 위험을 사전에 방지하려는 취지이다.[118]

Ⅲ. 시사점

EU 인공지능 결의안은 인공지능의 법인격 인정 문제에 관하여 학문적 차원을 넘어 실질적 차원에서 진일보한 제안을 하였다는 점에서는 의미가 있다. 그러나 위 결의안이 인공지능의 법인격에 관한 원론적 언급 수준에서 그쳤다는 점 또한 사실이다. 위 결의안 이후 유럽연합 차원에서 인공지능의 법인격을 인정한다는 발표는 찾아볼 수 없다. 사실 EU 인공지능 결의안 이후 발표된 유럽연합의 공식 입장은 인공지능에 독자적인 법인격을 인정할 필요가 없다는 것이다. 일례로 유럽연합 집행위원회의 자문기구인 '신기술 및 손해배상책임 전문가 그룹(expert group on liability and new technology)'은 2019년 "손해배상책임의 관점에서 볼 때 인공지능에 법인격을 인정하는 것은 불필요하다."는 연구 결과를 발표하였고,[119] 유럽연합 의회는 2020. 10. 20. 인공지능의 민사책임 체계에 관한 입법안 추진을 결의하면서 "거의 모든 인공지능 사고 배후에 있는 자연인(또는 법인)을 상정할 수 있으므로 인공지능에 독자적 법인격을 인정할 필요는 없다."라고 명시하였다.[120]

국내로 눈을 돌려 보면, 로봇기본법안은 국내 최초로 인공지능의 법인격 인정 문제를 다룬 법안이라는 점에서 의미가 있다. 그러나 로봇기본법안이 실제로 제정되고 그에 따라 국가로봇윤리·정책위원회에서 인공지능의 법인격을 인정하겠다고 심의·의결하더라도 그러한 심의·의결만으로는 인공지능의 법인격이 구체

---

118) 국회 산업통상자원중소벤처기업위원회(각주 117), 19쪽.

119) European Union Expert Group on Liability and New Technologies New Technologies Formation, *Liability For Artificial Intelligence And Other Emerging Digital Technologies* (2019. 11.), at 37−39.

120) European Parliament, Resolution of 20 October 2020 with recommendations to the Commission on a civil liability regime for artificial intelligence, 2020/2014(INL) (2020. 10. 20.), at § 7.

적으로 어떻게 인정되는것인지에 관하여 불명확·불충분하며 결국 별도의 입법이 요구된다는 점에서 적절한 법안이었다고 보기는 어렵다. 더욱이 로봇기본법안은 2017년 최초 제안된 이후 국회 상임위원회에서 단 한 차례도 토의되지 못한 채 제20대 국회 임기 만료로 자동폐기되었고, 이후 출범한 제21대 국회에서는 인공지능의 법인격 인정 문제를 다룬 법안이 발의되고 있지 않다. 아직까지 우리나라의 현실상 인공지능의 법인격을 입법화하기는 무리이며 충분한 논의가 필요하다는 점을 시사한다.

제4절 검토

Ⅰ. 검토의 전제 및 기준

불법행위책임으로 한정하여 보면 긍정론이나 제한적 긍정론이나 공통적으로 인공지능의 독자적인 책임주체성을 인정하고 피해자의 손해를 인공지능 그 자체가 배상하기 위하여 인공지능의 책임재산을 설정해야 한다는 점에서 공통되므로, 양 설을 구분하여 논할 실익은 크지 않다.[121] 따라서 논의의 집중과 간명함을 위하여 긍정론과 부정론의 양 설을 검토 대상으로 삼는다.

앞서 살펴보았듯이 긍정론과 부정론은 과학기술적, 철학적, 법정책적 측면에서 모두 나름의 설득력 있고 탄탄한 논거에 기초하고 있다. 따라서 긍정론과 부정론 중 어느 견해가 옳고 다른 견해는 옳지 않다고 단언하는 것은 논리적으로 설득력이 떨어질 뿐 아니라 현실적으로 가능하지도 않다고 본다. 인공지능의 권리주체성을 인정할 것인지의 문제는 엄밀히 말하면 절대적인 시비(是非)의 영역이 아니라 상대적인 가치판단의 영역에 가깝다. 예를 들어 인간과 비인간의 구별기준으로 자율성, 합리성, 이성 등과 같이 인간만의 고유한 특징이라고 받아들여지고 있는 속성(attribute)에 기반한 접근법을 취하는 A라면 과학기술이 발전하여 인공지능의 자율성, 합리성, 이성 등이 강화되면 될수록 자연스럽게 인공지능의

---

121) 김성호(각주 10), 150−152쪽, 김진우(각주 1), 25−26쪽.

법인격을 긍정하는 입장을 취하게 될 것이며,[122] 이와 달리 속성이 아닌 존재론적 측면에서 인간과 비인간은 본질적으로 구별된다는 견해를 지지하는 B라면 과학기술의 발전과는 무관하게 인공지능의 법인격을 부정하는 결론에 이르게 될 것이다. 인공지능의 권리주체성에 관한 A와 B의 견해 차이는 인간이란 과연 무엇인가라는 철학의 근본 물음에 관한 입장이 서로 다름에서 비롯된 것일 뿐, 누가 옳고 누가 틀렸기 때문은 아니다.

결국 인공지능의 법인격을 인정할 것인지는 논자(論者)별로 백가쟁명(百家爭鳴)식의 주장이 상호 공존할 수밖에 없는 문제라고 판단된다. 그러나 각 주장에 관한 상대적 가치판단까지 불가능하다고는 생각되지 않으므로, 이하 긍정설과 부정설의 타당성을 제2절과 동일하게 과학기술적 측면, 철학적 측면, 법정책적 측면의 세 가지 관점에서 살펴본다.

Ⅱ. 과학기술적 측면

1. 자율성 관점

다른 존재들과 달리 유독 인공지능에서 독자적인 법인격 인정 여부가 논란이 되고 논의되는 가장 큰 이유 중의 하나는 인공지능을 인간과 유사하거나 동일한 수준의 자율성을 보유한 대상으로 인식하기 때문이다. 그러나 법학을 비롯한 사회과학에서 말하는 '인공지능의 자율성'은 상당 부분 공학적 지식이나 이해가 부족한 상황에서 인공지능 기술을 막연히 상상하였기 때문에 비롯된 부분이 크다.[123] 자율성(autonomy)은 스스로(auto) 법(nomos)을 만든다는 의미로 본질적으로 주체적 행위를 전제로 하는 개념이다.[124] 그렇다면 인공지능에게 주체적 행위라는 요소를 적어도 기술적(技術的)으로라도 인정할 수 있는가? 행위의 시작, 진

---

122) 일례로 허바드(F. Patrick Hubbard)는 만약 인공지능이 인간만이 지닌 고유한 능력, 즉 복잡한 지적 상호작용 능력, 자의식, 관계 형성 및 유지 능력을 가졌다고 인정된다면 인공지능에 법인격을 부여할 수 있다고 주장한다. Hubbard, *supra note* 8, at 419-432.
123) 신동일·김두환(각주 12), 474쪽.
124) 김형주, "철학적 인간학의 질문: 인공지능은 왜 인공적인가?", 인공지능 대 인간지능, 인공지능과 포스트휴머니즘 제2회 워크숍, 고등과학원(2019. 4. 25.), 7쪽.

행, 종료의 각 단계별로 공학적 측면에서 인공지능의 자율성이 인정될 수 있는지를 살펴보면 다음과 같다.

가. 행위의 시작 측면

인간은 행위의 시작 여부를 자신의 의지에 따라 자유롭게 결정한다. 이는 비단 인간뿐 아니라 생명을 가진 모든 유기체의 특성이다. 그러나 인공지능이 최초 실행되기 위하여는 인공지능 그 자체의 행위가 아닌 인간의 실행 행위가 반드시 전제되어야 한다. 인공지능이 실행되는 하드웨어에 전원(power)을 넣어야 하고, 인공지능 실행 버튼을 누르거나 클릭하여야 한다.[125] 물론 인간이 아닌 인공지능이 다른 인공지능을 실행하는 경우도 생각해 볼 수 있으나, 이 역시 시원적(始原的)으로는 인간의 행위가 개입되어야 한다. 따라서 공학적 관점에서 볼 때 행위의 시작에 있어 인공지능에게 인간과 동일한 수준의 자율성은 존재하지 않는다.

나. 행위의 진행 측면

인공지능의 본질은 결국 컴퓨터 프로그램이다. 컴퓨터 프로그램은 특정 문제를 푸는 해법인 알고리즘(algorithm)을 컴퓨터가 이해하고 처리할 수 있도록 이진 코드(binary code)로 변환하여 기술한 실행 파일(executable file)이다. 바꾸어 말하면 컴퓨터 프로그램은 개념적으로 알고리즘의 집합이다. 알고리즘은 특정 문제를 푸는 해법이라는 추상적 개념이고, 이는 컴퓨터 프로그램에서 특정 문제를 푸는 데 필요한 논리적 과정으로서 사전에 정해진 컴퓨터 명령어 세트(set)[조건 비교(if-then), 연산(calculation), 반복(loop) 등]를 순차적으로 기술함으로써 구현된다.

인공지능 알고리즘 또한 본질적으로 컴퓨터 명령어 세트의 순차적 기술로서 일반적인 알고리즘과 다르지 않다. 예를 들어 인공지능 알고리즘 중 가장 기본적인 알고리즘인 경사하강법(gradient descent)[126] 학습 알고리즘은 컴퓨터 프로그

---

125) 오병철(각주 12), 165-166쪽.
126) 경사하강법은 주어진 함수의 기울기(경사, 즉 미분값)를 구하여 기울기가 낮은 쪽으로 계속 이동시켜서 극값에 이를 때까지 반복시키는 알고리즘이다. 비유하자면 산을 내려가기 위해서는 가장 기울기가 가파른 방향을 선택하여 기울기가 0이 될 때까지 계속 내려가면 되는 것과 같다. 인공지능이 수행하는 학습은 기본적으로 정답과 학습 결과값의 차이를 나타내는

래밍 언어로는 다음과 같이 기술할 수 있다.[127)

```
algorithm gradient_descent
{
        while(정해진 학습 회수 동안)                          // 1단계
        {
                정답과 학습값 사이의 오차 함수값 계산          // 2단계
                if (오차 함수값 == 0)                        // 3단계
                        then 학습 종료
                학습값에서의 오차 함수 기울기(미분값 계산)      // 4단계
                if (기울기 > 0)                              // 5단계
                        then 오차 함수 가중치 매개변수 감소
                else
                오차 함수 가중치 매개변수 증가
        }
}
```

　여기서 간과하지 말아야 할 점은, 일단 알고리즘이 컴퓨터 프로그램으로 구현되고 나면, 해당 알고리즘에서 기술한 문제 풀이의 각 단계는 고정(fix)되며 컴퓨터 프로그램이 실행되는 중에는 이를 동적으로 변경하거나 새로운 단계를 창설할 수 없다는 것이다. 일례로 위에서 살펴본 경사하강법 학습 알고리즘을 컴퓨터 프로그램으로 구현하여 실행시켰다면, 2단계와 3단계 사이에 새로운 단계(예를 들어 2−1단계)를 컴퓨터가 자동으로 생성하거나, 2단계를 동적으로 변형하여(예를 들어 정답과 학습값 사이의 오차 함수 값을 구하는 것이 아니라 정답과 학습값을 더하는 합계 함수 값을 구하는 것으로) 프로그램을 실행할 수는 없다. 즉, 알고리즘이나 이들의 집합인 컴퓨터 프로그램은 모두 사전에 구현된 대로 동작할 것이 결정되

　'손실 함수' 값을 가능한 한 작게 하는(즉 오차를 최소화하는) 알고리즘의 매개변수 값을 찾는 과정인바, 경사하강법은 이러한 매개변수 값을 찾기 위한 최적화 알고리즘 중 하나이다.
127) 齋藤康毅, 이복연 역, 「밑바닥부터 시작하는 딥러닝」, 한빛미디어(2019), 136−143쪽을 재구성한 것이다.

제3장 인공지능과 불법행위책임: 책임의 주체　**77**

어 있을 뿐이다.

인공지능 또한 본질적으로 이와 다르지 않다. 인공지능이 A라는 동작을 실행하던 중 A와 전혀 관계없는 B라는 동작을 실행하기 위해서는 ① A를 실행하던 중에 인공지능 스스로 B를 실행하겠다고 판단한 후 ② 실시간으로 인공지능이 B에 관한 컴퓨터 프로그램, 즉 B의 실행 코드(executable code)를 작성하여 메모리나 저장 장치에 기록(write)한 뒤 ③ A를 중단하고 B를 실시간으로 불러들여 실행할 수 있어야 하는데, 이 글을 쓰는 2023. 8. 기준으로 아무리 뛰어난 생성형 인공지능이라 하더라도 이러한 동적 프로그래밍이 가능한 수준에 도달한 인공지능은 없다. 물론 생성형 인공지능 중에는 프로그램 소스 코드를 작성할 수 있는 단계에 이미 도달한 인공지능도 존재하지만(대표적으로 ChatGPT가 그러하다), 아직까지는 질문(prompt)이 주어지면 그에 따른 맞춤형 코드를 생성하는 것일 뿐, 사전에 작성된 컴퓨터 프로그램을 인공지능 스스로 동적으로 변경하거나 새로운 알고리즘을 동적으로 창조하여 컴퓨터 프로그램을 생성하는 수준은 아니다. 이는 타자(他者)가 사전에 정한 규칙을 반드시 준수해야 할 생물학적 제약이 없고,[128] 자신의 행동을 언제든지 자유롭게 변경할 수 있는 인간의 자율성과는 근본적으로 궤를 달리하는 것이다.

다. 행위의 종료 측면

인공지능은 스스로 행위를 시작할 수 없듯이 스스로 행위를 종료할 수도 없다. 인공지능의 실행이 종료되는 경우로는 ① 전원의 공급이 단절되는 경우, ② 인공지능이 탑재된 하드웨어가 물리적으로 파괴되는 경우, ③ 인공지능을 종료하는 프로그램 또는 버튼이 실행되는 경우(소위 Kill Switch의 실행), ④ 인공지능 알고리즘에서 정한 실행 종료 조건이 충족되는 경우 정도를 상정할 수 있다. ① 내지 ③은 모두 행위의 시작 측면에서 살펴본 것과 동일하게 인공지능이 아닌 제3자의 존재와 행위를 필요로 한다. ④는 인공지능이 실행되기 전부터 알고리즘에 의하여 이미 사전에 정해 놓은 조건이 실현된 것이므로 행위의 실행 측면에서 살

---

128) 물론 도덕적·윤리적 또는 법적 제약은 존재하나, 인간의 경우 인공지능과 같이 타자(他者)가 설정한 규칙을 반드시 준수해야 하는 내재적인 제약은 없다.

펴본 것과 마찬가지로 인공지능의 자율성과는 관계가 없다. 즉, 행위의 종료 측면에서도 인공지능에게 자율성을 인정할 수는 없다.

라. 소결

인공지능이 기술적으로 인공지능이 기술적으로 인간과 동일 또는 유사한 수준의 자율성을 가지고 있다는 긍정론자들의 기본적 전제와 달리, 기술적으로 엄밀히 살펴보면 행위의 시작, 진행, 종료의 모든 단계에서 인공지능에게 적어도 공학적 의미에서의 자율성은 인정될 수 없다. 그럼에도 불구하고 왜 인공지능에게 자율성이 있다는 오해 또는 믿음이 발생하였는가? 이는 기존의 알고리즘과 달리 인공지능 알고리즘은 결과를 예측하기가 어렵다는 특징에서 비롯된 것으로 생각한다.

앞서 살펴보았듯이, 기존의 알고리즘은 특정한 문제를 풀기 위한 규칙을 논리적 흐름 및 시간적 순서에 따라 사전에 작성한 후 입력값이 주어지면 사전에 작성된 규칙에 따라 입력에 대응하는 해(解)를 출력하는 것이다. 그러나 인공지능 알고리즘은 대량의 데이터를 입력받아 학습을 수행한 후 특정한 문제를 풀기 위한 규칙 자체를 생성하고 그 규칙을 적용하여 해를 출력하는 것이라는 점에서 본질적인 차이가 있다. 물론 인공지능 알고리즘도 사전에 작성된 규칙이 존재하기는 하지만 이는 기존의 전통적인 알고리즘과 같은 특정 문제를 풀기 위한 규칙이 아니라 규칙을 만들어내기 위한 규칙, 즉 메타규칙(meta-rule)에 해당한다.

인공지능 알고리즘이 생성한 규칙은 사람이 사전에 작성한 것이 아니라 인공지능이 학습을 통하여 자동적으로 만들어 낸 것이고, 규칙을 만들어내기 위해서는 방대한 양의 학습 데이터 입력 및 처리가 요구되므로, 인공지능 알고리즘이 어떠한 규칙을 만들어낼 것이며 그러한 규칙에 따라 어떻게 문제를 풀 것인지, 즉 인공지능의 실행 결과를 인간이 예측하기는 매우 어렵다. 인공지능의 예측불가능성에 대한 기술적 이해가 충분하지 않은 상황에서는 인공지능 알고리즘의 실행 결과 사람이 예상치 못한 결과가 도출된 경우 인공지능이 마치 사람과 동일 또는 유사하게 자율적으로 동작하였기 때문에 그러한 결과가 도출된 것이라고 오해할 소지가 있다. 그러나 인공지능의 예측불가능성은 인공지능이 본질적으로 가지는 기술적 특성에 기인한 것으로서 엄밀히 말하여 인공지능의 자율성 여부와는 관련이 없다.

2. 기능주의 관점

과학기술적 측면에서 긍정론의 강력한 논거 중의 하나는 인간의 행위는 자유의지와 같은 인식적 사유와 관계없는 기계적·생화학적 반응에 불과하다는 뇌과학이나 인지과학에서의 주장이다. 이러한 주장은 결국 인간의 마음이 없더라도 인간의 행동을 모두 기계적·생화학적으로 재구현할 수 있고 이러한 재현이 가능한 인공지능은 인간과 차별성이 없다는 기능주의(functionalism)적 주장으로 연결된다.

그러나 아무리 인공지능이 인간의 사유와 행위를 재구현해낼 수 있다고 하더라도 인공지능의 동작과 인간의 동작은 본질적으로 다르다. 인간은 자기 스스로 생각하고 행동할 수 있는 능력을 가지고 있다. 인간은 자기 스스로 사고하고 의지를 가지며 실천하는 존재이며, 이를 통하여 자신만의 고유한 인생관, 세계관, 철학관 등을 갖게 된다. 하지만 인공지능은 그러하지 않다. 인공지능은 스스로 사고하고 그에 따라 행위하는 것이 아니라, 사전에 탑재된 알고리즘을 실행하여 문제를 풀 수 있는 규칙을 찾아낸 후 그 규칙에 따른 작업을 기계적으로 수행할 뿐이다. 인공지능이 아무리 문제 해결 능력 및 수행 결과가 뛰어나다 하더라도, 인공지능의 실행을 위한 입력 자료(input data)는 결국 인간으로부터 기원한 것이며, 인공지능을 만드는 사람이 처음으로 인공지능에게 실행의 목적을 부여하는 것이다. 또한 인공지능의 동작은 기본적으로 이해와 해석과 같은 인간의 현실 대응 방식과는 결이 다른 수리적·논리적 연산에 의존한다. 인간 역시 필요에 따라 수리적·논리적 사고를 활용하지만, 그것이 인간의 지능적 사고와 행위 전체를 포괄할 수는 없다. 오히려 인간의 일상적인 사고와 행위는 다분히 감각적인 느낌과 주관적 편견에 사로잡힌 감성적, 감정적, 비논리적 양상을 보인다.[129] 기본적

---

129) Tomasz Pietrzykowski, *The Idea of Non-personal Subjects of Law*, in LEGAL PERSONHOOD: ANIMALS, ARTIFICIAL INTELLIGENCE AND THE UNBORN. LAW AND PHILOSOPHY LIBRARY 49 (Visa A. J. Kurk & Tomasz Pietrzykowski eds.,

으로 수리적·논리적 연산이란 개발자가 정한 알고리즘에 따라 작동되는 일종의 기계적 실행이다. 타율에 의해 정해진 동작을 수행하는 인공지능의 동작 방식은 전반적으로 기계적 수동성에 구속되어 있고, 이는 인간이 수행하는 사유와 행위와는 전적으로 다른 성격을 지닌다.130)

이러한 점을 고려하면, 설사 뇌과학이나 인지과학 등에서의 환원적 주장이 타당하다 할지라도 이를 근거로 인간의 마음과 행위를 모두 인공지능으로 구현할 수 있다는 기능주의적 관점은 타당하다고 보기 어렵다. 인공지능의 인지 능력에 관한 유명한 논쟁인 '중국어방 논쟁(Chinese Room Argument)'131)을 제기한 설(John Searle)의 말을 빌려 표현하면, "우리는 모두 진정으로 마음을 가지고 있으며 의식을 가지고 있고 또 우리의 심리상태는 의식과 주관성과 심성적 인과성을 가지고 있다. 그리고 컴퓨터는 우리가 마음과 두뇌 혹은 다른 것들을 연구하는 데에 사용할 수 있는 놀라운 기계장치일 뿐이다."132)

III. 철학적 측면

앞서 살펴보았듯이 인공지능 법인격 긍정론의 철학적 근거는 법실증주의 사상 및 탈인간중심주의 사상인 반면, 부정론의 철학적 근거는 자연법 사상 및 인

Springer 2017), at 49.
130) 박욱주, "인공 에이전트의 정보적 존재자성과 도덕적 책임주체성 – 플로리디 정보철학과 칸트 법철학으로 본 인공지능의 인격성 –", 법철학연구 제23권 제1호, 한국법철학회(2020. 4.), 222–223쪽.
131) 설의 중국어방 사고실험을 간략히 소개하면 다음과 같다. 방 안에 영어만 할 수 있는 사람(John)이 있다. 존은 중국어는 못하나 한자의 형태는 식별할 수 있다. 방 안에는 영어로 작성된 중국어 매뉴얼이 있다. 방에는 2개의 창이 있는데 하나의 창으로 중국어로 작성된 질문이 들어온다. 존은 질문의 한자 형태를 보고 매뉴얼을 참조하여 한자 형태로 이루어진 중국어 문장 답변을 작성하여 다른 창으로 보낸다. 매뉴얼이 정확하다면 방 밖에 있는 질문자는 존이 중국어를 할 줄 안다고 생각할 것이나, 실제로 존은 중국어를 하지 못한다. 존과 매뉴얼을 인공지능이라고 본다면 인공지능은 튜링테스트를 통과할 것이나 사실 인간이 작성한 프로그램(중국어 매뉴얼)대로 동작했을 뿐이지, 인간처럼 중국어를 할 줄 아는 것은 아니므로, 인간과 동일한 수준의 지적 능력을 갖추었다고 할 수 없다. John Searle, *Minds, brains, and programs*, 3 BEHAVIORAL AND BRAIN SCIENCE ISSUE 3, at 417, 417–424 (1980).
132) 박정식(각주 24), 213–214쪽.

본주의 사상으로 서로 대비된다. 양설의 철학적 논거의 시비를 가린다는 것은 이론적으로 불가능할 뿐 아니라 현실적으로도 타당성이 없다는 점 또한 앞서 언급한 바와 같다.

철학적 측면에서 양설에 제기되는 비판의 요지는 다음과 같다. 우선 긍정론에 대하여는 법적 편의성이 있다는 이유만으로 인공지능의 법인격을 긍정한다는 것은 지나치게 법실증주의적 사고에 경도된 것이며,[133] 탈인간중심적 사상은 이론적 정치성(精緻性)은 차치하더라도 현실성이 없고 이를 수용할 경우 우리 사회의 근본이 흔들린다는 지적이 있다.[134] 부정론에 대하여는 인간 중심적 사고의 틀을 벗어나지 못한 종차별주의(speciesism)적 견해로서 현실을 반영하지 못하고 있다는 지적이 제기되고 있다.[135] 그런데 인간이 수립한 문명 사회가 인간 중심적 사고를 취하는 것은 지극히 자연스러운 일이므로 부정론에 대한 비판의 요지는 사실 타당하다 보기 어렵다. 인간이 아닌 인공지능에 법인격을 인정하려면 인간중심적 사고를 극복할 수 있는 확고한 철학적 논거가 뒷받침되어야 할 것이다. 그렇다면 법실증주의 사상과 탈인간중심주의적 사상이 긍정론을 얼마나 탄탄하게 뒷받침하는지가 핵심 쟁점이 된다.

법실증주의 사상에 의하면 법이란 곧 실정법이므로 사회적 필요가 있고 사회 구성원들의 정치적 결단이 있으면 얼마든지 법률을 제정하여 인공지능의 법인격을 인정할 수 있다는 결론에 이르게 된다. 따라서 긍정론이 법실증주의 사상을 통하여 뒷받침되기 위하여는 인공지능 법인격 인정에 관한 사회적 필요와 정치적 결단의 양자가 모두 갖추어져야 한다. 사회적 필요는 후술하는 법정책적 측면에서의 검토와 밀접한 관련이 있으므로 생략하고, 여기서는 정치적 결단에 대하여만 살펴본다.

법실증주의에서의 정치적 결단이란 사회 구성원들에 의한 법규범으로서의 승인 과정을 의미하며,[136] 하트(Herbert L. A. Hart)의 표현을 빌리자면 '승인의 규칙'을 말한다.[137] 그러나 현재까지 전세계 어느 국가에서도 인공지능의 법인격

---

133) 이상용(각주 12), 29쪽.
134) 이상용(각주 12), 29쪽.
135) 한희원(각주 61), 390쪽.
136) Kaufmann(각주 15), 431-434쪽.
137) 김정오 외(각주 29), 33-35쪽.

인정에 관하여 '승인의 규칙'을 통과한 나라는 없다고 판단된다. 위에서 살펴보았듯이 전 세계적으로 인공지능의 법인격을 인정한 입법례는 아직까지 존재하지 않는다. 인공지능 법인격 인정 문제를 법제도 차원에서 처음으로 언급하였다고 평가할 수 있는 유럽연합조차도 2019년 이후 인공지능의 법인격 인정이 불필요하다는 견해를 지속적으로 밝히고 있다는 점은 인공지능의 법인격 인정에 관한 사회적 승인을 논하기에는 아직 시기상조라는 점을 뒷받침하는 유력한 논거이다. 우리나라의 경우에도 2017년 제안된 로봇기본법안 외에는 위 문제를 법 제정 차원에서 정면으로 다룬 사례는 없으며, 오히려 2018년 발표된 연구보고서에 의하면 16인의 전문가 중 인공지능의 법인격 인정에 전적으로 찬성하는 사람은 단 1명도 없는 상황이다.[138] 이처럼 사회 구성원들의 정치적 결단이 존재하지 않는 현 상황에서 법실증주의 사상에 기초하여 인공지능의 법인격을 긍정하는 것은 논리적으로 타당하다고 보기 어렵다.

탈인간중심주의 사상 또한 다음과 같은 이유로 긍정론을 뒷받침하기에는 일정한 한계가 있다. 탈인간중심주의 사고가 인간의 본질에 관한 성찰을 촉구하고 미래 사회에서의 주체성이란 과연 무엇인지에 대하여 본질적인 질문을 던진다는 점에서는 상당한 의미가 있다고 본다. 그러나 탈인간중심주의 사고가 철저히 관철된다면 인류 문명의 모든 영역에서 다른 주체들과 비교하여 중심적·우월적 위치를 차지하고 있던 인간이 다른 주체들과 동일한 선상에 놓인 하나의 요소 차원으로 전락될 수밖에 없다. 인간이 수립한 문명 체계에서 이러한 결론을 채택한다는 것은 사실상 기대하기 어렵다.[139]

인간중심적 사고는 고대 그리스 철학에서부터 유래하여 로마를 거쳐 근대 및 현대로 이어져 온 서양 문명의 근간을 이루는 핵심적 사고이며, 특히 법학에서는 자유롭고 평등한 법주체로서의 자연인이 모든 법적 고찰의 중핵을 이루고 있다.[140] 탈인간중심주의 사상에 관한 논의가 장구한 세월에 걸쳐 계승되고 발전되

---

138) 조성은 외, "인공지능시대 법제 대응과 사회적 수용성", 정보통신정책연구원(2018. 12.), 111-128쪽.

139) 신동일·김두환(각주 12), 466쪽은 수용가능성과 관련하여 "인공지능을 어떤 인격체로 보고 그와 관련된 문제를 미리 준비하자는 것은 화성 기지를 침공하는 외계인 방어훈련을 법제화하자는 것보다 현실감이 없어 보인다."라고 표현한다.

140) 최병조, "동아시아에서의 서양법 계수 - 법학적 인간학의 패러다임 전환의 맥락에서 -", 저

어 온 인본주의 사상을 뒤흔들 정도로 성숙되었다고 생각되지는 않는다. 만약 탈인간중심주의 사상을 받아들여 인공지능의 법인격을 긍정하게 된다면, 인공지능보다 더욱 인간과 유사하지만 아직까지 권리능력이 일부 또는 전부 부정되는 주체들(대표적으로 태아나 배아)의 법인격 인정 문제, 나아가 인간과 동일한 유기 생명체이면서 인간과 유사한 수준의 지능을 가진 동물에 대한 법인격 인정 문제도 대두될 수밖에 없다. 일례로 스위스의 동물학자 포르트만(Adolf Portmann)이 만든 동물지능분석표에 의하면 사람 다음으로 돌고래, 코끼리, 원숭이, 얼룩말 등의 순서로 지능이 높으며, 특히 돌고래는 지능의 척도로 흔히 사용되는 뇌의 크기가 사람과 비슷하고 뇌표면의 굴곡이 사람 다음으로 높다.[141] 그렇다면 인공지능에게 법인격을 인정하였듯이 돌고래에게도 법인격을 인정할 것인가? 탈인간중심적 사고를 수용하는 것은 이처럼 권리능력의 주체를 무한히 확장시킬 수 있어 법질서를 근본적으로 뒤흔들 위험이 있으므로 매우 신중하여야 한다.

이론적으로 보더라도 탈인간중심주의 사상의 대표격인 체계이론에서 인간과 비인간의 결합인 하이브리드가 사회 체계에서 소통의 주체가 된다고 하여 당연히 하이브리드, 나아가 하이브리드의 행위소인 비인간적 존재에 법인격을 부여해야 할 규범적 당위성은 없다. 하이브리드가 법인격을 부여받을지 여부는 하이브리드가 참여하고 있는 소통체계와 법의 관계 속에서 결정되기 때문이다.[142] 즉 탈인간중심주의 사상에 따라 기계적으로 인공지능에 법인격을 인정하는 것은 타당하지 않으며 권리능력 인정에 따른 법체계상의 필요성에 관하여 면밀한 검토가 선행되어야 한다. 관련하여 체계이론에 기초하여 법인의 형사책임을 긍정하는 견해를 취하였던 귄터 야콥스(Güther Jakobs)가 최근 인간의 특수성을 '심리적 체계로서의 자기의식'으로 파악하면서 행위능력과 책임능력의 전제가 되는 자기의식이 있는 존재인 인간에게만 형사책임을 귀속시킬 수 있다고 주장하며 종전의 견해를 변경한 것은 시사하는 바가 크다고 생각된다.[143] 체계이론을 형법에 접목

스티스 제158-2호, 한국법학원(2017. 2.), 214쪽.

141) 유선봉, "동물의 법적지위와 법인격 논쟁", 법학논총 제19권 제2호, 조선대학교 법학연구원(2012. 8.), 345쪽.

142) Teubner, *supra note* 118, at 520-521.

143) 윤영철, "인공지능 로봇의 형사책임과 형법의 '인격적 인간상'에 대한 고찰", 원광법학 제35권 제1호, 원광대학교 법학연구소(2019. 3.), 107쪽.

시켰던 대표적인 형법학자인 야콥스가 형법의 주체를 인간으로 한정하는 것으로 견해를 변경한 이유는 체계이론적 방법론의 무분별한 접목이 오히려 형법을 과도하게 팽창시켜 형법의 규범 안정화 기능 또는 목적을 훼손하게 될 위험성을 진지하게 고민한 결과로 보이기 때문이다.[144]

Ⅳ. 법정책적 측면

만약 인공지능에게 법인격을 인정하는 것이 법적 편의성이나 유용성이 인정된다면 과학기술적 측면이나 철학적 측면의 근거가 설사 다소 부족하더라도 인공지능의 권리주체성이 충분히 긍정될 여지가 있다. 특히 법적 필요성이나 유용성은 법실증주의 입장에서도 인공지능의 법인격을 인정하는 중요한 논거가 된다. 그러나 인공지능에 법인격을 인정하였을 경우 구체적으로 어떠한 법적 편의성이나 유용성이 발생하는지는 명확하지 않으며, 오히려 법적 불편과 사회적 고비용을 야기할 우려가 크다.

근본적으로 인공지능의 법인격을 인정하였을 경우 법정책적 측면에서의 가장 큰 우려는 기존 법질서에 예상치 못한 충격을 가져올 수 있다는 것이다. 오늘날 우리에게 익숙한 법인(法人) 제도가 확립되기까지는 장기간에 걸친 사회적 수용 및 기존 제도와의 조율 과정이 필요했다. 자연인의 이익과 활동을 전제로 한 법인조차 그러했는데 하물며 인공지능의 경우에는 더할 것이다.[145]

불법행위책임에 한정하여 살펴보더라도, 인공지능에게 책임능력을 인정하는 것이 실질적 의미를 가지려면 인공지능이 고유의 책임재산을 보유할 수 있어야 한다. 그러나 인공지능이 책임재산을 가지기 위해서는 결국 기존의 권리능력 주체인 자연인이나 법인이 인공지능에게 재산을 증여하거나, 아니면 인공지능의 운용으로 발생한 이익의 일부를 해당 인공지능의 책임재산으로 축적하는 등의 법적인 장치가 추가로 마련되어야 하며, 나아가 인공지능의 책임재산의 한도를 얼마로 설정할 것인지, 손해가 책임재산을 초과할 경우 그 부담을 피해자가 감수해

---

144) 윤영철(각주 143), 107쪽.
145) 이상용(각주 12), 37쪽.

야 하는지 아니면 제3자가 손해배상책임을 추가로 부담할 것인지와 같은 다양한 문제를 법적으로 정교하게 규정하여야 한다. 이는 법리적으로 매우 번잡하고 기교적인 구성이다.

더욱이 인공지능에게 법인격을 부여하려면 그에 관한 제도적, 물적 기반 또한 마련하여야 한다. 즉 인공지능에 법인격이 인정되기 위한 요건이나 절차, 인격 인정의 범위 등을 규율할 법제가 만들어져야 하고, 무엇보다도 법인격이 인정되는 인공지능의 식별을 위하여 법인등기 제도와 유사하게 등록부 등의 공시방법이 마련되어야 한다.146) 초프라(Samir Chopra) 등이 지적하였듯이 소위 '법적 식별의 문제(The Problem of Identification)'가 해결되어야 하는 것이다. 그러나 인공지능의 등록제 또는 공시제를 운영하기 위하여는 상당한 수준의 사회적 비용이 소요되며, 이러한 비용은 인공지능의 법인격 인정으로 달성되는 사회적 편익을 초과할 가능성이 매우 높다.147) 일례로 2014년부터 2018년까지 5년간 우리나라 법원이 등기사무 처리를 위하여 지출한 비용은 연평균 220억 원, 총 1조 1천억 원에 달한다.148) 그렇다면 인공지능의 독자적 법인격을 인정하는 방안보다 기존의 전통적인 권리능력의 주체에게 인공지능으로 발생한 사고의 책임을 귀속시키는 내용의 입법을 하는 것이 상대적으로 간명하면서도 현실성 높은 법정책일 가능성이 높다.149)

인공지능에 법인격을 인정하는 것이 자칫 혁신을 위축시키고 불필요한 규제를 양산하는 결과를 초래할 수 있다는 측면 또한 간과되어서는 안 된다. 인공지능은 결국 컴퓨터 프로그램이므로 인간과는 존재 및 행위 방식이 본질적으로 다르게 구성될 수 있다. 그런데 인공지능에 법인격을 부여하게 되면 그에 적합한 특성을 구현하기 위하여(혹은 이를 회피하기 위하여) 관련 기술 발전의 방향이 왜곡되거나 기술 발전 자체가 정체될 수 있다. 예컨대 인공지능은 계층적, 중첩적, 또

---

146) 이상용(각주 12), 35쪽, Riehm, *supra note* 13, S.44−45.
147) Samir Chopra & Laurence White, A LEGAL THEORY FOR AUTONOMOUS ARTIFICIAL AGENTS 182 (The University of Michigan Press 2011).
148) 국회예산정책처, "2020년도 예산안 위원회별 분석 (국회운영위원회 · 법제사법위원회)", 2019. 10, 112쪽 표를 토대로 재분석한 결과이다.
149) Ryan Abbot & Alex F. Sarch, *Punishing Artificial Intelligence: Legal Fiction or Science Fiction*, 53 U.C.DAVIS L. REV. 323, 368−381 (2019).

는 집합적으로 존재할 수 있고 그럼으로써 효용을 발휘할 수 있음에도 불구하고, 권리의무의 귀속점이 확정될 수 없어 법인격이 부여되지 못한다는 이유로 그러한 인공지능의 개발이 악영향을 받을 수 있다.[150) EU 인공지능 결의안에서도 언급되었듯이, 인공지능을 대상으로 한 입법은 미래 이니셔티브(initiative)를 유지하고 혁신을 억누르지 않도록 점진적이고 실용적이면서도 신중하게 이루어져야 한다.[151)

이러한 점을 종합하면, 결론적으로 법정책적 측면에서도 인공지능의 법인격을 인정하여야 할 필요성보다는 부정하여야 할 필요성이 더 높다고 판단된다.

제5절 결어

지금까지 '인공지능과 불법행위책임'에 관한 첫 번째 논점으로 인공지능 자체가 책임의 주체가 될 수 있는지를 살펴보았다. 위 논점은 결국 인공지능의 법인격 인정 여부로 귀결된다. 이에 관하여는 1990년대부터 논의가 촉발되어 법학뿐 아니라 철학, 윤리학, 심리학 등 다양한 분야에서 심도있게 검토되어 왔고, 그 결과 긍정론, 부정론, 그리고 제한적 긍정론의 세 가지 견해로 정리되어 발전하여 왔다.

인공지능의 법인격 인정 여부는 '시비(是非)'의 문제가 아니라 '가치판단'의 문제로 생각된다. 가치판단의 기준으로 이 책에서는 과학기술적 측면, 철학적 측면, 법정책적 측면의 3대 관점을 제시하였다. 이러한 기준으로 검토하면 부정론이 긍정론에 비하여 상대적으로 타당하다고 생각된다. 2017년 "인공지능의 법인격 인정 문제를 장기적으로 검토하여야 한다."는 내용의 EU 인공지능 결의안을 발표하여 전세계적 논의를 촉발시켰던 유럽연합 또한 그 이후에는 인공지능의 법인격 인정에 부정적인 입장을 취하는 것 또한 부정론의 타당성을 뒷받침해 주는 유력한 비교법적 논거라고 생각된다. 한편 제한적 긍정론은 인공지능의 책임능력을

---

150) 이상용(각주 12), 36 – 37쪽.
151) 2015/2103(INL), § X.

인정한다는 점에서 긍정론과 동일하므로, 역시 부정론에 비하여 상대적으로 열위에 있다고 판단된다. 그러므로 적어도 현 시점에서는 인공지능의 법인격 인정은 시기상조라고 본다.

제4장

인공지능과 불법행위책임: 책임의 근거

인공지능과 불법행위책임: 책임의 근거

제1절 서론

제3장에서 인공지능의 법인격을 인정하는 것은 타당하지 않으며, 따라서 인공지능은 불법행위책임의 주체가 될 수 없다고 결론지었다.

인공지능이 불법행위책임의 주체가 될 수 없다면 인공지능 사고로 발생한 손해는 전통적인 권리능력의 주체인 자연인 또는 법인 중 불법행위책임을 지우기에 적절한 자가 부담하거나 그렇지 않으면 피해자가 감수하거나의 문제로 귀결된다. 인공지능 사고에 관하여 배상책임자가 존재하지 않는다면 "법익에 생긴 손해는 법익보유자가 부담한다."는 법원칙에 따라 결과적으로 피해자가 손해를 떠안게 될 것이므로 그 타당성은 별론으로 하더라도 적어도 법리적으로 추가로 논의할 쟁점은 없다. 그러나 모든 인공지능 사고에 관하여 피해자에게 손해를 감수하라는 법원칙은 기존의 불법행위책임보다도 피해자에게 불리한 것으로서 이론적 타당성은 차치하더라도 현실적 수용가능성이 매우 낮을 것이다. 그러므로 인공지능 사고에 관하여 인공지능 자체에 책임을 지울 수 없다면 누구에게 책임을 지우는 것이 적절한지가 검토되어야 하며, 이는 곧 '책임의 근거' 문제로 귀결된다.

그렇다면 어떠한 사고가 과연 '인공지능 사고'에 해당하여 책임의 근거에 관한 검토를 요하는가? 인공지능 사고의 사례를 구체적으로 상정하지 않은 채 책임의 근거를 검토할 경우 자칫 논의가 피상적이고 비현실적인 방향으로 흐를 우려가 있다. 이를 방지하기 위하여 제2장에서 제시한 인공지능의 4단계 분류 체계(보조, 부분 자율, 고도 자율, 완전 자율)에 따라 인공지능 사고를 각 단계별로 구체화하여 살펴보고자 한다. 이해를 돕기 위하여 A가 개발한 '가사 도우미 인공지능' X를 B가 사용하는 경우를 예로 들면 다음과 같다.

- [사례 1] (보조 단계 사고): B는 X에게 빨래를 시켰다. X가 세탁기 실행 버튼을 누르기 위하여는 최종적으로 B의 허락을 받아야 한다. X가 세탁 준비 완료를 통보하자 B는 세탁기 실행을 허락하였다. 세탁 도중 세탁기 설정 오류로 배수구가 막혔고 이로 인하여 아래층에 사는 C에게 누수 피해가 발생하였다.
- [사례 2] (부분 자율 단계 사고): B는 생일 파티를 열기 위하여 친구들을 초대하고 X에게 생일 파티 요리를 맡겼다. X는 B의 냉장고에서 자율적으로 식재료를 선택하여 요리를 하였다. C는 X의 요리를 먹고 식중독에 걸려 병원에 입원하였다. B는 X의 요리 과정을 상시 모니터링할 수 있었고 필요시 X의 동작을 중단시키거나 X에게 구체적인 요리 지시를 내리는 등 X의 요리 과정에 개입할 수 있었다.
- [사례 3] (고도 자율 단계 사고): X는 B의 가사 업무 수행을 위하여 필요한 업무(청소, 요리, 장보기, 심부름 수행 등)를 B의 감독 없이도 수행할 수 있는 기능을 갖추었다. X가 장을 보기 위하여 B의 집에서 30분 거리에 있는 시장에 가던 중 C를 충격하여 C에게 상해를 입혔다. X는 외부에 물리적 위해를 가할 위험을 감지하면 B에게 이를 통지하며, 이 경우 B는 X의 동작을 중단시킬 수 있다.
- [사례 4] (완전 자율 단계 사고): X는 단순한 가사 보조 수준을 넘어 B와 생활을 같이하며 정서적 교감을 나누고 B의 구체적인 지시가 없더라도 B의 일상

생활 영위에 필요한 일을 자동으로 수행하는 '반려로봇'으로서의 기능을 갖추었다. B는 X와 함께 외출하였는데 자전거를 탄 C가 고속으로 B에게 접근하자 C가 B를 위협한다고 생각한 X가 자동으로 C를 막아섰고, 이로 인하여 C가 넘어져 상해를 입었다.

[사례 1]~[사례 4]는 모두 A가 개발하고 B가 보유한 인공지능 X가 사고 발생에 직접적·간접적으로 관여하였으며, 그로 인하여 A, B와 각 계약관계가 없는 C에게 손해가 발생한 사안이다. 위 사례들에 대하여 기존의 전통적인 불법행위 책임법리를 통하여 적절히 책임을 귀속시킬 수 있다면 이를 적용하면 충분하며 인공지능 사고에 관한 책임 법리를 논할 필요는 없다. 그러나 제2장에서 살펴보았듯이 인공지능은 인간이 지금까지 사용하여 온 도구와는 차별화되는 자율성, 설명불가능성, 예측불가능성, 물리적 표출성의 4대 속성을 보유하고 있다. 이로 인하여 인공지능 사고에 있어서는 그 사고를 일으킨 행위자가 누구인지, 그러한 행위에 관하여 과실이 있는지 등 전통적인 불법행위책임을 통한 책임 귀속의 요건이 충족되기 어려운 한계 상황들이 발생한다.

예를 들어 '부분 자율 단계' 사고의 경우, 만약 B가 X의 요리 과정을 상시 모니터링 하였더라도 X의 식재료 선택이나 요리 과정에서의 문제를 발견할 수 없었다면 과연 그러한 경우에도 B에게 과실을 인정할 수 있는지가 문제된다. '완전 자율 단계' 사고의 경우 X의 동작에 관하여 B는 일체의 모니터링이나 지시를 하지 않았는데, 이러한 경우 B에게 불법행위에서의 '행위' 자체가 성립하는지부터 논란이 될 수 있다. 기본적으로 인공지능의 자율성이 증대될수록 인공지능의 동작에 대한 인간의 관여 정도는 그에 반비례하여 감소하는바,[1] 그러한 상황에서 과연 인공지능 사고의 책임을 해당 사고에 관여하였다고 보기 어려운 인간에게 귀속시키는 것이 정당한지에 관하여 근본적인 의문이 제기되는 것이다.

이러한 문제 인식을 바탕으로 본 장에서는 인공지능 사고의 책임의 근거 법리에 관하여 크게 '해석론'과 '입법론'의 양 측면에서 검토한다(제2절~제5절). 우선

---

1) 김성호, "인공지능에 대한 법인격 부여 필요성", 법학논총 제37권 제3호, 한양대학교 법학연구소(2020. 9.), 268쪽.

불법행위책임을 규율하고 있는 실정법상 규정의 적용 또는 해석을 통하여 인공지능 사고의 타당한 해결이 가능한지를 살펴본다. 다음으로 해석론으로 타당한 해결이 어렵다면 인공지능 사고를 합리적으로 규율할 수 있는 입법론적 방안을 모색한다. 해석론과 관련하여 일반불법행위책임(민법 제750조), 민법상의 특수불법행위책임(민법 제755조~제760조), 「제조물 책임법」상의 제조물책임(product liability)을 검토 대상으로 삼는다. 입법론과 관련하여 실정법상 명문의 일반 규정이 없는 '무과실책임(liability without fault)'을 검토 대상으로 삼는다.[2] 해석론 및 입법론적 검토를 마친 후 국내외 입법 사례를 검토하여 시사점을 도출한 후(제6절), 모든 논의를 종합하여 인공지능 사고의 책임 법리를 제안한다(제7절). 참고로 무과실책임의 개념이 다소 모호하고 맥락에 따라 다양한 해석이 가능하지만, 이 책에서는 무과실책임을 영미법계의 엄격책임(strict liability)이나 대륙법계의 위험책임(*Gefährdungshaftung*) 등을 모두 포괄하는 용어로서,[3] 과실책임과 달리 가해자의 고의나 과실이 없는 행위일지라도 가해자에게 손해배상책임이 발생하는 책임법리, 즉 과실 유무를 판단하지 않고 책임을 부과하는 법리를 의미하는 일반적인 개념으로 사용한다.[4]

---

2) 무과실책임은 엄격책임 또는 위험책임과 동일한 개념은 아니다. 무과실책임은 고의 또는 과실과 무관한 책임, 즉 '과실책임이 아닌 책임들'을 포함하지만 원인책임 또는 결과책임이 아니라 고유한 요건과 귀책사유를 요구하는 책임법리이다. 곽윤직 편집대표, 「민법주해 제18권(채권 11)」, 박영사(2005), 138–139쪽. 이에 관하여 과거 독일법학에서는 책임귀속근거를 기준으로 과실책임, 원인책임, 무과실책임이 책임법상 책임으로 인정되었으나 오늘날 원인책임을 인정하는 견해는 없으며 과실책임과 위험책임만이 인정되고 있으므로, 무과실책임을 위험책임과 동일한 선상에서 이해하는 것도 가능하다는 견해도 있다. Claus–Wilhelm Canaris, Vertrauenshaftung im Deutschen Privatrecht, Beck (1971), S.473 f.
3) 엄격책임과 위험책임은 엄밀히 말하여 그 연혁적 배경, 인정 범위 및 손해배상 범위 등에 있어 차이가 있으나 양자 모두 배상책임자의 고의나 과실을 필요로 하지 않는다는 점에서는 일치하며 이런 측면에서 특히 우리나라에서는 양 용어가 혼용되어 사용되어 왔다. 김상용, "위험책임과 엄격책임의 비교", 고시계 제31권 제12호, 고시계사(1986. 12.), 93쪽.
4) 박정평, "무과실책임론의 현대적 의의", 법학논집 제18호, 동국대학교 법학연구소(1992. 6.), 90쪽.

제2절 해석론적 검토(1): 일반불법행위책임

Ⅰ. 의의

주지하다시피 민법 제750조가 규정하고 있는 일반불법행위책임은 근대 민법의 기본 원리인 '자기책임의 원리'에 기초하여 인간의 자유로운 활동을 최대한으로 보장하기 위하여 손해배상책임의 근거로서 가해자의 귀책사유, 즉 가해자의 고의 또는 과실을 요하는 책임법리이다.[5]

일반불법행위책임이 성립하기 위하여는 ① 고의 또는 과실있는 행위('가해행위')의 존재, ② 가해행위의 위법성, ③ 손해의 발생, ④ 가해행위와 손해 사이의 인과관계라는 네 가지 요건이 모두 갖추어져야 한다. 위 4가지 요건은 증명책임의 분배에 관한 통설 및 판례의 견해인 '법률요건분류설'상 모두 피해자가 증명책임을 부담하는 것이 원칙이다.[6]

Ⅱ. 학설

1. 부정설

부정설은 기본적으로 인공지능의 속성 및 인공지능으로 야기된 손해의 특성에 주목하여 일반불법행위책임으로 의율하기에는 적절하지 않으며 다른 책임 법리가 필요하다는 견해로서, 국내외를 불문하고 다수의 입장으로 보인다.[7] 부정론

---

5) 김상용, 「민법사상사」, 피앤씨미디어(2016), 91쪽.
6) 이시윤, 「신민사소송법(제13판)」, 박영사(2019), 544-546쪽, 대법원 2002. 2. 26. 선고 2001다73879 판결 참조. 물론 후술하듯이 증명책임의 원칙에 관한 예외 또한 존재한다.
7) 정진명, "인공지능에 대한 민사책임 법리", 재산법연구 제34권 제4호, 한국재산법학회(2018. 2.), 142쪽, 오병철, "인공지능 로봇에 의한 손해의 불법행위책임", 법학연구 제27권 제4호, 연세대학교 법학연구소(2017. 12.), 177-188쪽, 김진우, "지능형 로봇과 민사책임", 저스티스 제164호, 한국법학원(2018. 2.), 61-62쪽, 서종희, "4차 산업혁명 시대 위험책임의 역할과 한계 - 인공지능 로봇에 의해 발생한 손해의 책임귀속을 고려하여", 사법 제43호, 사법발전재단(2018. 3.), 75-78쪽, 김성호, "인공지능과 불법행위책임", 입법과 정책 제11권 제1호, 국회입법조사처(2019. 4.), 272쪽, Samir Chopra & Laurence White, A LEGAL THEORY FOR AUTONOMOUS ARTIFICIAL AGENTS 127-150 (The University of Michigan Press

의 논거는 다음과 같다. ① 일반불법행위책임은 대전제로 자유의지를 가진 사람의 행위를 전제로 하는데 인공지능에게는 이러한 행위성을 규범적으로 인정할 수 없다. ② 인공지능의 동작을 구체적으로 누구의 행위로 귀속시켜야 하는지가 불분명하다. ③ 인공지능 사고에 관하여 관련자의 과실이 인정되기 어렵다. ④ 설사 이론적으로 일반불법행위책임 요건의 성립을 긍정할 수 있다 하더라도 피해자가 손해를 전보받기 위하여는 일반불법행위책임의 요건사실을 모두 증명해야 하는데 이는 현실적으로 불가능에 가깝다.

2. 긍정설

긍정설은 인공지능으로 야기된 손해에 관하여도 일반불법행위책임을 적용할 수 있다는 입장이다.[8] 그러나 긍정설을 취하는 국내의 논의는 대부분 상세한 논증 없이 "인공지능의 동작으로 타인에게 손해가 발생하고 그에 대하여 인공지능의 소유자에게 과실이 인정될 때에는 민법 제750조에 의한 일반 불법행위책임이 성립할 수 있다.", "민법 제750조의 일반불법행위조항은 요건이 열려 있기 때문에 많은 사안을 포섭할 수 있다."와 같이 일반론적인 적용 가능성 언급에 그치고 있어 그 논거가 구체적이지 못하다는 한계가 있다.[9] 반면 해외에서 긍정설을 주장하는 입장은 ① 인공지능 사고에 관하여 일반불법행위책임을 적용하더라도 사회적으로 요구되는 최적의 주의의무 수준을 도출할 수 있다. ② 과실책임 원리는 인공지능 기술의 변화에 탄력적으로 대응할 수 있는 법리이다. ③ 과실 판단 기준인 주의의무의 수준은 인공지능 기술에 관한 이해나 인공지능의 동작에 대한

2011); Maruerite E. Gerstner, *Liability Issues with Artificial Intelligence Software*, 33 SANTA CLARA L. REV. 239, 246-249 (1993) 등.

8) 고세일, "인공지능과 불법행위책임 법리", 법학연구 제29권 제2호, 충남대학교 법학연구소(2018. 5.), 97쪽, 김훈주, "AI(Artificial Intelligence)에 대한 법인격 부여의 타당성 검토", 법학연구 제31권 제1호, 충북대학교 법학연구소(2020. 6.), 189쪽, Ryan Abbott, *The Reasonable Computer Disrupting the Paradigm of Tort Liability*, 86 GEO. Wash. L. REV. 1, 22-24 (2018); Karni A. Chagal-Feferkorn , *How Can I Tell If My Algorithm Was Reasonable?*, 27 MICH. TECH. L. REV. 213, 250-255 (2021).

9) 고세일(각주 8), 97쪽, 김훈주(각주 8), 189쪽.

이해가 없더라도 규범적으로 도출할 수 있다는 등의 구체적인 논거를 제시하고 있다.[10)

Ⅲ. 검토

1. 행위

가. 의의

인공지능의 동작으로 누군가에게 손해가 발생한 '인공지능 사고'에 관하여 일반불법행위책임을 적용하기 위하여는 무엇보다 '행위성'이 인정되어야 한다. 불법행위책임에서 말하는 행위는 사람의 정신작용에 기초하는 사실이 외부적으로 발현된 '외부적 용태' 중 '위법행위'를 의미하는 것으로서,[11) 민법학의 주요 관심사인 '법률행위'와는 다소 상이한 개념이다. 외부적 용태 중 위법행위로서의 행위가 무엇인지에 관하여는 형법학에서 활발한 논의가 이루어져 왔다.[12) 범죄의 성부와 형사책임의 경중을 다루는 형법학에서는 가벌성의 대상인 인간 행위의 본질을 밝히는 것이 이론적 출발점이기 때문이다. 행위의 개념에 관하여 형법학에서는 ① 의사에 의하여 외부세계에 야기된 순수한 인과과정을 행위로 보는 '인과적 행위론', ② 목적활동성이라는 인간의 정신작용의 결과를 행위로 보는 '목적적 행위론', ③ 행위의 의미를 사회적 존재로서의 인간이 사회에 영향을 미치는 인간의 행태에서 찾는 '사회적 행위론', ④ 인간과 동물이 구별되는 인격의 발현을 행위로 보는 '인격적 행위론'과 같은 다양한 견해가 제시되어 왔으나,[13) 각 이론이 공통적으로 전제하고 있는 행위 개념은 다름 아닌 '사람의 의사지배성'이다. 즉 법적으로 행위로 평가받기 위하여는 사람의 의사의 지배를 받을 수 있고, 그러한 의미에서 그 사람에게 귀속될 수 있는 것이어야 한다.

---

10) Abbot, *supra note* 8, at 22−24, Chagal−Feferkorn, *supra note* 8, at 250−255.
11) 김준호, 「민법강의(제26판)」, 법문사(2019), 182−183쪽.
12) 이은영, 「채권각론(제5판)」, 박영사(2007), 757쪽.
13) 이재상, 「형법총론(제6판)」, 박영사(2009), 74−88쪽, 허일태, "형법상 행위개념에 관한 고찰", 형사법연구 제18호, 한국형사법학회(2002. 1.), 39쪽,

나. 인공지능 사고에서의 행위성

인공지능 사고에 관하여 행위성이 문제되는 경우는 크게 두 가지이다. 첫째, 사고에 관련된 인공지능의 '동작' 그 자체만이 존재하는 경우이다. 둘째, 인공지능의 동작과 별개로서 인공지능 사고에 관련된 인간의 '행위'가 존재하는 경우이다.

우선 후자(後者)의 경우에는 일반불법행위책임을 구성하는 행위성의 인정에 별다른 문제가 없다고 생각된다. 제1절에서 언급한 [사례 1]~[사례 3]을 예로 살펴보면, [사례 1](보조 단계 사고)의 경우 인공지능 X는 인간(B)의 행위를 보조하는 역할만을 담당하며 최종 의사 결정 및 그에 따른 행위는 B가 수행하므로, 그로 인하여 사고가 발생하더라도 이를 B의 행위로 인정하는 데 문제가 없다. 인공지능이 아닌 기존의 통상적인 도구(道具)를 사람이 사용하던 과정에서 손해를 발생시킨 경우와 개념적으로 동일하기 때문이다.[14] [사례 2](부분 자율 단계 사고)의 경우는 X의 동작에 대한 '상시 모니터링' 및 '필요시 개입'에 관한 B의 작위 또는 부작위가, [사례 3](고도 자율 단계 사고)의 경우 X가 위험을 통보하였을 때의 인지 및 개입에 관한 B의 작위 또는 부작위가 각 존재하므로, 역시 B에게 행위성을 인정할 수 있다.

전자(前者)의 경우, 즉 인공지능 사고에 관하여 인공지능의 동작만이 존재하는 경우는 어떠한가? 인공지능의 자율성을 긍정할수록 인공지능에 대한 사람의 지배가능성은 감소하므로 인공지능의 동작에 인간의 자유의지가 관여하였다고 인정될 여지는 줄어들게 된다. 따라서 인공지능의 자율성이 증대되면 증대될수록 인공지능 동작 자체를 인간의 행위로 귀속시키기 어려우며 그 논리적 귀결로서 불법행위책임에서의 행위성은 인정되기 어려워진다. [사례 4](완전 자율 단계 사고)의 경우 인공지능 X는 B를 방어하기 위하여 B의 모니터링이나 개입이 없이 자동으로 동작하였는바, 이러한 X의 동작에 관하여 어떠한 자유의지도 가지지 않았던 B에게 X의 동작을 본인의 행위로 귀속시킬 수는 없을 것이다.

물론 인공지능의 동작은 그 정도의 차이만 있을 뿐 사람에 의하여 설계된 알고리즘 및 그에 따라 작성된 컴퓨터 프로그램의 실행 결과라고 보아 어떠한 경우

---

14) Chopra & White, *supra note* 7, at 124-127.

에도 인공지능의 자율성을 부정하는 견해 또한 가능하다.[15] 즉 모든 인공지능 사고에는 인공지능의 동작만이 존재하는 경우는 없으며, 언제나 인공지능의 동작과 그러한 동작이 있게 한 인간의 행위가 함께 존재한다는 견해이다. 이에 따르면 어떠한 인공지능의 동작이라도 그러한 동작을 야기 또는 초래한 사람의 행위로 귀속시키는 것이 이론적으로 불가능한 것은 아니다.

예컨대 [사례 4]의 경우 X의 동작을 B의 행위로 귀속시킬 수는 없다 하더라도 X를 제작한 A 또는 그 제작에 관련된 제3자(X 알고리즘의 설계자, X 컴퓨터 프로그램 작성자, 학습 데이터 제공자 등) 중 사고를 일으킨 X의 동작에 원인되는 행위(X 알고리즘의 고안, X 프로그램의 개발 등)를 한 사람이 있다면 그의 행위로 귀속시키는 것이 가능하다. 설령 X의 동작을 결정짓는 행위를 한 사람이 누구인지 정확하게 특정하는 것은 어렵다 하더라도 그 행위에 관련되고 공동성이 인정되는 자들 혹은 그 행위를 하였을 개연성이 있는 자들을 집단으로 특정할 수 있다면, 후술하듯이 협의의 공동불법행위책임(민법 제760조 제1항)이나 가해자 불명의 공동불법행위책임(민법 제760조 제2항)을 통하여 그 집단 구성원 전체에게 불법행위책임을 묻는 것도 이론적으로는 충분히 가능하다.

문제는 인공지능이 개발되어 시장에 유통되기까지는 다수의 주체가 관련되므로 관련성, 공동성이나 개연성이 인정되는 자들을 특정하는 것 자체부터 쉽지 않다는 점에 있다. 더욱이 인공지능은 전통적인 도구와 달리 시장에 유통된 이후에도 학습을 통하여 그 행동을 변화시키는 유동적인 존재인바, 사후 학습의 결과 발현된 인공지능의 동작까지 인공지능 제작에 관련된 자의 자유의지가 반영된 것이라고 보기는 어려우므로, 이러한 경우까지 특정인의 행위로 귀속시킬 수는 없다.[16] 따라서 어떠한 경우에도 인공지능의 동작을 특정인의 행위로 귀속시킬 수 있다는 견해는 채용하기 어렵다고 생각한다.

---

15) 박해선, "스마트사회와 민사책임", 법학논총 제23집 제2호, 조선대학교 법학연구원(2016. 8.), 270쪽, 고인석, "인공지능이 자율성을 가진 존재일 수 있는가?", 철학 제133권, 한국철학회(2017. 11.), 182쪽, 오병철(각주 7), 165 – 166쪽 등.
16) 오병철(각주 7), 179쪽.

다. 소결

인공지능 사고에 관하여 인공지능의 동작뿐 아니라 그에 관련된 인간의 자유의지에 따른 행위가 인정되는 경우라면 불법행위책임에서의 행위성 인정에 문제가 없다. 그러나 인공지능의 자율성이 증대되면 증대될수록 인공지능 사고에 관하여 인간의 자유의지에 따른 행위가 개입할 여지는 감소하므로 행위성은 인정되기 어렵다고 판단된다. 즉, 행위성의 인정 여부는 모든 인공지능에 대하여 일의적으로 단언할 수 없으며, 인공지능의 자율성 정도에 따라 판단하여야 한다.

앞서 살펴본 [사례 1]~[사례 4]를 예로 들어 살펴보면, [사례 4](완전 자율 단계 사고)의 경우에는 인공지능에 폭넓은 자율성을 인정할 수 있으며 그 동작에 인간이 개입할 여지는 사실상 없으므로 인공지능의 동작을 인간의 행위로 귀속시키기가 매우 어려울 것으로 생각된다. 그러나 [사례 1](보조 단계 사고)~[사례 3](고도 자율 단계 사고)의 경우에는 그 정도의 차이는 있으나 인공지능의 동작에 인간의 개입이 필요하거나 적어도 요구되는 상황이므로, 이러한 사고에 있어서는 인간의 행위성을 인정하는 것이 타당하다.

2. 고의 또는 과실

가. 의의

일반불법행위책임이 성립하기 위하여는 불법행위가 가해자의 고의 또는 과실에서 기인한 것이어야 한다. 고의 또는 과실은 손해를 발생시킨 모든 행위에 관하여 책임을 지우는 것이 아니라 귀책 사유가 인정되는 행위에 관하여만 책임을 지우기 위한 '유책성'의 요건이며, 이는 '자기책임의 원칙'에 근거한 것이다. 개인의 자유로운 활동을 보장하기 위해서는 자신의 행위 중 법적으로 요구되는 주의를 충분히 기울이지 않은 행위에 대하여만 법적 책임을 부담하고 자신이 아닌 타인의 행위로 발생한 결과에 대하여는 법적 책임을 지지 않는다는 원칙이 관철되어야 하기 때문이다.

나. 개념

우선 고의의 개념에 관하여는 손해가 발생할 것이라는 결과를 인식하면서도 이를 인용하여 그 가해행위를 행하는 심리상태로 보는 것이 통상적인 견해이다.[17] 그런데 형사책임과 달리 민사책임은 행위자의 악성(惡性)에 대한 비난이 아니라 발생한 손해의 전보에 방점을 두고 있으므로 적어도 불법행위책임의 성립 요건의 측면에서는 고의와 과실을 구별할 실익은 크지 않다.[18] 또한 인공지능 사고에 관하여 행위가 귀속되는 주체가 고의로 사고를 일으킨 경우라면(예컨대 자연인이 고의로 인공지능을 불법행위의 도구로 사용한 경우) 불법행위책임의 요건인 고의가 인정된다는 점에는 별다른 의문이 없다. 따라서 쟁점은 고의가 아닌 과실에 있다.

불법행위법에서의 과실의 개념에 관하여 대륙법계와 영미법계가 완전히 일치하지는 않는다.[19] 대륙법계는 불법행위법에서 말하는 가해자의 과실은 '사회생활상 요구되는 주의의무를 게을리하여 일정한 결과가 발생하리라는 것을 인식하지 못하는 상태',[20] 즉 주의의무 위반을 뜻한다.[21] 따라서 과실 여부를 판단하려면 먼저 주의의무를 객관적으로 확정해야 한다. 주의의무 확정 기준에 관하여 통설과 판례는 행위자 개인의 구체적 사정이나 능력 등을 고려하지 않고 그 개인이 속한 사회에서의 평균적·통상적인 가상의 주체, 즉 추상적 주체를 기준으로 그 주체에게 요구되는 일반적인 주의의무를 기준으로 과실 여부를 판단해야 한다는 '추상적 과실설'을 취하고 있다.[22][23] 영미법에서는 과실 판단 기준으로 합리성

---

17) 곽윤직 편집대표(각주 2), 184-185쪽, 김상용, 「채권각론(제3판)」, 화산미디어(2016), 698쪽.
18) 곽윤직 편집대표(각주 2), 185쪽, 곽윤직, 「채권각론(제6판)」, 박영사(2003), 391쪽.
19) 대륙법계에서 과실은 불법행위책임의 성립요건이나 미국 불법행위법은 기본적으로 불법행위책임을 고의에 의한 불법행위, 과실에 의한 불법행위, 엄격책임의 세 가지 유형으로 구분하며 고의에 의한 불법행위와 엄격책임은 해당하는 유형이 미리 정해져 있어 귀책 여부가 중요하지 않다는 점 등에서 차이가 있다. 김영희, "미국 불법행위법의 기본 구조에 관한 연구 - 불법행위의 유형과 성립요건을 중심으로", 법학연구 제21권 제4호, 연세대학교 법학연구원 (2011. 12.), 41-52쪽.
20) 곽윤직(각주 18), 389쪽, 양창수·권영준, 「민법 Ⅱ(권리의 변동과 구제)」, 박영사(2011), 535쪽.
21) 곽윤직(각주 18), 389쪽.
22) 추상적 과실설을 취하는 입장으로는 곽윤직(각주 18), 389쪽, 김상용(각주 17), 613쪽, 이은영(각주 12), 744-745쪽, 송덕수, 「채권법각론(제2판)」, 박영사(2016), 494쪽 등 참조. 구

(reasonableness)이라는 개념을 사용한다. 영미법에서의 '과실에 의한 불법행위책임'은 주어진 구체적 상황에서 가상의 주체인 '합리적 인간(reasonable person)'을 상정한 후, 합리적 인간이라면 하지 않았을 행동을 하였거나 합리적 인간이라면 했어야 할 행동을 하지 않은 경우에 과실을 인정한다.[24] 합리적 인간의 개념은 우리나라의 통설 및 판례가 말하는 '사회평균인', 일본과 독일의 '평균인', 그리고 프랑스에서의 '신중한 사람(l'homme avise)'과 문리적 표현은 다르지만 그 실질은 사실상 같다.[25] 이런 의미에서 영미법에서의 과실 개념은 대륙법계에서의 추상적 과실설에서 말하는 과실의 개념과 유사하다 할 수 있다.

유의할 점은, 추상적 과실설에서의 평균적인 통상인은 '전체 사회'에서의 보통·평균인이 아니라 불법행위책임 성부가 문제된 '구체적인 경우'에서의 보통·평균인이라는 점이다. 예를 들어 수술과 같은 의료행위가 문제된 사안에서는 의사나 간호사와 같은 의료인을 표준으로 하여 보통·평균인을, 80세의 사람이 횡단보도를 건너다가 교통사고를 당한 경우에는 80세의 보통·평균인을 기준으로 하여 주의의무를 다하였는지를 각 판단하여야 한다는 것이 추상적 과실설의 입장이다. 판례 또한 이와 같다.[26]

요컨대, 추상적 과실설에서의 사회평균인은 '모집단(母集團)에서의 산술평균값에 해당하는 사람'이라는 본래적 의미로서의 평균인(average person)이 아니라 법

체적 과실설을 취하는 입장으로는 김형배, "과실개념과 불법행위 책임체계", 민사법학 제4·5호, 민사법학회(1985.), 302쪽. 추상적 과실설을 설시한 대표적인 판례로는 대법원 2001. 1. 19. 선고 2000다12532 판결 참조.

23) 영미법계의 연구 중에는 정보통신기술의 발전으로 행위자에 대한 데이터가 축적되어 소위 빅데이터(big data)가 구축된 경우에는 구체적 과실설이 더 타당하다는 견해가 있다. Omri Ben-Shahar & Ariel Porat, *Personalizing Negligence Law*, 91 N.Y.U. L. REV. 627, 674-685 (2016).

24) Alan D. Miller & Ronen Perry, *The Reasonable Person*, 87 N.Y.U. L. REV. 323, 325 (2012).

25) 권영준, "불법행위의 과실 판단과 사회평균인", 비교사법 제22권 제1호, 한국비교사법학회(2015. 3.), 97-98쪽.

26) 선도적 사례(leading case)로는 자동차 운전면허를 취득하기 위하여 운전학원에서 교육을 받던 교습자가 사람을 차로 치어 상해를 입힌 사건에서의 주의의무에 관한 대법원 2001. 1. 19. 선고 2000다12532 판결이 꼽힌다. 그 외 의사의 의료행위에서의 주의의무에 관한 대법원 2003. 1. 24. 선고 2002다3822 판결, 혈액제제 제조업체의 주의의무에 관한 대법원 2017. 11. 9. 선고 2013다26708, 26715, 26722, 26739 판결 등 참조.

적 의제(legal fiction)의 결과로서의 '규범적 평균인'이며, 추상성 또한 개별적이고 구체적인 요소를 객관화·유형화하여 사회평균인의 모습에 객관적으로 반영된 추상성이다. 따라서 엄밀히 말하면 현행 불법행위법에서의 과실 개념은 추상적 과실설을 기본으로 하되 구체적 과실론이 지향하는 주의의무의 개별화·구체화 입장이 일부 반영된 복합적 개념이라 할 수 있다.[27]

다. 과실 기준의 도출 방법

추상적 과실설을 취할 경우 법원은 과실 판단을 위하여 불법행위책임의 성부가 문제되는 구체적 사안별로 사회평균인의 모집단이 되는 '사회'를 획정해야 하고, 획정된 사회에서 사회평균인에게 요구되는 주의의무를 도출하여야 한다. 주의의무 도출에 관한 이론적 접근 방법은 당위(*Sollen*)와 현실(*Sein*) 중 무엇을 중시하느냐에 따라 크게 규범적 접근법(normative approach)과 실증적 접근법(positive approach)의 양자로 구분된다.[28]

규범적 접근법은 문제된 구체적 사안에서 사회평균인이 준수해야 하는 주의의무 기준을 규범적으로 제시하고 규범 준수 여부에 따라 과실 유무를 판단하는 접근법이다. 규범적 접근법은 사회적 효용의 극대화(welfare maximization)라는 공리주의적 관점에 기초하여 불법행위법의 경제적 효율 및 제재적 효과를 중시한다.[29] 이와 달리 실증적 접근법은 사회에 축적된 경험, 실험, 통계, 관습 등에 실증적으로 근거하여 주의의무 수준을 도출하는 접근 방식이다. 실증적 접근법에서 사회평균인이 준수해야 하는 주의의무 기준은 규범적 접근법에서 말하는 경제적 효율과 같은 추상적 기준이 아니라 관행과 같이 실제 사회의 관찰을 통하여 획득되는 기준이다.[30] 한마디로 주의의무 기준에 관하여 규범적 접근법은 연역적 방법론을, 실증적 접근법은 귀납적 방법론을 채택하고 있다 할 수 있다.

유의할 점은, 규범적 접근법과 실증적 접근법은 서로 대립하는 방법론이 아니라 상호 보완적인 방법론이라는 것이다. 규범은 그 규범이 규율하고자 하는 사회

---

27) 권영준(각주 25), 111−112쪽.
28) Chagal−Feferkorn, *supra note* 8, at 224−226.
29) *Id*, at 13−14.
30) Miller & Perry, *supra note* 24, at 371.

나 인간의 현실과 동떨어질 수 없다. 규범적 접근법만으로 사회평균인을 상정한다면 이는 현실과 괴리되고 인간의 한계를 도외시한 이론적 모델에 불과하여 사회 구성원들이 받아들이기 어렵다.[31] 사회에 현존하는 관행은 이러한 비현실적인 합리적 인간상이 갖는 한계를 극복하고 규범적 접근법이 추구해야 하는 현실적인 사회평균인의 모습을 정립하는 데 있어 요긴한 출발점이 될 수 있다. 실증적 접근법의 의의는 바로 이 점에 있다. 실증적 접근법에서의 주의의무의 기준, 즉 실증적 평균인의 보편적 사고는 그 자체가 규범이라고 할 수는 없지만, 그러한 보편적 사고는 사회의 합의와 무관하지 않으므로 규범을 만들거나 규범을 해석할 때 존중되어야 한다.[32]

즉, 주의의무는 실증적 접근법을 출발점으로 하여 규범적 접근법에 의하여 도출되어야 한다. 실증적 평균인이 따르는 관행은 현실 세계의 반영이라는 점에서 유의미하나, 실증적 평균인의 행동양식과 사고방식은 구성원의 변동과 시대의 변화에 따라 계속 변동되는 것이다. 따라서 법적 안정성의 유지를 위해서는 실증적 평균인만으로는 불충분하며 누구나 따를 수 있는 규범적 평균인의 존재가 필요하다. 미국의 제3차 불법행위 리스테이트먼트가 규범적 접근법의 대표적인 방법

---

31) 영국 법원이 인정하는 합리적 인간상에 대한 허버트(Herbert)의 아래 풍자는 규범적 접근법이 지나치게 강조되었을 경우의 비현실성을 극명하게 보여준다. Robert D. Cooter & Thomas Ulen, 한순구 역, 「법경제학」, 경문사(2009), 393-394쪽.

"영국의 법체계는 '합리적인 사람'이라는 수수께끼의 인물을 중심으로 만들여져 왔다. 이 사람은 이상적이고, 표준적이며, 우리가 훌륭한 시민에게 기대할 수 있는 모든 자질을 갖춘 사람이다. …(중략)… 합리적인 사람은 항상 다른 사람을 배려하며, 신중하고, '안전제일'을 삶의 가장 중요한 목표로 하고 살아간다. 그는 항상 자신이 다음 발을 디딜 곳을 확인하며, 뜀뛰기라도 할 때에는 바닥이 무너지지 않을지 반드시 확인하고, 회전문 옆이나 부두 근처에서 멍하니 공상에 잠기는 적이 절대로 없는 사람이다. …(중략)… 어떤 개를 쓰다듬기 전에는 미리 그 개의 성질을 자세히 조사하고 사람을 문 적이 있는지 기록을 뒤져보며, 절대로 소문을 믿거나 소문을 다른 사람에게 옮기지 않는 사람이다. …(중략)… 당연히 욕을 하거나, 도박을 하거나, 화를 낸 적이 태어나서 단 한 번도 없고, 자녀가 잘못해서 혼을 낼 때에 절대로 감정적이 되지 않고 교육의 목적을 위해서만 훈계하는 그런 사람이다. 바로 이 사람이 정의로운 법정에 커다란 기념비처럼 서서 모든 시민들이 자신을 따라 행동할 것을 요구하고 있는 것이다."

32) 권영준(각주 25), 103-104쪽.

론인 비용-편익 분석(cost-benefit analysis)을 과실 판단의 기준으로 수용하면서도,[33] 이와 동시에 "공동체 또는 동일한 상황에 처한 사람들의 관행을 준수한 경우 행위자의 무과실 인정의 증거로 삼을 수 있다."고 규정하고 있는 것은[34] 합리적이고 타당한 과실 판단 기준의 도출을 위하여 규범적 접근법과 실증적 접근법의 양 방법론이 조화되어야 한다는 점을 보여주는 대표적인 사례라 하겠다.

라. 인공지능 사고에서의 과실 기준

위에서 살펴본 규범적 접근법과 실증적 접근법을 조화롭게 적용하여 인공지능 사고에서의 과실 기준, 즉 주의의무 수준을 도출할 수 있는지를 살펴본다.

(1) [사례 1]~[사례 3]의 경우

우선 인공지능 사고 중 [사례 1]~[사례 3]에 해당하는 경우, 즉 인공지능이 '완전 자율 단계'에 이르지 않고 '보조', '부분 자율', '고도 자율' 단계에 있는 경우에는 분류 단계별로 다소의 차이는 있으나 인공지능 동작에 관하여 사람의 관여를 완전히 배제할 수 없으므로, 해당 단계에서 요구하는 '관여의 정도'가 주의의무의 기준이 된다. 예컨대 [사례 2](부분 자율 단계사고)의 경우 B는 인공지능 X의 요리 과정을 지속적으로 모니터링하여야 하고 모니터링 결과 이상하다고 판단하면 개입하여야 할 주의의무가 있으므로, 이를 위반한 B에게는 과실이 인정된다는 점에 별다른 이론(異論)은 없다고 생각된다.

(2) [사례 4]의 경우

[사례 4]의 경우에는 인공지능이 '완전 자율 단계'에 이르러 그 동작에 관하여 사람의 일반적인 모니터링이나 개입 의무가 인정되지 않는다. 이러한 경우에도 과연 사고를 예방하고 회피하기 위하여 사람에게 요구되는 합리적이고 타당한 주의의무 수준을 상정할 수 있는지가 문제된다.

완전 자율 단계의 인공지능이라 하더라도 "인공지능의 관련자들은 타인의 법

---

33) Restatement (Third) of Torts, Negligence: Liability for Physical Harm § 3, Comment e.
34) *Id*, at § 13 (a), (b)

익과 관계되는 한 인공지능의 동작으로 인한 위험을 가급적 최소화하기 위하여 필요한 행위를 할 주의의무가 있다."는 취지의 일반론을 제시하는 견해가 있다.[35] 그러나 이러한 입론은 원론적으로는 가능할지 몰라도 통설 및 판례가 취하는 추상적 과실설에서의 주의의무 수준, 즉 불법행위책임의 성부가 문제된 개별적 사안에서 사회평균인이 준수하여야 할 구체적인 주의의무의 수준은 제시하지 못한다는 점에서 채택하기 어렵다고 본다.

앞서 논하였듯이 주의의무 수준은 실증적 접근법과 규범적 접근법 양자의 조화를 통하여 합리적이고 타당하게 도출되어야 한다. 그런데 인공지능, 특히 '완전자율 단계'의 인공지능에 관하여는 이를 어떻게 개발하고 어떻게 동작시켜야 하며 그 과정에서 인간이 어떠한 주의의무를 기울여야 하는지의 문제에 관하여 사회에 축적된 경험, 통계, 관습 등은 아직까지 존재하지 않는다. 실증적 접근법의 기초가 되는 '실제 사회의 관찰을 통하여 취득한 데이터' 자체가 부재한 상황인 것이다. 따라서 실증적 접근법에 터잡아 인공지능의 동작에 관련된 자들의 주의의무 수준을 도출하는 것은 현재로서는 사실상 불가능하며, 규범적 접근법에 의지할 수밖에 없다. 일례로 2017년 개정된 독일의 도로교통법(Straßenverkehrsgesetz)은 자율주행자동차의 운전자에게 "자율주행 기능의 용법에 따르는 한 통상의 차량의 운전자와 달리 교통상황을 주시하거나 자동차를 제어할 주의의무로부터는 해방되지만, 자율주행자동차가 운전자에게 자동차제어권의 회복을 요구하거나 기타 긴급상황이 발생한 경우 제어권 회복에 대비한 주의의무는 부담한다."고 규정함으로써 자율주행자동차의 운전자에게 요구되는 주의의무에 관한 논란을 규범적으로 제시한 바 있다.[36] 이와 같이 입법자의 결단이 있다면 실증적 접근법에 기초하지 않더라도 규범적 접근법에 따라 주의의무 수준을 제시하는 것은 충분히 가능하며 그러한 입법이 상당수 이루어지는 것이 현실이다.

---

35) 김진우(각주 7), 61쪽.
36) 2017년 개정 독일 도로교통법 중 자율주행자동차의 운전자의 주의의무에 관하여는 김진우, "자동주행에서의 민사책임에 관한 연구 – 개정된 독일 도로교통법과 우리 입법의 방향 –", 강원법학 제51권, 강원대학교 비교법학연구소(2017. 6.), 50－52쪽, 이중기·황창근, "자율주행차의 도입에 따른 '운전자' 지위의 확대와 '운전자'의 의무 및 책임의 변화", 홍익법학 제18권 제4호, 홍익대학교 법학연구소(2017. 12.), 364－366쪽.

만약 실정법상 인공지능과 관련된 자(인공지능 제작자, 인공지능 공급자, 인공지능 점유자 등)에게 일정한 주의의무가 명문으로 규정되고, 그러한 주의의무가 이론적으로나 현실적으로나 타당하다면, 주관적 과실론이나 객관적 과실론 중 어느 견해에 의하더라도 이를 위반한 자에게 과실이 인정된다는 점에 관하여 별다른 논란은 없을 것으로 생각된다. 그러나 문제는 실증적 데이터 없이 규범적 접근법에 따라 도출된 주의의무 기준(즉 규범적 평균인)은 허버트가 풍자하였듯이[37] 현실과 동떨어지고 구체적이지도 않은 일반론에 그칠 가능성이 높고 사회구성원들의 수용가능성 또한 기대하기 어려우므로 타당성이 부족하다는 점에 있다.

예컨대 실증적 접근법이 불가능한 상황에서 인공지능의 용도나 수요자 등을 고려하지 않은 채 규범적으로 24시간 365일 상시 모니터링을 해야 할 주의의무를 규정한다면, 인간의 부담을 경감시킨다는 인공지능 사용 본래의 취지에 반할 뿐 아니라 인공지능을 사용하고자 하는 수요 자체를 감소시키게 되어 결과적으로 시장을 축소시키고 기술 혁신을 가로막는 장애 요인으로 작용할 것이다. 특히 제2장에서 살펴보았듯이 인공지능이 다른 전통적인 도구와 구별되는 가장 큰 특징은 '예측불가능성'에 있는데, 그럼에도 불구하고 규범적으로 "사회평균적인 일반인은 인공지능으로 인하여 법익 침해가 발생할 수 있다는 점을 예측하고 이를 방지할 주의의무가 있다."는 식의 일반론적이고 광범위한 주의의무를 두는 입론을 채택한다면 이는 예측불가능한 인공지능을 개발하고 사용한 행위 그 자체를 과실로 평가하는 것과 다름 아니어서 결국 인공지능의 동작에 관련된 자들에게 항상 과실이 인정될 수 밖에 없는 부당한 결과를 초래할 수 있다.[38]

그렇다면 결국 현 시점에서는 [사례 4]의 경우, 즉 '완전 자율 단계'에서의 인공지능 사고에 관하여는 인간의 개입 정도에 기초한 주의의무 기준을 제시할 수 없을 뿐 아니라, 실증적 접근법이나 규범적 접근법 중 어느 방법론을 택하더라도 그 사고에 관련된 자들이 준수하여야 할 합리적이고 타당한 주의의무 수준을 도출하는 것은 불가능하다고 생각된다. 다만 이러한 결론은 현재를 시적(時的) 기준으로 설정하였을 때에만 논리적으로 설득력이 있다는 점에 유의하여야 한다. 미

---

37) 각주 31.
38) 김진우(각주 7), 61−62쪽, 오병철(각주 7), 185−186쪽.

래에 인공지능의 개발, 관리 및 사용에 관하여 사회에 다양한 경험, 관습, 통계 등이 축적된다면 그러한 실증적 데이터에 기초하여 추상적 과실설에서 요구하는 '사회평균인이 준수하여야 할 규범적인 주의의무'를 도출하는 것도 가능할 것이다.[39]

3. 위법성

일반불법행위책임의 성립요건인 위법성의 개념에 관하여는 다양한 견해가 공존하고 있으며 국내로만 한정하여 보더라도 상관관계설, 행위불법설, 결과불법·행위불법 이원설, 과실일원설 등이 주장되고 있다.[40] 판례는 "불법행의의 성립요건으로서의 위법성은 관련 행위 전체를 일체로만 판단하여 결정하여야 하는 것은 아니고, 문제가 되는 행위마다 개별적·상대적으로 판단하여야 한다."는 입장으로[41] 피침해이익과 침해행위와의 상관관계에 따라 위법성 유무를 평가하는 견해인 상관관계설에 가깝다.

위법성의 개념에 관하여 어떠한 견해를 취하더라도 인공지능 사고에 일반불법행위책임을 적용하기 위하여는 위법성이 인정되어야 한다. 그런데 앞서 살펴본 '행위'나 '과실'과는 달리 인공지능 사고라고 하여 일반불법행위책임이 문제되는 통상의 사고와 비교하여 위법성의 개념이나 그 적용 여부에 있어 달리 취급해야 할 특별한 사정은 없는 것으로 보인다. 더욱이 이 책은 인공지능의 동작으로 타인에게 손해를 발생시킨 '사고(accident)'를 논의 대상으로 삼고 있고, 타인에게 손해를 발생시키는 경우의 상당수는 타인의 재산권이나 신체·생명에 관한 권리를 침해한 경우 또는 권리침해에는 이르지 않더라도 법으로 보호할 가치 있는 법익을 침해한 경우일 것이므로, 위법성 조각사유와 같은 특별한 사정이 없는 한 위법성이 부정되지는 않을 것으로 생각된다.

---

39) Ben-Shahar & Porat, *supra note* 23, at 674-685.
40) 각 설의 개요에 관하여는 정기웅, "불법행위 성립요건으로서의 위법성에 대한 고찰", 안암법학 제36권, 안암법학회(2011. 9.), 437-441쪽.
41) 대법원 2001. 2. 9. 선고 99다55434 판결, 대법원 1995. 6. 16. 선고 94다35718 판결 등 참조.

4. 손해

인공지능 사고에 일반불법행위책임을 적용하기 위하여는 피해자에게 손해가 발생하여야 함은 당연하며, 이에 관하여는 3.과 유사한 이유로 인공지능 사고라고 하여 다른 사고와 달리 취급할 특별한 사정은 없는 것으로 생각된다.

5. 인과관계

일반불법행위책임이 성립하기 위하여는 가해자의 행위, 가해자의 귀책사유, 손해 발생 외에 행위와 손해 사이의 '원인적 관련성', 즉 '인과관계'가 존재하여야 한다. 주지하다시피 인과관계에 관하여 통설과 판례는 상당인과관계설을 취하고 있다. 조건적 인과관계, 즉 "A라는 조건이 없으면 B라는 결과는 발생하지 않는다(condicio sine qua non)."만으로는 인과관계를 인정할 수 없고, 조건적 인과관계에 더하여 '상당성'이라는 규범적 기준까지 충족되어야만 인과관계를 인정함으로써 불법행위로 인한 배상책임의 범위가 무한정 확대되는 것을 차단하는 역할을 하는 것이 바로 상당인과관계설이다.[42]

인과관계는 비단 일반불법행위책임뿐 아니라 후술하는 민법상의 특수불법행위책임, 제조물책임, 무과실책임을 불문하고 책임의 성립을 위하여 공통적으로 요구되는 요건이다. 그런데 인공지능의 '동작'과 '사고' 사이의 조건적 인과관계는 자연적·사실적으로 존재하는 인과관계이므로 그 인정 여부는 그 동작을 행한 주체가 인공지능인지 아닌지에 따라 사실 달라지지 않는다.[43] 그렇다면 인공지능 사고와 그렇지 않은 사고에 있어 인과관계의 상당성 판단이 달라지는가? 상당성의 판단 기준에 관하여는 독일을 중심으로 행위자의 인식을 기준으로 하여야 한

---

42) 곽윤직 편집대표(각주 2), 231-232쪽. 불법행위책임의 인과관계에 관하여 상당인과관계라는 용어를 명시적으로 언급한 판례로는 대법원 2002. 9. 6 선고 2000다71715 판결, 대법원 1996. 10. 11 선고 95다43679 판결 등 다수.

43) 예를 들어 [사례 1]에서 인공지능 X가 '세탁 준비 완료'라는 동작을 하지 않았다면 누수가 발생하지 않았을 것이고 C의 집이 침수되지 않았을 것이라는 점은 시간의 흐름을 볼 때 명백하다.

다는 '주관적 상당인과관계설', 객관적 사실에 근거하여야 한다는 '객관적 상당인과관계설', 행위자의 인식과 가장 통찰력 있는 사람이 인식할 수 있는 조건을 모두 기준으로 하여야 한다는 '절충적 상당인과관계설'이 주장되어 왔으나, 상당성의 요체는 그 원인으로부터 그러한 결과가 발생할 '개연성'에 있다는 점에 관하여는 각 설의 견해가 일치하고 있다.[44] 즉 통상적으로 그러한 결과를 발생시키기에 적합하거나 적어도 그러한 결과 발생에 개연성이 존재하여야 상당성이 인정된다는 것이다. 판례 또한 "상당인과관계 존부는 결과발생의 개연성, 위법행위의 태양 및 피침해이익의 성질 등을 종합적으로 고려하여 판단하여야 한다."고 본다.[45] 요컨대, 상당성의 판단 기준은 조건적 인과관계가 인정된 원인과 손해 사이에 개연성이 인정되어 규범적으로 인과관계를 인정하는 것이 타당한가의 문제이지, 그 원인을 일으킨 주체가 인공지능인지 그렇지 않은지의 문제는 아니다. 따라서 인공지능 사고라고 하여 기존의 상당성 판단 기준 또한 달라지지 않는다.

그렇다면 인공지능 사고에 있어 인과관계가 문제되는 국면은 앞서 살펴본 행위성이나 과실과는 달리 이론적으로 인과관계라는 요건 자체가 인정되느냐의 문제가 아니라, 피해자가 상당인과관계를 증명할 수 있느냐의 문제, 즉 증명책임의 문제라고 생각된다. 상당인과관계를 증명하려면 조건적 인과관계의 증명이 선행되어야 하며 이는 인공지능 사고의 원인이 무엇인가에서부터 출발하여야 한다. 그러나 사고 원인을 밝히는 데 필요한 증거는 일반적으로 피해자가 접근하기 어렵다. 더욱이 제2장에서 살펴보았듯이 인공지능의 본질적 속성인 '설명불가능성'은 인공지능 사고의 원인을 사람이 이해하기 어렵게 한다. 이를 고려하지 않고 피해자에게 인과관계에 관한 증명책임을 엄격하게 지운다면, 현실적으로 불가능한 증명을 규범적으로 강요하게 되어 인공지능 사고로 인한 피해자의 손해 전보를 사실상 봉쇄하는 결과를 초래할 수도 있다.[46]

따라서 인공지능 사고에 관하여 일반불법행위책임이 이론적 타당성을 넘어

---

44) 성대규, "상당인과관계설의 본래적 의미, 한계와 중요조건설 - '업무상 재해'의 사례를 중심으로 -", 법학연구 제22집 제3호, 인하대학교 법학연구소(2019. 9.), 272-273쪽.
45) 대법원 2012. 4. 26. 선고 2010다102755 판결 참조.
46) 오병철(각주 7), 214-215쪽, 김진우(각주 7), 61-62쪽, 서종희(각주 7), 75-78쪽, 박해선(각주 15), 272쪽.

실질적으로 타당한 법리로 작동하기 위하여는 피해자의 증명책임에 관한 논의가 필수적으로 이루어져야 한다. 이에 관하여는 항을 바꾸어 살펴본다.

6. 증명책임

가. 원칙

주지하다시피 증명책임이란 소송상 요증사실(要證事實)의 존부가 불명인 경우 그 사실이 존재하지 않는 것으로 취급되어 법적 판단을 받게 되는 사람이 부담하는 불이익을 말한다.[47] 증명책임의 분배에 관하여는 법률요건분류설, 주장자증명책임설, 위험영역설, 증거거리설 등 다양한 학설이 대립하고 있으나, 통설과 판례는 자기에게 유리한 법규의 요건사실의 존부에 대하여 증명책임을 지며 이는 법규의 구조에서 찾을 수 있다는 법률요건분류설을 취하고 있다.[48] 이에 따르면 일반불법행위책임의 요건사실인 가해자의 고의 또는 과실에 의한 행위, 손해 발생, 인과관계, 위법성은 모두 피해자가 증명책임을 부담하는 것이 원칙이다.

나. 예외

소송법에서 증명책임의 법리가 도입된 이유는 인간의 인식능력과 당사자의 증명노력에는 일정한 한계가 존재할 수밖에 없고, 신(神)이 아닌 인간이 하는 재판에서 분쟁이 된 과거의 사실에 대한 객관적 증명 또한 사실상 불가능하기 때문이다. 문제된 사실이 진위불명(眞僞不明)이라고 하여 법원이 무제한적으로 판단을 미룰 수는 없으므로, 법원은 결국 당사자 중 일방에게 불이익한 판단을 내릴 수 밖에 없다. 이 경우 법원의 판단에 정당성을 부여하는 법리가 바로 증명책임이다.

그러나 증명책임의 법리를 엄격하게 적용하는 것이 오히려 당사자에게 불합리하게 작용하여 분쟁의 공평·타당한 해결이라는 법의 대원칙을 훼손할 우려가 인정되는 경우가 있다. 증명책임을 지는 자가 그 증명하여야 하는 사실을 증명하

---

47) 이시윤(각주 6), 541쪽.
48) 각 학설들에 대한 상세한 설명은 이시윤(각주 6), 544−547쪽. 법률요건분류설을 취한다는 점을 명확히 밝힌 판례로는 대법원 2019. 4. 23. 선고 2015다60689 판결 참조.

는 것이 과학적, 기술적, 현실적 측면 등을 고려할 때 매우 어렵고 곤란한 경우가 대표적이다. 이러한 경우까지 증명책임을 엄격하게 지우는 것은 형평의 이념에 반하므로, 대륙법계 및 영미법계를 불문하고 그 책임을 완화하거나 전환하는 법리가 발전하여 왔다. 증명책임의 완화와 관련하여서는 입법적으로 법률에 추정 규정을 두거나('법률상 추정'),[49] 실정법의 규정이 없더라도 흔히 되풀이될 수 있는 통례적인 사건이 벌어진 경우, 즉 이른바 '정형적 사상경과(typischer Geschehensablauf)'가 문제된 사건에서 간접사실이 증명되면 주요사실이 증명된 것으로 사실상 추정(독일의 '표현증명' 또는 미국의 'res ipsa loquitur')하는 법리가 해석론상 인정되어 왔다.[50] 증명책임의 전환 또한 독일을 중심으로 입법론 및 해석론에 의하여 인정되어 왔다.[51]

우리나라 또한 증명책임의 완화 또는 전환의 법리를 수용하고 있다. 불법행위 책임에만 국한하여 보더라도 판례는 일찍이 1970년대부터 정형적 사상경과가 인정되는 사건에서 사실상 추정을 인정하여 왔으며,[52] 공해소송, 의료소송과 같이 대상이 되는 분쟁이 복잡화·전문화되어 있고 가해자와 피해자 사이의 소송능력의 우열이나 증거의 편중 등 실질적 불평등 관계가 전제되는 소위 '현대형 소송'의 경우에도 인과관계 존재의 '개연성'만을 증명하거나 인과관계에 관한 '간접사실'을 증명하면 인과관계를 추정함으로써 피해자의 입증 곤란 문제를 일정 부분 해소하여 왔다.[53] 특히 2013년 선고된 대법원 판례는 소비자가 제품의 하자로

---

49) 이시윤(각주 6), 549쪽.
50) 상세한 논의는 이 책의 범위를 벗어나므로 생략한다. 독일의 표현증명에 관하여는 반홍식, "표현증명 – 독일 도로교통법상에 있어서의 표현증명을 중심으로 –", 원광법학 제25권 제2호, 원광대학교 법학연구소(2009. 6.), 9–34쪽. 미국의 res ipsa loquitur에 관하여는 이규호, "불법행위소송에 있어서 Res Ipsa Loquitur 의 민사소송법상 효력", 법학연구 제5권 제1호, 연세법학회(1998. 5.), 605–637쪽.
51) 이시윤(각주 6), 548쪽.
52) 일례로 ① 버스의 뒷바퀴로 16세 소년의 허벅다리를 치었다면 경험칙상 중상해를 추정(대법원 1970. 11. 24. 선고 70다2130 판결), ② 주위 건물에는 아무 이상이 없는데 문제된 건물의 지붕만 바람에 날려 무너진 경우 공작물의 하자 추정(대법원 1974. 11. 26. 선고 74다246 판결), ③ 교통사고가 운전자의 법규위반으로 발생한 때에는 그 운전자의 과실 추정(대법원 1981. 7. 28. 선고 80다2569 판결) 등이 있다.
53) 공해소송의 경우 판례는 소위 '개연성설'에 따라 인과관계가 존재할 개연성만 증명하면 인과관계가 추정된다고 본다. 대법원 2004. 11. 26. 선고 2003다2123 판결 참조. 의료사고의 경

인하여 손해를 입었다고 주장하며 그 제품의 제조업자에게 일반불법행위책임을 물은 사안에서 "일반 소비자로서는 제품에 구체적으로 어떠한 하자가 존재하였는지, 발생한 손해가 하자로 인한 것인지를 과학적·기술적으로 증명한다는 것은 지극히 어려우므로, 소비자는 제품이 통상적으로 지녀야 할 품질이나 요구되는 성능 또는 효능을 갖추지 못하였다는 등 일응 제품에 하자가 있었던 것으로 추단할 수 있는 사실과 제품이 정상적인 용법에 따라 사용되었음에도 손해가 발생하였다는 사실을 증명하면, 제조업자 측에서 손해가 제품의 하자가 아닌 다른 원인으로 발생한 것임을 증명하지 못하는 이상, 제품에 하자가 존재하고 하자로 말미암아 손해가 발생하였다고 추정하여 손해배상책임을 지울 수 있도록 증명책임을 완화하는 것이 맞다."라고 판시하여, 제조물에 대하여 제조물책임이 아닌 일반불법행위책임을 물은 경우에도 증명책임을 완화하고 있어 주목할 필요가 있다.[54] 다만 증명책임의 '전환' 법리는 아직까지는 해석론이 아닌 입법을 통해서만 인정되고 있다.[55]

다. 인공지능 사고에서의 예외 인정 여부

(1) 쟁점

해석론상 이미 증명책임의 완화가 인정되어 온 영역에서의 사고라면 그 사고가 인공지능의 동작으로 발생한 경우와 그렇지 않은 경우를 달리 취급할 이유가 없다. 따라서 나.에서 언급하였듯이 인공지능 사고 중 판례가 이미 증명책임의 완화를 인정하고 있는 경우, 즉 ① 정형적 사상경과가 인정되는 경우(대표적으로 교통사고에서 운전자의 법규위반), ② 공해소송, 의료소송 등 소위 현대형 사고 중 인과관계 추정이 인정되어 온 경우(예컨대 공해 배출이나 의료 사고에 인공지능의 동작이 문제된 사고), ③ 일반 소비자가 인공지능 제조업자에게 인공지능의 하자를

우 피해자가 의료상의 과실과 인과관계에 관한 간접사실을 각 증명하면 인과관계가 추정된다는 판례 법리가 확립되어 있다. 대법원 1995. 2. 10. 선고 93다52402 판결 참조.

54) 대법원 2013. 9. 26. 선고 2011다88870 판결 참조.

55) 일례로 후술하는 「제조물 책임법」 제4조 제1항 및 「특허법」 제130조 등. 의료사고의 경우 전술하였듯이 대법원은 인과관계를 '추정'하나 독일연방대법원은 판결례를 통하여 증명책임을 '전환'한다. 대표적으로 BGH, NJW 1988, 2948 참고.

이유로 불법행위책임을 묻는 경우에는 피해자의 증명부담이 완화될 것이므로, 위 유형의 사고를 인공지능이 일으켰다고 하여 증명책임을 이유로 피해자가 불합리하게 불이익을 보는 경우는 존재하지 않을 것이다. 문제는 위 세 가지 경우에 해당하지 않는 '일반적인 인공지능 사고'에도 일반불법행위책임에서의 증명책임을 완화 또는 전환하는 법리가 해석론적으로 인정될 수 있는지에 있다.

(2) 증명책임 전환 인정 가능성

증명책임의 '전환'은 입법론으로서의 당부는 별론으로 하더라도 아직까지 우리 법제도상 해석론으로 인정된 사례는 없으므로, 인공지능 사고의 경우에도 해석론만으로 증명책임의 전환을 인정하기는 어렵다고 본다.[56]

(3) 증명책임 완화의 인정 가능성

증명책임의 '전환'과 달리 증명책임의 '완화' 법리는 실정법상 명문의 규정이 없더라도 판례를 통하여 인정될 수 있고 실제로도 인정되어 왔다는 점은 앞서 살펴본 바와 같다. 그러나 판례가 증명책임의 완화를 인정해 온 경우를 살펴보면, '정형적 사상경과'와 같이 고도의 개연성 있는 경험칙상 간접사실만으로도 주요사실이 추정되는 경우이거나, 아니면 가해자와 피해자 사이에 증거의 편중, 증거에 대한 접근가능성의 차이, 전문성의 차이와 같이 '실질적 불평등'이 인정되는 경우이다. 인공지능의 자율성이나 예측불가능성을 고려하면 특별한 경우가 아닌 한 인공지능 사고를 정형적 사상경과가 존재하는 사고로 보는 것은 무리라고 판단된다. 그러므로 일반적인 인공지능 사고에 있어 증명책임의 완화를 정당화되기 위하여는 가해자와 피해자 사이에 실질적 불평등이 인정되어야 할 것이다.

인공지능 사고의 경우 피해자가 증명의 곤란을 겪을 것이라는 점은 일반적으로 인정되고 있다.[57] 그러나 증명의 곤란 문제는 가해자와의 관계에서 상대적으로 결정되는 문제라는 점을 간과하여서는 안 된다. 본질적으로 증명책임의 문제는 증명의 부담을 소송 당사자들에게 어떻게 상대적으로 분배하느냐의 문제이기

---

56) 판례는 설사 당사자 일방의 증명방해행위가 있더라도 해석론으로 증명책임의 전환을 인정할 수 없다고 본다. 대법원 2010. 5. 27. 선고 2007다25971 판결 참고.
57) 오병철(각주 7), 214−215쪽, 김진우(각주 7), 61−62쪽, 서종희(각주 7), 75−78쪽.

때문이다. [사례 1]~[사례 4]를 예로 살펴보면, 인공지능 X가 C에게 일으킨 사고에 관하여 X의 최종 소비자인 통상의 자연인 B가 C에게 불법행위책임을 부담하는 경우라면, 사고의 원인에 관한 이해의 정도나 관련 증거에 관한 접근가능성 등에 있어 B나 C는 사실 별다른 차이가 없다. B나 C 모두 X가 발생한 사고에 관하여 전문적인 지위에 있지 않고, 해당 사고에 관하여 별다른 정보를 가지고 있지 않기 때문이다. 따라서 위 경우에는 증명책임의 완화를 인정하여야 할 타당한 법리적 이유를 찾기 어렵다.

실질적 불평등을 이유로 인공지능 사고에 있어 증명책임이 완화되기 위하여는 그 전제 조건으로 가해자가 인공지능에 관하여 경험칙, 논리칙상 피해자보다 고도의 전문성을 보유하고 있으며 그 사고에 관한 정보 접근 또한 자유로운 자라는 점이 규범적으로 인정되어야 한다. 대표적으로 인공지능에 기반하여 영리 활동을 영위하는 사업자(인공지능 제조업자 또는 인공지능 서비스 제공자 등)가 여기에 해당할 것이다. 실제로 공해소송이나 의료소송에서 판례가 증명책임의 완화를 인정한 이유도 가해자는 공해 물질을 배출한 사업자(공해소송) 또는 의사(의료소송)와 같은 전문가이며, 사고에 관한 정보가 가해자 측에 편중되어 있는 반면, 피해자는 해당 사고에 관한 전문성이 부족하고 정보도 없어 가해자와 피해자 사이에서 실질적 불평등이 심대하기 때문이다. 그런데 인공지능 사고에서 가해자와 피해자 사이의 실질적 불평등이 인정되는 경우의 상당 부분은 기존 판례상 증명책임의 완화가 인정되어 온 사례,[58] 즉 일반 소비자가 인공지능 제조업자에게 인공지능의 하자를 이유로 불법행위책임을 묻는 경우에 해당하거나 이를 준용할 수 있을 것이다.

이상의 점을 종합하면, 해석론상으로는 기존 판례상 증명책임의 완화가 인정되어온 사례에 해당하지 않은 '일반적인 인공지능 사고'에 모두 적용되는 증명책임 완화 법리는 인정되지 않는다고 봄이 타당하다. 예컨대 [사례 4]와 같은 완전자율 단계 인공지능 X의 사고로서 C가 과실의 존부나 사고 원인에 관하여 어떠한 이해나 정보가 없는 경우라 하더라도, B 또한 최종 소비자에 불과하여 이에 관한 이해나 정보가 없다면 C가 B에게 불법행위책임을 묻더라도 C의 증명책임

---

58) 대법원 2013. 9. 26. 선고 2011다88870 판결 참조.

완화는 해석론상으로는 인정되지 않는다고 보아야 한다.

Ⅳ. 소결

지금까지의 논의를 요약하면 다음과 같다.

(1) 인공지능 사고의 행위성 인정 여부는 모든 인공지능에 대하여 일의적으로
단언할 수 없으며, 인공지능의 자율성 정도에 따라 판단하여야 한다. 완전
자율 단계의 인공지능이라면 그 동작에 있어 인간의 행위가 관련되지 않
으므로 행위성이 인정될 수 없다. 그러나 완전 자율 단계가 아니라면 그
정도의 차이만 있을 뿐 인공지능의 동작에 인간의 행위가 관련되므로(모니
터링, 개입 등), 이를 일반불법행위책임에서의 행위로 인정할 수 있다.

(2) 완전 자율 단계의 인공지능의 경우 그 개념 자체에 인간의 개입이 배제되
어 있음을 전제하며, 규범적으로 인공지능 사고에 관하여 객관적 주의의
무를 도출할 만큼의 충분한 경험, 관습, 통계 또한 축적되어 있지 않으므
로, 적어도 현 시점에서는 과실이 인정되기 어렵다. 그러나 완전 자율 단
계가 아니라면 그 정도의 차이만 있을 뿐 인공지능의 동작에 인간의 행위
가 관련되고, 그 행위를 기준으로 주의의무를 도출할 수 있으므로 과실 인
정이 가능하다.

(3) 일반불법행위책임의 성립요건 중 위법성과 손해는 인공지능 사고라는 이
유로 기존 사고와 다르게 취급할 이유가 없다. 기존 사고에서의 판단 기준
을 적용하면 충분하다.

(4) 인공지능 사고에서 인과관계가 문제되는 국면은 이론적으로 인과관계라는
요건 자체가 인정되느냐의 문제가 아니라, 피해자가 상당인과관계를 증명
할 수 있느냐의 문제, 즉 증명책임의 문제이다.

(5) 기존 판례상 증명책임의 완화가 인정되어 온 사고가 인공지능에 의하여
일어난 경우라면 피해자의 증명책임은 당연히 완화된다. 그러나 이에 해
당하지 않는 '일반적인 인공지능 사고'에 관하여는 입법론은 별론으로 하
더라도 해석론상 증명책임의 완화 법리가 인정되기 어렵다.

위 소결론을 종합해 보면, 인공지능 사고에 관하여 일반불법행위책임의 적용이 원천적으로 부정된다는 견해는 타당하지 않다는 결론에 이르게 된다. 완전 자율 단계의 인공지능이 아니라면 사고를 일으킨 인공지능의 동작과 관련된 사람에게 행위성, 과실, 위법성, 인과관계, 손해가 모두 인정될 수 있다. 물론 피해자의 증명 부담은 상당하겠지만 인공지능 사고가 기존 판례 법리상 증명책임의 완화 법리가 적용되어 온 사고에 해당할 경우 증명책임의 완화 법리가 적용될 것이고, 이 경우에는 피해자가 일반불법행위책임을 묻는 것에 이론적으로나 현실적으로나 장애가 있다고 보기 어렵다. 그러나 완전 자율 단계의 인공지능이 일으킨 사고라면 행위성이나 과실이라는 개념 자체가 성립하기 어려우므로 이 경우에는 일반불법행위책임법리에 따라 책임을 묻기는 어렵다고 생각한다.

제3절 해석론적 검토(2): 민법상 특수불법행위책임

본절에서는 인공지능 사고에 관하여 강학상 민법상의 특수불법행위책임으로 분류되는 책임무능력자의 감독자책임(민법 제755조), 사용자책임(민법 제756조), 공작물책임(민법 제758조), 동물점유자책임(민법 제759조) 및 공동불법행위책임(민법 제760조)을 적용할 수 있는지를 검토한다.

Ⅰ. 책임무능력자의 감독자책임

1. 의의

불법행위책임은 기본적으로 가해자가 자신의 행위가 위법한 것이어서 법률상 책임이 발생한다는 사실을 인식할 수 있는 지능인 책임능력을 갖추고 있음을 전제로 한다(민법 제753조). 책임능력을 갖추지 못한 책임무능력자는 불법행위책임을 지지 않는다(민법 제753조, 제754조). 그러나 피해자 입장에서는 가해자가 책임무능력자라는 우연한 사정 때문에 가해자의 불법행위로 발생한 손해를 스스로

감수해야 하는 불합리한 상황에 처하게 된다.[59]

책임무능력자의 감독자책임(민법 제755조)은 가해자가 책임무능력자라는 이유로 그로부터 손해배상을 받을 길이 봉쇄되어 있는 피해자에게 새로운 손해배상채무자를 부여해 줌으로써 그를 보호하고자 하는 취지로 도입된 책임원리이다. 구체적으로 민법 제755조는 책임무능력자가 타인에게 손해를 입힌 경우 감독의무자(책임무능력자를 감독할 법정의무가 있는 자 또는 그에 갈음하여 감독의무를 지는 자)가 손해배상책임을 부담하도록 규정하고 있다.

2. 쟁점

책임무능력자의 감독자책임이 성립하기 위하여는 '책임무능력자의 위법행위'와 '감독자의 감독의무 해태'라는 두 가지 요건이 갖추어져야 한다. 책임무능력자의 위법행위란 가해자가 책임능력이 없는 것을 제외하고는 일반불법행위책임의 요건이 모두 갖추어진 행위를 말한다.[60] 감독자의 감독의무 해태는 감독자가 책임무능력자에 대한 일반적인 감독의무를 게을리한 것을 말하며, 책임무능력자가 행한 구체적인 위법행위 자체에 대한 감독의무 해태를 의미하지 않는다.[61] 피해자는 감독자의 과실에 대한 증명책임을 지지 않으며, 감독자가 자신의 무과실을 증명하여야만 면책된다(민법 제755조 제1항 단서).

책임무능력자의 감독자책임은 '권리능력은 있지만 책임능력은 없는 자연인'이 사고를 일으킨 경우를 전제한다. 다른 점은 차치하더라도 인공지능은 '권리능력은 있지만 책임능력은 없는 자연인'에 해당하지 않으므로 민법 제755조를 직접 적용할 수 없음은 논란의 여지가 없다. 그러나 민법 제755조를 유추적용할 수 있는지는 논란이 있다.[62]

---

59) 안병하, "미성년자 감독자의 책임구조 - 민법 제755조의 개정논의에 부쳐", 법학연구 제24권 제1호, 연세대학교 법학연구원(2014. 5.), 107쪽.
60) 대법원 1977. 8. 23. 선고 77다604 판결 참조.
61) 곽윤직 편집대표(각주 2), 471쪽.
62) 후술하는 법형성의 구체적 방법론으로는 유추 외에도 대표적으로 목적론적 축소가 있다. 목적론적 축소는 법문의 목적을 고려하여 볼 때 지나치게 넓게 규정된 법문을 그 목적에 맞게 축소하여 적용하는 것을 말한다[김영환, "법학방법론의 관점에서 본 유추와 목적론적 축소",

3. 검토

가. 법률 해석의 기본 법리

판례로부터 출발하여 해당 사안과 판례가 서로 본질적으로 유사한지를 법의 해석과 적용의 출발점으로 삼는 영미법계와 달리 대륙법계는 성문의 법률에 초점을 맞춰 이를 해석하고 적용한다.[63] 문리적 의미에서의 해석은 문헌에 담긴 의미를 세분화하여 서술하는 것을 의미한다. 법학적 해석의 대상은 법문(法文)이므로 결국 법학적 해석이란 법 문언의 가능한 의미들 중에서 가장 올바른 것을 찾아내는 평가의 과정이다.[64] 그러므로 이러한 해석이 해석자의 자의(恣意)에 따라 달라지지 않도록 검증할 수 있는 방법론이 요구된다.

법률 해석의 방법론은 일찍이 사비니가 제시하였듯이 문리적 해석, 논리적 해석, 역사적 해석, 체계적 해석으로 대표되며,[65] 그 출발점은 '문리적 해석'이다. 대법원 역시 "법률의 해석은 문언의 통상적인 의미에 충실하게 해석하는 것을 원칙으로 하고, 나아가 법률의 입법 취지와 목적, 그 제정·개정 연혁, 법질서 전체와의 조화, 다른 법령과의 관계 등을 고려하는 체계적·논리적 해석방법을 추가적으로 동원함으로써 구체적 사안에 맞는 가장 타당한 해석이 되도록 하여야 한다. 그러나 법률의 문언 자체가 비교적 명확한 개념으로 구성되어 있다면 원칙적으로 다른 해석방법은 활용할 필요가 없거나 제한될 수밖에 없다."고 설시하여 문리적 해석이 법률 해석의 기본임을 밝히고 있다.[66]

법철학연구 제12권 제2호, 한국법철학회(2009. 12.), 16-18쪽]. 그런데 기존 특수불법행위책임을 인공지능 사고에 적용하는 것은 목적론적 축소에 따른 법형성에는 해당하지 않는다. 특수불법행위책임을 입법할 당시 입법자의 의도가 인공지능 사고까지 규율하는 것을 예정하지 않았다는 점은 분명하기 때문이다. 따라서 유추적용의 당부만을 검토한다.

63) 김영환, "한국에서의 법학방법론의 문제점 – 법발견과 법형성: 확장해석과 유추, 축소해석과 목적론적 축소 간의 관계를 중심으로 –", 법철학연구 제18권 제2호, 한국법철학회(2015. 9.), 136쪽.

64) 김형배, "법률의 해석과 흠결의 보충 – 민사법을 중심으로 –", 법학행정논집 제15권, 고려대학교 법학연구원(1977. 12.), 2쪽.

65) 이성범, "사비니의 법률해석론", 강원법학 제61호, 강원대학교 비교법학연구소(2020. 10.), 355쪽.

66) 대법원 2009. 4. 23. 선고 2006다81035 판결 참조

법률의 해석을 통하여 문제된 사안이 법 문언의 가능한 의미 안에 있으면 그 사안에 해당되는 법을 찾아내면 충분하며 이는 '법발견(Rechtsfindung)'에 해당한다. 그러나 아무리 세심하게 만들어진 법률이라고 하더라도 발생가능한 모든 사안의 해결책을 포함하는 것은 불가능하다. 즉 모든 법률은 필연적으로 흠결이 존재할 수밖에 없다. 그 흠결이 입법자가 의도한 것이 아니라 원래는 법률로써 규율하여야 하는 사안임에도 불구하고 적합한 규정이 존재하지 않는 경우라면 법관이 그 흠결을 보충하는 '법형성(Rechtsfortbildung)'이 요구되며, 그 구체적인 방법론으로는 유추와 같은 논리적 추론 방식이 동원된다. 따라서 법발견과 법형성은 '법문의 가능한 의미'를 중심으로 서로 구분되는 개념이며, 법발견과 법형성은 법학해석론의 주요 과제가 된다.[67]

　　유의할 점은, 법형성은 무제한적으로 허용될 수 없다는 것이다. 입법자는 헌법이 허용한 한계 내에서 광범위한 입법형성권을 가지고 있으므로, 입법형성권을 존중하는 방향으로 법률을 해석하는 것이 헌법상 권력분립원칙과 법치주의 원리에 부합한다. 따라서 해석자는 법률에 나타난 입법자의 의사를 법률해석을 통해서 왜곡·변형하거나 대체해서는 안 되며, 문언의 의미와 법률의 목적에 따른 한계를 넘지 않도록 유의해야 한다.[68] 입법자가 어떤 문제 상황을 명확하게 인식하고 명시적으로 규율한 경우에는 법관이 법형성을 통해 흠결을 보충할 수 있는 '법률의 공백'을 상정할 수 없다. 그 문제에 관하여 입법자가 예정한 법적 규율이 사회적 정의 관념에 현저하게 반하여 극히 부당하고 합헌적 법률해석의 방법으로도 그 위헌성이 모두 제거되지 않아 위헌이라는 의심이 든다면, 법관은 해당 법률의 위헌 여부에 관한 판단을 구해야지, 법률해석이나 법형성이라는 명목으로 입법자의 결단을 왜곡·변형하거나 대체해서는 안 된다. 요컨대, 법관의 법형성은 입법자의 명확하게 인식가능한 의사를 넘어서는 안 되며 이른바 사법적 결단이 입법적 결단을 대체할 수는 없다.[69]

---

67) 김영환(각주 63), 137-139쪽.
68) 대법원 2018. 3. 22. 선고 2012다74236 전원합의체 판결 중 다수의견에 대한 대법관 김재형의 보충의견.
69) 대법원 2018. 3. 22. 선고 2012다74236 전원합의체 판결 중 다수의견에 대한 대법관 김재형의 보충의견.

나. 유추

(1) 개념

유추(類推, analogy)란 사전적으로는 "같은 종류의 것 또는 비슷한 것에 기초하여 다른 사물을 미루어 추측하는 일"로 정의된다. 일반 논리학에서 유추는 유비추리, 유추추론, 유추적 논증 등의 용어와 함께 사용되는데, 두 개의 사실이 여러 관점에서 볼 때 서로 매우 유사한 것으로 미루어 보아 한쪽의 사실에서만 경험된 것이 다른 쪽의 사실에서도 역시 경험될 것이라고 추리하는 것을 말한다.[70] 법률해석이론에서의 유추는 "A라는 구성요건에 해당하는 법적 효과를 이와 유사한 B라는 구성요건에 확대 적용하는 것"을 말한다. A라는 구성요건을 B로 이전시키는 근거는 법적인 평가의 관점에서 볼 때 A와 B 유사성으로 인하여 A와 B가 동일하게 가치평가되어야만 한다는 당위성, 다시 말하여 "동일한 것은 동일하게 처리하라."는 정의의 요청에 근거한 것이다.[71]

(2) 유추의 요건

무엇보다 법률해석론에서 유추가 적용되려면 대전제로 '법률의 흠결'이 인정되어야 한다. 법률에 명시적 규율이 없다고 하여 언제든지 법률의 흠결에 해당하여 법형성이 허용되는 것은 아니다. 우선 법문의 가능한 해석 범위에 포함되면 그러한 명시적 규율의 부재는 법형성이 아닌 법발견의 문제이므로 유추는 애초부터 문제되지 않는다.[72] 법형성이 허용되는 법률의 흠결이란 입법자가 의도하지 않았던 규율의 공백을 뜻한다. 입법자가 의도한 규율의 공백은 유추의 적용 대상이 아니다. 유추를 적용하기 위하여는 입법자가 미처 그러한 문제 상황을 인식하지 못하여 필요한 법적 규율을 하지 않았던 것일 뿐, 합리적인 입법자라면 그러한 문제 상황에 대하여 인접 영역의 유사한 규정과 같은 내용의 규율을 하였

---

70) 김성룡, "유추의 구조와 유추금지", 법철학연구 제12권 제2호, 한국법철학회(2009. 12.), 37쪽.
71) 김영환(각주 62), 14쪽.
72) 김영환(각주 63), 155쪽은 대법원 판례 및 국내 법학계의 상당수가 법발견과 법형성을 구분하지 않은 채 '유추해석'이라는 표현을 쓰고 있다고 비판한다.

을 것이라는 점이 인정되어야 한다.[73]

　　법률의 흠결이 인정된다면 비로소 그 흠결을 보충하는 것으로 법적 규율이 없는 사안에 대하여 그와 유사한 사안에 관한 법규범을 적용하는 유추가 허용된다. 유추가 성립하기 위한 가장 중요한 요건은 바로 '유사성'이다. 법적 규율이 없는 사안을 법적 규율이 있는 기존 사안으로 포섭하기 위하여는 일차적으로 양 사안 간 공통점 또는 유사점이 있어야 한다. 그러나 이것만으로 유추적용을 긍정할 수는 없다. 법규범의 체계, 입법 의도와 목적 등에 비추어 유추적용이 정당하다고 평가되는 경우에 비로소 유추적용을 인정할 수 있다.[74]

　　요컨대, 유추가 적용되기 위하여는 ① 입법자가 의도하지 않았던 규율의 공백이 발생하는 법형성의 사안이어야 하고, ② 해당 사안과 적용하고자 하는 기존 규범의 사안 사이에 유사성이 인정되어야 하며, ③ 종합적으로 법규범의 체계, 입법 의도, 목적 등에 비추어 그러한 유추가 정당하다고 평가되어야 한다.

다. 사안의 당부

(1) 법률의 흠결

　　우선 제2장에서 정의한 인공지능의 개념이 '책임무능력자'라는 용어의 가능한 문리적 해석 범위에 포함되지 않는다는 점은 분명하다. 현재 인공지능 사고의 불법행위책임에 관하여 민법, 나아가 실정법상 특별한 규정이 존재하지 않는 것 또한 사실이다. 그러나 이런 상황이 법형성이 문제되는 법률의 흠결에 해당하는가?

　　엄밀히 말하여 법률의 흠결(Gesetzeslücke)은 '법의 흠결(Rechtslücke)' 또는 '법률의 흠(Fehler des Gesetzes)'과는 구별되는 개념이다. '법률의 흠결'은 그 법률이 규범의 계획이나 의도와 다른 불완전성을 의미한다. 반면 '법의 흠결'은 규율을 필요로 하는 특정 영역이나 분야에 관하여 법률이 존재하지 않는 경우를, '법률의 흠'은 법률은 존재하지만 그 법률이 처음부터 잘못 제정된 것으로서 그렇게 존재하여서는 안 되는 경우를 각 의미한다.[75] 실정법상 인공지능 사고의 불법행

---

73) 대법원 2018. 3. 22. 선고 2012다74236 전원합의체 판결 중 다수의견에 대한 대법관 김재형의 보충의견.
74) 대법원 2020. 4. 29. 선고 2019다226135 판결 참조.
75) 김형배, 앞의 논문(각주 64), 17-18쪽.

위책임을 규율하는 특별한 규정이 없는 현 상황은 개념적으로 '법률의 공백'이라 기보다는 '법의 흠결'에 가깝다. 그렇다면 인공지능 사고에 책임무능력자의 감독 자책임을 유추적용하는 것은 그 전제부터 충족되지 않을 것이다. 그러나 법률의 공백과 법의 흠결을 명확히 구분하는 것은 쉽지 않으며, 대법원은 법발견과 법형 성도 명확히 구분하지 않은 채 유추해석의 법리를 전개하고 있다는 현실적인 문 제를 고려할 때,[76] 이하 법률의 공백이 인정된다는 전제 하에 유추해석의 요건인 '유사성' 및 '종합적 필요성'을 추가로 검토한다.[77]

(2) 유사성

인공지능 사고에 관하여 책임무능력자의 감독자책임을 유추적용하려면 '인공 지능'과 '책임무능력자' 사이에 유사성이 인정되어야 한다. 유사성이라는 개념 자 체가 모호하고 불명확하긴 하지만 적어도 법률해석학의 관점에서는 비교 대상이 법적으로 동등하거나 유사하게 가치평가될 수 있음을 의미한다. 그러나 책임무능 력자는 엄연히 권리능력을 가진 자연인으로서 권리의 주체이고 단지 책임을 변 식(辨識)할 지능만 없을 뿐이나, 이 책과 같이 인공지능의 권리능력을 부정하는 견해를 취할 경우 인공지능은 기껏해야 민법상 물건, 즉 권리의 객체에 해당한 다. 따라서 양자간의 유사성은 본질적으로 인정되기 어렵다.

(3) 종합적 필요성

설사 견해를 달리하여 책임무능력자와 인공지능 사이에 유사성이 인정된다고 보더라도, 앞서 살펴보았듯이 유사성만 가지고는 유추적용이 긍정될 수 없으며 법규범의 체계, 입법 의도, 목적 등에 비추어 그러한 유추가 정당하다고 평가될 수 있어야 한다. 그러나 다음과 같은 점을 고려하면 이와 같은 '종합적 필요성'이 인정되기는 어려울 것으로 생각된다.

책임무능력자의 감독자책임을 특수불법행위의 유형으로 명문으로 규정한 입 법의 의도나 목적은 감독자는 피감독자인 책임무능력자에게 가장 큰 영향력을

---

76) 김영환(각주 63), 155쪽.
77) 후술하는 사용자책임, 동물점유자책임, 공작물책임의 경우에도 '법률의 공백'은 인정된다는
    전제하에 유추적용의 당부를 검토한다.

보유하고 있고 이를 행사하여 그들의 일상 활동으로부터 발생하는 위험을 지배하고 제어할 수 있는 최적의 위치에 있기 때문이다.[78] 연혁적으로 보더라도 책임무능력자의 감독자책임은 로마법에서 노예나 가자(家子)가 제3자에게 손해를 가한 경우 피해자가 가장(家長)에게 행사하는 '종속인 가해소권(*actio noxalis*)'에서 유래하였다고 알려져 있는데,[79] 로마법상 가장은 노예나 가자를 감독하는 지위에 있으므로 이러한 책임이 정당화될 수 있었다. 그러나 인공지능 사고에 있어 문제점은 해당 사고 발생 당시 인공지능의 위험을 지배하고 제어할 수 있는 '감독자'를 상정하는 것 자체가 쉽지 않다는 점에 있다. 이는 제2장에서 살펴본 인공지능의 특성인 '자율성'과 '예측불가능성'에서 기인하는 본질적인 문제이다. [사례 4]를 예로 살펴보면, 완전 자율 단계의 인공지능 X의 동작을 소유자 B가 지배 또는 제어한다고 보는 것은 그 자체로 무리이고, X의 동작은 A가 사전 프로그래밍한 알고리즘에 기초하기는 하지만 제3자가 제공한 학습 데이터나 X의 출시 이후 습득한 데이터를 통한 학습 결과도 지대한 영향을 미치므로, A를 감독자라고 보기도 어렵다.

이처럼 위험의 지배 및 제어 주체를 특정하기 어렵다면 인공지능 사고에 있어 감독자 개념 자체를 상정하기 어려운바, 감독자 개념이 상정되기 어려운 상황에서 인공지능 사고에 책임무능력자의 감독자책임을 무리하게 유추적용하여야 할 종합적 필요성은 인정되기 어렵다고 생각된다.

4. 소결

인공지능 사고에 관한 실정법상 규율이 없는 현 상황을 법률의 흠결로 보기는 어렵다고 생각된다. 설사 견해를 달리하더라도 인공지능과 책임무능력자 사이의 유사성은 본질적으로 존재하지 않는다고 보이며, 입법 의도나 목적 등을 고려하

---

78) 안병하(각주 59), 111쪽.
79) 김형석, "사용자책임의 입법주의 연구", 서울대학교 법학 제53권 제3호, 서울대학교 법학연구소(2012. 9.), 425-426쪽. 피해자가 종속인 가해소권을 행사하면 가장은 속죄금을 지급하거나 가해를 한 종속인에 대한 권리를 피해자에게 이전하여야 한다. 이는 가장의 개인적인 과책과는 무관하게 인정되는 무과실책임이었다.

도 인공지능 사고에 책임무능력자의 감독자책임을 유추적용하여야 할 종합적 필요성 또한 인정되기 어렵다고 생각된다. 그러므로 인공지능 사고에 책임무능력자의 감독자책임을 유추적용하는 것은 다소 무리한 법리 구성이라고 본다.[80)]

II. 사용자책임

1. 의의

타인을 사용하여 어느 사무에 종사하게 한 자(및 그에 갈음하여 그 사무를 감독하는 자)는 피용자가 그 사무집행에 관하여 제3자에게 손해를 입힌 경우 그 피용자의 선임 및 사무감독을 게을리 하지 않았음을 증명하지 못하면 그 손해를 배상할 책임이 있다(민법 제756조).

사용자책임의 근거에 관하여는 과실책임설, 보상책임설, 위험책임설, 기업책임설, 정책적 고려설 등 다양한 견해가 주장되고 있으나,[81)] 판례는 "민법이 불법행위로 인한 손해배상으로서 특히 사용자의 책임을 규정한 것은 많은 사람을 고용하여 스스로의 활동영역을 확장하고 그에 상응하는 많은 이익을 추구하는 사람은 많은 사람을 하나의 조직으로 형성하고 각 피용자로 하여금 그 조직내에서 자기의 담당하는 직무를 그 조직의 내부적 규율에 따라 집행하게 하는 것이나, 그 많은 피용자의 행위가 타인에게 손해를 가하게 하는 경우도 상대적으로 많아질 것이므로 이러한 손해를 이익귀속자인 사용자로 하여금 부담케 하는 것이 공평의 이상에 합치된다는 보상책임의 원리에 입각한 것[이다.]"라고 판시하여 보상책임설을 취하고 있다.[82)]

---

80) 김진우(각주 7), 64쪽, 정진명(각주 7), 144-145쪽, 고세일(각주 8), 97쪽.
81) 곽윤직 편집대표(각주 2), 494-495쪽, 한삼인·정두진, "사용자책임의 본질과 그 면책의 법적 의미", 법학연구 제22권 제1호, 충남대학교 법학연구소(2011. 6.), 182-187쪽.
82) 대법원 1985. 8. 13. 선고 84다카979 판결 참조. 위 판결은 대법원 1992. 6. 23. 선고 91다43848 전원합의체 판결로 변경되었으나, 변경된 부분은 위조수표를 할인에 의하여 취득한 사람이 입게 된 손해액의 산정에 관한 부분이며 사용자책임의 법적 성격에 관한 부분은 변경되지 않았다.

2. 쟁점

사용자책임이 성립하려면 사용자와 피용자 사이에 '사용관계'가 존재하여야 하고, 피용자의 제3자에 대한 가해행위가 '사무집행'에 해당하여야 하며, 사용자가 면책사유를 증명하지 못하여야 하고,[83] 피용자의 제3자에 대한 가해행위가 일반불법행위책임을 구성하여야 한다.[84]

책임무능력자의 감독자책임과 유사하게 사용자책임은 피용자의 권리능력을 전제한다.[85] 권리능력이 없는 인공지능을 피용자로 포섭할 수는 없다. 그러므로 인공지능을 피용자로 유추하여 인공지능 사고에 사용자책임을 유추적용할 수 있는지가 쟁점이다.

3. 검토

가. 검토 기준

인공지능 사고에 관하여 사용자책임의 유추적용 여부가 논의되는 근본적인 이유는 크게 다음 두 가지라고 생각한다.

첫째, 적어도 현 단계의 인공지능은 설사 '완전 자율 단계'에 해당되더라도 인공지능 그 자체의 목적을 위해서 동작하는 것이 아니라 인간의 목적을 위하여 동작한다. 즉 인공지능은 본질적으로 인간의 일을 대신하기 위한 도구이다. 인간이 자신의 일을 인공지능에게 대신 시키는 것은 마치 사용자가 피용자를 통하여 자신의 사무를 처리하는 것과 유사하다고 볼 여지가 있다.

둘째, 인공지능이 적어도 외형적으로는 사람의 직접적인 조작이 없어도 스스로 작동하는 듯한 외관을 창출하여 사람과 동일시될 수 있는 여지가 있다. 특히

---

83) 사용관계 및 사무집행에 관하여는 개념 및 범위 등에 대한 다양한 논의가 있으나 이는 이 책의 주제와 밀접한 관련은 없으므로 생략한다.
84) 이 점에 관하여는 견해가 나누어지고 있으나 다수설 및 판례는 피용자에게 별도로 불법행위책임이 성립할 것을 요구한다. 곽윤직 편집대표(각주 2), 580-581쪽, 대법원 1991. 11. 12. 선고 91다29354 판결 참조.
85) 곽윤직 편집대표(각주 2), 580-581쪽.

사람의 모습을 닮은 인공지능[소위 휴머노이드(humanoid) 로봇 등]이 출현하게 되면 동작뿐 아니라 외형 그 자체도 사람과 많은 부분에서 유사하게 될 것이고, 이러한 인공지능에 대하여 사람은 단순한 기계로 인식하지 않고 사람과 유사한 존재로 인식할 수 있다.[86]

자신의 목적이 아닌 인간의 목적을 위하여 인간의 업무를 수행하면서 인간과 유사한 외형을 갖춘 존재로서의 인공지능이라면 사용자책임에서의 피용자와 취급하려는 것이 자연스러운 생각일 수 있다. 실제로 국내외를 막론하고 사용자책임의 유추적용을 긍정하는 견해도 존재한다.[87] 그러나 적어도 국내에서는 유추적용을 부정하는 것이 통설로 보인다.[88]

사용자책임의 유추적용 당부는 인공지능의 동작의 향상이나 인공지능에 대한 사람들의 인식이 아니라 유추적용의 요건을 충족하는지에 따라 법리적으로 판단하여야 할 문제이다. 책임무능력자의 감독자책임에서 살펴보았듯이 '법률의 공백'이 인정된다는 전제하에 사용자책임의 유추적용이 타당하려면 인공지능과 피용자 사이의 유사성이 인정되어야 하고, 나아가 법규범의 체계, 입법 의도, 목적 등에 비추어 그러한 유추가 정당하다고 평가될 수 있어야 한다.

나. 유사성

자신의 행위가 아닌 피용자의 행위에 관하여 사용자에게 불법행위책임을 묻는 사용자책임의 요체(要諦)는 바로 사용관계에 있다. 따라서 인공지능 사고에 사용자책임을 유추적용하려면 사고를 일으킨 인공지능이 사고 당시 대신 처리하는 사무와 그 사무를 원래 처리하였어야 하는 사람 사이에 사용관계가 직접적으로 인정되거나, 적어도 사용관계와의 유사성이 인정되어야 한다.

사용관계의 개념에 관하여는 사용자책임의 본질론에 따라 견해의 차이는 있으나 통설 및 판례는 "피용자에 대한 사용자의 실질적인 지휘·감독관계"라고 본

---

86) 오병철(각주 7), 199쪽.
87) 고세일(각주 8), 98쪽, Chopra & White, *supra note* 7, at 128−130; Michael Denga, Deliktische Haftung für künstliche Intelligenz, CR 2018/2, 69, S.69−78; Melinda Müller, Roboter und Recht: Eine Einführung, AJP 2014, 595, 601.
88) 정진명(각주 7), 145쪽, 오병철(각주 7), 200쪽, 김진우(각주 7), 65쪽, 서종희(각주 7), 82−84쪽.

다.[89] 통설 및 판례의 견해를 취한다면 사용자의 실질적 지휘·감독 하에 인공지능이 사용자의 업무를 처리하기 위하여 작동하던 중 타인에게 손해를 가한 경우라면 사용관계를 인정하는 것이 타당할 것이다. 그런데 위와 같은 경우는 증명의 곤란은 차치하더라도 법리적으로는 사용자에게 지휘·감독의무를 다하지 않았음을 이유로 일반불법행위책임을 물을 수 있으므로 사용자책임의 유추적용 여부를 논할 실익이 크지 않다. 앞서 제시한 [사례 1]~[사례 3]이 이에 해당할 것이다. 따라서 사용자책임의 유추적용 여부가 문제되는 국면은 [사례 4]와 같이 인공지능의 동작을 사용자가 통제할 수 없는 상황, 즉 인공지능에 폭넓은 자율성이 인정되고 사용자는 인공지능의 오류를 예상하거나 방지할 수 없는 상황에서 발생한 사고일 것이다. 그러나 인공지능의 동작을 사용자가 통제할 수 없는 상황에서 발생한 사고라면 사용자가 인공지능을 실질적으로 지휘·감독하였다고 볼 수 없으므로 사용관계는 인정될 수 없다.[90] 사용자책임의 유추적용의 핵심 요건인 사용관계가 인정되지 않는다면, 인공지능과 피용자 사이의 유사성은 부정되어야 할 것이다.

다. 종합적 필요성

견해를 달리하여 인공지능과 피용자 사이에 유사성이 인정된다고 보더라도 사용자책임의 체계상 유추적용을 인정하는 것은 다음과 같이 부당한 결론을 초래할 수 있다.

첫째, 사용자책임을 유추적용할 경우 사용자의 피용자에 대한 구상권(민법 제756조 제3항) 또한 유추적용되는 것이 논리적으로 타당하다. 그러나 권리능력이 없는 인공지능을 대상으로 사용자가 구상권을 행사하는 것은 불가능하다.[91] 즉 사용자책임의 유추적용은 구상권 규정의 적용이 봉쇄된 '반쪽짜리' 적용에 그치게 되며 이는 사용자에게 지나치게 불리하다. 물론 인공지능 사고에 관하여 귀책사유가 있는 제3자가 별도로 존재한다면 사용자는 그에게 구상할 수 있을 것이나, 이러한 구상은 사용자책임에서의 피용자에 대한 구상이 아니라 공동불법행위

---

89) 대법원 1995. 4. 11. 선고 94다15646 판결 참조.
90) 정진명(각주 7), 145쪽, 오병철(각주 7), 200쪽.
91) 김진우(각주 7), 65쪽.

자들 사이의 구상 또는 배상자대위와 같이 사용자책임과 무관하게 인정되는 법리에 따른 것이므로, 이러한 구상이 가능하다는 것은 사용자책임에서의 구상권 행사가 봉쇄되는 것을 정당화할 수 없다. 요컨대, 사용자책임을 유추적용하는 것은 인공지능 사고에 관하여 사용자책임에서의 사용자로 인정되는 자에게 사실상 모든 책임을 전가하는 것과 마찬가지의 결과를 초래하게 된다. 이는 법리적으로 형평의 원리에 반할 뿐 아니라 현실적으로 인공지능의 기술 발전 및 시장 확대를 가로막는 장벽으로 작용할 위험이 있어 타당성이 떨어진다. [사례 4]에서 사용자책임을 유추적용할 경우 그 책임을 부담하는 자는 가사도우미 인공지능 X를 구매한 소비자 B가 될 것인데, 소비자는 과도한 손해배상책임의 위험에 노출되지 않는 경우에만 인공지능을 구입하려 할 것이기 때문이다.

둘째, 사용자책임을 유추적용한다면 민법 제756조 제1항 단서에 따른 사용자의 면책 규정("사용자가 피용자의 선임 및 그 사무감독에 상당한 주의를 한 때 또는 상당한 주의를 하여도 손해가 있을 경우") 또한 유추적용함이 타당하다. 위 면책 규정 중 '상당한 주의를 하여도 손해가 있을 경우'는 사용자의 부주의와 손해 발생 사이에 인과관계가 없는 경우를 뜻한다는 것이 통설이다.[92] 앞서 살펴보았듯이 사용자책임의 유추적용이 유의미할 수 있는 상황은 [사례 4]와 같이 사용자가 통제할 수 없는 완전 자율 단계 인공지능의 동작으로 발생한 사고이다. 그런데 이러한 경우에는 아무리 사용자가 상당한 주의를 기울여도 손해를 회피하거나 방지하는 것은 불가능하므로 사용자의 부주의와 손해 발생 사이에 인과관계가 인정될 수 없고, 논리적 귀결로서 항상 '상당한 주의를 하여도 손해가 있을 경우'로서 면책 사유에 해당한다.[93] 따라서 사용자책임 법리를 유추적용해야 할 실익이 없게 된다. 그렇다고 하여 현재의 실무처럼 사용자책임의 면책사유를 사실상 인정하지 않는다면 사용자책임의 성립 규정만을 유추적용하고, 그 책임의 면책 규정은 유추적용하지 않는 모순이 발생하는바, 이러한 모순적 결론을 수범자가 납득하기는 매우 어렵다.

---

92) 곽윤직 편집대표(각주 2), 588쪽.
93) 오병철(각주 7), 200쪽.

4. 소결

인공지능은 본질적으로 인간의 일을 대신 행하는 존재라는 점, 그리고 인공지능이 외형적으로나 현상학적으로나 인간과 유사하게 인식될 수 있다는 점에서 인공지능을 피용자로, 인간을 사용자로 보아 사용자책임을 유추적용하자는 견해가 제기되고 있다. 그러나 인공지능과 인간 사이의 관계는 사용자책임의 요체인 '사용관계'라고 보기 어려울 뿐더러 사용관계와의 유사성도 인정될 수 없다고 생각된다. 나아가 사용자책임을 유추적용할 경우 사용자의 구상권이 제한될 뿐 아니라, 사용자책임의 유추적용이 유의미한 사고임에도 불구하고 사용자책임의 면책에 관한 민법 제756조 제1항 단서의 요건이 충족되어 사용자책임의 유추적용이 부정되는 다소 기이한 결론에 이르게 된다. 이러한 점에 주목하여 본다면 인공지능 사고에 사용자책임을 유추적용하는 견해는 채택하기 어렵다고 생각된다.

Ⅲ. 공작물책임

1. 의의

공작물(工作物)의 설치 또는 보존의 하자로 인하여 타인에게 손해를 가한 때는 공작물 점유자가 일차적으로 손해를 배상할 책임이 있다(민법 제758조 제1항 본문). 만약 공작물 점유자가 손해방지에 필요한 주의의무를 다한 경우에는 공작물 소유자가 이차적으로 손해배상책임을 진다(민법 제758조 제1항 단서). 전자를 공작물점유자책임, 후자를 공작물소유자책임이라고 하며, 양자를 통칭하여 공작물책임이라고 한다.

공작물점유자책임이 성립하기 위하여는 공작물로부터 손해가 생길 것, 공작물에 설치 또는 보존의 하자가 있을 것, 손해와 하자 사이의 인과관계가 있을 것이 요구되며, 이에 관한 증명책임은 피해자가 부담한다. 한편 위 요건들이 모두 인정된다 하더라도 손해의 방지에 필요한 주의를 다하였거나(민법 제758조 제1항 단서), 손해가 천재지변 등 불가항력에 기한 것으로서 하자가 없었더라도 불가피한 경우였다는 점을 공작물점유자가 증명하면 면책된다.[94] 공작물점유자가 면책된 경우에는 공작물소유자가 손해배상책임을 부담하며 이 경우에는 주의의무를 다하더라도 면책되지 않는다. 이러한 측면에서 공작물소유자책임은 현행 민법의 명문 규정상 인정되는 무과실책임으로 이해되고 있다.

2. 쟁점

인공지능 사고에 관하여 공작물책임을 적용하기 위하여는 우선 인공지능이 공작물에 해당하는지가 관건이다. 인공지능을 공작물로 포섭할 수 있다면 유추적용의 문제는 발생하지 않으며 공작물책임의 각 요건이 인공지능 사고에도 인정되는지가 문제된다. 그렇지 않으면 앞서 살펴보았듯이 인공지능 사고에 관하여 공작물책임을 유추적용할 수 있는지가 문제된다.

3. 검토

가. 인공지능의 공작물성

공작물의 사전적 의미는 '재료를 기계적으로 가공하고 조립하여 만든 물건', '땅 위나 땅속에 인공을 가하여 제작한 건물, 터널, 댐, 전봇대 등의 물건'이다. 연혁적으로 볼 때 로마법상 공작물책임의 기원(起源)이라고 인정되는 손해담보계약의 주된 대상은 '토지상의 건물 또는 그에 관한 공사'였다.[95] 민법 제758조에 대응하는 의용민법 제717조 또한 공작물책임의 대상을 '토지의 공작물과 수목'으로 한정하고 있었다. 이러한 사전적·연혁적 의미에 비추어 본다면, 인공지능을 공작물로 해석하는 것은 다소 어색하다. 그러나 공작물책임의 또 하나의 연혁적

---

94) 대법원 1982. 8. 24. 선고 82다카348 판결 참조.
95) 로마법은 공작물에 대한 특별한 불법행위책임제도를 가지고 있지는 않았다. 다만 로마법상 상린관계에 있는 토지의 소유자는 이웃 토지로 인하여 손해 발생 위험을 느끼면 이웃 토지 소유자에게 손해담보계약을 체결할 것을 요구할 수 있었고, 손해담보계약이 체결된 후에 계약상 위험이 실제로 발생하면 그에 따른 소권(*cautio damni infecti*)을 행사할 수 있었다. 김영희, "민법 제758조 공작물책임에 대한 연혁적 고찰", 법학연구 제26권 제1호, 연세대학교 법학연구원(2016. 3.), 191쪽.

기원인 게르만법은 '토지상의 공작물'이 아닌 '물건'에 관하여 타인에게 발생한 손해를 그 물건의 지배자가 배상하는 체계였다.[96] 따라서 공작물을 반드시 '토지' 와 연계하여 해석해야 할 연혁적 당위성은 없다. 공작물의 사전적 의미 또한 반 드시 '토지'와의 연계성을 요구하는 것은 아니다. 더욱이 의용 민법과 달리 현행 민법 제758조는 '토지의 공작물'이라고 하지 않고 단순히 '공작물'이라고 표현하 고 있으므로 그 개념을 '토지의 공작물'로 한정 해석하는 것은 문리적 해석론상 타당하다 보기 어렵다. 실제로 통설과 판례는 민법 제758조의 공작물을 '인공적 으로 만들어진 모든 물건'으로 폭넓게 해석하고 있다.[97] 일례로 판례는 건물 내 에 위치한 이동가능한 공구(工具),[98] 경사로에 주차 중인 석유 배달 차량[99] 등을 각 공작물로 인정한 바 있다.

이와 같은 현행 민법 제758조의 문리적 해석이나 연혁적 측면 등을 종합적으 로 고려하면 공작물을 '인공적으로 만들어진 모든 물건'이라고 해석하는 통설 및 판례는 수긍할 수 있다고 생각된다. 그런데 제2장에서 정의하였듯이 이 책에서 사용하는 인공지능의 개념은 단순한 소프트웨어가 아니라 '전산 시스템'으로서 형체가 있는 유형물로서 민법상 물건에 해당한다. 이러한 개념정의 하에서는 인 공지능도 공작물책임에서의 공작물에 해당한다고 해석하는 것이 타당하다.[100] 그러나 전산 시스템으로서 유체화되지 않은 순수한 '인공지능 소프트웨어'는 추 상적 존재로서의 정보(information)이므로 민법상 물건이 아니고, 정보와 공작물 사이의 유사성은 문리적으로 보나 양 개념의 본질적 차이로 보나 인정될 수 없으 므로, 순수한 인공지능 소프트웨어로 인하여 발생하는 사고는 공작물책임을 적용 하거나 유추적용할 수는 없다고 본다.

---

96) 김영희(각주 95), 188쪽.
97) 곽윤직(각주 18), 422-423쪽, 대법원 1993. 6. 29. 선고 93다11913 판결, 대법원 1998. 3. 13. 선고 97다34112 판결 각 참조.
98) 대법원 1979. 7. 10. 선고 79다714 판결 참조.
99) 대법원 1998. 3. 13. 선고 97다34112 판결 참조.
100) 정진명(각주 7), 146쪽, 김진우(각주 7), 63-64쪽, 오병철(각주 7), 197쪽, 서종희(각주 7), 80쪽, 고세일(각주 8), 99쪽.

나. 설치 또는 보존상의 하자

(1) 의의

인공지능 사고에 공작물책임이 적용되기 위하여는 그 사고에 관하여 '설치 또는 보존상의 하자'가 인정되어야 한다. 하자는 공작물책임에서 공작물로 인하여 발생한 손해와 그 배상책임의 주체를 연결짓는 귀책의 근거이자 인과관계의 성부와도 연결되는 핵심 개념이다.[101]

담보책임에서 하자란 목적물이 거래통념상 기대되는 객관적 성질이나 성능을 갖추지 못한 경우를 말한다.[102] 담보책임에서의 하자 개념은 본질적으로 급부와 반대급부 사이의 등가관계가 깨진 경우를 의미한다. 그러나 불법행위책임인 공작물책임에서는 급부와 반대급부 사이의 등가관계라는 개념 자체를 상정할 수 없다. 따라서 공작물책임에서의 하자는 담보책임에서의 하자와 달리 공작물의 설치·보존자(즉 공작물의 점유자 또는 소유자)의 책임을 묻기 위한 근거로서의 개념, 즉 공작물 설치·보존자의 행위적 요소와 책임을 연결하는 개념이다. 바꾸어 말하면 공작물책임에서의 하자는 공작물 설치·보존자가 그 공작물의 위험성에 비례하여 사회통념상 요구되는 주의의무를 다하였는가에 대한 판단 기준으로 기능한다.[103] 이런 의미에서 공작물책임의 하자 판단은 공작물 설치·보존자의 과실 판단과 사실상 동일한 측면이 있다.[104] 판례 또한 "공작물의 설치·보존상의 하자란 공작물이 그 용도에 따라 통상 갖추어야 할 안전성을 갖추지 못한 상태에 있음을 말하고, 위와 같은 안전성의 구비 여부를 판단할 때에는 공작물을 설치·보존하는 자가 그 공작물의 위험성에 비례하여 사회통념상 일반적으로 요구되는 정도로 위험방지조치를 다하였는지 여부를 기준으로 판단하여야 한다."고 판시하여 하자 여부는 위험방지조치의무라는 주의의무의 이행 정도에 달려 있다는 입

---

101) 인과관계는 하자와 손해 사이에 존재하므로 하자 개념이 확대되면 인과관계도 일반적으로 확대되기 때문이다. 김영희(각주 95), 221쪽.
102) 대법원 2002. 4. 12. 선고 2000다17834 판결 참조.
103) 김영희(각주 95), 220쪽.
104) 김영희(각주 95), 220쪽.

장인바,[105] 이는 공작물책임에서의 하자가 실질적으로 과실과 동일하다는 점을 설시한 취지로 이해할 수 있다.

(2) 인공지능 사고와 하자

공작물책임의 하자는 결국 '위험방지조치의 해태'라는 주의의무 위반이다. 따라서 인공지능 사고에서 공작물책임의 하자가 인정되기 위해서는 앞서 일반불법행위책임에서 살펴본 과실 판단과 유사하게 사회통념상 요구되는 방호조치의무가 객관적으로 결정되어야 한다.

우선 '설치상의 하자'에 관하여는 방호조치의무를 객관적으로 결정할 수 있다고 생각한다. 여기서 설치란 공작물을 최초 축조(築造)하는 것을 의미한다. 인공지능의 경우에는 전산 시스템이 최초로 구축되는 시점을 '설치'라고 볼 수 있을 것이다. 인공지능의 분류 단계에 따라 구체적 차이는 존재하겠지만 기본적으로 해당 인공지능이 최초 정상 구동되기 위해서는 환경 설정(configuration)이 정확히 이루어져야 하는 등 설치시에 요구되는 일반적인 조치사항이 존재하므로, 일반적인 방호조치의무를 상정하는데 큰 무리는 없다고 본다.

반면 '보존상의 하자'에 관하여는 방호조치의무를 객관적으로 결정하기가 쉽지 않다고 생각된다. 보존이란 말 그대로 설치 이후의 관리를 의미한다. 인공지능이 아닌 통상의 공작물이라면 설치 이후, 즉 한번 출시되어 상품화된 이후에는 물리적 노후(aging)는 발생할지 모르나 그 기본적 성상 자체가 변하는 경우는 상정하기 어렵다. 그러나 인공지능은 설치 이후에도 학습을 통하여 계속 변화하는 동적인 존재이며 본질적으로 예측불가능성을 가진 존재이므로 보존 단계에서 점유자 또는 소유자가 준수하여야 할 객관적인 방호조치의무를 상정하기 어렵다. 물론 점유자 또는 소유자에게 인공지능 사고를 완벽히 방지하기 위하여 필요한 방호조치의무, 예컨대 인공지능의 동작을 24시간 365일 실시간으로 모니터링하고 조금이라도 이상 징후를 보이면 즉시 인공지능 동작을 중단시킬 의무를 규범적으로 규정하는 것이 이론적으로 불가능한 것은 아니나, 이는 실질적 타당성이 인정되기 어렵다. 공작물책임에서 점유자 또는 소유자는 사회통념상 발생할 수

---

105) 대법원 2019. 11. 28. 선고 2017다14895 판결 참조.

있는 '정상적인 위험'은 회피하여야 하지만 정상적인 위험과 무관한 위험이 실현되어 발생하는 손해까지 방지해야 할 의무는 없으며,[106] 공작물의 설치 및 보존에 있어서 항상 완전무결한 상태를 유지할 정도의 고도의 안전성을 갖추지 아니하였다 하여 그 공작물의 설치·보존에 있어 하자가 있는 것이라고는 할 수 없기 때문이다.[107]

다. 인과관계

공작물책임에서도 앞서 살펴본 하자와 손해 사이의 인과관계는 당연히 요구되며 이에 관한 증명책임은 피해자에게 있다. 일반불법행위책임에서 살펴보았듯이 인과관계는 이론적 성부의 문제라기보다는 피해자의 증명책임의 문제라고 봄이 타당하다.

전술하였듯이 공작물책임에서 인과관계는 사실 하자와 밀접한 관련이 있다. 인과관계는 하자와 손해 사이에 존재하는 것인데, 하자가 확대되면 인과관계도 일반적으로 확대되기 때문이다.[108] 따라서 인과관계의 증명은 하자를 증명하면 용이하게 달성될 수 있다. 문제는 인공지능 사고의 경우 하자 증명에 필요한 정보에 관하여 피해자가 접근하기는 현실적으로 매우 어렵다는 점이다. 따라서 일반불법행위책임에서 검토하였듯이 증명책임의 완화 법리가 해석론적으로 인정되는 사안에 해당하지 않는다면(인공지능 사고라는 이유만으로 증명책임 완화의 법리가 일반적으로 인정될 수 없다는 점은 제2절 Ⅲ. 6.에서 살펴보았다), 피해자가 증명의 부

---

106) 정진명(각주 7), 148쪽.
107) 대법원 1992. 4. 24. 선고 91다37652 판결 참조. 위 판결에서 대법원은 "대학 5층 건물 옥상에서 그 대학 학생이 후배들에게 얼굴을 하늘로 향하게 하여 바닥에 눕게 한 다음, 구령에 맞추어 몸통을 좌우로 뒹굴게 하는 방법으로 기합을 주던 중, 그 중 1인이 몸을 구르다가 약 15미터 아래로 떨어져 사망한 경우 위 옥상은 그 설치용도와 관계 있는 사람 이외에는 올라가지 않는 곳이고, 위 망인을 비롯한 학생들도 평소 그와 같은 사정을 잘 알고 있었다고 할 것이며, 나아가 위험성에 대한 지각능력이 있는 학생들이 출입이 제한되어 있는 그 옥상에서 추락 등의 사고를 일으킬 수 있는 행위를 하리라고 기대하기는 어려우므로, 학교 측에게 그러한 사고가 있을 것까지 예상하여 항상 그곳에 관리인을 두어서 출입을 통제한다거나 추락을 방지하기 위하여 난간을 설치하는 등의 조치를 취할 것까지 요구할 수는 없[다.]"는 이유로 건물의 설치보존상의 하자를 인정하지 않았다.
108) 김영희(각주 95), 221쪽.

담에서 벗어나기는 어렵다.[109)

라. 점유자의 면책과 공작물소유자의 책임

공작물의 하자, 손해 발생, 인과관계가 모두 인정되더라도 공작물점유자는 손해의 방지에 필요한 주의를 게을리하지 않았음을 증명하면 공작물책임을 면하며, 이 경우 공작물소유자가 책임을 진다(민법 제758조 제1항 단서).

인공지능 사고의 경우 누가 공작물(즉 인공지능)점유자에 해당하는지는 사회통념상 누가 해당 인공지능을 사실상 지배하고 있다고 보이는 객관적 관계에 있는지를 합목적적으로 판단하여 정하여야 할 것이나,[110) 대부분 해당 인공지능의 최종 소비자(end user)가 공작물점유자에 해당할 것이고, 최종 소비자의 상당수는 인공지능에 관하여 전문 지식이 없는 일반인일 것이다. 그런데 인공지능의 자율성이 증대될수록 최종 소비자가 아무리 주의를 기울이더라도 인공지능 사고를 실제로 방지하는 것은 점점 불가능에 가까워진다.[111) [사례 1]~[사례 4]에서 살펴보았듯이, 가사 도우미라는 동일한 목적을 수행하는 인공지능 X라 하더라도 그 자율성이 점점 커질수록 최종 소비자 B의 통제권은 점점 감소하며, X가 사고를 일으키더라도 이를 방지하기 위하여 B가 취할 수 있는 조치 또한 점점 줄어든다. 이는 인공지능의 자율성이 증대될수록 공작물점유자는 손해 방지에 필요한 주의를 게을리하지 않았음을 주장·증명하여 공작물책임에서 면책될 가능성이 점점 높아진다는 것을 의미한다.[112)

물론 공작물점유자가 면책되더라도 실정법상 최종적으로는 공작물소유자가 책임을 부담하게 되는바, 이러한 측면에서는 피해자가 요건사실을 증명할 수만 있다면 공작물책임을 묻는 것이 유의미할 수 있다. 그러나 문제는 인공지능 사고의 경우 점유자와 마찬가지로 소유자 또한 최종 소비자일 가능성이 높다는 점이

---

109) 증명의 어려움을 들어 공작물책임의 적용을 부정하는 견해로는 오병철(각주 7), 199쪽 및 서종희(각주 7), 79-81쪽. 정진명(각주 7), 150쪽은 공작물책임의 적용을 일반적으로 긍정하나 역시 증명책임의 문제상 인공지능의 경우에는 제한적인 경우에만 가능하다는 입장이다.
110) 민법 제192조 제1항, 대법원 2014. 5. 29. 선고 2014다202622 판결 참조.
111) 정진명(각주 7), 148쪽.
112) 오병철(각주 7), 197쪽.

다. 사실 인공지능 사고의 대부분은 점유자와 소유자가 모두 최종 소비자로 동일한 경우일 것이다. 그런데 공작물의 점유자와 소유자가 동일한 경우 점유자로서의 면책사유가 존재하더라도 소유자로서 공작물책임을 부담하게 되므로 점유자의 면책은 사실상 의미가 없다.113) 최종 소비자는 대부분 배상 자력이 부족한 일반 자연인일 것이므로, 이들에게 공작물책임을 묻는 것은 실질적 피해 구제에 적합하지 않을 수 있다.

4. 소결

공작물을 '인공적으로 만들어진 모든 물건'이라고 해석하는 통설 및 판례는 해석론상 수긍할 수 있으므로, 순수한 소프트웨어 형태로 존재하는 경우를 제외하면 인공지능을 공작물로 포섭하는 것에는 별다른 무리가 없다. 따라서 책임무능력자의 감독자책임이나 사용자책임과 달리 인공지능 사고에 관하여 공작물책임을 유추적용할 필요는 없으며, 공작물책임의 요건사실이 갖추어지면 인공지능 사고에 공작물책임을 묻는 것은 이론적으로는 충분히 가능하다고 본다.114) 하지만 현실적으로 인공지능 사고에서 피해자가 공작물책임에 근거하여 피해를 배상받는 것은 쉽지 않을 것으로 생각된다. 인공지능의 자율성을 고려하면 '보존상의 하자'가 인정되기 어렵고, 하자와 같은 요건사실을 피해자가 증명하기 어려우며, 많은 경우 일반 자연인에 해당하는 '인공지능 최종 소비자'가 책임을 부담하게 되어 피해 구제 측면에서 취약할 수 있기 때문이다.

이상을 종합하면, 인공지능 사고에 공작물책임을 적용하는 것이 법리적으로는 가능하지만, 현실적으로 유의미한 책임 원리로 기능하기에는 한계를 보일 것으로 생각된다.

---

113) 대법원 1979. 6. 12. 선고 79다466 판결 참조.
114) 김진우(각주 7), 63-64쪽

Ⅳ. 동물점유자책임

1. 의의

동물의 점유자 또는 점유자에 갈음하여 동물을 보관한 자는 그 동물이 타인에게 가한 손해를 배상할 책임이 있다(민법 제759조 제1항 본문 및 제2항). 그러나 동물의 종류와 성질에 따라 그 보관에 상당한 주의를 다한 경우에는 면책된다(민법 제759조 제1항 단서). 위 규정의 취지는 동물의 경우 이성에 의한 지배를 받지 않는 유기체라는 특성상 자의적·본능적으로 행동하여 타인의 신체나 재산에 손해를 끼칠 수 있는 특유한 위험이 내재하고 있으므로, 그러한 위험원을 사실상 지배하는 자는 무거운 책임을 부담하여야 한다는 것이다.[115] 요컨대 동물점유자책임의 인정 근거는 기본적으로 위험책임이라 할 수 있으며,[116] 이는 대륙법계나 영미법계나 동일하다. 일례로 독일에서 동물점유자책임(*Tierhalterhaftung*)은 대표적인 위험책임에 해당한다.[117] 미국의 경우에도 연혁적으로 동물점유자의 손해배상책임은 엄격책임이었다.[118] 본래 미국의 보통법은 가축의 불법침해(trespass)로 야기된 손해에 관하여 가축의 점유자에게 무과실책임을 인정하여 왔으며,[119] 미국 불법행위편 리스테이트먼트 제3편은 동물의 위험성이 소유자나 점유자에게 인식된 경우 그러한 위험한 성향이 발현되어 동물이 가한 신체적 손해에 관하여는 엄격책임을 지고, 동물점유자의 주의 정도는 면책사유가 될 수 없도록 규정하고 있다.[120]

연혁적으로 볼 때 동물 점유자에게 가중된 책임을 묻는 법리는 일찍이 로마법에서부터 이미 인정되고 있었다. 로마의 십이표법(十二表法)에는 동물가해소권

---

115) 양창수, "동물점유자의 불법행위책임", 저스티스 제82호, 한국법학원(2004. 12.), 76쪽. 위험책임의 의의 및 개념 등에 관한 일반론은 제5절 Ⅱ.에서 후술한다.
116) 곽윤직 편집대표, 「민법주해 제19권 (채권 12)」, 박영사(2005), 20쪽.
117) Hein Kötz/Gerhard Wagner, Deliktsrecht, Bd.18, Vahlen (2016), 213.
118) 이창범, "미국 불법행위법상의 엄격책임에 관한 연구", 동국대학교 박사학위청구논문(1997. 6.), 120－122쪽.
119) 신봉근, "미국 불법행위법의 엄격책임", 법학연구 제19권 제3호, 한국법학회(2019. 9.), 242쪽.
120) Restatement (Third) of Torts, Negligence: Liability for Physical Harm § 23, § 21 comment g.

(*actio de pauperie*)이 규정되어 있는데, 이에 따르면 동물이 손해를 입힌 경우 가해동물은 피해자에게 인도되거나 해당 동물의 소유자가 그 손해를 배상하여야 했다.[121] 게르만법에서도 로마법과 유사하게 동물이 손해를 입힌 경우 소유자가 무과실책임을 져야 했다.[122]

2. 쟁점

동물점유자책임이 성립하기 위하여는 동물이 타인에게 손해를 입힐 것, 동물의 점유자[123] 또는 관리자일 것, 점유자 또는 관리자에게 면책사유가 없을 것을 요한다. 여기서의 동물의 개념과 그 범위에 관하여 많은 논란이 있으나 인간과 식물을 제외한 모든 생물을 의미한다고 보는 것이 통설이다.[124] 인공지능이 생물이 아님은 자명하므로, 인공지능 사고에 관하여 동물점유자책임을 그대로 적용할 수는 없다. 따라서 앞서 살펴본 책임무능력자의 감독자책임 및 사용자책임과 마찬가지로 유추적용이 가능한지가 쟁점이다.

3. 검토

가. 검토 기준

인공지능 사고에 관하여 동물점유자책임의 유추적용이 논의되는 이유는 근본적으로 외부에 인식되는 인공지능의 동작과 동물의 행동이 일응 유사해 보이기 때문이라고 생각된다. 인공지능은 본질적으로 '자율성'과 '예측불가능성'을 속성으로 하므로 사람이 예측하기 어려운 동작을 수행하게 되는데, 동물의 행동 또한 이와 마찬가지이다. 이처럼 예측이 어려운 대상을 인간이 점유하고 있다면 그로

---

121) 양창수(각주 115), 76쪽.
122) 현승종·조규창, 「게르만법」, 박영사(2001), 523쪽.
123) 점유자에는 점유보조자 또는 간접보조자는 포함되지 않는다는 것이 통설이며, 소유자는 책임주체로부터 적극적으로 배제된 것이 아니라 점유자의 요건을 매개로 하여 제759조 안에 수용되어 있다고 본다. 양창수(각주 115), 86쪽.
124) 양창수(각주 115), 79쪽. 박테리아나 바이러스와 같은 미생물이 동물점유자책임에서의 동물에 해당되는지에 관하여는 논란이 있으나, 이 책의 주제와는 무관하므로 살펴보지 않는다.

인하여 발생하는 위험에 관하여도 스스로 감수하여야 하고, 이러한 점에서 동물 점유자와 인공지능점유자를 달리 취급할 필요는 없다는 사고가 충분히 가능하다. 실제로 독일에서는 독일 민법 제833조의 동물보유자책임을 인공지능의 경우에 유추적용하자는 견해들이 주장되고 있으며,[125] 국내에서도 '소형 드론'에 한정되기는 하나 동물점유자책임을 유추적용할 수 있다는 견해가 있다.[126] 반면 국내의 통설은 유추적용을 부정하고 있다.[127]

책임무능력자의 감독자책임 및 사용자책임의 유추적용 당부에서 각 논하였듯이, 동물점유자책임의 유추적용 당부는 인공지능과 동물이 발현하는 외형적·현상학적 측면이 아니라 유추적용의 요건을 충족하는지에 따라 법리적으로 판단하여야 할 문제이다. '법률의 공백'이 인정된다는 전제하에 동물점유자책임의 유추적용이 타당하려면 인공지능과 동물 사이의 유사성이 인정되어야 하고, 나아가 법규범의 체계, 입법 의도, 목적 등에 비추어 그러한 유추가 정당하다고 평가될 수 있어야 한다.

나. 유사성

인공지능과 동물은 모두 실정법상 권리능력이 인정되지 않는다. 인공지능과 동물은 모두 그 행동을 인간이 완벽히 예측할 수 없고 적어도 외부에서 인식하기에는 적극적·능동적으로 동작하는 대상이다. 특히 인공지능 중에는 '반려동물 인공지능'(예컨대 '로봇 개')과 같이 인간과의 관계에서 동물을 대체하는 인공지능이 존재할 수 있는바, 사람의 관점에서 이와 같은 인공지능은 동물과 그 목적, 기능, 동작 등이 상당히 유사하다고 인식될 것이고, 이러한 경우까지 유사성을 부정하는 것은 사회통념에 오히려 반할 소지가 있다고 생각된다.

---

125) Peter Bräutigam/Thomas Klindt, Industrie 4.0, das Internet der Dinge und das Recht, NJW 2015, 1137, S.1139−1140; Nico Brunnotte, Virtuelle Assistenten – Digitale Helfer in der Kundenkommunikation, CR 2017, 583, S.583−589; Olaf Sosnitza, Das Internet der Dinge – Herausforderung oder gewohntes Terrain für das Zivilrecht?, CR 2016, 764, S.764−772.
126) 김성미, "소형드론 운항자에 대한 동물점유자책임 유추해석의 가능성", 항공우주정책·법학회지 제34권 제2호, 한국항공우주정책법학회(2019. 12.), 183−197쪽.
127) 대표적으로 오병철(각주 7), 200쪽, 정진명(각주 7), 149쪽.

그러나 인공지능과 동물 사이에는 본질적인 차이가 존재한다. 다름 아닌 생명(生命)이다. 동물은 생명을 가진 존재이지만 인공지능은 생명이 없는 말 그대로 '인공'지능으로서 인간이 창조해 낸 무기물(無機物)에 불과하다. 생명의 비창조성이나 재현불가능성 등을 감안하면, 반려동물 인공지능과 같이 그 차이를 극복할 만한 특별한 사정이 없는 한 인공지능과 동물을 유사하다고 보아 동물점유자책임을 인공지능 사고에 유추적용하는 것은 무리이며, 이를 강행하는 것은 법적 편의성 등을 이유로 양자간의 본질적인 차이를 간과한 것으로서 허용할 수 없다고 생각된다.

다. 종합적 필요성

견해를 달리하여 인공지능과 동물의 유사성이 일반적으로 인정된다고 보더라도, 인공지능 사고에 동물점유자책임을 유추적용하는 것이 정당화되려면 유사성의 인정과는 별도로 법규범의 체계, 입법 의도, 목적 등에 비추어 그러한 유추가 정당하다고 평가되어야 한다.

앞서 살펴보았듯이 동물점유자책임의 입법 의도는 이성의 지배를 받지 않는 유기체라는 특유의 위험원을 지배하는 자에게 그 위험원이 현실화되어 발생한 손해를 부담시키는 것에 있다.[128] 동물의 경우에는 그 행동이 예측불가능하긴 하지만 묶어 두거나 우리에 가두어 두는 등의 방법을 통하여 외부에 가해를 가하는 것을 지속적으로 통제할 수 있다. 그러나 인공지능에 대하여도 점유자가 동물과 같은 수준의 지속적 통제를 하는 것은 일반적으로 가능하지 않다.[129] 물론 '반려동물 인공지능'과 같이 동물과 그 사용 목적, 기능, 행동 양식 등이 매우 유사한 경우에는 점유자가 동물과 같은 수준의 통제를 가하는 것이 가능하다고 생각되며, 반려동물 인공지능이라면 마땅히 그러한 기능이 구현되어야 할 것이라고 본다. 그러나 위에서 언급한 특수한 경우를 제외하면 인공지능 점유자는 동물 점유자와 유사한 수준의 통제는 불가능할 것으로 생각되며, 이는 인공지능의 자율성이 증대되어 분류 체계상 '완전 자율 단계'에 가까워질수록 더욱 그러할 것이다.

---

128) 양창수(각주 115), 76쪽.
129) 서종희(각주 7), 91쪽.

그럼에도 불구하고 인공지능 점유자에게 동물점유자책임을 유추적용하는 것은 동물과 같은 수준으로 통제할 수 없는 대상에 대하여 동물처럼 통제하지 못한 책임을 묻는 것으로서 동물점유자책임의 입법 의도에 부합하지 않는다.

이 점에서도 반려동물 인공지능과 같은 특별한 경우 외에는 인공지능 사고에 동물점유자책임을 유추적용하는 것이 정당하다고 평가되기 어렵다고 본다.

4. 소결

모든 인공지능 사고에 관하여 동물점유자책임을 유추적용하는 것은 인공지능과 동물 사이의 유사성이 인정되기 어렵고 입법 목적 등에 비추어 보더라도 그 정당성이 인정될 수 없어 타당하지 않다. 그러나 동물과 그 사용 목적, 기능, 행동 양식 등이 유사하여 동물을 대체할 수 있는 소위 '반려동물 인공지능'과 같은 특별한 경우에는 예외적으로 유추적용을 긍정할 수 있다고 본다.

Ⅴ. 공동불법행위책임

1. 의의

책임법리에 관한 지금까지의 검토는 명시적으로 언급하지는 않았지만 인공지능 사고의 가해자가 단수(單數)임을 전제한 것이다. 그러나 인공지능이 개발되어 제품 또는 서비스로 출시되어 사고를 일으키고 그로 인하여 손해를 발생시키기까지의 일련의 과정에는 인공지능의 제작, 운영, 기타 인공지능과 상호작용하는 외부 환경 등의 다양한 측면에서 다수(多數)의 (잠재적) 가해자가 존재하는 것이 일반적인 양상이다.[130]

제1절에서의 [사례 1]~[사례 4]만 살펴보더라도 가사 도우미 인공지능 X가 C에게 일으킨 사고에 관하여 최소한 X를 제품으로 출시한 A, 그리고 사고 당시 X를 이용 중이던 B라는 복수의 주체를 잠재적 가해자로 상정할 수 있다. 만약

---

130) Astrid Seehafer/Joel Kohler, Künstliche Intelligenz: Updates für das Produkthaftungsrecht?, EuZW 2020, 213, 217.

위 사례들에서 X의 알고리즘은 E가, X의 학습 데이터는 F가 각 A에게 제공하였고, 사고 당시 X는 G의 네트워크를 이용하고 있었다면, 잠재적 가해자의 범위는 A, B 2인에서 A, B, E, F, G의 5인으로 확대된다. A, B, E, F, G의 5인은 X가 일으킨 사고에 관하여 피해자 C에게 함께 또는 단독으로 불법행위책임을 부담할 수도, 그렇지 않을 수도 있으며, C 입장에서는 위 5인 중 누가 불법행위를 저지른 것인지는 정확히 특정할 수는 없지만 최소한 위 5인 중에 누군가는 불법행위책임을 부담한다는 개연성은 인정되는 경우도 있다.

이와 같이 복수의 주체가 불법행위에 관여하거나 관여할 개연성이 있고 그로 인하여 피해자에게 손해가 발생한 경우의 불법행위책임을 규율하는 법리가 바로 공동불법행위책임(민법 제760조)이다.

2. 쟁점

주지하다시피 현행 민법상 공동불법행위책임은 ① 협의의 공동불법행위책임(민법 제760조 제1항), ② 가해자 불명의 공동불법행위책임(민법 제760조 제2항), ③ 교사자·방조자의 공동불법행위책임(민법 제760조 제3항)의 세 가지로 구분된다. 그런데 인공지능 사고를 고의로 교사하였거나 방조하였다면 그 자체로 고의의 위법행위를 저지른 것이며, 과실에 의한 방조 또한 주의의무가 있음을 전제로 그 주의의무를 위반한 경우에 성립한다는 통설 및 판례의 입장에 의하면[131] 역시 그 자체로 과실에 의한 불법행위와 본질적으로 다를 바 없는바, 결국 '교사자·방조자의 공동불법행위책임'은 협의의 공동불법행위책임에 포섭될 수 있으며 공동불법행위의 한 유형으로 별도로 논할 실익은 크지 않다고 본다.[132] 따라서 인공지능 사고에 있어 다수의 잠재적 가해자가 존재하는 경우 협의의 공동불법행위책임 또는 가해자 불명의 공동불법행위책임이 성립하는지가 쟁점이다.[133]

---

131) 곽윤직 편집대표(각주 2), 175-178쪽, 대법원 1998. 12. 23. 선고 98다31264 판결 참조.
132) 한편 교사(敎唆)는 타인에게 불법행위의 결의를 일으키게 하는 것이므로 개념상 과실에 의한 교사는 성립하지 않는다는 것이 통설이다. 이재상(각주 13), 483쪽.
133) 하나의 인공지능 사고에 관여한 수인 중 일부는 과실책임에 기초한 불법행위책임을, 일부는 제5절에서 후술하는 무과실책임을 각 부담하는 경우에도 공동불법행위책임이 성립하는지는 논란의 여지가 있으나, 불법행위책임과 위험책임에 적용되는 인과관계에 관한 법리는 기본

3. 협의의 공동불법행위책임

협의의 공동불법행위책임은 "수인이 공동의 불법행위로 타인에게 손해를 가한 때" 성립하는 책임으로(민법 제760조 제1항), 기존의 논의는 성립 요건 중 '공동(共同)'의 의미에 집중되어 왔다. 주지하다시피 공동의 의미에 관하여는 주관적 공동설과 객관적 공동설의 양자로 대표되는 다양한 견해들이 제시되어 왔으며,[134] 판례는 "민법상 공동불법행위는 객관적으로 관련공동성이 있는 수인의 행위로 타인에게 손해를 가하면 성립하고, 행위자 상호 간에 공모는 물론 의사의 공통이나 공동의 인식을 필요로 하는 것이 아니다."라고 판시하여 객관적 공동설의 입장에 있다.[135]

주관적 공동설을 취할 경우 인공지능 사고에 관하여 다수 관련자들이 불법행위를 공모하거나 공모에는 이루지 않더라도 하나의 불법행위를 의식적으로 행하였다는 점에 관한 공동의 인식이 있는 경우에 한하여 '관련공동성'이 인정되어 협의의 공동불법행위책임이 성립하고, 그렇지 않을 경우 후술하는 가해자 불명의 공동불법행위책임의 성부가 문제된다.[136] 객관적 공동설을 취한다면 인공지능 사고에 관하여 다수 관련자들간의 공모나 공동의 의식은 불필요하며, 관련자들의 각 행위 사이에 '객관적 관련공동성'이 인정되면 협의의 공동불법행위책임이 성

적으로 같으므로 공동불법행위책임이 성립한다는 것이 통설적 견해로 보인다. 이동진, "다수에 의한 환경오염피해의 책임과 구상관계", 환경법연구 제38권 제2호, 한국환경법학회(2016. 8.), 102쪽.

134) 곽윤직 편집대표(각주 116), 133-137쪽,. 물론 엄밀히 말하여 주관적 공동설로 분류되는 견해들과 객관적 공동설로 분류되는 견해들은 완전히 일치하지 않으며 세부적으로 조금씩 차이가 있고, 양설의 중간적 입장인 절충설도 존재하나, 이와 같은 각 학설들의 견해 차이는 이 책의 주제와는 다소 벗어나므로 논의의 간명함을 위하여 주관적 공동설과 객관적 공동설의 양 설로 통칭한다.

135) 대법원 1988. 4. 12. 선고 87다카2591 판결, 대법원 1997. 11. 28. 선고 97다18448 판결, 대법원 1998. 9. 25. 선고 98다9205 판결, 대법원 2016. 4. 12. 선고 2013다31137 판결 등 다수.

136) 우리의 경우 주관적 공동설에서의 '주관적 관련공동'은 고의 뿐 아니라 과실의 경우에도 성립한다는 것이 통설적 견해이다. 곽윤직 편집대표(각주 116), 166-169쪽, 정태윤, "청헌 김중한 교수님의 공동불법행위론의 재조명", 민사법학 제69호, 한국민사법학회(2014. 12.), 309쪽.

립한다. 객관적 관련공동성의 개념에 관하여도 다양한 주장이 제기되고 있으나 단일한 손해를 발생시킨 수인(數人)의 행위 사이의 장소적·시간적 근접성이 인정되는 경우 또는 단일한 손해를 발생시킨 수인에게 위험공동체나 이익공동체로서의 일체성이 인정되는 경우라는 것이 통설적인 견해이다.[137]

객관적 관련공동은 그 자체로 주관적 관련공동보다 광의의 개념이고, 특히 판례는 "객관적으로 보아 피해자에 대한 권리침해가 공동으로 행하여졌다고 보여지고 그 손해가 손해발생에 대하여 공통의 원인이 되었다고 인정되는 경우" 객관적 관련공동성을 인정하여[138] 성격이 다른 불법행위가 서로 다른 시기에 발생하는 소위 '불법행위의 경합'이나 독일 민법상의 '병존적 불법행위(Nebentäterschaft)'의 경우에도 대부분 협의의 공동불법행위책임으로 의율하고 있다. 따라서 객관적 공동설을 취하면 다수 관련자가 관계된 인공지능 사고에 있어 후술하는 가해자 불명의 공동불법행위책임이 성립하는 경우는 극히 일부로 축소될 것이고, 대부분 협의의 불법행위책임이 성립하게 된다.

4. 가해자 불명의 공동불법행위책임

가해자 불명의 공동불법행위책임은 '공동'은 인정되지 않지만 손해의 원인으로 볼 수 있는 수인의 행위가 존재하고, 수인의 행위자 중 누군가의 행위로 인하여 손해가 발생하였음은 인정되나 누구의 행위로 인한 것인지는 명확하지 않은 경우, 즉 각 행위자의 행위와 손해 발생 사이에 인과관계가 불명인 경우에 적용되는 공동불법행위책임이다(민법 제760조 제2항). 이 경우 피해자의 인과관계 증명 곤란의 문제를 해소하기 위하여 개별 행위자 각각의 행위와 손해 발생 사이의 인과관계는 법률상 추정되며, 개별 행위자들은 협의의 공동불법행위책임과 마찬가지로 부진정연대책임을 부담하되, 인과관계가 전부 또는 일부 존재하지 않음을 증명한 행위자는 가해자 불명의 공동불법행위책임의 전부 또는 일부에서 면책된다.[139]

---

137) 이은영, "공동불법행위에 있어서 가해자들의 관련 공동성과 특정", 법학연구 제46집, 전북대학교 법학연구소(2015. 12.), 41쪽.
138) 대법원 1989. 5. 23. 선고 87다카2723 판결 참조.
139) 대법원 2006. 2. 24. 선고 2005다57189 판결 참조.

가해자 불명의 공동불법행위책임은 협의의 공동불법행위책임에서의 '공동'의 해석과 밀접한 관련이 있다. 주관적 공동설을 취할 경우 협의의 공동불법행위책임이 성립하는 경우는 감소하는 반면 반사적으로 가해자 불명의 공동불법행위책임이 성립할 여지는 증대된다. 반대로 객관적 공동설을 취하면 협의의 공동불법행위책임이 성립하는 경우는 증대하고 가해자 불명의 공동불법행위책임이 인정되는 경우는 축소된다.

5. 검토

'공동'의 개념에 관하여 주관적 공동설과 객관적 공동설 중 어느 견해를 취하는가에 따라 협의의 공동불법행위책임 성부뿐 아니라 가해자 불명의 공동불법행위책임 성부 또한 결정되므로, 결국 인공지능 사고에서 '공동'의 개념을 어떻게 파악할 것인지가 핵심 쟁점이 된다.

특별한 사정이 없는 한 인공지능 사고에 관하여 다수의 잠재적 가해자들이 존재하더라도 이들 사이에는 공모나 공동의 인식은 존재하지 않는 모습일 것이다. 일례로 1.에서 든 사례에서의 잠재적 가해자(A, B, E, F, G)는 인공지능의 제작 영역(A, E, F), 이용 영역(B), 외부 환경 영역(F)으로 구분되는바, 각 집단은 기본적으로 X의 사고에 관하여 공통되는 이해관계가 없으므로, 최소한 서로 다른 영역에 소속된 자들 사이에는 주관적 관련공동을 상정하기 어렵다. 즉 공동불법행위책임이 문제되는 인공지능 사고는 일반적으로 "이해관계가 다른 다수 당사자가 관계되며, 이들간 주관적 공동관계가 없다."는 속성을 가질 것이다. 그런데 이러한 속성은 인공지능 사고에만 특유한 것이 아니라, 오늘날 공동불법행위책임이 문제되는 대부분의 사고에 공통되는 것이다.[140] 그럼에도 불구하고 주관적 공동설을 취한다면 오늘날 발생하는 대부분의 사고에 관하여 협의의 공동불법행위책임이 성립하는 경우는 극히 예외적인 경우로 한정될 것이며, 가해자 불명의 공동불법행위책임이 공동불법행위책임에서의 주도적인 법리로서 기능할 것이다.

---

140) 김제완, "대규모 집회·시위 참가자의 공동불법행위책임에 관한 연구", 고려법학 제61호, 고려대학교 법학연구원(2011. 6.), 287쪽도 유사한 취지이다.

물론 협의의 공동불법행위책임이 주된 법리로, 가해자 불명의 공동불법행위책임이 종된 법리로서 기능해야 할 이론적 당위성은 없다. 현실적으로도 협의의 공동불법행위책임과 가해자 불명의 공동불법행위책임은 '공동'이라는 요건사실에 관하여 법률적으로 양립불가능한 관계이므로,[141] 피해자는 '공동'의 해석과 무관하게 협의의 공동불법행위책임과 가해자 불명의 공동불법행위책임을 소송법상 예비적 병합청구의 형태로 추궁함으로써 어느 책임이 인정되건 관계없이 다수 관련자들에게 책임을 물을 수 있다.[142] 사실 주관적 공동설과 객관적 공동설의 실질적인 차이는 책임의 근거가 아닌 책임의 내용에 있다. 협의의 공동불법행위책임이 성립하면 공동불법행위자는 각자 전 손해에 대하여 부진정연대책임을 부담하며 특별한 사정이 없는 한 과실상계나 책임제한이 개별적으로 적용되지 않는다는 것이 통설 및 판례의 입장이지만,[143] 가해자 불명의 공동불법행위책임이 성립하면 개별 행위자들은 원칙적으로 전 손해에 대하여 부진정연대책임을 부담하되 자신의 행위와 손해 사이의 인과관계가 전부 또는 일부 부존재함을 증명하면 그 책임의 전부 또는 일부가 면책되기 때문이다.[144] 양자를 비교하면 기본적으로 가해자의 면책가능성이 상대적으로 낮은 협의의 공동불법행위책임이 피해자에게 유리하다. 즉 통설 및 판례가 취하는 객관적 공동설은 기본적으로 피해자 구제에 방점을 두고 있는 것이다.[145]

자율성, 예측불가능성, 설명불가능성과 같은 인공지능의 속성을 감안할 때 인공지능 사고는 다른 사고에 비하여 예측 및 회피가 상대적으로 어려우며 동일한 알고리즘이 반복적으로 사용될 경우에는 사고가 확대되거나 재발될 위험도 높다. 따라서 인공지능 사고에 있어서도 피해자 구제는 핵심 가치 중 하나이다. 인공지능 사고가 아닌 사고의 경우에도 통설 및 판례는 객관적 공동설을 취하여 협의의

---

141) 협의의 공동불법행위책임은 '수인의 공동의 불법행위'를, 가해자 불명의 공동불법행위책임은 '공동 아닌 수인의 행위'를 각 요건으로 하므로 양자는 법률적으로 양립할 수 없다.

142) 이시윤(각주 6), 704-705쪽.

143) 이은영(각주 12), 837쪽, 송덕수(각주 22), 551쪽, 김상용(각주 17), 723쪽, 대법원 1998. 10. 20. 선고 98다31691 판결, 대법원 1998. 11. 10. 선고 98다20059 판결, 대법원 2000. 9. 29. 선고 2000다13900 판결, 대법원 2007. 6. 14. 선고 2005다32999 판결 등 다수.

144) 대법원 2006. 2. 24. 선고 2005다57189 판결 참조.

145) 곽윤직 편집대표(각주 116), 133쪽.

공동불법행위책임을 폭넓게 인정하는데, 인공지능 사고에 주관적 공동설을 취하여 협의의 공동불법행위책임을 좁게 인정하는 것은 피해자 관점에서 다른 사고와 형평성을 감안할 때 합리적이라 보기 어렵다. 따라서 통설 및 판례와 같이 객관적 공동설을 취하는 것이 타당하다.

물론 객관적 공동설에 관하여는 가담 범위나 가해 정도가 극히 적은 가해자에게도 전손해에 책임이 인정되어 불공평이 발생할 수 있다는 점, 자신의 행위와 인과관계 없는 손해에 관하여도 책임을 지움으로써 자기책임의 원칙에 반한다는 점 등의 비판이 제기되고 있으나,[146) 엄밀히 말하여 이러한 비판의 상당수는 '책임의 근거'가 아닌 '책임의 내용'에 관한 비판이라고 생각된다. 인공지능 사고의 공동불법행위책임에 관하여 객관적 공동설을 취하더라도 그 책임의 내용을 정함에 있어 개별 행위자의 책임 감면과 같은 구체적 타당성을 기할 수 있다면 객관적 공동설 자체가 부당하다 할 수는 없다고 본다. 이 점에 관하여는 책임의 내용을 다루는 제5장에서 상세히 검토한다.

Ⅵ. 소결

지금까지 인공지능 사고에 관하여 민법상 특수불법행위책임(책임무능력자의 감독자책임, 사용자책임, 공작물책임, 동물점유자책임, 공동불법행위책임)의 적용 또는 유추적용 당부를 살펴보았다. 정리하면 다음과 같다.

(1) 책임무능력자의 감독자책임, 사용자책임, 동물점유자책임을 인공지능 사고에 적용하는 것은 법문의 가능한 해석을 넘어서는 '법발견'의 영역으로서 유추적용 여부가 문제된다.

(2) 책임무능력자의 감독자책임 및 사용자책임은 인공지능과의 유사성이 인정되기 어렵고, 설령 유사성이 인정되더라도 법규범의 체계, 입법 의도, 목적 등에 비추어 유추가 정당하다고 평가되기는 쉽지 않다고 보인다. 따라

---

146) 곽윤직 편집대표(각주 116), 140쪽, 김제완(각주 140), 298-303쪽, 박설아, "공동불법행위자 중 일부의 책임제한 가능성 - '기여도 감책론'에 대한 분석을 중심으로", 재산법연구 제34권 제4호, 한국재산법학회(2018. 2.), 88-89쪽.

서 책임무능력자의 감독자책임이나 사용자책임을 인공지능 사고에 유추적
용하는 것은 타당성이 부족하다고 생각한다.

(3) 동물점유자책임의 경우에도 원칙적으로 (2)와 동일한 이유로 인공지능 사
고에 유추적용하는 것은 타당성이 다소 떨어진다고 생각된다. 그러나 예
외적으로 반려동물 인공지능과 같이 인간과의 관계에서 동물을 대체하는
특수한 인공지능이라면 유사성과 필요성이 긍정되어 유추적용이 가능하다
고 생각한다.

(4) 공작물책임의 경우 인공지능은 공작물에 해당하므로 유추적용의 문제는
발생하지 않으며, 그 외 공작물책임의 요건사실이 인공지능 사고에 적용
불가능한 것은 아니므로, 이론적으로는 인공지능 사고의 책임법리가 될 수
있다. 그러나 공작물의 하자가 인정되기 어렵고, 요건사실을 피해자가 증
명하기 어려우며, 피해 구제 측면에서도 취약할 우려가 있어, 이론과 달리
현실에서 유의미한 책임 원리로 기능하기에는 쉽지 않다는 문제가 있다.

(5) 공동불법행위책임은 다수의 관련자가 관계된 인공지능 사고의 책임 근거
가 되며, 이 경우 공동의 개념은 피해자 구제의 충실성 측면에서 통설 및
판례가 취하는 객관적 공동설이 타당하다고 생각된다. 공동불법행위책임
에 있어 핵심은 책임의 근거가 아닌 책임의 내용에 있으며, 이에 관하여는
제5장에서 후술한다.

제4절 해석론적 검토(3): 제조물책임

Ⅰ. 의의

인공지능 사고에 관하여 국내외를 불문하고 유력하게 검토되어 온 책임 법리
는 제조물책임이다.[147] 주지하다시피 제조물책임은 제조물(product)의 결함(defect)

---

147) 김진우, "인공지능: 제조물책임법의 업데이트 여부에 관하여", 재산법연구 제37권 제2호,
   한국재산법학회, 2020. 8, 25–54쪽, 오병철(각주 7), 189–197쪽, 서종희(각주 7),
   84–87쪽, 정진명(각주 7), 151–153쪽 등. 해외 연구로는 Gerstner, *supra note* 7, at

으로 인하여 이용자, 소비자 또는 제3자가 입은 손해에 관하여 제조물의 제조업자가 부담하는 손해배상책임을 말한다.

연혁적으로 제조물책임은 미국의 판례법을 중심으로 형성되어 왔다.[148] 본래 미국에서는 제조물의 결함으로 손해가 발생하더라도 '계약당사자 원칙(privity of contract)'에 따라 제조업자는 직접적인 계약관계에 있는 당사자에게만 손해배상책임을 부담하는 것이 원칙이었다. 따라서 제조업자가 아닌 유통업자를 통하여 제조물을 구입한 소비자는 제조물에 결함이 있더라도 제조업자에게 책임을 물을 수 없었다. 그러나 20세기 이후 과학기술이 급속도로 발달하고 대량생산체계가 정착되면서 계약당사자 원칙과 같은 전통적인 책임법리로는 대량생산되어 유통되는 다양한 제조물로 인하여 발생하는 사고를 해결하기에는 한계가 있다는 인식이 확산되었다. 1916년 뉴욕주 대법원은 *MacPherson. v. Buick Moter Co.* 사건에서 물건의 성질상 부주의하게 만들어지면 생명을 위험에 빠뜨릴 것이 상당한 정도로 확실시되고 그러한 결과를 예견할 수 있는 위험한 물건의 제조업자는 계약관계에 있지 않은 제3자에 대하여도 손해배상책임이 있다고 판결하였고,[149] 1963년 캘리포니아주 대법원은 *Greenman v. Yuba Power Products* 사건에서 제조업자에게 제조물로 발생한 손해의 배상책임을 인정하면서 제조업자의 고의 또는 과실을 요하지 않는 법리를 최초로 적용하였다.[150] 위 판결 이후 1965년 공포된 제2차 불법행위법 리스테이트먼트에 제조물책임이 처음으로 도입되었으며,[151] 1998년 제3차 불법행위법 리스테이트먼트에서는 별도의 제조물책임편으로 확대 발전하였다.[152]

249－252; Charlotte De Meeus, *The Product Liability Directive at the Age of the Digital Industrial Revolution: Fit for Innovation?*, 8 JOURNAL OF EURPOEAN CONSUMER AND MARKET LAW ISSUE. 4 149, 150－153 (2019); Chopra & White, *supra note* 7, at 136－139; Bundesministerium für Wirtschaft und Energie, Künstliche Intelligenz und Recht im Kontext von Industrie 4.0, Plattform Industrie 4.0 Ergebnispapier (2019), 18 f.

148) 김용덕 편집대표, 「주석 민법 － 채권각칙(7) (제4판)」, 한국사법행정학회(2016), 470쪽.
149) 217 N.Y. 382, 111 N.E. 1050 (N.Y. 1916).
150) 59 Cal.2d 57 (1963).
151) Restatement (Second) of Torts § 402A, § 402B.
152) Restatement (Third) of Torts: Products Liability.

현재 대부분의 국가는 제조물책임을 인정하고 있다. 유럽연합은 1985년 제조물책임에 관한 지침(Product Liability Directive)을 제정하였으며,[153] 이에 따라 EU 각 회원국이 제조물책임의 법리를 입법적으로 수용하였다. 독일의 경우 1968년 독일연방대법원의 판결로서 제조물책임을 일반불법행위책임의 해석론을 통하여 인정하였으며,[154] 1990. 1. 1. 제조물책임법(*Produkthaftungsgesetz*, 이하 '*ProHaftG*')을 제정하여 시행 중에 있다. 우리나라의 경우에도 80년대 이후 판례를 통하여 제조물책임의 법리가 점진적으로 수용되어 왔으며,[155] 2000. 1. 12. 「제조물 책임법」(이하 꺾쇠 기호는 생략한다)을 제정하여 성문법상의 근거를 갖게 되었다.

Ⅱ. 쟁점

제조물책임이 성립하기 위하여는 손해를 발생시킨 대상의 제조물성, 제조물의 결함, 결함과 손해 사이의 인과관계가 각 인정되어야 하며 이는 증명책임분배의

---

153) Council Directive 85/374/EEC of 25 July 1985 on the approximation of the laws, regulations and administrative provisions of the Member States concerning liability for defective products. 참고로 유럽연합 집행위원회는 2022. 9. 28. 위 지침에 관한 개정안을 제안하였고, 2023. 8. 기준으로 현재 논의중에 있다. European Commission, *Proposal for a DIRECTIVE OF THE EUROPEAN PARLIAMENT AND OF THE COUNCIL on liability for defective products*, COM/2022/495 final (2022. 9. 28.).

154) BGH, NJW 1969, 269. 위 판례를 통하여 독일에서는 제조물책임을 민법상의 일반불법행위책임규정(BGB § 823)에 근거하여 인정하여 왔으며, 이를 독일의 제조물책임법상의 책임과 구별하기 위하여 '불법행위적 제조물책임'이라는 표현을 사용하기도 한다. 전경운, "독일민법상 불법행위적 제조물책임에 관한 소고", 법과 정책연구 제12권 제3호, 한국법정책학회 (2012. 9.), 1347−1373쪽.

155) 공간된 판례 및 하급심 판결 중에 제조물책임의 법리를 최초로 설시한 것은 서울지방법원 1987. 11. 11. 선고 86가합3459 판결로 보인다. 위 판결에서 법원은 "이른바 '제조물책임'이라 함은 일응 상품의 제조자가 그 상품의 결함으로 인하여 야기된 그 소비자 또는 최종이용자의 생명, 신체 및 재산에 대한 손해에 관하여 직접 배상을 하여야 할 책임이라고 할 것이고, 이는 상품의 대량생산 및 다단계적 유통구조를 통한 대량소비, 판매로 특징지워지는 현대산업사회에 있어서 상품의 판매로 인하여 이윤을 얻는 제조자에게 상품의 안전성에 관하여 고도의 엄격한 주의의무를 부담케 함으로써 제조물책임의 본질을 일반불법행위책임으로 이해하는 경우에 있어서도 상품의 결함으로 인하여 야기된 손해에 관하여 소비자가 부담하는 제조자의 과실, 인과관계 등에 대한 입증책임을 전환시키거나 그 부담을 경감케 하여 소비자를 보호하려는 데 그 의의가 있다."라고 설시하고 있다.

일반 원칙상 피해자가 모두 증명하여야 한다. 한편 제조물책임의 요건이 모두 인정되더라도 제조업자는 법상 규정된 사유를 증명하면 면책되므로,[156] 제조업자에게 면책사유가 존재하는지도 문제된다. 이를 인공지능 사고에 적용하여 보면, 쟁점은 인공지능의 제조물성, 인공지능의 결함 여부, 피해자의 증명책임, 제조업자의 면책사유의 총 4가지로 정리된다.

Ⅲ. 인공지능의 제조물성

1. 쟁점

실정법상 제조물은 "제조되거나 가공된 동산(다른 동산이나 부동산의 일부를 구성하는 경우를 포함)"으로 정의된다(제조물 책임법 제2조 제1호). 미국, 독일, 프랑스, 일본 등 주요 국가의 입법례 또한 이와 유사하다.[157] 위 정의 규정에서 주목할 점은 다음 두 가지이다. 첫째, 제조물은 말 그대로 '물건'이며 서비스와 같은 용역은 포함하지 않는다. 둘째, 제조물은 동산(動産)이어야 한다. 제조물 책임법에는 동산의 정의 규정이 존재하지 않으므로 동산의 개념은 민법을 따르게 된다(제조물 책임법 제8조). 민법은 동산을 "유체물 및 전기 기타 관리할 수 있는 자연력"을 물건으로 정의하고 있으며(민법 제98조), 물건 중 "토지 및 그 정착물"은 부동산(不動産)으로, "부동산이 아닌 물건"은 동산으로 규정한다(민법 제99조 제1항, 제2항). 따라서 현행법상 제조물은 법문의 문구상 민법상 동산, 즉 "부동산이 아닌 유체물" 또는 "전기 기타 관리가능한 자연력" 중에서 제조물 책임법 제2조 제1호가 규정하고 있듯이 "제조되거나 가공된 동산(다른 동산이나 부동산의 일부를 구성하는 경우)"로 한정된다.

---

156) 제조업자는 ① 제조업자가 해당 제조물을 공급하지 아니하였다는 사실 ② 제조업자가 해당 제조물을 공급한 당시의 과학·기술 수준으로는 결함의 존재를 발견할 수 없었다는 사실 ③ 제조물의 결함이 제조업자가 해당 제조물을 공급한 당시의 법령에서 정하는 기준을 준수함으로써 발생하였다는 사실 ④ 원재료나 부품의 경우에는 그 원재료나 부품을 사용한 제조물 제조업자의 설계 또는 제작에 관한 지시로 인하여 결함이 발생하였다는 사실 중 하나를 증명하면 면책된다(제조물 책임법 제4조 제1항).

157) 일례로 미국의 경우 Restatement (Third) of Torts: Products Liability § 19. EU의 경우 Directive 85/374/EEC § 2.

인공지능 사고에 제조물책임을 적용하기 위하여는 무엇보다 인공지능이 위에서 살펴본 제조물의 개념에 해당하여야 한다.

2. 전산 시스템으로서의 인공지능의 제조물성

제2장에서 정의하였듯이 이 책에서의 인공지능 개념은 인공지능 알고리즘을 컴퓨터 프로그램으로 구현한 순수한 소프트웨어 형태가 아니라, 그 알고리즘이 실현하고자 하는 특정 목적을 수행하기 위하여 필요한 소프트웨어와 하드웨어가 총체적으로 결합된 '전산 시스템'을 의미한다. 전산 시스템은 순수한 정보 형태로 존재할 수 없고 서버(server)와 같은 유체물의 형태로 존재한다. 따라서 이와 같은 개념정의 하에서의 인공지능은 당연히 제조물에 해당한다. 통설도 이와 같다.[158]

3. 인공지능 소프트웨어 자체의 제조물성

가. 문제 상황

인공지능의 요체는 인공지능 알고리즘을 컴퓨터가 이해할 수 있도록 제작한 컴퓨터 프로그램, 즉 '인공지능 소프트웨어'라는 점에는 의문의 여지가 없다. 동작을 실행하고 학습을 수행하며 주위 환경과 상호작용하는 등 인공지능의 주요 기능은 인공지능 소프트웨어가 담당하며, 인공지능 하드웨어는 인공지능 소프트웨어의 결정을 외부에 물리적 형태로 실현시킬 뿐이다. 따라서 인공지능의 동작으로 사고가 발생하였고 그 사고의 원인이 인공지능에 있다면, 이는 인공지능 소프트웨어에서 기인하였을 개연성이 높다.

---

158) 김진우(각주 147), 32쪽 및 36쪽, 오병철(각주 7), 189－190쪽. 하급심 판결 중에서도 소프트웨어가 저장장치에 담겨진 경우 제조물에 해당한다는 취지의 서울중앙지방법원 2006. 11. 3. 선고 2003가합32082 판결 참조. 해외의 견해로는 Chopra & White, *supra note* 7, at 136; Saskia Wittbrodt, Industrie 4.0 und die Haftung für Maschinensoftware, InTeR 2020, 74, S.74－81.

오늘날 대부분의 인공지능은 전산 시스템의 형태로 유통될 것으로 보이며 이 경우에는 적어도 제조물성에 관한 쟁점은 없다.[159] 그러나 인공지능이 반드시 전산 시스템의 형태, 즉 인공지능 소프트웨어와 하드웨어가 총체적으로 결합된 상품으로 시장에 유통되는 것은 아니며, 그렇게 유통되어야 할 당위성도 없다는 점을 간과하여서는 안 된다. 전산 시스템 방식의 유통에 해당하지 않으면서 현재에도 이미 이루어지고 있고, 앞으로 더욱 확대될 것으로 예상되는 인공지능의 유통 양상으로 다음의 두 가지 경우를 생각해 볼 수 있다.

첫째, 인공지능 소프트웨어 X와 인공지능 하드웨어 Y가 분리되어 각각의 상품으로 유통되고, 이용자(user) 단에서 X와 Y가 결합하여 비로소 제2장에서 개념 정의한 '전산 시스템'으로서의 인공지능에 해당하는 경우이다. 대표적으로 스마트폰을 들 수 있다. 스마트폰은 하드웨어 제조업자와 스마트폰에 탑재되어 구동되는 소프트웨어인 앱(app) 개발사가 분리되어 있으며, 앱은 스마트폰 하드웨어 제조업자나 소프트웨어 제작사와 별도의 유통 채널(app store) 운영자를 통하여 유통된다. 스마트폰 이용자는 스마트폰 하드웨어와 스마트폰 앱을 각각 별도로 구입하며 자신의 선택에 따라 앱을 스마트폰에 설치(install)하여 사용한다.

둘째, 인공지능이 '서비스'의 형태로만 유통되는 경우이다. A가 개발한 인공지능 소프트웨어 X를 A가 전산 시스템의 형태로 구축·운영하고, 이용자는 A의 전산 시스템에 접속하여 X가 제공하는 서비스만을 이용하는 경우이다. 대표적으로 구글이 제공하는 자동 번역 기능은 구글이 개발하여 운영하는 전산 시스템에서 동작하며, 이용자는 구글의 홈페이지에 접속하여 그 서비스만을 제공받는다. 이와 같은 '소프트웨어의 서비스화(Software as a Service)'는 사실 2000년대 중반부터 소프트웨어 업계에서는 일반화된 유통 방식이다.[160]

위 두 가지 경우에서 모두 문제되는 것은 전산 시스템 형태의 유체물로서 유통되는 인공지능이 아니라, 순수한 소프트웨어 형태로 유통되는 인공지능이다. 논의의 간명함을 위하여 첫 번째 경우로 한정하여 다음과 같은 사례를 상정하여 보자. 스마트폰 하드웨어 제조사를 A, 스마트폰에 탑재되는 인공지능 소프트웨어

---

159) 오병철(각주 7), 189-190쪽.
160) Abhijit Dubey & Dilip Wagle, *Delivering Software as a Service*, The Mckinsey Quarterly (2005. 7.), at 1-12.

X의 개발사를 B, 앱 유통업자를 C라고 하자. 스마트폰 이용자 D가 X를 C로부터 다운로드받아 A가 제조한 스마트폰에 설치하여 사용하던 중 X의 동작 과정에서 E에게 사고가 발생하였다면,[161] E는 누구에게 제조물책임을 물을 수 있을까?

위 사안에서 제조물책임을 질 수 있는 후보자는 A와 B이다. A가 제조한 스마트폰이 제조물이라는 점에는 의문이 없다. 그러나 위 사례에서 사고 원인은 스마트폰 하드웨어 자체에 있는 것이 아니라 스마트폰에 탑재되어 동작한 소프트웨어 X에 있으며, X를 스마트폰에 설치한 주체는 A가 아니라 D이다. 따라서 A에게 사고의 책임을 묻는 것은 어색하다. 위 사례에서 제조물책임이 인정된다면 사고 원인을 제공한 X를 개발한 B가 그 책임을 지는 것이 타당할 것이다. 그러나 B가 시장에 유통시킨 제품은 유체물에 고정된 형태의 소프트웨어가 아니라 순수한 소프트웨어이다. B에게 제조물책임을 물으려면 대전제로 순수한 소프트웨어가 제조물에 해당하여야 한다. 그러므로 인공지능 사고의 제조물책임 적용에 있어서는 인공지능 소프트웨어 그 자체가 제조물책임에서의 제조물에 해당하는지가 쟁점이 된다.

나. 검토

소프트웨어의 제조물 해당 여부에 관하여는 이를 전적으로 인정하는 입장('긍정설')에서부터 제조물성을 전면 부인하는 입장('부정설')까지 폭넓은 스펙트럼에 걸쳐 국내외를 막론하고 다양한 견해가 주장되어 왔다.[162] 부정설의 주요 논거는 소프트웨어는 유체물이 아닌 정보(information)이므로 그 자체는 제조물이 될 수 없다는 것이다. 반면 긍정설의 주요 논거는 전기도 민법상 물건인데, 정보는 해석론상 전기 개념에 포섭할 수 있으므로 유체물과 결합되지 않은 소프트웨어도 정보로서 제조물에 해당한다는 것이다.[163]

---

161) 예를 들어 X의 오동작으로 인하여 스마트폰이 폭발하여 E에게 부상을 입힌 경우, X의 오류로 B와 E가 클라우드 상에서 공동작업하던 내용이 삭제된 경우 등을 상정할 수 있다.
162) 국내외의 견해를 종합적으로 소개한 것으로는 박동진, "제조물책임법 개정 방안 연구", 법무부·공정거래위원회(2012. 12.), 68-72쪽. 특히 독일에서의 논의는 MüKoBGB/Wagner, ProdHaftG § 2 Rn. 21-27, 8. Auflage, 2020. 참조.
163) 김준호(각주 11), 1281쪽.

양설이 공통적으로 인정하고 있듯이 소프트웨어 그 자체는 유체물(tangible thing)이 아니라 컴퓨터가 이해할 수 있는 이진수(binary number)인 '0'과 '1'의 집합으로 구성된 추상적 개념으로서의 정보(information)로서 유체물이 아니라는 점에는 논란이 없다. 따라서 정보가 제조물에 해당하려면 대전제로 민법상 물건의 정의 중 '전기 기타 관리가능한 자연력'에 해당하여야 한다. 물리학적으로 전기는 전자(electron)의 움직임으로 인하여 발생하는 에너지(energy)인 반면, 정보는 에너지가 아님이 명백하므로, 정보는 문리적으로 전기의 의미에 포섭되지 않는다.[164] 또한 정보와 전기는 유사성이 없으므로 정보를 전기로 유추해석하는 것도 가능하지 않다.

따라서 유체물화되지 않은 순수한 '인공지능 소프트웨어'는 민법상 물건이 아니며, 논리적 귀결로 제조물이라 볼 수 없다. 국내외 통설도 이와 같다.[165] 대법원 또한 관세법의 적용 대상이 문제된 사례이기는 하나 "소프트웨어 자체는 물건이 아니고 관세의 과세대상인 수입물품은 '소프트웨어가 수록된 매체'라고 할 것[이다]."라고 하여 순수한 소프트웨어의 물건성을 부정하고 있다.[166]

4. 제조물 개념의 확대 필요성

앞서 살펴보았듯이 소프트웨어 그 자체는 실정법의 문리적 의미상 제조물에 해당하지 않으며, 해석론으로 이를 인정하는 것도 가능하지 않다. 그러나 소프트웨어의 현재 유통 상황 및 향후 전망 등을 고려하면 입법론적으로 제조물의 개념을 소프트웨어까지 확대하여야 한다는 견해가 국내외를 막론하고 상당수 존재한다. 그 주요 논거는 다음과 같다.[167] 첫째, 제조물책임의 본질은 제조물이 유체물인지 무체물인지가 아니라 산업적으로 제조되어 시장에서 유통되는 제품이 이용

---

164) 김진우(각주 147), 36쪽.
165) 박동진(각주 162), 72쪽.
166) 대법원 1998. 9. 4. 선고 98두1512 판결 참조.
167) 이은영, "전자상거래와 소비자법 – 계약의 이행을 중심으로 –", 비교사법 제5권 제2호, 한국비교사법학회(1998. 12.), 115쪽, 김진우(각주 147), 39–40쪽, 박지흔, "자율주행자동차 사고의 제조물책임법 적용에 관한 연구", 국제법무 제12집 제1호, 제주대학교 법과정책연구원(2020. 5.), 83–84쪽. 해외의 입법론적 논의에 관하여는 박동진(각주 162), 68–72쪽.

자(user)에게 위험을 야기한다는 점에 있다. 즉 제조물책임에서 제조업자와 책임 사이의 연결고리는 제품의 형상에 있지 않으며 제조업자가 결함 있는 제품을 시장에 공급하였다는 사실에 있다. 둘째, 오늘날 소프트웨어는 전통적인 유체물로서의 제조물과 마찬가지로 그 결함으로 인하여 사회에 위험을 초래할 수 있다. 더욱이 정보기술이 발전하고 정보사회가 심화될수록 소프트웨어로 야기되는 위험 또한 지속적으로 증대할 것이다. 셋째, 소프트웨어의 결함은 알고리즘이나 프로그램의 오류에서 기인하는 것이며 유통 방식과는 무관하다. 소프트웨어가 유체물의 형태로 유통되었는지 온라인상의 다운로드나 서비스 형태로 유통되었는지는 결함 유무에 아무런 영향을 미치지 않으며, 이용자(user) 입장에서도 유통 방식은 중요하지 않다. 그럼에도 불구하고 유통 방식에 따라 소프트웨어의 제조물성이 달라진다면 이는 이용자의 인식이나 거래 현실과 부합하지 않는다.

소프트웨어를 제조물 개념에 포함시켜야 한다는 이러한 입론은 타당하며, 특히 인공지능 사고에 제조물책임을 보편적으로 적용하기 위하여는 반드시 필요한 입법이라고 생각한다. 위 논거들에 더하여 이러한 입법론의 타당성을 덧붙이면 다음과 같다. 제조물책임에서의 제조물의 개념은 민법상의 물건 개념에 종속될 필요가 없으며 제조물책임법과 같은 특별법에서 민법과 달리 정할 수 있다.[168] 민법에서의 물건 개념은 재화의 귀속, 특히 소유권을 비롯한 물권의 귀속과 관련하여 중요한 의미를 가지지만 제조물책임은 재화의 권리 귀속 문제와는 관계가 없으며 결함 있는 제조물로 발생한 책임만이 문제되기 때문이다. 따라서 제조물책임에서의 제조물 개념은 물건이 시장에서 실제 거래되고 유통되는 형태에 초점을 맞추어 정의하여야 한다.[169] 소프트웨어가 오늘날 사회에서 차지하는 비중 및 거래 행태를 고려하면 유형물로의 고정 여부와 관계없이 소프트웨어 그 자체를 제조물에 포함하도록 제조물책임법을 개정하거나 특별법을 제정하여 이를 성문화할 필요가 있다.[170]

---

168) 오병철, "컴퓨터 프로그램의 물성에 관한 재검토", 재산법연구 제26권 제3호, 한국재산법학회(2010. 2.), 304-306쪽도 유사한 취지이다.
169) 김진우(각주 147), 40쪽.
170) Seehafer/Kohler, *supra note* 130, S.214.

Ⅳ. 인공지능의 결함 판단

1. 쟁점

제조물책임에서 결함(defect)이란 "제품에 통상적으로 기대할 수 있는 안전성이 결여되어 있는 상태"를 말한다(제조물 책임법 제2조 제2호). 결함은 과실책임원칙 하에서의 책임요건인 가해자의 과실을 제조물책임에서 대체하는 요소로서, 제조물의 객관적인 상태를 징표하는 법적 개념이자 제조업자에게 제조물로 발생한 손해에 관하여 책임을 부담시키는 핵심 근거이다.[171] 유의할 점은, 제조물책임이 제조물의 '절대적 안정성', 즉 '절대적인 완전무결함'을 요구하는 것은 아니라는 것이다.[172] 완전무결한 제품의 제작 및 유통은 자연과학적으로 불가능할 뿐 아니라 경제학적으로도 현실성이 없기 때문이다. 제조물책임에서 귀책의 근거로 결함을 제시하는 진정한 의미는 제조업자에게 완전무결한 제품을 제조해야 할 의무를 지우는 것이 아니라, 제조물을 제3자의 법익에 위험을 초래하지 않고 그 용도에 맞는 사용이 가능하도록 제조할 의무를 지움에 있다.

제조물의 결함 여부는 개별 사안별로 구체적 사실관계에 따라 판단해야 할 문제이다. 판례 또한 결함 여부에 관한 일반론으로 "제조물의 결함 여부는 제조물의 특성, 통상 사용되는 사용형태, 제조물에 대한 사용자[user]의 기대의 내용, 예상되는 위험의 내용, 위험에 대한 사용자의 인식 및 사용자에 의한 위험회피의 가능성 등의 여러 사정을 종합적으로 고려하여 사회통념에 따라 판단하여야 한다."는 원칙을 제시하고 있다.[173]

결함은 제조상의 결함, 설계상의 결함, 표시상의 결함의 세 가지 유형으로 구체화된다(제조물 책임법 제2조 제2호 가목 내지 다목). 이는 비단 우리나라뿐 아니라 전세계적으로 통용되는 유형이다. 따라서 인공지능 사고에 제조물책임을 적용하기 위하여는 인공지능 사고에 위 세 가지 결함 중 하나 이상이 인정될 수 있어야

---

171) 김용덕 편집대표(각주 148), 479쪽.
172) 김대경, "자동차급발진사고와 제조물책임", 경희법학 제48권 제1호, 경희법학연구소(2013. 3.), 108쪽.
173) 대법원 2017. 11. 9. 선고 2013다26708·26715·26722·26739 판결 참조.

한다.

2. 제조상의 결함

제조상의 결함이란 "제조업자가 제조물에 대하여 제조상·가공상의 주의의무를 이행하였는지에 관계없이 제조물이 원래 의도한 설계와 다르게 제조·가공됨으로써 안전하지 못하게 된 경우"를 말한다. 즉 제조상의 결함은 설계대로 제조되거나 가공되지 못한 경우를 말한다. 설계 자체에 오류가 있다 하더라도 그 설계대로 제조 또는 가공된 경우는 제조상의 결함에는 해당하지 않으며, 후술하는 설계상의 결함 여부만이 문제된다.

인공지능 사고에 있어 그 사고를 일으킨 인공지능이 설계대로 제조되지 않았다면 당연히 제조상의 결함은 긍정된다. 일례로 앞서 살펴본 [사례 4]에서 가사도우미 인공지능 X가 어떠한 경우에도 사람에게 물리적 위해를 가하지 않도록 설계되었다면, X가 B를 보호하기 위하여 C에게 상해를 입힌 것은 X의 제조상 결함임이 분명하다. 물론 설계대로 제조되었는지에 관하여 피해자가 증명할 수 있을지의 문제는 남아있지만 이는 후술하는 증명책임의 문제일 뿐 제조상의 결함에 관한 법리 자체의 문제는 아니다. 다만 통상적인 경우라면 인공지능이 설계대로 제작되지 않는 경우보다는 설계 자체가 잘못된 경우가 더 많을 것이고, 설사 설계대로 제작되지 않은 인공지능이라 할지라도 자체 검사 혹은 법령상 요구되는 검사를 거친 후에야 상품으로 출시될 것이므로, 현실에서는 제조상의 결함보다는 후술하는 설계상의 결함이 쟁점이 될 것으로 보인다. 이러한 이유로 인공지능 사고의 제조물책임 적용에 관한 기존 논의의 상당수도 설계상의 결함에 집중되어 있다.[174]

---

[174] 오병철(각주 7), 191−192쪽, 정진명(각주 7), 152쪽, 서종희(각주 7), 85쪽. 특히 자율주행자동차의 경우 설계상 결함에 관한 논의가 활발하다. 김진우, "자율주행자동차의 설계상 결함에 관한 법적 쟁점", 서울대학교 법학 제59권 제4호, 서울대학교 법학연구소(2018. 12.), 168−175쪽.

3. 설계상의 결함

가. 의의

제조업자가 합리적인 대체설계(reasonable alternative design)를 채용하였더라면 피해나 위험을 줄이거나 피할 수 있었음에도 대체설계를 채용하지 아니하여 해당 제조물이 안전하지 못하게 된 경우를 설계상의 결함이라 한다(제조물 책임법 제2조 제1호 나목).

나. 판단 기준

대법원은 설계상 결함의 판단 기준에 관하여 "제품의 특성 및 용도, 제조물에 대한 사용자[user]의 기대의 내용, 예상되는 위험의 내용, 위험에 대한 사용자의 인식, 사용자에 의한 위험회피의 가능성, 대체설계의 가능성 및 경제적 비용, 채택된 설계와 대체설계의 상대적 장단점 등 여러 사정을 종합적으로 고려하여 사회통념에 비추어 판단하여야 한다."라고 판시하고 있다.[175] 위 판시 중 '제품의 특성 및 용도, …(중략)… 사용자에 의한 위험회피의 가능성'은 설계상의 결함뿐 아니라 일반적인 제조물의 결함 판단 기준으로 대법원이 제시하고 있는 기준이므로, 결국 판례에서 말하는 설계상의 결함 여부의 핵심 판단 기준은 '합리적 대체설계의 채용'에 있음을 알 수 있다.

유의할 점은, 전술하였듯이 기술이나 제품이 절대적인 안정성을 보장하는 것은 불가능하다는 것이다. '사람을 대신하여 사람의 업무를 대신 수행하는 기계'라는 이유로 인공지능에게 완전무결함을 요구하는 사회적 시각이 존재한다. 대표적으로 자율주행자동차가 사람이 운전하는 경우보다 사고 확률을 상당히 감소시킴에도 불구하고 자율주행자동차 사고가 한 건이라도 발생하면 사회적 문제로 부각되는 경우를 들 수 있다.[176] 그러나 제조물책임법리상 제조업자는 오류 가능성

---

175) 대법원 2014. 4. 10. 선고 2011다22092 판결 참조.

176) 일례로 테슬라(Tesla)가 제작, 판매하는 자율주행자동차의 자율주행 기능은 주행거리 729만 km당 1건의 사고만 발생시킬 정도로 사고 확률이 낮은 것으로 알려져있으나, 자율주행 기능 중 사고가 발생한 경우 사회적으로 큰 비난의 대상이 되고 있다. 연합뉴스 2021. 4. 19.자 기사, "또 논란 부른 테슬라 자율주행 … '사고차량 운전자 없었다'" 참조.

이 전혀 없는 완전무결한 대체설계를 채용해야 할 의무는 없다. 합리적인 대체설계를 채용할 의무만을 부담할 뿐이다. 여기서 합리성이란 해당 대체설계를 채용할 경우의 비용과 그로 인하여 회피되는 위험 사이의 균형을 말하며, 구체적으로는 해당 대체설계를 합리적인 비용을 들여 채택하였을 경우 제품에 예견된 위험을 감소시킬 수 있는지에 관한 분석을 요한다. 이는 미국 불법행위법 제3차 리스테이트먼트에서 채택한 '위험효용기준(risk utility test)', 즉 제조물의 위험을 제거하는 비용과 그에 따른 안전상의 이익을 비교하여 제품의 결함을 인정하는 결함 판단기준과 유사하다.[177)]

다. 인공지능 사고와 설계상의 결함

제조상의 결함과 마찬가지로 설계상의 결함 또한 인공지능 사고에 있어 법리적으로 성립하지 않을 이유는 없다. 다만 다음과 같은 이유로 이를 증명하기가 현실적으로 어렵다는 점은 감안하여야 한다.

첫째, 기존 설계의 '오류' 여부에 관한 판단이 쉽지 않다. 인공지능에 있어 설계의 핵심은 다름아닌 '인공지능 알고리즘'이다.[178)] 그런데 제2장에서 살펴보았듯이 인공지능 알고리즘은 기존의 전통적인 순차적 알고리즘과 달리 입력으로 데이터와 정답이 주어지면 데이터에서 정답을 도출하는 규칙(rule)을 찾는 알고리즘으로 본질적으로 사람이 이해하기 어렵다. 사실 인공지능 알고리즘이 수행하는 구체적인 연산 자체는 입력 데이터를 처리하여 정답과 비교하는 과정을 무한 반복하는 비교적 단순한 내용이지만, 인공지능 알고리즘의 요체는 그러한 단순 반복 연산을 동시에(concurrently) 병렬적으로(in parallel) 다수 수행하는 한편 그 연산의 수행 단계(depth)를 적게는 수십 단계에서 많게는 수백, 수천 단계까지 두는 것에 있다.[179)] 이러한 특성상 인공지능 알고리즘은 전통적인 알고리즘과 달

---

177) Restatement (Third) of Torts: Products Liability § 2 comment d and g. 미국 불법행위법 제2차 리스테이트먼트가 '소비자기대기준(consumer expectation test)'을 결함 판단 기준으로 채택한 것과 달리 제3차 리스테이트먼트는 위험효용기준을 채택하였다.
178) 김진우(각주 147), 44쪽.
179) 일례로 알파고(AlphGo)는 심층신경망(Deep Neural Network) 방식의 인공지능 알고리즘을 토대로 구현되었으며 신경망의 깊이는 40계층으로 알려져 있다. David Silver et al., *Mastering the game of Go without human knowledge*, 550 NATURE ISS. 7676

리 설계의 구체적인 내용을 파악하기가 난해하며, 오류나 문제점의 존부(存否) 및 그 지점을 특정하기도 어렵다.

둘째, 인공지능 알고리즘의 오류나 문제점이 판명되었다 하더라도 이를 대신할 대체설계, 즉 '대안(代案)으로서의 알고리즘(alternative algorithm)'을 상정하는 것도 현실적으로 어렵다. 인공지능 알고리즘은 그 자체가 기업 및 국가의 핵심 기술이므로 대부분 공개되지 않으며 영업비밀 등으로 철저히 관리되고 있다.[180] 따라서 현재의 알고리즘을 대체할 수 있는 알고리즘이 존재하는지부터 확인하기 어렵다. 또한 앞서 언급한 기술적 특성상 인공지능 알고리즘의 성능은 학습 데이터에 크게 좌우된다. 대안 알고리즘이 현재의 알고리즘에 관한 합리적 대체설계에 해당하는지를 판단하려면 양 알고리즘의 실행 결과를 비교해야 한다. 그런데 비교 결과가 유의미하기 위하여는 동일하거나 동일하지는 않더라도 합리적 수준에서 유사성이 인정되는 학습 데이터가 양 알고리즘에 입력되어야 한다. 이는 매우 비현실적인 전제 조건으로 실현가능성이 매우 낮다. 이로 인하여 극단적인 경우 설계상의 결함 판단의 전제가 되는 합리적 대체설계 자체를 상정하기 어려울 수 있다.

이상 살펴본 '오류' 및 '대체설계' 증명의 곤란을 이유로 인공지능에 관하여 설계상의 결함이 인정되는 경우가 매우 드물어 현실성이 없다는 견해도 있다.[181] 그러나 이러한 견해는 제조물책임에서의 증명책임 완화 법리를 간과한 것으로서 타당하지 않다. 후술하듯이 제조물책임에서는 피해자의 증명곤란 문제를 해결하기 위하여 결함 및 인과관계에 관한 피해자의 증명책임을 경감시켜 주는 소위 '간접반증'의 법리가 확립되어 있다. 따라서 피해자는 설계상의 결함 그 자체를 증명하는 것도 물론 가능하지만, 설계상의 결함을 추단케 하는 간접사실들을 증명함으로써 증명의 부담에서 벗어날 수 있고, 피해자가 이러한 간접사실들을 증명한 후에는 제조업자가 '설계상의 결함 부존재'를 증명하여야 한다. 그러므로 위에서 언급한 오류 및 대체설계 증명의 곤란은 사실 피해자가 부담하는 것이 아니

(2017), at 355－358.

180) 박소영, "손해배상책임 관점에서의 인공지능 특징과 관련 제도 논의", Law & Technology 제15권 제3호, 서울대학교 기술과법센터(2019. 5.), 36쪽.

181) 정진명(각주 7), 152쪽, 서종희(각주 7), 85쪽.

라 인공지능 제조업자가 부담한다. 즉, 인공지능 알고리즘 설계에 오류가 없거나 설사 오류가 있더라도 합리적인 대체설계가 존재하지 않는다는 점에 관하여 인공지능 제조업자가 증명책임을 지는 것이다. 따라서 피해자가 간접사실을 증명할 수 있는지는 별론으로 하더라도, 적어도 피해자가 오류 및 대체설계에 관한 주요 사실을 증명하지 못하기 때문에 인공지능 사고에서 설계상의 결함 법리가 제대로 기능하지 않는 경우는 생각하기 어렵다.

4. 표시상의 결함

표시상의 결함이란 "제조업자가 합리적인 설명·지시·경고 또는 그 밖의 표시를 하였더라면 해당 제조물에 의하여 발생할 수 있는 피해나 위험을 줄이거나 피할 수 있었음에도 이를 하지 아니한 경우"를 말한다(제조물 책임법 제2조 제2호 다목). 표시상의 결함 판단의 핵심은 제조업자가 합리적인 설명·지시·경고 등과 같은 표시를 하였는지에 있으며, 이에 관한 판례상의 판단 기준은 전술한 바와 같다.[182]

표시상의 결함 또한 인공지능이라고 하여 법리적으로 적용되지 않을 이유는 없다고 생각된다. 인공지능 제조업자가 인공지능의 사용 방법 및 그 발생가능한 위험에 관하여 합리적인 설명·지시·경고 등을 하지 않은 경우 표시상의 결함이 인정된다는 점에는 의문의 여지가 없을 것이다. 다만 인공지능의 경우 예측불가능성이라는 속성상 인공지능 제조업자가 발생가능한 모든 위험을 예측하고 이에 관한 표시를 하는 것은 불가능할 수 있고, 인공지능 제조업자가 제시한 표시에 따라 인공지능을 본래의 용법에 맞게 사용한 경우에도 오류가 발생할 수 있다는 점에 있다. 이러한 경우에는 표시상의 결함을 제조업자에게 물을 수 없을 것이다.[183] 그렇다고 제조업자에게 인공지능이 야기할 수 있는 모든 위험을 예측하고 표시할 의무를 지운다면 이는 '합리적인 설명·지시·경고 등의 표시'를 하도록 규정한 제조물책임법의 문리적 의미에 반하여 제조업자에게 항상 표시상의 결함

---

182) 대법원 2004. 3. 12. 선고 2003다16771 판결 참조.
183) 정진명(각주 7), 152쪽.

을 인정하는 것과 다름아니어서 역시 허용될 수 없을 것이다.

이러한 이유로 기존의 전통적인 제조물과 달리 인공지능의 경우 표시상의 결함이 실제로 인정되는 사례는 그리 많지 않을 것으로 보인다.[184]

V. 피해자의 증명책임

1. 쟁점

제조물책임이 문제되는 제조물의 상당수는 고도의 과학기술이 집약된 제품으로 전문가가 아닌 평균적인 일반인으로서는 해당 제조물에 사용된 과학기술 자체를 이해하기 어렵다. 제조물의 결함 여부에 관한 증거자료 또한 특단의 사정이 없는 한 제조업자에게 편중되어 있다. 이러한 현실을 도외시한 채 통상적인 불법행위책임과 마찬가지로 제조물책임에 관하여도 피해자에게 요건사실에 관한 증명책임을 모두 지운다면 사실상 제조물책임에 근거한 피해 구제는 불가능하며 제조물책임법리는 형해화, 사문화될 것이다. 이러한 이유로 국내외를 막론하고 피해자의 증명 부담을 덜어주는 법리가 정립되어 왔다.

우리나라를 기준으로 살펴보면, 제조물 책임법이 시행된 2002년 이전에도 대법원은 제조물의 결함 및 결함과 손해 사이의 인과관계에 관한 증명책임을 완화하는 소위 '간접반증 이론'의 법리를 인정하여 왔다.[185] 판례법리상 인정되어 온 간접반증 이론은 2017년 개정되어 현재 시행중인 제조물 책임법 제3조의2를 통하여 성문화되었다.

간접반증 이론에 따라 피해자는 ① 해당 제조물이 정상적으로 사용되는 상태에서 피해자의 손해가 발생하였다는 사실, ② 위 손해가 제조업자의 실질적인 지배영역에 속한 원인으로부터 초래되었다는 사실, ③ 위 손해가 해당 제조물의 결함 없이는 통상적으로 발생하지 아니한다는 사실의 3가지 간접사실을 각 증명하

---

184) 인공지능의 제조물책임에 관한 국내외 연구의 대다수(이에 관하여는 각주 147에서 언급하였음)는 설계상의 결함에 논의가 집중되어 있고 표시상의 결함에 관하여 상세히 검토하고 있지 않다.

185) 최초로 간접반증이론을 설시한 판례는 대법원 2000. 2. 25. 선고 98다15934 판결이다.

면 해당 제조물의 결함 및 결함과 손해 사이의 인과관계는 추정되며, 제조업자가 위 추정의 복멸에 관한 증명책임을 진다. 특히 간접반증 이론을 성문화한 제조물책임법 제3조의2는 기존의 판례법리 중 가장 문제가 되었던 '배타적 지배영역'이라는 표현을 '실질적 지배영역'이라는 표현으로 변경하여 피해자의 증명책임을 판례이론보다 완화한 것으로 평가되고 있다.[186] 배타적 지배영역이라는 표현은 제조물의 결함이 사고의 유일한 원인이며 사고 발생에 관하여 제3자의 개입이 완전히 배제될 것을 요구하는 것으로 해석될 여지가 큰 반면,[187] 실질적 지배영역이라는 표현은 제조물의 결함 외에 제3자가 제공한 원인이 사고 발생에 개입할 수 있더라도 결함이 사고 발생에 핵심적으로 작용하였다면 결함과 손해 사이의 인과관계를 추정할 수 있는 간접사실로 인정하자는 취지로 해석되어 결과적으로 피해자의 증명부담이 경감되기 때문이다.

2. 인공지능 사고에의 적용

가. 간접반증 이론의 한계

인공지능 사고에 관하여 제조물책임을 적용하고자 할 경우 피해자는 위에서 살펴본 간접반증의 법리에 따라 인공지능의 결함이나 결함과 손해 사이의 인과관계를 직접적으로 증명할 필요 없이 ① 인공지능이 정상적으로 사용되는 상태에서 손해가 발생한 사실(정상적 사용), ② 인공지능 제조업자의 실질적 지배영역에 속한 원인으로부터 손해가 초래된 사실(실질적 지배영역), ③ 인공지능의 결함이 없이는 통상적으로 발생하지 않는 손해라는 사실(통상적 인과관계)의 3가지 간접사실을 증명하면 결함 및 결함과 손해 사이의 인과관계는 추정되며, 제조업자가 추정을 깨뜨리지 않는 한 피해자는 증명의 부담에서 벗어나게 된다. 그러나 문제는 피해자가 위 3가지 간접사실을 증명하는 것은 여전히 현실적으로 매우

---

186) 서희석, "개정 제조물책임법(2017년)의 의의와 한계", 과학기술과 법 제8권 제1호, 충북대학교 법학연구소(2017. 6.), 159쪽.
187) 이러한 입장으로 대법원 2000. 7. 28. 선고 98다35525 판결. 이와 달리 사고발생이 제조업자의 배타적 지배영역에서 발생하였다면 사고원인에 부수적으로 제3의 원인이 개입되었더라도 결함이 추정된다는 입장으로는 대법원 2011. 9. 29. 선고 2008다16776 판결 참조.

어렵다는 점에 있다.[188] 지금까지 법원은 피해자가 간접사실을 증명하지 못하였다는 점을 주된 이유로 언급하며 제조물책임의 인정에 소극적이었다. 대표적으로 소위 '자동차 급발진' 사고에 관하여 수 차례 소송이 제기되었으나 대법원은 결함 및 인과관계에 관한 간접사실이 증명되지 않았음을 들어 제조업자의 책임을 인정하지 않았다.[189]

간접사실 증명의 어려움은 인공지능 사고의 경우 특히 가중될 수 있다. 인공지능은 그 개념 자체에서 기존의 전통적인 제조물과 달리 정적(static)이지 않고 학습이나 외부 환경과의 상호 작용을 통하여 변화하는 동적(dynamic) 객체이며, 인공지능의 동작을 사람이 이해하기 어려운 설명불가능성을 본질적으로 내재하고 있다. 이러한 점을 고려하면 인공지능 사고에 관하여 피해자가 제조물책임에서 요구하는 간접사실에 관한 증명의 곤란을 겪게 될 가능성은 전통적인 제조물로 인한 사고보다 높을 것으로 예측하는 것이 합리적이다. 다수의 견해 또한 이와 같다.[190] 일례로 제품 출시 후에도 학습을 빈번히 실행하여 알고리즘을 수시로 업데이트하는 인공지능이 사고를 일으킨 경우 그 사고가 제조업자의 '실질적 지배영역'에서 발생하였다는 사실을 피해자가 증명하기는 어려울 것이다.

나. 증명책임의 추가적 완화 또는 전환의 당부

가.에서 언급한 현실적인 이유를 들어 인공지능과 같은 신기술이 적용된 제조물에 관하여는 피해자의 증명책임을 현재의 간접반증 이론보다 더욱 완화하거나, 한 발 더 나아가 아예 제조업자에게 증명책임을 전환하여야 한다는(즉 제조업자에게 인공지능 사고에 관하여 인공지능의 결함 및 인과관계의 부존재에 관한 증명책임을 지워야 한다는) 주장이 제기되고 있다.[191]

---

188) 서희석(각주 186), 159－160쪽.
189) 대법원 2001. 11. 27. 선고 2001다44659 판결, 대법원 2004. 3. 12. 선고 2003다16771 판결 각 참조. 하급심 판결 중에는 자동차 급발진 사고에 관하여 하자담보책임을 인정한 서울중앙지방법원 2009. 9. 30. 선고 2008가단388929 판결 및 서울중앙지방법원 2002. 8. 30. 선고 2001나55870 판결이 있으나 제조물책임을 인정한 판결은 없다.
190) 정진명(각주 7), 153쪽, 오병철(각주 7), 194－195쪽, 김진우(각주 147), 48쪽, 서종희(각주 7), 86쪽, 김진우(각주 174), 192쪽
191) Gerhard Wagner, Product Liability for Autonomous Systems, AcPBd 2017, 707, 747 f.

현실적인 어려움이 있다고 하여 곧바로 인공지능 사고에 관하여 새로운 증명 책임의 완화 또는 전환 법리가 도입되어야 할 당위성은 없다. 사실 제조물책임에 서의 피해자의 증명 곤란의 문제는 비단 인공지능에 한정되는 것이 아니라 모든 제조물에 있어 공통적인 문제이다. 제2장에서 인공지능은 다른 제조물과는 차별 화되는 자율성, 예측불가능성, 설명불가능성이라는 특수성을 보유하고 있고, 이 러한 인공지능의 특수성으로 인하여 제조물책임의 핵심 귀책 근거인 '결함', 특히 가장 많이 문제되는 '설계상 결함'을 피해자가 증명하는 것은 인공지능이 아닌 다 른 제조물이 문제된 경우보다 더욱 어렵다는 점은 충분히 고려되어야 한다. 그러 나 인공지능 사고에 관하여 제조물책임에서 요구되는 피해자의 증명책임을 지나 치게 완화하거나, 아예 제조업자에게 증명책임을 전환한다면, 이는 피해자에게 지나치게 경도된 것으로서 사실상 '결함' 유무와 관계없이 제조업자에게 모든 인 공지능 사고의 책임을 지우는 결과를 초래하는 지나치게 극단적인 방안이므로 채택하기 어렵다고 본다.

다. 간접반증 이론의 보완

인공지능 사고라는 이유로 현재의 간접반증 이론보다 피해자의 증명책임을 더욱 완화하거나, 한발 더 나아가 아예 증명책임을 제조업자에게 전환하는 방안 은 모두 '결함'이라는 귀책의 근거를 요구하는 제조물책임의 체계와는 부합하기 어렵다고 본다. 그렇다면 현재의 간접반증 이론의 틀을 유지하되 피해자가 간접 사실을 보다 용이하게 증명할 수 있도록 관련 증거에 관한 '접근권'을 일정 부분 부여하는 것이 합리적이라고 생각된다. 2013년 및 2016년 제조물책임법 개정이 논의될 당시 법무부 시안(試案)으로 마련된 '정보제출명령제도'를 예로 들 수 있 다.192) 비록 입법에는 이르지 않았지만 위 시안은 민사소송법상 문서제출명령제 도의 특칙으로 결함 및 인과관계 증명에 필요한 필수적인 정보가 오로지 제조업 자에게 있어 피해자가 이를 증명하기 현저히 곤란한 경우 피해자는 정보제출명 령을 신청하여 법원을 통하여 해당 정보를 제출받도록 규정하고 있었다.

---

192) 법무부 시안 제3조의3. 위 시안의 구체적 규정 및 정보제출명령제도의 상세한 내용은 박동 진, "제조물책임법 개정시안의 중요내용", 비교사법 제20권 제3호, 한국비교사법학회(2013. 8.), 588-593쪽.

피해자의 증거 접근권을 인공지능 사고에 한정하여 인정할 것인지, 아니면 제조물책임 전반에 걸쳐 인정할 것인지는 별도의 논의가 필요할 것이나, 인공지능 사고에만 한정하여 본다면, 최소한 제조업자에게 인공지능의 모든 동작에 관하여 로그(log) 기록을 남길 의무를 지우고, 인공지능 사고가 발생하였을 때 피해자에게 해당 로그 기록의 접근권을 부여함으로써, 사고 원인이나 결함 유무에 관하여 피해자가 증명을 시도할 수 있도록 보장할 필요가 있다고 생각한다. 최근 미국에서 주장되는 "인공지능이 사고 원인에 관한 로그 기록을 남기지 않거나 이를 피해자에게 제공하지 않을 경우 과실책임의 요건사실을 추정하여 결론적으로 무과실책임주의와 유사하게 취급하자(*Robot Ipsa Loquitur*)."는 견해 또한 이와 궤를 같이한다.[193] 이러한 접근권은 해석론만으로는 인정될 수 없으므로 입법론적으로 보장되어야 할 것이다.

참고로 2020. 4. 7. 개정된 「자동차손해배상 보장법」은 자율주행자동차의 제작자에게 자율주행과 관련된 정보를 기록할 수 있는 자율주행정보 기록장치를 부착할 의무를 부여하고 있으며(제39조의17), 국토교통부에 설치된 사고조사위원회에서 위 기록장치에 저장된 기록을 수집, 분석하여 자율주행자동차로 인하여 발생한 사고 원인을 규명하도록 하며(제39조의14, 제39조의15), 피해자는 사고조사위원회가 확보한 자율주행정보 기록장치에 기록된 내용 및 사고조사위원회의 분석·조사 결과의 열람 및 제공을 청구할 수 있도록 규정함으로써(제39조의17), 자율주행자동차로 발생한 사고의 원인 및 인과관계 등에 관한 피해자의 증명부담을 경감시켜주는 법적 장치를 마련하고 있는바, 인공지능 로그의 기록 및 그에 관한 피해자의 접근권한의 입법에 있어 이를 참고할 필요가 있다.

---

193) Bryan Casey, *Robot Ipsa Loquitur*, 180 GEO. L. J. 225, 267－282 (2019). 위 논문은 인공지능 사고에 관하여 무과실책임주의가 아닌 과실책임주의를 채택하되 인공지능이 사고 원인에 관한 로그 기록을 남기지 않거나 이를 피해자에게 제공하지 않으면 과실을 사실상 추정하여 무과실책임주의를 채택한 것과 유사한 법적 효과를 발생시키자는 취지이다.

Ⅵ. 제조업자의 항변

1. 쟁점

피해자가 결함, 손해 및 인과관계와 같은 제조물책임의 요건사실을 모두 증명하였더라도 제조업자는 ① 해당 제조물을 공급하지 아니하였다는 사실, ② 해당 제조물을 공급한 당시의 과학·기술 수준으로는 결함의 존재를 발견할 수 없었다는 사실, ③ 제조물의 결함이 해당 제조물을 공급한 당시의 법령에서 정하는 기준을 준수함으로써 발생하였다는 사실, ④ 원재료나 부품의 경우에는 그 원재료나 부품을 사용한 제조물 제조업자의 설계 또는 제작에 관한 지시로 인하여 결함이 발생하였다는 사실 중 하나를 증명하면 제조물책임에서 면책된다(제조물 책임법 제4조 제1항). ①과 ④는 제조업자와 제조물 사이의 연결 고리인 설계 또는 제작 사실 자체가 존재하지 않는다는 취지의 항변으로 그 자체로 당연한 것이므로, 결국 ②와 ③이 인공지능 사고에 있어 인정될 수 있는지가 문제된다.

2. 개발위험의 항변

가. 의의

'개발위험의 항변'이란 제조업자가 제조물을 공급한 당시의 과학 및 기술 수준으로는 발견할 수 없었던 결함에 관하여 제조업자에게 책임을 물을 수 없음을 의미한다.[194] '제조물을 공급한 당시의 과학 및 기술 수준'은 제조물의 공급 당시 일반적으로 인정되며 사용할 수 있었던 과학 및 기술의 총체를 말하며, 이에 관한 인식가능성은 개별 제조업자가 아닌 동종 업계에서의 추상적이고 일반적인

---

194) 미국에서는 개발위험(development risk)이라는 용어가 거의 사용되지 않으며, 알 수 없는 위험에 관한 제조업자의 항변은 '기술수준(state-of-the-art)의 항변'이다. 대륙법계와 달리 미국에서는 일반적으로 결함 여부의 검토 시에 기술수준을 고려하여 기술수준을 충족한 제조물은 결함이 없는 것으로, 기술수준을 충족하지 못한 제조물은 결함이 있는 것으로 본다. 따라서 기술수준의 항변은 진정한 의미에서의 항변이라고 보기 어렵다. 윤진수, "제조물책임의 주요 쟁점 - 최근의 논의를 중심으로", 법학연구 제21권 제3호, 연세대학교 법학연구원(2011. 9.), 42쪽.

제조업자를 기준으로 해야 한다.[195]

개발위험의 항변이 인정되는 취지는 근본적으로 제조물 공급 당시 알려지지 않은 위험에 관하여는 제조업자가 이를 회피하고 싶어도 할 수 없다는 점에 있다.[196] 제조업자가 제조물에 내재된 위험에 대하여 소비자나 경쟁업자보다 더 많은 정보를 가지고 있지 않음에도 불구하고 해당 제조물을 제조하였다는 이유만으로 책임을 묻는 것은 가혹하다. 예방할 수 없는 위험에 관하여 제조업자가 책임을 지도록 한다면 이는 결과책임을 묻는 것과 마찬가지이다. 만일 제조업자가 제품의 개발에 따른 모든 위험을 부담해야 한다면 이는 기술 개발의 정체, 제품 가격의 상승 등 부작용으로 이어져 사회 전체의 혁신을 저해하고 후생을 감소시킬 것이다.[197]

나. 쟁점

인공지능과 관련된 과학기술 수준은 아직 완성기에 이르지 못했다고 평가받고 있으며 하루가 다르게 급변하고 있다. 특히 인공지능의 핵심인 알고리즘은 소프트웨어로 구현되는데, 앞서 언급하였듯이 소프트웨어는 100% 완전무결한 형태로 개발되는 것이 불가능하며 개발 후에도 지속적인 오류 수정이 불가피하다.[198] 따라서 애초부터 과학기술적 측면에서 완전무결한 인공지능이 불가능하다면, 인공지능이 사고를 일으키더라도 모두 개발위험의 항변이 인정되어야 한다는 주장이 가능하다.

더욱 큰 문제는 일반적으로 개발위험 항변의 기준 시점은 '제조물을 공급한 당시'라는 점이다. 이는 기존의 전통적인 제조물에서는 별다른 문제가 되지 않는데, 본질적으로 정적(static) 대상이므로 시장에 공급된 이후에는 그 제조물의 결함 여부에 별다른 변화는 일어나지 않기 때문이다. 그러나 인공지능은 시장 출시 이후에도 학습을 통하여 지속적으로 변화하는 동적(dynamic) 대상인바, 인공지능

---

195) 김진우(각주 174), 192쪽.
196) 김진우(각주 174), 178쪽.
197) 권오승 외, 「제조물 책임법」, 법문사(2003), 207 – 208쪽.
198) 일례로 2023. 8. 기준으로 국내 PC 운영체제 시장의 약 90%를 차지하고 있는 마이크로소프트(Microsoft) 사의 윈도우즈(Windows) 프로그램은 수십 년에 걸쳐서 개발되고 제품화되었음에도 불구하고 지속적으로 오류 수정(debugging) 및 업데이트가 이루어지고 있다.

에 있어 시장에 공급된 시점과 그 이후의 시점은 결함 여부에 있어 사실 큰 의미
가 없다. 그럼에도 제조물 공급 시점을 개발위험 항변의 표준 시점으로 한정한다
면 공급 이후 인공지능이 학습을 통하여 성능이나 동작을 변화시키고 그로 인하
여 사고가 발생하면 모두 개발위험의 항변이 적용되어 제조업자는 항상 면책되
는지가 문제된다.

다. 학설

개발위험 항변을 인공지능에도 인정할 것인지에 관하여는 부정론과 긍정론으
로 견해가 나누어지고 있다.[199]

부정론은 인공지능 제조업자는 인공지능이 야기할 수 있는 위험을 제품 공급
시점에 이미 인식할 수 있었고 구체적인 피해만 예견할 수 없었을 뿐이므로 개발
위험의 항변을 인정하여 제조업자를 면책시키는 것은 타당하지 않다고 본다. 한
발 더 나아가 소비자 보호 측면에서 인공지능에 국한하지 않고 모든 제조물에 대
하여 개발위험의 항변을 아예 폐기해야 한다는 주장도 있다.[200]

긍정론은 개발위험의 항변은 제조업자가 사전에 계산할 수 없는 위험을 감소
시키는 유효한 법적 수단이므로 제조업자에게 무과실책임에 가까운 제조물책임
을 지우는 것과의 균형을 맞추는 차원에서 인정되어야 하며, 특히 우리의 경우
개발위험의 항변은 입법자의 결단으로 법률에 명문으로 규정되어 있으므로 이를
부정하는 것은 해석론적으로 가능하지 않다는 견해이다.[201]

라. 검토

개발위험의 항변이 인공지능 제조업자의 제조물책임을 면책시키는 법적 수단
으로 남용될 소지가 있다는 부정론의 취지는 수긍할 부분이 있다. 그러나 인공지
능 제조업자에게 개발위험의 항변 자체를 부정하는 것은 다음과 같은 이유로 타

---

199) 김진우(각주 174), 177−178쪽. 개발위험의 항변 자체에 대한 부정론과 긍정론도 상당히
　　축적되어 있으나 이 책의 논의 범위에서는 제외한다. 이에 관하여는 박동진(각주 162),
　　161−164쪽.
200) 김민중, "제조물 책임법의 개정방향에 대한 검토", 동북아법연구 제9권 제3호, 전북대학교
　　동북아법연구소(2016. 1.), 322쪽.
201) 김진우(각주 147), 45−46쪽.

당하지 않다고 생각된다.

첫째, 인공지능은 대부분 기존의 전통적인 제조물보다 훨씬 안전할 것으로 기대되며, 실제로도 그러한 기대에 부합하는 제품만이 시장에 출시되고 소비자들에게 선택될 것이다. 일례로 자율주행자동차의 경우 사람이 운전하는 현재의 자동차를 뛰어넘는 상당한 수준의 안전성이 확보되지 않는다면 소비자로부터 외면받을 것이다. 그런데 전통적인 제조물에는 개발위험의 항변을 인정하면서, 그보다 안정성이 높을 것으로 예측되는 인공지능에는 오히려 개발위험의 항변을 부정하는 것은 합리적이라고 보기 어렵다.[202]

둘째, 개발위험의 항변을 인정하지 않는 것은 인공지능 제조업자가 예방할 수 없었던 위험에 관하여 책임을 지도록 하는 것으로서 결과책임을 묻는 것과 다름없는 효과를 가져온다. 이는 결함이라는 귀책의 근거가 엄연히 요구되는 제조물책임의 체계상 허용하기 어렵다.

셋째, 제조물책임은 피해자의 증명책임을 완화하고 제조업자에게 고의 또는 과실이 없더라도 책임을 지우는 등 전통적인 불법행위책임에 비하여 제조업자에게 불리한 법리이다. 이러한 측면에서 개발위험의 항변은 불리한 제조업자에게 인정된 일종의 방어권이라 볼 수 있다. 더욱이 제조물 책임법 제4조는 명문의 규정으로 개발위험의 항변을 규정하고 있다. 그럼에도 불구하고 법률의 개정 없이 해석론만으로 제조업자의 방어권을 박탈할 수는 없다.

넷째, 인공지능에 있어 개발위험의 항변이 문제되는 가장 큰 이유는 전통적인 제조물책임의 법리는 개발위험의 항변이 인정되는 결함 여부, 즉 제조업자가 과학 및 기술 수준으로는 발견할 수 없었던 결함 여부의 판단 시점을 '제조물 공급 시점'으로 보기 때문이다. 기존의 제조물은 제조물이 공급된 이후에는 통상적으로 그 형상이나 특성에 큰 변화가 없으므로 제조물 공급 시점을 개발위험 항변의 판단 시점으로 보더라도 큰 무리가 없다. 그런데 인공지능은 시장에 출시된 이후에도 학습을 통하여 계속 변화화는 것을 기본 속성으로 하는바, 제조물 공급 시점으로 개발위험의 항변 판단 시점을 한정하게 되면 인공지능 학습 알고리즘 등의 문제로 인하여 제품 출시 이후의 학습에서 오류가 발생하더라도 인공지능 제

---

202) 김진우(각주 174), 178쪽.

조업자가 개발위험의 항변으로 면책되는 불합리한 결과에 이를 수 있다. 그런데 미국이나 유럽연합 등과 달리 우리나라는 제조업자에게 제조물관찰의무 및 위험 방지의무를 명문으로 인정하고 있고 이를 위반할 경우 개발위험의 항변을 할 수 없도록 규정하고 있다(제조물 책임법 제4조 제2항). 이는 독일에서 제조물책임에 관하여 제조물책임법상의 책임과 별도로 일반불법행위책임의 유형으로 인정되고 있는 '생산자책임(Produzentenhaftung)'상의 제조물관찰의무와 유사하다. 독일법에서의 제조물관찰의무란 제조물의 거래 및 유통 이후에도 학문 및 기술 수준의 발전에 좇아 지속적으로 제조물을 관찰하여 소비자에게 피해가 발생하지 않도록 일정한 조치를 취하여야 할 제조업자의 의무를 의미하는 것으로, 제조업자가 부담하여야 하는 거래안전의무의 일종으로서 독일 민법 제823조 제1항의 해석론 및 판례 법리에 의하여 인정되고 있다.[203] 제조물관찰의무를 통하여 제조업자는 제조물의 유통 및 공급 이후에도 제조물의 위험 여부를 지속적으로 모니터링하여야 하고, 제조물의 위험성을 파악한 경우에는 소비자에게 통지하는 등 적절한 조치를 취하여야 한다. 제조물 책임법은 이러한 독일법상의 제조물관찰의무를 조문화한 것으로서 제조물의 공급 시점에는 알 수 없었으나 그 후의 과학기술 발전에 따라 밝혀진 결함인 '개발도상의 결함(Entwicklungsfehler)'에 관하여도 제조업자에게 제조물책임을 묻는 실정법적 근거로 작용한다.[204] 따라서 우리 법제에서는 개발위험의 항변을 인정하더라도 제조업자는 제조물이 제작, 유통된 후에 인식하거나 인식할 수 있었던 결함에 관하여는 개발위험의 항변을 할 수 없으며, 이는 인공지능이라고 하여 다를 바 없다. 즉 인공지능이 제품으로 출시된 이후에 학습을 통하여 진화하고, 그로 인하여 인공지능 제조업자가 제품 출시 시점에서는 예기치 못하였던 결함이 발생하였더라도 제조물관찰의무 및 위험방지의무를 다하지 않은 인공지능 제조업자는 개발위험의 항변을 할 수 없고 여전히 제조물 책임을 부담하는 것이다.

---

203) Klaus Vieweg/Christop Schrenk, Produktrückruf als Instrument präventiven Verbrauc herschut－zes, Jura 1997, 561, 562 ff.
204) 김진우(각주 36), 41－42쪽.

3. 공적 기준의 준수

제조업자는 제조물의 결함이 해당 제조물을 공급한 당시의 법령에서 정하는 기준을 준수함으로써 발생하였다는 사실을 증명함으로써 면책될 수 있다(제조물책임법 제4조 제1항 제3호). 여기서 유의할 점은, 위 항변은 제조업자가 제조물에 관한 법령상 기준을 준수하면 면책된다는 취지가 아니라, 법령에서 정한 제조물의 기준 자체에 문제가 있어 제조업자가 이를 따르면 제조물에 결함이 발생함에도 불구하고 그 법령의 강제성 때문에 불가피하게 준수하였고 이로 인하여 결함이 발생한 경우에 면책된다는 취지라는 것이다.[205] 인공지능 사고라고 하여 기존의 제조물책임 사고와 달리 위 항변의 적용을 배제할 만한 이유는 없다고 생각된다. 한편 위에서 살펴보았듯이 우리 제조물책임법은 제조업자에게 제조물관찰의무 및 위험방지의무를 지우고 있고, 이를 위반할 경우 제조업자는 공적 기준의 준수 항변을 할 수 없으므로(제조물 책임법 제4조 제2항), 제조업자가 위 항변에 터 잡아 면책되는 사례도 실제로 많지 않을 것으로 보인다.

Ⅶ. 소결

지금까지의 논의를 정리하면 다음과 같다.

(1) 제조물책임은 법리적으로나 현실적으로나 인공지능 사고에 적용될 수 있는 유력한 책임법리이다. 제조물의 개념이나 피해자의 증명책임에 관하여 보완이 이루어진다면 더욱 효율적이고 타당한 책임법리로 기능할 것이다.

(2) 제조물의 개념 관련, 인공지능이 '전산 시스템'의 형태, 즉 하드웨어와 같은 유체물에 화체되어 시장에서 유통되는 경우는 당연히 현행 제조물 개념에 해당한다. 문제는 인공지능이 유체물에 화체되지 않은 '순수한 소프트웨어' 또는 '서비스'의 형태로도 유통되고 있다는 점이다. 제조물책임의

---

205) 이상정, "제조물책임법 제정의 의의와 향후 과제", 저스티스 제68호, 한국법학원(2002. 8.), 17쪽, 연기영, "제조물책임법의 제정과 기업의 대책", 비교사법 제6권 제1호, 한국비교사법학회(1999. 6.), 176쪽.

요체는 그 유통 방식에 있지 않고 결함 유무에 있는 점, 인공지능 결함의 대부분은 유통 방식에서 비롯되는 것이 아니라 알고리즘이나 이를 구현한 소프트웨어의 결함에서 비롯되는 점 등을 감안하면, 인공지능 사고의 제조물책임 적용에 있어 그 인공지능이 유체물로 유통되었는지 무체물로 유통되었는지에 따라 차별을 두는 것은 비합리적이다. 따라서 모든 인공지능 사고에 관하여 제조물책임을 적용하려면 소프트웨어를 제조물 개념에 포함시킬 필요가 있다. 이는 해석론으로는 불가능하므로 입법이 필요하다.

(3) 인공지능 사고에 관하여 제조물책임이 이론적 차원을 넘어 손해의 공평·타당한 분담을 달성하는 실질적 법리로 기능하기 위하여는 피해자의 증명부담을 경감시킴과 동시에 그로 인하여 발생하는 제조업자의 불이익과의 적절한 균형을 달성하여야 한다. 현행 간접반증 이론보다 피해자의 증명책임을 더욱 완화하거나, 증명책임 자체를 제조업자에게 전환하는 것은 균형성을 상실하여 타당하지 않으며, 피해자에게 인공지능 로그 기록에 대한 접근권을 보장하는 선이 적절하다고 생각된다. 이는 해석론으로는 인정이 불가능하며 입법 사항이다.

(4) 현행 제조물 책임법상 인정되는 제조업자의 항변은 인공지능의 경우에도 동일하게 인정되는 것이 타당하다.

제5절 입법론적 검토: 무과실책임을 중심으로

Ⅰ. 검토의 필요성

지금까지 일반불법행위책임, 민법상 특수불법행위책임, 제조물책임이 각 인공지능 사고의 책임 귀속 법리로서 가능한지를 해석론적 측면에서 검토하였다. 검토 결과를 한마디로 정리하면, 일반불법행위책임이나 민법상 특수불법행위책임은 법리적·현실적 측면에서 인공지능 사고에 일반적으로 적용하기에는 일정한 한계가 있으나, 제조물책임은 현행 법리에 의하더라도 인공지능 사고의 일반적인 책임법리로서 적절히 기능할 수 있으며 만약 제조물 개념에 소프트웨어를 포함시키고 피해자에게 인공지능 로그(log) 접근권을 보장하는 등 일부 입법적 보완이 이루어지면(이를 현행 제조물책임과 구별하기 위하여 이하 '수정제조물책임'이라고 하자) 더욱 유력한 책임법리가 될 수 있다는 것이다.

그렇다면 인공지능 사고에 관하여는 제조물책임[또는 수정제조물책임. 이하 양자를 통칭할 경우에는 '(수정)제조물책임'이라 한다]을 적용하면 충분하며 책임의 근거에 관한 추가적인 논의는 불필요하다는 견해가 가능하다. 실제로 독일 정부는 2019년 "현 수준의 인공지능에서 발생한 사고의 배상책임은 현행 제조물책임법리[ProHaftG상의 제조물책임 및 BGB상의 일반불법행위책임(생산자책임)]를 통하여 충분히 규율할 수 있다."는 입장을 밝힌 바 있다.206) 또한 후술하듯이 유럽연합 집행위원회는 2022. 9. 28. 인공지능 사고에 제조물책임의 적용이 가능케하는 일련의 입법안을 제안하여 현재 논의가 진행중이다.

인공지능 사고의 책임 법리는 (수정)제조물책임으로 충분하다는 견해는 이론적으로나 현실적으로나 충분히 설득력있다고 생각된다. 하지만 간과하지 말하야 할 것은 (수정)제조물책임이 적용되기 위하여는 결국 인공지능의 '결함'이 증명되어야 한다는 점이다. 결함에 관한 피해자의 증명책임이 아무리 완화 또는 전환되더라도 법원의 심리 결과 '결함'이 인정되지 않는다면, (수정)제조물책임이 적용되는 인공지능 사고라 하더라도 그 손해는 피해자가 감수하여야 한다. 물론 모든 사고에 있어 피해자가 손해를 배상받아야 하는 당위성은 없으며, 책임을 귀속시킬 자가 존재하지 않으면 사고로 인한 손해는 당연히 피해자가 감수할 수밖에 없다. 그러나 피해자가 사고로 인한 손해를 감수하는 법제도는 법정책적으로 보면 최후의 선택지이므로,207) 결함이 인정되지 않는 경우에도 인공지능 사고로 인한 손해를 피해자에게 지우지 않으면서도 법리적으로나 현실적으로나 타당한 책임

---

206) Bundesministerium für Wirtschaft und Energie, *supra note* 367, 18 f. 특히 독일의 생산자책임에서의 제조물 개념은 동산, 부동산, 자연 상태의 원재료 등을 포괄하는 광의의 개념으로 소프트웨어도 해석론으로 포섭할 수 있다. Andreas Kahn, Produkthaftung für verkörperte geistige Leistungen, NJW 1996, 2889, 2901 ff.
207) 가해자가 과실이나 결함 등이 인정되지 않아 보호된다면 사고에 과실이 없는 피해자 또한 보호되어야 하는 것이 상식에 부합한다. 따라서 피해자가 사고로 인한 손해를 감수해야 하는 법제도는 가능한 한 채택하지 않는 것이 바람직하다. 유사한 취지로 최상회, "무과실책임의 현대적 의미", 법학연구 제12권, 충북대학교 법학연구소(2001. 12.), 258쪽.

법리가 있다면 이를 도입하지 않을 이유 또한 없다. 그러므로 (수정)제조물책임 외에도 인공지능 사고에 적용가능한 법리가 있는지 추가로 검토할 실익이 있다.

그렇다면 어떠한 법리가 추가 검토 대상인가? 앞서 검토한 법리는 근본적으로 사고에 관하여 가해자의 귀책이 존재하는 '과실책임주의'를 전제하고 있다. 그러나 모든 책임법리가 과실책임주의에 기초한 것은 아니며, 과실책임주의의 한계, 즉 사고가 발생한 경우 과실책임주의에서의 가해자의 귀책이 인정되기 어렵거나 피해자가 요건사실을 증명하기 어렵다는 등의 이유로 피해자에게 손해를 감수하도록 하는 것이 피해자에게 지나치게 가혹하여 공평타당한 손해분담의 원리에 반한다는 이유로 대두된 이론이 있다. 바로 무과실책임이다.[208] 따라서 인공지능 사고에 무과실책임을 적용할 수 있는지가 검토되어야 한다.

무과실책임은 결과책임은 아니므로 무과실책임이 정당화되려면 과실책임과 마찬가지로 귀책의 근거가 필요하다.[209] 무과실책임의 귀책의 근거로는 독일을 중심으로 전통적으로 보상책임, 위험책임, 원인책임, 기업책임, 공평책임이 제시되어 왔다.[210] 그런데 원인책임은 위험책임과, 기업책임은 보상책임과 결과적으로 동일한 원리이며, 공평책임은 다른 책임원리에도 보편적·공통적으로 적용되는 일반적 원리로서 그 자체로 다른 책임원리와 동등한 수준의 독자적 원리가 되기에는 부족하다는 것이 일반적인 견해이다.[211] 따라서 무과실책임주의의 법적 근거에 관한 전통적인 논의는 결과적으로 '보상책임'과 '위험책임'의 양자로 압축이 가능하다고 생각된다. 한편 인공지능 사고에 관하여 무과실책임에 입각한 책임 법리로 최근 새롭게 '편익책임'이 주장되고 있다.[212]

이상의 기존 논의들을 종합하여 인공지능 사고에 관한 무과실책임법리의 구성 방안을 보상책임, 위험책임, 편익책임의 세 가지로 압축하여 살펴보고자 한다.

---

208) 본 장의 서두에서 간략히 언급하였지만 이 책에서 무과실책임은 과실책임과 대비되는 용어로서 책임의 성립 근거로 배상책임자의 고의나 과실을 요하지 않는 책임법리를 모두 통칭하는 광의(廣義)의 개념이다.

209) 김형배, "위험책임", 민사법학 제15호, 한국민사법학회(1997. 4.), 173쪽.

210) 최상회(각주 207), 259-264쪽.

211) 강태성, "무과실책임론", 경남법학 제1집, 경남대학교 법학연구소(1986. 2.), 124-127쪽, 강대옥, "위험책임론", 전남대학교 박사학위청구논문(1998. 2.), 14-19쪽, 김행남, "무과실책임론(二)", 법조 제18권 제8호, 법조협회(1969. 8.), 51-54쪽.

212) 오병철(각주 7), 207-214쪽.

실정법상 무과실책임에 관한 일반 규정은 존재하지 않고, 일부 특별법에서 특정 영역이나 분야에 한정하여 무과실책임을 규정하고 있으므로, 이하의 논의는 모두 입법론을 전제로 한 검토이다.[213]

II. 보상책임

1. 의의

보상책임(報償責任)이란 "이익이 있는 곳에 손실을 돌려야 한다.", "이익이 歸하는 곳에 손실이 歸한다."는 공평의 관념에 기초한 법리로서, 사회생활에 있어서 막대한 이익을 얻은 자는 그 수익활동에서 비롯되는 손해에 대하여 과실 여부를 불문하고 책임을 부담해야 한다는 책임원칙을 의미한다.[214] 학설은 우리 민법상 보상책임주의가 가장 잘 구현되어 있는 법리는 제756조의 사용자책임이라고 본다. 대법원 또한 "민법이 불법행위로 인한 손해배상으로서 특히 사용자의 책임을 규정한 것은 많은 사람을 고용하여 스스로의 활동영역을 확장하고 그에 상응하는 많은 이익을 추구하는 사람은 많은 사람을 하나의 조직으로 형성하고 각 피용자로 하여금 그 조직 내에서 자기의 담당하는 직무를 그 조직의 내부적 규율에 따라 집행하게 하는 것이나, 그 많은 피용자의 행위가 타인에게 손해를 가하게 하는 경우도 상대적으로 많아질 것이므로 이러한 손해를 이익귀속자인 사용자로 하여금 부담케 하는 것이 공평의 이상에 합치된다는 보상책임의 원리에 입각한

---

213) 무과실책임원리는 해석론으로 인정될 것이 아니라 입법으로 명확히 규율할 필요가 있다는 영국의 법관 고프(Lord Goff)의 다음 견해는 참고할 필요가 있다. Cambridge Water Co. v. Eastern Counties Leather Plc. [1994] 2 A. C. 264, 305. 서종희(각주 7), 99쪽에서 재인용.

"나는 일반적인 법칙으로서 높은 위험의 작용에 관하여, 엄격책임은 법원보다 오히려 의회에 의해 과해지는 것이 적절하다고 생각한다. 이러한 책임이 제정법에 의해 과해지는 경우에는 중요한 행위가 특정될 수 있으며, 수범자는 그것이 어디에 성립하는지를 알 수 있다. 이를 위해 제정법은 그러한 책임의 성립과 범위를 설정하기 위한 상세한 기준을 제시할 필요가 있다."

214) 강봉석, "사용자책임과 그 면책사유의 법적 성질", 저스티스 제85호, 한국법학원(2005. 6.), 125쪽.

것[이다.]"라고 설시하여 사용자책임이 보상책임에 기초하고 있음을 밝힌 바 있다.[215] 이런 이유로 보상책임법리의 타당성에 관한 기존의 논의도 주로 사용자책임을 중심으로 이루어져 왔다.[216]

2. 검토

보상책임은 연혁적으로 "타인을 통해 행동하는 자는 마치 자신이 스스로 하는 것과 같다.", "하위자(下位者)가 타인에게 가한 손해는 상위자(上位者)가 답을 하라." 등과 같은 법언에 기초하고 있다.[217] 즉 기본적으로 보상책임은 타인을 이용하여 자신의 행위 영역을 확장하여 이익이 발생한 경우 그로 인한 이익만 취하고 책임은 행위자가 아니라는 이유로 면책될 경우의 불합리성과 불공평성을 시정하기 위한 법리이다.

보상책임법리를 인공지능 사고에 대입하여 보면, 보상책임에서의 '타인'은 '인공지능'이 될 것이고, '타인을 통해 행동하는 자'는 '인공지능의 이용자(user)'가 될 것이다. 다시 말하여 인공지능으로 발생한 손해에 보상책임법리를 적용하는 것은 인공지능의 이용자에게 인공지능으로 발생한 손해에 관하여 무과실책임을 지우는 것과 같다. 그러나 보상책임은 다음과 같은 이유로 인공지능 사고의 일반적인 책임 귀속 근거가 되기에는 법리적으로나 현실적으로나 다소 무리가 있다고 생각된다.

첫째, 근본적으로 보상책임은 자기의 이익을 수행하기 위한 행동 과정에서 제3자의 이익에 위험을 가져온 경우에 책임을 부담해야 한다는 원리로서 손해배상책임자가 부담하는 손해는 자기의 이익에 대한 '보험료'의 개념으로 파악한다. 보험료가 보험목적물의 가치를 초과할 수는 없으므로 보상책임을 지는 자는 자신이 얻은 이익의 한도 내에서만 배상책임을 지며 이익을 초과한 손해에 관하여는 보상책임이 아닌 다른 책임법리가 성립되는 경우에 한하여 배상책임을 지게 된

---

215) 대법원 1985. 8. 13. 선고 84다카979 판결 참조.
216) 강봉석(각주 214), 125쪽, 김형석(각주 79), 459－467쪽, 성준호, "민법 제756조 사용자책임의 본질론 소고", 가천법학 제5권 제2호, 가천대학교 법학연구소(2012. 11.), 215－216쪽.
217) 강봉석(각주 214), 125쪽.

다.[218] 즉 보상책임은 본질적으로 "이익을 얻는 과정에서 타인에게 손해를 주었다면 그 손해는 이익 중에서 배상하게 하는 것이 공평하다."는 사상에 기초하고 있다.[219] 그런데 인공지능 이용자가 인공지능으로 인하여 얻는 이익은 대부분 시간 절약, 번거로운 행동의 대행, 안락, 여유 등과 같은 생활상의 일상적·개인적 편리(convenience)에 가까운 수준일 것이며, 이는 특히 이용자가 상법상 상인(商人)에 해당한다는 등의 특별한 사정이 없는 한 더욱 그러할 것이다.[220] 따라서 보상책임을 엄격하게 적용하면 대부분의 경우 피해자가 배상받을 수 있는 손해는 이론적으로는 인공지능 이용자가 얻은 편리에 상응하는 소규모의 경제적 이익에 그칠 것이고, 피해자는 보상책임 외에 별도의 책임 법리에 따른 배상을 추가로 청구하여야 하는 문제가 발생한다.[221]

둘째, 인공지능 사고에 보상책임을 적용하려면 사고를 발생시킨 인공지능의 동작이 인공지능 이용자 본인의 행위 영역의 확장에 해당하여야만 한다. 인공지능의 동작이 이용자가 행하고자 했던 행위와 무관한 것이라면, 그러한 인공지능의 동작으로 발생한 사고에 관하여 인공지능을 사용했다는 이유만으로 무과실책임을 지우는 것은 '행위의 확장으로 인한 이익에 상응하는 책임'을 묻는 보상책임의 본질에 반하므로 적어도 보상책임으로는 설명할 수 없다. 요컨대 보상책임이 성립하기 위하여는 사용자책임에서의 '사용관계'와 유사하게 인공지능 이용자가 인공지능을 지휘·감독할 수 있는 통제관계가 성립할 것을 요한다. 그러나 인공지능의 자율성과 예측불가능성을 감안하면 인공지능 이용자가 항상 인공지능을 통제할 수 있다고 보는 것은 무리이고, 특히 인공지능이 완전 자율 단계에 이르면 인공지능 이용자의 통제가능성은 인정될 수 없을 것이다. 따라서 보상책임이 인공지능 사고의 무과실책임 근거로 이론적으로 가능할 수는 있어도 현실적으로 많은 경우에 통제가능성의 문제로 인하여 그 적용이 부정될 것이다.[222]

---

218) 최상회(각주 207), 263쪽.
219) 곽윤직 편집대표(각주 2), 144쪽.
220) 오병철(각주 7), 206–207쪽.
221) 보상책임주의에서는 손해가 이익을 초과하는 경우에는 피해자를 보호할 수 없다는 지적으로는 송오식, 「불법행위법」, 법률정보센터(2012), 29쪽.
222) 오병철(각주 7), 206쪽.

셋째, 보상책임주의에서 책임의 주체가 되는 인공지능 이용자의 상당수는 인공지능을 거래 과정의 말단에서 최종적으로 사용하여 일상적 · 개인적 편익을 얻는 일반 자연인에 해당할 것이다. 자력이 부족한 자연인에게 배상책임을 묻는 법리는 피해자 구제에 취약하며 가해자에게도 지나치게 가혹하다.

Ⅲ. 위험책임

1. 의의

가. 개념

위험책임(*Gefährdungshaftung*)의 개념에 관하여는 학자들마다 다소 차이를 보이고 있어 일의적으로 정의하기는 어려우나, "위험원(*Gefahrenquelle*)을 지배하는 원인야기자(*Verursacher*)가 위험원을 통하여 발현된 위험의 결과인 손해에 관하여 과실 여부를 불문하고 책임을 부담하는 원칙"이라는 점에는 견해가 일치하는 것으로 보인다.[223] 즉 위험책임은 행위나 귀책사유의 존부, 나아가 위법성의 여부와도 무관하게 위험원을 통하여 통해서 발현된 위험의 결과인 손해를 배상하는 무과실책임원칙이라고 할 수 있다.[224]

나. 등장 배경

19세기 중반 이후부터 산업혁명을 필두로 인류의 과학기술이 급속히 발전함에 따라 철도, 원자력, 가스, 전기, 비행기 등과 같이 아무리 주의의무를 기울여도 손해 발생을 완전히 회피하기 어려운 '특별한 위험(*besondere Gefahr*)'을 내포하는 위험원이 출현하게 되었고, 그와 같은 위험원을 기반으로 경제활동을 영위하는 기업 또한 등장하게 되면서, 과실책임주의는 중대한 도전에 직면하게 되었다.[225] 경제사회의 발전에 따라 필연적으로 출현하게 되는 위험원 및 그러한 위

---

223) 윤용석, "위험책임론", 법학연구 제31권 제1호, 부산대학교 법학연구소(1989. 12.), 223쪽, 이창범(각주 118), 13쪽, 김형배(각주 209), 178-179쪽,
224) 서종희(각주 7), 79쪽.
225) 윤용석(각주 223), 225-226쪽.

험원에 기반한 기업의 활동은 필연적으로 위험의 현실화 및 그로 인한 손해의 발생을 예정하고 있고, 이러한 손해는 가해자의 귀책사유가 없더라도 원래 내재된 위험의 발현으로 발생할 수 있는데, 과실책임주의하에서는 귀책사유가 없는 가해자에게 손해배상책임을 지울 수 없기 때문이다. 그렇다면 결국 피해자 스스로 모든 손해를 감수하거나, 아니면 위험원과 관련된 경제사회 활동을 위법한 것으로 취급하여 처음부터 허용하지 않거나의 양자택일만 남게 되나, 양자는 모두 가능하지도 않고 사회 전체적으로 바람직하지도 않으므로,[226] 어느 쪽도 가능한 선택지는 될 수 없었다.

본래 특별한 위험을 내포하는 위험원은 예상가능한 위험으로부터 법익을 보호하려는 법의 예방적 목적에 비추어 보면 금지되어야 한다. 그러나 과학기술의 발전에 따른 이익의 향수는 사회적으로 허용되어야 할 뿐 아니라 이를 금지하는 것도 현실적으로 불가능하다. 따라서 위험원의 사용 및 그러한 위험원에 기반한 기업의 경제적 활동은 사회적 이익 내지는 사회적 유용성을 위하여 불가피하게 일정 부분 허용될 수밖에 없다. 그렇다면 사회적으로 허용된 위험원에 내재된 위험이 현실화되어 발현된 손해는 피해자가 스스로 감수하기 보다는 위험원을 지배 관리하고 있고 이러한 위험원을 자신의 이익을 위하여 운영하는 자가 귀책사유의 존부와 부담하는 것이 공평타당한 손해의 분담이라 할 수 있다. 이와 같이 과실책임주의가 가지는 이론적·현실적 한계를 극복하고 자본주의와 산업혁명이 촉발시킨 새로운 시대적 변화에 대응하기 위하여 19세기 중반부터 논의되기 시작한 무과실책임법리가 바로 위험책임이다.[227]

다. 인정 근거

위험책임의 인정 근거는 이론적 측면과 실체적 측면의 양 측면에서 살펴볼 수

---

226) 김영환, "위험사회에서의 책임구조", 법철학연구 제14권 제3호, 한국법철학회(2011. 12.), 28쪽.
227) 위험책임법리는 각국의 사정에 따라 다양하게 전개되어 왔으나, 이 책에서는 우리 법학계의 위험책임 논의에 관하여 지대한 영향을 끼친 독일의 논의를 중심으로 살펴본다. 위험책임의 발전사에 관한 비교법적 연구로는 서광민·김진현, "위험책임으로서의 무과실책임에 관한 비교법적 연구", 사회과학연구 제26권, 강원대학교 사회과학연구원(1987. 12.), 6－23쪽.

있다. 위험책임 인정의 이론적 근거에 관하여 과거 독일에서 많은 논란이 있었으나 1941년 에써(Josef Esser)가 발표한 논문 이후 위험책임은 과실책임의 예외가 아니라 과실책임과는 별개로 존재하는 동가치적인 책임원리, 즉 "과실책임은 사고손해(*Unfallschäden*)를 분배하는 책임원리이고, 위험책임은 불운손해(*Unglücksschäden*)를 분배하는 책임원리"라는 것이 학계의 정설로 자리잡고 있다.[228] 실체적 측면에서는 과실책임주의를 관철할 경우에 발생하는 피해자의 증명책임 문제, 위험책임 부과에 따른 위험원 운영자의 주의의무 증대 및 그로 인한 사고예방, 위험방지비용의 사회적 분산 등이 위험책임의 인정 근거로 제시되고 있다.[229]

2. 입법례

현재 위험책임은 국가를 막론하고 보편적인 책임원리의 하나로 받아들여지고 있으나, 그 입법의 양상은 위험책임에 관한 일반규정을 두고 있는 경우와 일반규정을 두지 않고 개별법으로 위험책임을 규율하는 경우의 양자로 구분된다. 후자가 일반적이며[230]. 전자가 예외적이다. 우리는 후자의 경우이다.[231] 우리 실정법상 위험책임주의를 반영하거나 위험책임주의를 채택하였다고 평가받는 규정은 민법에서는 공작물책임(민법 제758조) 및 동물점유자책임(민법 제759조)이며, 그외 특별법상으로는 영조물책임(「국가배상법」 제5조), 원자력 손해에 대한 원자력사업자의 배상책임(「원자력 손해배상법」 제3조), 광해(鑛害)에 대한 광업권자 또는 조광권자의 배상책임(「광업법」 제75조), 환경오염피해에 대한 사업자의 배상책임(「환경정책기본법」 제31조), 토양오염피해에 대한 무과실책임(「토양환경보전법」 제10조의3) 등이 있다.

---

228) 윤용석, "서독에 있어서의 위험책임의 양상", 법학연구 제27권 제1호, 부산대학교 법학연구소(1984. 12.), 216−217쪽 및 각주 10.
229) 윤용석(각주 228), 218−219쪽.
230) 김상중, "한국의 위험책임 현황과 입법 논의: 유럽의 논의와 경험을 바탕으로", 민사법학 제57호, 한국민사법학회(2011. 12.), 180쪽.
231) 1995년과 2004년 민법 개정 논의 당시 위험책임에 관한 일반규정을 민법 불법행위편에 신설하는 방안이 논의되었으나 개정에서 제외하는 것으로 결론이 났다. 김천수, "한국 불법행위법에 관한 최근 입법 논의", 민사법학 제57호, 한국민사법학회(2011. 12.), 6쪽.

위험책임의 일반규정을 둔 대표적인 국가로는 이탈리아(이탈리아 민법 제2050조)[232] 및 러시아(러시아 연방민법 제1079조) 등이 있다.[233] 유럽연합이 2005년 발표한 유럽불법행위법원칙(Principles of European Tort Law, 이하 'PETL') 또한 위험책임의 일반조항을 두고 있다(PETL 제5:101조).[234] 미국의 경우 불법행위법 제3차 리스테이트먼트에서 엄격책임의 한 유형으로 '비정상적으로 위험한 행위(abnormally dangerous activities)'를 규정하고 있는데, 그 내용은 위험책임과 매우 유사하다.[235]

3. 학설

위험책임이 인공지능 사고의 일반적인 책임 원리가 될 수 있는지에 관하여는

---

232) Il Codice Civile Italiano Art. 2050 Responsabilità per l'esercizio di attività pericolose Chiunque cagiona danno ad altri nello svolgimento di un'attività pericolosa, per sua natura o per la natura dei mezzi adoperati, e tenuto al risarcimento, se non prova di avere adottato tutte le misure idonee a evitare il danno.
(국문 번역) 이탈리아 민법 제2050조 (위험한 활동에 대한 책임)
위험한 활동의 성격 또는 사용된 수단의 성격 상 타인에게 손해를 입힌 자는 그 손해를 회피하기 위하여 모든 적절한 조치를 취했음을 증명하지 않는 한 손해배상책임을 진다.

233) 러시아연방 최고법원 판결례상 위 조항은 "인간에 의한 완전한 통제가 불가능하며 손해의 발생이 현저하게 높은 위험의 경우"에 적용된다. 이제우, "위험책임에서의 일반조항의 도입 가능성과 그 과제", 강원법학 제43권, 강원대학교 비교법학연구소(2014. 10.), 541쪽.

234) 제5:101조 비정상적 위험행위
(1) 비정상적으로 위험한 행위를 하는 자는 그 행위에 의하여 표출된 위험 및 그 결과로 특징지을 수 있는 손해에 대하여 엄격한 책임을 부담한다.
(2) 비정상적으로 위험한 행위라 함은 다음의 행위를 말한다.
a) 관리상 요구되는 모든 주의를 다 하여도 매우 현저한 손해의 위험을 예견할 수 있는 행위로서
b) 일반 관행에 속하지 아니하는 행위
(3) 손해의 위험은 해당 손해의 심각성 혹은 개연성을 감안하여 현저하다고 할 수 있다.
(4) 이 규정은 본 원칙의 다른 규정 또는 국내법 혹은 국제협약의 다른 규정에 의하여 엄격책임의 특별한 적용 대상이 되는 행위에 대하여는 적용하지 아니한다.

235) 비정상적으로 위험한 행위에 해당하려면 ① 모든 행위자가 합리적인 수준의 주의를 하더라도 손해를 가져올 것이 예견가능하고 또 그 위험이 매우 심각한 것일 것, ② 그 행위가 일반적으로 행해지는 범위 내의 것이 아닐 것을 요한다. Restatement (Third) of Torts: Liability for Physical and Emotional Harm § 20.

긍정설과 부정설로 견해가 나누어진다.

긍정설은 인공지능을 위험책임에서 말하는 위험원으로 보아 인공지능을 통하여 이익을 얻은 자 또는 그 위험원에 영향력을 행사하여 위험을 제어하거나 제어할 가능성이 있는 자에게 위험책임을 지우자는 견해이다.[236] 긍정설의 논거는 대략 다음과 같다. ① 인공지능에 내재하는 결함 또는 하자를 완전히 배제하는 것은 기술적으로 불가능하다. ② 인공지능의 결함 또는 하자로 손해가 발생할 경우 그 원인에 관한 피해자의 증명은 매우 곤란하다. ③ 인공지능은 다른 제품이나 기술과 달리 본질적으로 예측불가능성을 가지고 있으므로, 사람이 아무리 주의를 기울여도 인공지능으로 인한 사고를 예방하거나 그 사고의 크기를 예측하기 어렵다. ④ 인공지능은 외부 환경에 물리력을 행사할 수 있는 하드웨어를 보유하고 있는 경우가 일반적이므로 인공지능으로 사고가 발생할 경우 재산뿐 아니라 사람의 생명이나 신체에도 손해가 발생할 수 있다. 세부적으로 긍정설은 인공지능의 종류나 이용 양상 등을 고려하지 않고 모든 인공지능에 일반적으로 위험책임을 적용하자는 견해(전면긍정설)와[237] 고위험 인공지능과 저위험 인공지능을 구분하여 고위험 인공지능의 경우에만 위험책임을 적용하고 저위험 인공지능에는 다른 책임법리를 적용하자는 견해(제한적 긍정설)로[238] 나뉜다.

부정설은 위험책임을 인공지능 사고의 일반적 책임귀속근거로 삼을 수 없다는 입장이다.[239] 부정설의 주된 논거는 다음과 같다. ① 위험책임은 '특별한 위험원'을 전제로 한다. 그런데 인공지능으로 야기되는 위험을 원자력 손해나 비행기 사고 등 그동안 위험책임에서 인정하여 오던 특별한 위험원과 동일하게 볼 수는 없다. ② 인공지능으로 인한 잠재적 위험이 매우 크거나 위험 발생의 가능성이 매우 높은 경우 위험책임 법리의 적용이 정당화된다. 그러나 인공지능이 전통적인 기기(gadget)에 비하여 위험의 크기가 현저히 더 큰 것도 아니고, 위험발생의 가능성도 더 높다고 보기 어렵다. ③ 오히려 인공지능으로 인한 위험의 발생가능

---

236) 서종희(각주 7), 92-93쪽, 김진우(각주 7), 68-73쪽, 김성호(각주 1), 275-279쪽.
237) 서종희(각주 7), 92-93쪽, 김성호(각주 1), 278쪽, 최민수, "인공지능 로봇의 오작동에 의한 사고로 인한 불법행위책임", 민사법의 이론과 실무 제23권 제3호, 민사법이론과실무학회(2020. 8.), 49-52쪽.
238) 김진우(각주 7), 70-71쪽.
239) 오병철(각주 7), 204-205쪽, 정진명(각주 7), 158-160쪽.

성은 인간이 조작하는 기존의 기계에 비하여 낮다고 보는 것이 일반적이다. 가령 자율주행자동차가 인간이 운전하는 기존의 자동차보다 더 위험하다면 사회는 자율주행자동차의 운행 자체를 허용하지 않을 것이다.

4. 검토

가. 쟁점

위험책임에서 귀책의 근거는 그 명칭에서 알 수 있듯이 '위험'이다. 사회의 발전과 기술의 진보에 따라 필연적으로 등장하는 위험한 기술의 사용을 불가피하게 합법적인 행위로 받아들이면서도, 그러한 기술의 사용으로 위험이 현실화되어 손해가 발생한 경우 그에 대한 책임을 지우는 것이 위험책임의 본질이다. 만약 위험이 인정되지 않은 경우에도 무과실책임을 지운다면, 이는 위험책임이 아니라 결과책임에 해당하므로 논리적 정당성을 인정받을 수 없고, 사회적 수용가능성 또한 기대하기 어렵다. 따라서 위험책임이 인공지능 사고를 규율하는 타당한 책임법리가 되기 위하여는 무엇보다도 인공지능에 대하여 위험책임에서 말하는 위험이 인정되어야 한다. 이는 결국 위험책임에서의 위험 개념의 문제로 귀결된다.

나. 위험의 개념

위험책임의 독일어 원문 용어가 '*Gefährdungshaftung*'인 점에서 알 수 있듯이, 엄밀히 말하여 위험책임에서의 위험은 '*Risiko*(risk)'가 아닌 '*Gefahr*(danger)'를 의미한다. 한글에서는 *Risiko*와 *Gefahr*를 구분하지 않고 양자를 모두 위험(危險)이라는 용어로 표기하는 것이 일반적이나, 독일어에서 *Risiko*와 *Gefahr*는 서로 구별되는 개념이다. *Risiko*는 위험이라는 뜻 외에도 모험이라는 뜻을 포함하는 단어이며, *Gefahr*은 *Risiko*보다 상대적으로 위중한 위난이나 재해를 포함하는 단어이다. 이 점에 착안하여 국내 문헌 중에는 '*Gefährdungshaftung*'을 위험책임이 아닌 위태(危殆)책임 또는 위해(危害)책임이라고 번역하여 *Risiko*와 *Gefahr*가 구별되는 개념이라는 점을 명확히 한 경우도 있다.[240] 요컨대, 위험책임에서

---

240) 강희원, "환경위기시대에 있어서 위험에 대한 법학적 계몽을 위하여", 경희법학 제30권 제1

의 위험이란 엄밀히 말하여 한글에서의 '위험'이 아니라 독일에서의 'Gefahr'를 의미한다는 점을 간과하여서는 안된다. 이하 Risiko와 Gefahr를 구분하기 위하여 Risiko를 '리스크'로, Gefahr를 '위험'으로 각 칭한다.

법학을 비롯하여 사회과학에서는 리스크와 위험의 구분이 오래전부터 시도되어 왔으나, 이에 관한 합의된 기준은 아직까지 존재하지 않는다. 일례로 루만(Niklas Luman)은 리스크와 위험을 구분하여 전자는 '모험'으로, 후자는 말 그대로 '위험'으로 파악하여, 모험은 어떠한 피해가 자기 스스로의 결정에 원인이 있는 경우로, 위험은 피해가 자신의 통제 밖에 있는 원인으로 올 경우라고 보았다.[241] 공법(公法)에서는 독일을 중심으로 사회에 발생할 수 있는 위해의 유형을 잔존리스크(Restrisiko), 리스크(Risiko), 위험(Gefahr)의 3종으로 구분하여 각기 다른 규제를 적용하는 소위 삼분법(三分法) 이론이 발전해왔는데, 이에 따르면 잔존리스크는 일반 국민이 손해를 감수하여야 하는 위해, 리스크는 국가가 사전배려의 원칙(Vorsorgeschwelle)으로 대응하여야 하는 위해,[242] 위험은 경찰법상의 위험방지의무로 대응하여야 하는 위해로 구분된다.[243] 물론 사회학이나 공법학에서 논의된 위험의 개념을 위험책임이라는 사법(私法) 원리에서의 위험 개념에 그대로 대입할 수는 없지만, 기존 논의에서 도출되는 시사점은 위험은 리스크보다 상대적으로 큰 위해와 사회적 악영향을 초래하는 경우, 즉 '위해의 중대성'을 요구하는 개념이라는 점이다.

위험책임에 관한 독일의 통설은 위험책임의 성립요건인 위험에 관하여 통상의 위험이 아닌 '특별한 위험(besondere Gefahr)'을 요구하는바, 이러한 논의는 앞서 언급한 '중대성'의 개념을 내재하고 있음을 알 수 있다. 그러나 문제는 과연

호, 경희대학교 법학연구소(1995. 12.), 113-164쪽.
241) Niklas Luhmann, RISK: A SOCIOLOGICAL THEORY 21-22 (1st ed. Routledge 2005).
242) 사전배려의 원칙이란 위해 발생 여부가 불확실한 경우에도 그로 인한 손해가 중대하고 회복할 수 없는 경우에는 그 위해 발생이 확실하게 되기 이전에도 이를 방지하거나 축소하기 위하여 국가가 적절한 조치를 취해야 한다는 법원칙을 말한다. 박균성, "과학기술위험에 대한 사전배려원칙의 적용에 관한 연구", 행정법연구 제21호, 행정법이론실무학회(2008. 8.), 148쪽.
243) 김종천, "과학기술의 안전성 확보에 관한 공법적 연구", 중앙대학교 박사학위청구논문(2008. 6.), 21-22쪽.

무엇을 리스크가 아닌 위험, 그 중에서도 중대성을 가진 특별한 위험에 해당한다고 평가할 것인지이다. '특별성', '중대성', 나아가 '위험'은 모두 추상적인 개념으로, 아무리 구체화를 시도하더라도 결국 모호하고 막연할 수밖에 없다. 위험이 무엇이고 그러한 위험을 사회적으로 수용할 것인지의 문제는 의사결정자로서 위험에 관련된 사람과 그 결정에 의하여 영향을 받을 피결정자로서 위험에 관련된 사람이 다를 수밖에 없고, 그렇기 때문에 특정한 상황이라 할지라도 객관적 계산에 기한 합의의 도출을 기대하기는 어렵기 때문이다.[244]

일반적으로 위험은 피해발생의 확률, 피해발생시의 손해의 크기, 그리고 확률 및 손해의 정확한 측정가능성을 기준으로 평가한다.[245] 그런데 불행하게도 위험은 예측이 불가능에 가까울 정도로 불확실하다는 것을 본질적 특성으로 한다.[246] 위험 평가 기준이 유의미할 정도로 과학기술적 지식이 성숙하지 않은 경우도 많다. 일례로 의약품의 경우 시장에 출시될 당시의 자연과학적 지식으로는 안전성을 갖추어 위험이 없거나 매우 낮다고 평가되더라도 그 부작용이 사후적으로 밝혀지는 사례가 상당수 존재한다.[247] 결국 위험책임의 정당화 요소인 위험의 의미는 이론적으로는 특별한 위험이라고 개념화할 수 있을지 몰라도[248] 현실적으로는 위험 평가 당시의 과학기술 수준, 수범자의 인식, 안전에 대한 사회적 요구 등을 종합적으로 고려하여 개별적, 구체적으로 판단할 수밖에 없다.

---

244) Luhmann, *supra note* 241, at 3−4.
245) German Advisory Council on Golbal Change, STRATEGIES FOR MANAGING GLOBAL ENVIROMMENTAL RISKS 52−64 (Springer Verlag 2000).
246) 조홍식, "리스크 법 − 리스크관리체계로서의 환경법 −", 서울대학교 법학 제43권 제4호, 서울대학교 법학연구소(2002. 12.), 34쪽.
247) 대표적으로 1950년대 수면제로 출시되었지만 임신 초기에 복용하면 사지가 없거나 짧은 심각한 기형아를 유발하여 전세계적으로 심각한 사회 문제를 일으킨 탈리노마이드(Thalidomide)의 작용기전은 60여 년 후인 2008년에야 밝혀졌다. 의사신문 2020. 1. 14.자 기사, "탈리노마이드 사건, 그리고 대한민국".
248) 일례로 도이치(Deutsch)는 특별한 위험을 "해당 위험이 회피할 수 없거나 이례적이거나 또는 통제할 수 없어서 사회관념에 의하면 손해전보를 전제로 해서만 허용될 수 있다고 여겨지는 경우"라고 설명하였으나, 이러한 설명은 여전히 추상적이고 모호하다. 김상중(각주 230), 185쪽.

다. 인공지능의 위험성 판단

인공지능의 오류가능성에 관하여 사회적 불안이 존재하는 것은 사실이지만, 실제로 인공지능 때문에 위험이 발생할 가능성은 낮다는 것이 일반적인 견해이다.[249] 일례로 구글이 개발한 자율주행자동차는 2012년 이후 다양한 주행조건 하에서 30만 마일을 시험운전하였으나 2016년 2월 이전까지는 단 한 차례의 사고도 없었던 것으로 알려졌다.[250] 특히 인공지능이 시장에 제품으로 출시될 때에는 각종 표준 및 기술기준 등의 준수 여부에 대한 적합성 평가(conformity assessment)를 거치는 등 집중적인 안전성 검증이 이루어진 후에야 가능할 것이므로 인공지능이 일반적으로 부주의한 인간보다 위험발생확률이 높다고 할 수는 없다.[251] 오히려 인간이 개입하는 경우보다 획기적으로 위험발생확률을 감소시킬 것이라는 것이 일반적인 견해이다. 위험의 크기 측면에서도 현재로서는 인공지능이 기존의 도구에 비하여 적어도 위험을 증가시켰다고 보기는 어렵다는 것이 일반적인 견해이다. 즉 기존의 도구를 인공지능으로 대체하였다고 하여 기존의 도구에서 발생하였던 위험의 크기가 유의미하게 증가하지는 않는다는 것이다. 이러한 견해에 따르면 인공지능을 위험책임에서의 '특별한 위험원'이라고 보기 어려운 측면이 분명히 존재한다.

반면 인공지능과 같이 인간이 통제하고 예측하기 어려운 기술은 비록 현 시점에서 위험 발생 빈도나 그로 인한 손해의 크기가 크지 않거나 이를 측정할 수 없다고 하더라도 그 자체로 고도로 위험하다고 볼 수도 있다.[252] 또한 인공지능으로 인한 위험발생확률 및 손해의 크기는 현재의 기술 수준에서는 정확히 평가하기 어려울 수 있으므로 인공지능의 특별한 위험성 판단은 현재의 시점뿐 아니라 장래의 시점까지 미래지향적으로 고려하여 판단하여야 한다는 견해도 있다.[253] 특히 위험은 발생개연성은 0에 가깝더라도 발생할 경우의 해악은 대재난이 될

---

249) 오병철(각주 7), 204쪽.
250) 이충훈, "자율주행자동차의 교통사고에 대한 민사법적 책임", 법학연구 제19권 제4호, 인하대학교 법학연구소(2016. 12.), 141쪽.
251) 김진우(각주 7), 71쪽.
252) 서종희(각주 7), 92쪽.
253) 서종희(각주 7), 92쪽.

수도 있기 때문에 그 사소한 개연성도 완전히 무시할 수 없는 '영–무한대 딜레마(zero–infinity dilemma)' 상황을 유발하는 특성이 있다.[254] 초인공지능과 같은 극단적인 형태의 인공지능은 인간의 생존 자체를 위협할 수도 있으므로 인공지능은 영–무한대 딜레마 상황을 창출할 수 있는 대표적인 위험일 수 있다. 그렇다면 인공지능의 경우 현 시점에서의 기준에 의하면 특별한 위험원이 아니라고 볼 여지가 있을지 모르나, 장래에 특별한 위험원으로 기능할 잠재적 위험 또한 배재할 수 없으며, 이를 예방하기 위한 법정책적 결단으로 현 시점에서 인공지능을 위험책임에서의 특별한 위험으로 평가하는 것이 불가능하다고 볼 수도 없다.

라. 소결

위에서 살펴보았듯이 인공지능에 위험책임을 적용할 수 있는지에 관하여는 긍정설과 부정설의 이론 구성이 모두 가능하며 이 중 어느 견해가 옳다고 단언하기 어렵다. 그러나 분명한 것은, 인공지능의 위험성은 개별 사안에서의 구체적 사용 태양을 고려하지 않고 일률적으로 결정할 수는 없다는 점이다.

인공지능의 위험성은 자율성의 정도, 사용 영역, 처리 능력 등에 따라 크게 좌우된다. 이를 감안하지 않고 모든 종류의 인공지능에 위험책임을 적용하는 것은 인공지능의 위험성이 구체적 상황에서 매우 큰 편차를 보일 수 있고 그 중에는 위험책임을 정당화하는 특별한 위험성이 애초부터 존재하지 않을 수도 있다는 점에서 타당하지 않다.[255] 예를 들어 협소한 일정 공간에서만 사용되는 인공지능으로 인한 위험은 비교적 통제가 쉽고 위험이 현실화되었을 때의 손해도 상대적으로 크지 않지만, 누구에게나 개방된 공간에서 사용되는 인공지능은 상대적으로 통제가능성은 낮은 반면 제3자에게 현저한 위험을 초래할 가능성은 높다.[256] 이

---

254) 조홍식(각주 246), 34쪽.
255) 동일한 취지로 김진우(각주 7), 71쪽. 반면 인공지능의 위험도에 따라 책임 원리를 달리 적용하는 것은 입법기술적으로 어렵고 실익도 크지 않다는 이유로 반대하는 견해로는 김성호(각주 1), 278쪽.
256) 제1절에서 제시한 [사례 1] ~ [사례 4]에서의 가사 도우미 인공지능 X를 예로 들면, [사례 1]과 같이 X가 B의 집 실내에서만 동작하며 B의 가사만 돕는 경우보다 [사례 4]와 같이 X가 B의 집 밖으로 나가서 거리를 자유롭게 왕래할 수 있는 경우 위험성에 차이가 있다는 점은 직관적으로 명백하다.

러한 차이를 고려하지 않고 일률적으로 모든 인공지능에게 위험책임을 적용하는 것은 불합리하다. 한편 원자력, 항공기, 환경 등과 같이 현재 이미 위험책임이 적용되고 있는 영역에 사용되는 인공지능이라면 특별한 위험성을 충분히 인정할 수 있을 것이다.

이상의 점을 종합하면, 인공지능의 위험성을 평가하여 고위험 인공지능에는 위험책임을 적용하고, 저위험 인공지능에는 위험책임이 아닌 다른 책임 원리를 적용하는 이원적 접근법이 타당하며, 이는 위험책임법리의 본질에도 위배되지 않는다고 생각된다.257) 물론 이원적 접근법이 실효를 거두려면 인공지능의 위험성 분류 기준이 과학기술적 측면으로 보나 규범적 측면으로 보나 타당하게 정립되어야 한다. 이 점에 관하여는 제6절 이하에서 후술한다.

Ⅳ. 편익책임

1. 의의

인공지능으로 발생한 손해의 무과실책임법리 중 최근 등장한 이론으로 '편익책임(benefit liability)'이 있다.258) 한마디로 편익책임은 인공지능으로 인하여 '편익'을 누리는 자에게 행위나 고의과실 여부를 불문하고 손해배상책임을 지워야 한다는 견해이다. 인공지능으로 발생한 손해에는 인간의 직접적인 행위개입이 없으므로 과실책임법리를 적용할 수 없어 무과실책임법리를 적용하는 것이 타당한데, 그 귀책원리는 보상책임에서의 '보상'이나 위험책임에서의 '위험'이 아니라 인공지능을 도입하여 안전성, 편리성, 효율성과 같은 편익을 누리기로 한 의사결정과 그에 따른 편익의 향유, 즉 편익을 추구하기 위하여 인공지능을 도입하여 본인의 행위를 대체한 그 자체에서 찾아야 한다는 것이 편익책임의 기본 사상이다.259)

---

257) 김진우(각주 7), 71쪽.
258) 오병철(각주 7), 207 – 214쪽.
259) 오병철(각주 7), 207 – 211쪽.

이러한 사상을 기초로 편익책임은 책임의 주체는 인공지능의 '보유자'가 되어야 한다고 주장한다.[260] 인공지능의 보유자는 인공지능을 도입하여 편익을 얻는 자이자 스스로 작동을 개시할 수 없는 인공지능을 시작시킨 자이고, 인공지능의 '보유'라는 규범적 징표는 대외적으로도 쉽게 파악이 가능하기 때문이다.[261] 여기서 인공지능의 보유자는 원칙적으로 소유자를 말하는 것이며, 인공지능을 소유하지 않은 단순한 이용자는 보유자에 해당하지 않는다.[262]

2. 요건 및 효과

편익책임의 성립 요건은 ① 구체적 통제가능성이 결여된 인공지능의 존재, ② 손해의 발생, ③ 적법한 편익의 존재, ④ 인공지능의 동작과 손해 사이의 인과관계이다.[263] 위 요건이 갖추어지면 피해자는 편익책임을 부담하는 인공지능의 보유자에게 손해배상을 청구하거나 인공지능 이용의 정지를 청구할 수 있으며, 장기적으로는 강제매각청구 또는 폐기청구까지 허용하는 방안도 검토할 수 있다고 본다.[264]

3. 검토

편익책임의 핵심은 인공지능의 이용으로 편익을 얻는 자가 그로 인하여 발생한 사회적 비용도 부담하여야 한다는 것이다.[265] 그러나 편익은 인간이 인공지능을 이용하는 경우에만 발생하는 고유한 가치라 보기 어렵다. 인간이 사용하는 모든 도구에서 편익은 보편적으로 발생할 것이며, 사실 인간에게 편익을 주지 않는 도구라면 인간이 이를 이용할 이유 또한 존재하지 않을 것이다. 모든 도구는 편

---

260) 오병철(각주 7), 211－212쪽.
261) 오병철(각주 7), 211－214쪽.
262) 오병철(각주 7), 218쪽.
263) 오병철(각주 7), 217－219쪽.
264) 오병철(각주 7), 217－223쪽.
265) 이러한 측면에서는 앞서 살펴본 보상책임과 유사한 측면이 있으나, 인공지능의 '보유'를 책임 귀속의 객관적 요소로 삼는 점에서는 보상책임과 차이가 있다.

192 인공지능과 불법행위책임

익을 창출함에도 불구하고 인공지능과 인공지능이 아닌 도구를 구별하여 전자의 경우에는 편익책임이라는 새로운 무과실책임법리를 적용하고 후자에는 이를 적용하지 않는 논리는 쉽게 수긍하기 어렵다. 편익책임의 기본 원리를 충실히 관철한다면 인공지능으로 한정하지 않고 인간이 사용하는 모든 제품과 서비스에 대하여 편익책임을 적용하는 것이 오히려 논리적으로 일관성이 있을 것이다. 요컨대 편익책임은 귀책의 근거이자 편익책임 이론의 요체인 '편익'이 인공지능에게만 존재하는 개념적 징표가 아니라 인공지능이 아닌 다른 도구에도 보편적으로 인정된다는 점에서 본질적인 한계가 있다.

기존의 책임원리와 편익책임을 대비하여 보면, 편익책임에서의 편익 개념이 가지는 한계를 보다 분명히 알 수 있다. 울리히 벡(Ulrich Beck)이 지적하였듯이, 현대 문명에 있어 위험은 산업화 과정과 깊이 연결된 기술적—경제적 산물로서 경제사회 전 분야를 막론하고 위험이 없는 영역은 존재하지 않는다. 즉 현대문명의 본질은 바로 '위험'이다.[266] 따라서 위험이 존재하지 않는 인간의 활동이란 존재하지 않는다. 그러나 앞서 살펴보았듯이 위험책임은 인간의 모든 활동을 그 적용 대상으로 하지 않으며, '특별한 위험'이라는 개념징표가 존재하는 활동만을 적용 대상으로 한다. 제조물책임도 마찬가지이다. 제조물책임은 제조물이 발생시킨 모든 손해에 적용되는 것이 아니라 '결함'있는 제조물로 발생한 손해에만 적용된다. 그러나 편익 개념은 위험책임에서의 특별한 위험이나 제조물책임에서의 결함과 달리 적용 대상을 명확히 구분하는 개념징표가 되기는 어렵다고 생각된다. 특별한 위험이나 결함은 적어도 규범적으로는 대상 중 일부에만 존재하는 배타적 속성인 반면, 편익은 모든 대상에 존재하는 공통적 속성이기 때문이다.

한편 편익이 아닌 '인공지능 사용의 선택' 측면에 방점을 두어 이론 구성을 한다면 편익책임은 인공지능이라는 불확실성을 내재한 도구를 자신의 편익을 위하여 사용하기로 결정한 모험적 의사결정자 또는 모험적 행위자에게 무과실책임을 지우는 원리, 즉 *Gefahr*에 한정하지 않고 *Risiko*까지 개념징표를 확대한 일종의 '확대된 위험책임' 또는 '수정위험책임'이라고도 볼 수 있다. 이러한 관점에서는

---

266) 박명규, "위험사회, 포스트휴먼 조건 그리고 인간의 책임", 지식의 지평 제29호, 대우재단 (2020. 10.), 104—105쪽.

편익책임을 위험책임과 구별하는 독자적 법리로 이론구성할 실익은 크지 않으며 위험책임의 일종으로 파악하자는 견해도 가능하다.[267)]

　　마지막으로 편익책임은 인공지능의 보유자(대부분의 경우 소유자)를 책임의 주체로 보고 있다. 그러나 인공지능의 보유자가 얻는 편익은 대부분 일상에서의 생활의 편리, 불편함의 해소, 시간의 단축과 같이 일상적·개인적 편리(convenience)인 경우가 대부분일 것이며 특히 인공지능의 보유자가 일반적인 개인 소비자일 경우는 더욱 그러할 것이다. 일상적·개인적 편리함 정도를 얻은 인공지능의 보유자에게 편익책임을 근거로 인공지능 사고에 관하여 무과실책임을 지우는 것은 지나치게 과중한 측면이 있다고 생각된다. 한편 인공지능을 통하여 편리를 넘어 이윤 등 높은 편익을 얻는 주체는 인공지능의 보유자가 아니라 인공지능의 제조업자와 같이 인공지능을 이용하여 영리 활동을 하는 자일 것이므로, 편익책임주의를 취한다면 이러한 인공지능의 제조업자 등에게 책임의 주체로 보는 것이 오히려 자연스럽다고 본다. 이와 달리 인공지능 보유자에게 편익책임을 지운다면 인공지능 보유자는 편익책임을 질 것을 우려하여 인공지능 자체를 구매하지 않을 것이고, 이는 수요의 감소로 이어져 인공지능 시장 자체를 위축시킬 위험이 있다.

V. 소결

　　지금까지 입법론적으로 인공지능 사고에 관하여 무과실책임주의에 따른 책임 귀속이 가능한지에 관하여 보상책임, 위험책임, 편익책임의 세 가지 법리를 기준으로 검토하였다. 검토 결과를 정리하면 다음과 같다.

(1) 보상책임은 본질적으로 "이익을 얻는 과정에서 타인에게 손해를 주었다면 그 손해는 이익 중에서 배상하게 하는 것이 공평하다."는 사상에 기초하고 있어 이론상 손해배상의 범위는 이용자가 얻은 이익을 한도로 하는데 인공지능 동작으로 이용자가 얻는 이익은 생활상 편리 정도에 불과하므로

---

267) 동일한 견해로 김성호(각주 1), 276쪽, 서종희(각주 7), 79쪽.

근본적으로 피해 구제에 적합하지 않은 점, 인공지능의 자율성이 증대될수록 보상책임의 근거인 통제가능성이 인정되기 어려운 점 등에서 인공지능 사고의 무과실책임 근거가 되기에는 적절치 않은 측면이 있다.

(2) 위험책임은 '특별한 위험'이 인정되는 고위험 인공지능의 사고에 관하여는 무과실책임의 타당한 근거가 될 수 있다고 생각된다. 다만 합리적이고 보편타당한 인공지능 위험성 평가가 전제되어야 한다.

(3) 편익책임은 귀책의 근거인 편익의 개념이 다소 모호한 점, 위험책임의 일종의 변형 또는 확장된 형태로도 볼 수 있어 독자적 법리로 이론구성할 실익이 크지 않은 점, 인공지능 보유자에게 규범적으로 책임을 지움으로써 인공지능 시장 자체를 위축시킬 위험이 있는 점 등에서 인공지능 사고의 무과실책임 근거로 기능하기에는 한계가 있다고 생각된다.

제6절 책임법리의 구성

I. 기본 방향: 책임법리의 이원적 구성

인공지능 사고의 책임 근거에 관한 지금까지의 검토 결과는 한마디로 "인공지능으로 발생하는 모든 사고를 보편타당하게 규율하는 단일한 책임 법리는 상정하기 어렵다."는 것이다.

해석론적으로는 인공지능 사고에 관하여 가장 보편적이고 일반적으로 적용가능한 법리는 제조물책임이다. 하지만 제조물책임을 채택하더라도 피해자가 결함을 증명하는 것은 여전히 난해한 문제이며 이로 인하여 피해자의 손해 전보가 실질적으로 어려울 수 있다는 점에서 한계가 있다. 제조물의 범위를 소프트웨어로 확대하고[268] 피해자의 증명책임을 완화하는 수정제조물책임을 입법하더라도 위

---

268) 유럽연합 집행위원회가 2022. 9. 28. 제안한 EU 제조물지침 개정안 제4조 (1)은 소프트웨어를 제조물에 포함시키고 있다. European Commission, *Proposal for a DIRECTIVE OF THE EUROPEAN PARLIAMENT AND OF THE COUNCIL on liability for defective products*, COM/2022/495 final (2022. 9. 28.). 위 개정안의 주요 내용은 김윤명, "EU 제조물책임지침 개정안의 주요 내용과 시사점 - 디지털 기술 및 순환경제 관련 규정을 중심

문제는 여전히 남는다. 그렇지만 이를 이유로 인공지능 사고에 무과실책임을 전면적으로 도입하는 입법을 채택하는 것 또한 적절치 않다. 물론 피해자 구제라는 측면에서는 무과실책임이 제조물책임보다 우월할 수 있지만, '특별한 위험'이 인정되는 경우를 제외하면 무과실책임을 일반적인 인공지능 사고를 규율하는 보편타당한 책임법리로 구성하기에는 이론적으로나 현실적으로나 한계가 있기 때문이다. 그러나 하나의 단일한 책임법리로서 모든 인공지능 사고를 규율해야 한다는 당위명제는 존재하지 않는다. 다수의 책임법리를 인공지능 사고에 적용함으로써 법리적으로나 현실적으로나 보편타당한 결론이 도출된다면 그러한 절충적 접근법을 취하는 것이 합리적이다.

이러한 이유로 이 책에서는 구체적으로는 특별한 위험이 인정되는 인공지능(이하 '고위험 인공지능')에는 위험책임법리에 기반한 무과실책임을, 특별한 위험이 인정되지 않는 인공지능(이하 '저위험 인공지능')에는 수정제조물책임을 각 적용하는 방안, 즉 '책임법리의 이원적 구성'을 제안한다. 책임법리를 이원적으로 구성하면 인공지능 사고에 관하여 수정제조물책임을 원칙으로 하면서도 고위험 인공지능의 경우에는 위험책임에 기반한 무과실책임을 중첩적으로 적용함으로써 인공지능 사고에 관하여 하나의 책임법리만을 적용할 경우에 제기되는 이론적 난제를 극복할 수 있고, 수정제조물책임에서의 요건사실인 결함 등을 피해자가 증명하지 않더라도 고위험 인공지능 사고의 경우에는 피해를 배상받을 수 있도록함으로써 피해자를 두텁게 보호할 수 있다.

Ⅱ. 위험성 평가

1. 필요성

Ⅰ.에서 제안한 '책임법리의 이원적 구성'은 인공지능을 고위험 인공지능과 저위험 인공지능으로 구분할 수 있음을 전제로 한다. 그렇다면 어떠한 인공지능이 고위험 인공지능에 해당하는가?

으로 ", 경희법학 제57권 제4호, 경희대학교 법학연구소(2022. 12.), 101-136쪽.

우선 원자력, 우주(space), 항공과 같이 실정법상 이미 위험책임이 인정된 영역에 사용되는 인공지능은 고위험 인공지능이라고 봄이 타당하다. 이미 '특별한 위험'이 인정되어 위험책임이 성문의 법률로 규정되어 있는 영역에서 사용되어 온 기존의 도구를 인공지능으로 대체하였다고 하여 위험책임이 부정될 이유는 없기 때문이다.

그러나 이미 위험책임이 인정된 영역에서 사용되는 인공지능만으로 고위험 인공지능을 한정하는 것은 인공지능 기술의 향후 발전가능성 및 활용가능성을 현 시점에서 정확히 예측할 수 없다는 점에 비추어 볼 때 지나치게 경직된 것이며 인공지능의 발전 양상에 탄력적으로 대응할 수 없는 법체계이므로 채택할 수 없다. 더욱이 원자력, 우주, 항공 등 이미 위험책임이 인정되어 온 영역에서 인공지능을 사용하다가 사고가 발생한 경우에는 해당 영역을 규율하는 개별 법률에 규정된 무과실책임법리에 따라 처리하면 충분하므로 인공지능 사고의 책임 법리를 별도로 논할 실익은 크지 않다. 그러므로 이미 위험책임이 인정된 영역에서 사용되는 인공지능에는 해당하지 않더라도 '특별한 위험성'을 보유하였다고 규범적으로 평가될 수 있는 인공지능은 '고위험 인공지능'으로 분류하여 저위험 인공지능과 구분하여 각기 다른 책임법리를 적용할 필요가 있다. 이를 위하여는 결국 인공지능 위험성에 관한 규범적 평가, 즉 인공지능의 '위험성 평가(risk assessment)'가 확립되어야 한다.

2. 실현가능성

인공지능 위험성 평가를 도입하기 위하여 가장 먼저 검토되어야 할 부분은 그 실현가능성이다. 위험성 평가는 말 그대로 '평가'이므로 그 평가 기준이 구체적이고 보편타당하게 제시되어야만 실질적으로 기능할 수 있을 것인데, 현 시점에서 인공지능의 위험성 평가 기준을 일률적으로 제시하기는 매우 어려우며, 특히 인공지능에 관한 과학기술적 차원의 심도있는 이해가 부족한 상태에서 법학적 사고만으로 위험성 평가 기준을 제시하는 것은 그 자체로 적절치 않을 수 있다. 이 점에서 인공지능 위험성 평가는 이론상으로는 가능할지 몰라도 현실성이 없고,

그 자체로도 추상적이어서 수범자의 법적 안정성을 해칠 수 있다는 반론이 가능하며, 실제로도 이러한 반론을 주장하는 견해도 있다.[269] 그러나 이러한 반론은 다음과 같은 이유로 타당하지 않다고 본다.

첫째, 사실 최첨단 과학기술이 결합된 현대 사회의 모든 제품은 이미 어떤 식으로든 그 위험성을 평가받고 있다. 일례로 모든 전자기기는 맥스웰의 법칙상 전자파를 방출할 수밖에 없는바, 우리나라를 비롯한 주요국들은 전자기기가 방출하는 전자파가 혼선 및 간섭을 일으켜 다른 기기의 작동을 방해하거나 혹은 사람의 건강을 해치는지에 관하여 '전자파 적합성평가(electromagnetic wave conformity assessment)'를 수행하고 있다.[270] 자동차의 경우에도 국가가 정한 안전기준에 적합하지 않으면 운행 자체가 금지된다.[271] 따라서 인공지능이라고 하여 위험성 평가 자체가 불가능하다고 볼 수 없다. 더욱이 인공지능이 시장에 출시되려면 어떤 식으로든 안전성을 확인받는 절차를 거쳐야 할 것인바, 이를 위험성 평가로 확대하여 운용할 수 있다고 생각된다.

둘째, 고도의 전문성을 요하고 관련 기술이 급변하는 영역에 대하여 법률에서는 평가 등의 근거와 대강의 기준만을 제시하고 하위 규범을 통하여 전문적이고 기술적인 내용을 구체화하는 경우는 이미 상당히 축적되어 있으며 현실에서 효율적으로 기능하고 있으므로 인공지능 위험성 평가가 추상적이라는 비판 또한 적절치 않다고 본다. 대표적으로 「개인정보 보호법」 제29조에서 규정하는 '개인정보의 기술적·관리적 안전 조치'가 그러하다.

셋째, 인공지능 위험성 평가는 실정법상으로도 이미 일정 부분 근거가 마련되어 있다. 일례로 2020. 6. 9.자로 개정된 「지능정보화 기본법」 제60조는 행정기관이 인공지능의 안정성 확보를 위한 보호조치의 내용과 방법을 정하여 고시하고 이를 준수하도록 권고할 수 있으며, 사람의 생명 또는 신체에 대한 긴급한 위해 방지를 위하여 필요한 경우 인공지능 서비스 제공자에게 비상정지도 요청할 수 있도록 규정하고 있다.[272]

---

269) 김성호(각주 1), 278쪽.
270) 「전파법」 제58조의2.
271) 「자동차관리법」 제29조.
272) 엄밀히 말하여 「지능정보화 기본법」상 용어는 인공지능이 아닌 '지능정보서비스'이지만, 지

넷째, 비교법적으로 보더라도 유럽연합 집행위원회가 2021. 4. 21. 제안하여 현재 입법이 진행 중인 EU 인공지능법안은[273] 기본적으로 인공지능 위험성 평가를 거쳐 고위험 인공지능과 저위험 인공지능을 구분하고 이에 따라 서로 다르게 규율할 것을 제안하고 있다.[274] 일찍이 2012년부터 로봇법 프로젝트(RoboLaw Project)를 진행하여 상당한 연구 결과를 축적해 온 유럽연합에서 인공지능 위험성 평가를 법안에 구체적으로 규정하였다는 것은, 인공지능 위험성 평가가 현실성이 있으며 규범적으로도 충분히 가능하다는 주장을 뒷받침하는 유력한 논거이다.

3. 기준

인공지능 위험성 평가가 과학기술적 측면에서나 규범적 측면에서나 실현가능하다고 본다면,[275] 다음으로 검토되어야 할 문제는 어떠한 경우에 인공지능의 특별한 위험성이 인정될 수 있는지, 즉 위험성 평가의 '기준'이다.

인공지능마다 그 알고리즘의 구성 방식, 학습 데이터의 종류, 사용 영역, 사용 태양, 사용 주체 등이 상이할 것이므로 이를 고려하지 않은 채 모든 인공지능에 적용되는 위험성 평가 기준을 획일적으로 정하는 것은 타당성이 인정되기 어렵다고 본다. 하지만 그렇다고 하여 인공지능에 대하여 일반적이고 보편적으로 적

능정보서비스의 필요조건인 지능정보기술의 개념은 '전자적 방법으로 학습·추론·판단 등을 구현하는 기술'로서 이 책에서의 인공지능 개념에 포섭된다(동법 제2조 제7호 나목, 제2조 제4호).

273) European Commission, *Proposal for a REGULATION OF THE EUROPEAN PARLIAMENT AND OF THE COUNCIL LAYING DOWN HARMONISED RULES ON ARTIFICIAL INTELLIGENCE (ARTIFICIAL INTELLIGENCE ACT) AND AMENDING CERTAIN UNION LEGISLATIVE ACTS*, 2021/0106(COD) (2021. 4. 21.). EU 인공지능법안은 2년간의 논의 과정에서 상당 부분 수정되었는데, 유럽의회는 2023. 5. 11. 수정안을 발표하였고, 2023. 6. 14.에는 표결을 거쳐 수정안을 채택하였다. 2023. 8. 기준으로 유럽연합 이사회 및 회원국을 중심으로 수정안에 관한 협의가 진행중이다. EU 입법절차의 특성상 협의 과정에서 상당한 내용 수정이 가능하므로 EU 인공지능법안이 최종적으로 어떻게 입법될지는 예측하기 어렵다. 따라서 이 책에서는 EU 인공지능법안의 내용을 상세히 다루지는 않으며, 필요한 범위 내에서 2023. 8. 기준으로 논의 중인 EU 인공지능법안을 기준으로 간략히만 언급한다.
274) EU 인공지능법안 제6조.
275) Andrea Bertolini, *Insurance and Risk Management for Robotic Devices: Identifying the Problems*, 16 GLOBAL JURIST VOL. 3 291, 306−310 (2016).

용될 수 있는 위험성 평가 기준을 제시하는 것이 불가능하다고 볼 수도 없다. 위험성 평가는 결국 규범적 관점에서 위험책임의 근거인 '특별한 위험'이 인정될 수 있는지의 평가이므로, 그 평가의 구체적인 기준은 개별 인공지능의 특성에 따라 세부화하여 정하는 것이 타당하다 할지라도 모든 인공지능에 적용될 수 있는 보편적인 위험성 평가 기준의 대강을 정하는 것은 충분히 가능하기 때문이다. 수범자의 법적 안정성과 예측가능성을 보장한다는 측면에서도 인공지능에 대하여 일반적이고 보편적으로 적용되어야 하는 위험성 평가 기준은 규범적으로 제시될 필요가 있다. 참고로 EU 인공지능법안은 부속서 Ⅲ.에서 전통적인 위험책임 영역에 해당하지는 않으나 특별한 위험이 인정되어 고위험 인공지능으로 분류되어야 하는 경우를 원격 생체인증, 사회중요기반시설(에너지, 상수원, 교통관제 등)의 운영 및 관리 등 8가지로 한정하여 열거하고 있다.[276] 위 8가지 경우는 장기간 축적되어 온 유럽연합 차원의 연구 결과에서 도출되었을 것으로 짐작된다. 그러나 위 8가지 사례를 우리가 그대로 답습해야 할 이유도 없고 그러한 답습이 타당하다 보기도 어렵다. 유럽연합이 아닌 우리의 현실, 법감정, 사회통념 등을 고려하여 이론적·현실적 측면에서 타당성을 갖춘 위험성 평가 기준이 도출되어야 할 것이다.

그렇다면 과연 우리에 맞는 인공지능 위험성 평가 '기준'은 무엇인가? 이에 관하여는 별도의 심도있는 연구가 필요하다고 생각되나, 기본적으로 다음 사항들을 기준 설정의 출발점으로 삼을 수 있다고 본다.

(1) 인공지능 사용 영역(sector)의 본질적 속성

원자력, 우주, 항공 등과 같이 전통적인 위험책임의 영역에까지는 해당되지 않으나 해당 영역에서의 행위 결과가 사람의 신체·생명이나 자유와 같은 중대한 기본권을 직접 침해할 수 있어 사회통념상 그 행위자에게 고도의 주의의무가 요구되는 영역이 있다. 대표적으로 의료나 형사사법 분야가 그러할 것이다.[277] 이

---

276) EU 인공지능법안 제6조 2. 및 부속서 Ⅲ. 1~8.
277) 일례로 판례는 의료사고의 경우 의료인에게 "의사가 진찰, 치료 등의 의료행위를 할 때에는 사람의 생명·신체·건강을 관리하는 업무의 성질에 비추어 환자의 구체적인 증상이나 상황에 따라 위험을 방지하기 위하여 요구되는 최선의 조치를 취하여야 할 주의의무가 있다."라

러한 영역에서 인간을 대신하여 의사결정을 하거나 사무를 처리하는 인공지능의 경우에는 그 기술적 특성과 무관하게 규범적으로 고위험성을 인정할 수 있다고 생각된다.278)

(2) 인공지능과 외부 환경과의 관계(relation)

인공지능과 외부 환경과의 관계 또한 위험성 평가에서 중요한 판단 기준이 될 수 있다고 본다. 인공지능이 시간적·장소적으로 제한된 영역 내에서 이용자와의 관계 속에서만 동작할 것이 예정된 경우에는 인공지능의 동작이 이용자가 아닌 제3자에게 피해를 발생시킬 가능성이 낮으며, 이용자가 해당 인공지능을 사적(私的) 용도로만 이용하는 경우라면 더욱 그러할 것이다. 대표적으로 [사례 1]~[사례 3]에서 상정한 가사 도우미 인공지능 X를 들 수 있다. X가 사고를 일으키더라도 기본적으로 X는 이용자 B의 집과 같은 사적(私的) 공간에 한정되어 가사(家事)라는 B의 사적 업무만을 처리할 것이 예정되어 있는바, 이러한 경우까지 X를 고위험 인공지능으로 분류하는 것은 사회통념에 부합하기 어렵다고 생각된다. 이와 달리 본다면 고위험 인공지능 대상이 지나치게 확대되어 저위험 인공지능과 고위험 인공지능을 구별할 실익이 없을 것이다. 인공지능이 시간적·장소적으로 이용자와의 관계에 한정되어 동작한다면 그로 인하여 사고가 발생하더라도 대부분 이용자가 피해자가 될 것인바, 이 경우 이용자는 대부분 채무불이행책임이나 담보책임과 같은 계약책임을 통하여 손해를 배상받을 수 있을 것이므로, 고위험 인공지능에 적용되는 위험책임 법리를 통하여 보호받아야 할 필요성이 높다고 보기도 어렵다.

인공지능이 시간적·장소적으로 그 동작 환경이 제한되어 있지 않으며 이용자가 아닌 제3자에 대하여도 동작할 것이 예정된 경우에는 고위험 인공지능으로

고 설시하여 일반불법행위책임이 문제되는 통상의 경우와 달리 의료인에게 무거운 주의의무를 지우고 있다. 대법원 2017. 4. 7. 선고 2015다20896 판결 참조.
278) 일례로 판례는 의료인에게 요구되는 주의의무의 수준을 해당 의료인이 자격 취득 과정이나 이후 임상 과정에서 취득한 의료행위의 수준이 아니라 문제된 의료행위를 할 당시 의료기관 등 임상의학 분야에서 실천되고 있는 의료행위의 수준을 규범적으로 파악하여야 한다고 본다. 대법원 2011. 11. 10. 선고 2009다45146 판결 참조.

분류하는 것이 타당할 수 있으나, 그렇지 않은 경우에는 저위험 인공지능으로 분류하는 것이 합리적이라고 본다. 예를 들어 [사례 4]에서 상정하였듯이 가사 도우미 인공지능 X가 시장이나 길거리(street)와 같이 일반 대중이 자유롭게 왕래하는 시공간을 자유롭게 왕래하며 이용자가 아닌 제3자와도 상호작용할 수 있도록 출시된 상품이라면, 비록 그 용도가 '가사 도우미'라 하더라도 고위험 인공지능으로 분류하는 것이 타당하다고 생각된다.

(3) 인공지능 사고 결과의 중대성

인공지능이 사고를 일으키면 필연적으로 어떠한 형태로든 피해자의 권리나 법익이 침해될 것이므로, 설령 인공지능의 동작으로 피해자의 신체나 생명이 침해될 위험이 있다 하더라도 이를 이유로 일률적으로 고위험 인공지능으로 분류하는 것은 타당하지 않다고 생각된다. 그러나 인공지능 사고가 발생할 경우 그 대상이 광범위하거나, 발생하는 손해가 크거나, 그 사고가 연쇄적으로 다른 사고로 확대되는 등, 그 사고의 파장이 중대하여 법정책적으로 특별한 조치가 요구되는 경우 또한 상정할 수 있다. 일례로 2020년 기준 전 국민의 93.1%가 스마트폰을 보유하고 있는 것으로 알려졌는데,[279] 스마트폰에 설치되는 인공지능 Y가 스마트폰 전원 장치를 제어하여 고열을 발생시켜 화재를 일으킬 수 있다면 사실상 전 국민이 잠재적 피해자가 될 위험에 노출되므로, 이러한 경우에는 Y를 고위험 인공지능으로 분류하는 것이 타당하다고 본다.

(4) 행정처분

공권력의 주체가 사인에 대하여 우월적 지위에서 사인의 권리의무에 직접적으로 영향을 미치는 행정행위를 하는 경우,[280] 즉 다시 말하여 행정법상 '행정처분'에 있어 행정청이 처분 자체를 인공지능을 통하여 내리거나 그 처분 여부의 의사결정을 위하여 인공지능을 사용하는 경우에는 고위험성을 인정할 수 있다고 본다. 행정청은 사인의 기본권을 보장하여야 할 헌법상 의무를 지는 주체로서 법

---

279) 방송통신위원회, "2020년 방송매체 이용행태 조사", 2020. 12, 74쪽.
280) 판례상 행정처분의 개념에 관하여는 대법원 2012. 9. 27. 선고 2010두3541 판결 등 참조.

치행정의 원리 및 적법절차의 원리에 따라 법률에 근거하여 엄격한 절차적 정당성을 준수하면서 행정행위를 하여야 하므로, 행정청이 행정행위를 위하여 인공지능을 도입하였다면 그에 따른 무거운 책임 또한 부담하는 것이 타당하다. 특히 행정청의 행정처분은 수범자에게 그 권리·의무에 관하여 수혜적 또는 침익적 영향을 직접적으로 미치게 되고, 그 영향의 파장 또한 사회적으로 광범위하게 확산될 수 있으므로, 이러한 측면에서도 행정처분에 사용된 인공지능은 고위험 인공지능으로 분류하는 것이 합리적이다.

4. 평가 주체, 시기 및 절차

가. 평가 주체

제품의 안정성을 확보하기 위하여 국내외적으로 통용되는 절차인 '적합성 평가'는 크게 제1자 적합성평가와 제3자 적합성평가로 나누어진다. 제1자 적합성평가는 제품을 시장에 출시하는 당사자가 스스로 제품의 적합성을 평가하여 선언하는 방식으로 '공급자적합성선언(Supplier's Declaration of Conformity)'이라고도 불린다. 제3자 적합성평가는 당사자가 아닌 독립적인 제3자가 제품의 적합성을 평가하는 방식으로 '인증(certification)'이라고 불린다.[281] 통상적으로 제품의 안정성이나 적합성이 시장에 미치는 영향이 중대하거나 그 위해도가 상대적으로 높은 경우에는 제3자 적합성평가 방식이 사용된다. 일례로 전자파 적합성평가의 경우 전파환경 및 방송통신망 등에 위해를 줄 우려가 있거나 중대한 전자파 장애를 일으킬 위험이 있는 기기는 시험기관의 시험을 거쳐 과학기술정보통신부장관의 '적합인증'을 받아야만 시장에 출시될 수 있다.[282]

인공지능 위험성 평가는 위험책임이 적용되어야 하는 고위험 인공지능과 그렇지 않은 인공지능을 구분하기 위한 절차이므로 기본적으로 위에서 살펴본 제3

---

281) 적합성 평가란 제품이나 서비스 등이 사회적으로 합의된 안정성 등 요건을 제품 또는 서비스 공급자 본인 또는 제3자가 결정하는 일련의 행위를 말한다. 이해원·김도승, "전자파 적합성평가제도에 관한 법적 연구", IT와법연구 제22집, 경북대학교 IT와법연구소(2021. 2.), 417-418쪽.
282) 「전파법」 제58조의2 제2항.

자 적합성평가와 유사하게 당사자가 아니라 독립성과 전문성을 갖춘 제3자가 평가 주체가 되어야 할 것이다. 또한 아래에서 후술하듯이 평가 결과 고위험 인공지능으로 분류된 인공지능에 대하여는 공시나 사후 평가와 같은 국가 차원의 관리가 필요하므로 민간이 아닌 공공이 평가 주체가 될 필요가 있다. 따라서 인공지능 위험성 평가에 필요한 전문성과 독립성이 인정될 수 있는 적절한 행정청(일례로 과학기술정보통신부 등)이 평가 주체가 되어야 할 것이다.

나. 시기 및 절차

인공지능 위험성 평가의 시기 및 절차에 관하여는 다음과 같이 사전(*ex ante*) 평가 및 사후(*ex post*) 평가를 생각해 볼 수 있다.

우선 사전 평가와 관련, 국내에 제품 또는 서비스 형태로 출시되는 모든 인공지능은 출시 이전에 위험성 평가를 거쳐 고위험 인공지능과 저위험 인공지능으로 분류되어야 하며, 고위험 인공지능의 경우에는 국가가 관리하며 외부에 공개되는 데이터베이스에 등록되어야 한다. 이는 고위험 인공지능에 대한 일종의 '공시 제도'로서 기능한다. EU 인공지능법안 또한 인공지능 제조업자 또는 서비스 제공자가 인공지능을 시장에 출시하기 전에 EU인공지능법안 및 그 외 EU 법규를 준수하고 있다는 것을 보장하는 '적합성 평가(conformity assessment)'를 수행하고,[283] 적합성 평가 결과 고위험 인공지능으로 판명된 인공지능은 EU 차원에서 관리되는 데이터베이스에 등록하도록 규정하고 있다.[284]

다음으로 사후 평가와 관련, 출시 이후에도 학습을 통하여 동적으로 변화하는 인공지능의 특성을 고려하면 인공지능 위험성 평가는 일회성에 그치지 않고 출시 이후에도 이루어질 필요가 있는바, 일정 기간마다 정기적으로 위험성 평가를 실시하는 방안과 특정 위험 상황이 포착되었을 때마다 부정기적으로 위험성 평가를 실시하는 방안 등을 고려할 수 있다. 사후 평가 결과 더이상 고위험 인공지능이 아니라고 분류되거나 새롭게 고위험 인공지능으로 분류된 인공지능이 있다면 그 사실을 데이터베이스에 등록(신규 또는 수정)한다.

---

283) EU 인공지능법안 제43조.
284) EU 인공지능법안 제51조.

그렇다면 이와 같은 사전 평가 및 사후 평가 절차가 실제로 구현가능한가? 우선 인공지능이 제품, 즉 하드웨어와 결합되어 물리적 형상을 갖춘 '전산 시스템' 형태로 시장에 출시되는 경우에는 별다른 절차적 문제는 없을 것으로 생각된다. 이미 실정법상 모든 제품은 국내 시장에 출시되기 전에 관련 중앙행정기관의 장이 실시하는 안전성 조사를 거쳐 안전성을 확인받아야 하며,[285] 특히 전기용품은 시장 출시 이후에도 매 2년마다 정기안전검사를 받아야 하는바,[286] 이와 같은 기존 절차의 일환으로 인공지능 위험성 평가를 실시하면 충분하기 때문이다. 그러나 인공지능이 서비스 형태로 출시되는 경우는 문제가 있다. 예를 들어 A사가 자동 번역 인공지능 X를 개발하여 자사의 서버(server)에 탑재하고, 이용자 B에게는 자사의 서버에 웹을 통하여 B가 접속하면 자동 번역 서비스를 제공하는 경우를 상정하여 보자. 이 경우 A사가 시장에 출시한 인공지능 X 자체의 안전성을 평가하는 사전적·사후적 절차는 현행법상 존재하지 않으며, X 자체가 아닌 그러한 서비스를 출시하여 영리 활동을 하는 A에게 서비스 출시 이전에 「전기통신사업법」상 부가통신사업자 신고를 마칠 의무만이 존재할 뿐이다.[287] 그러나 부가통신사업자 신고는 사업자의 자율에 달려 있는 것으로서 이를 강제할 수 있는 법적 근거는 없으며, 설령 A가 부가통신사업자 신고를 마치지 않았다 할지라도 A가 X 서비스를 출시하는 행위 자체를 사전적으로 차단할 수 있는 법적·기술적 수단 또한 존재하지 않는다. 미신고 영업을 이유로 사후적으로 A를 형사처벌할 뿐이다.[288] 이처럼 제품과 달리 서비스 형태로 출시되는 인공지능은 현행법상 사전적·사후적 평가 절차가 전무한 상황이므로, 새롭게 관련 절차를 입법하여야 하며 기술적으로도 인공지능 위험성 평가를 거치지 않은 서비스의 출시 여부를 모니터링하고 필요시 이를 차단하는 등의 적절한 조치를 마련할 필요가 있다.

---

285) 「제품안전기본법」 제9조.
286) 「전기용품 및 생활용품 안전관리법」 제7조.
287) 「전기통신사업법」 제22조 제1항.
288) 2년 이하의 징역 또는 1억 원 이하의 벌금형이다. 「전기통신사업법」 제96조 제5호.

5. 적용 범위

4.에서 잠시 언급하였듯이 인공지능 위험성 평가의 대상은 '국내에 제품 또는 서비스 형태로 출시되는 인공지능'이다. 불법행위의 준거법은 기본적으로 그 행위가 정하여진 곳의 법이므로(「국제사법」 제32조 제1항), 인공지능 위험성 평가 대상 여부의 결정에 있어서 '국내'라는 지역적 요건이 핵심이다. 즉 인공지능을 제품 또는 서비스 형태로 출시하는 주체가 내국인이건 외국인이건 관계없이 그 출시가 국내를 대상으로 이루어지면 모두 인공지능 위험성 평가의 대상이 된다.

인공지능의 출시 주체가 내국인이거나, 내외국인 여부를 불문하고 인공지능이 제품 형태로 출시되는 경우라면, 인공지능 위험성 평가를 실제 적용함에 있어 법리적으로나 현실적으로나 큰 무리는 없을 것이다.[289] 문제는 인공지능이 서비스 형태로 출시되며 그 출시 주체가 외국인인 경우이다. 4.에서 제시한 사례를 조금 변형하여, 해외에 본사를 둔 A사가 자동번역 인공지능 X를 개발하여 해외에 위치한 서버에 탑재한 후 인터넷 홈페이지를 통하여 전세계에 자동번역 서비스를 제공하고 있으며, 국내 이용자 B가 A 홈페이지에 접속하여 X의 자동번역 서비스를 이용한다고 상정하여 보자. 인공지능 위험성 평가 및 그에 따라 고위험으로 분류된 인공지능 사고에 대하여 위험책임을 적용하는 국내법이 제정되었다면, 이러한 국내법이 A에도 적용될 수 있는가의 문제, 즉 국내법의 역외적용 문제가 대두된다.

우선 국내법에 명시적으로 역외적용이 규정되었다면 이론적으로는 A에게 인공지능 위험성 평가 및 그에 따른 위험책임이 각 적용가능하다. 국제법상 국가는 합리성이 인정되는 범위에서 외국인의 자국 영토 내에서의 활동도 규율할 수 있는 입법관할권을 가지기 때문이다.[290] 그러나 실제로 외국인인 A에게 인공지능 위험성 평가를 실시하려면 우리나라의 행정력이 A에게 미칠 수 있어야 하는바, A가 자발적으로 인공지능 위험성 평가를 받지 않는다면 A에게 우리나라의 행정

---

289) 제품의 경우에는 물리적인 형태를 갖추어 국내 시장에 출시되므로 4.에서 살펴보았듯이 사전적 또는 사후적으로 그 제품을 대상으로 한 평가가 가능하기 때문이다.

290) 정보통신정책연구원, "전기통신사업 체계 개편 및 부가통신서비스 규제개선 방안 연구", 방송통신정책연구 12-진흥-047(2012. 11.), 117-119쪽.

력이 강제로 미칠 수는 없다.[291] 한편 A가 인공지능 위험성 평가를 받지 않았다고 하여 A가 운영하는 서비스 X를 B가 이용하지 못하도록 강제하는 것 또한 법리적으로나 현실적으로나 쉽지 않다. 시공간의 제약이 없는 인터넷상에서 제공되는 A의 서비스 X를 내국인 B가 인터넷을 통하여 자발적으로 접속하여 이용한다고 하여 이를 '국내에서 출시된 인공지능 서비스'라고 보기도 어려울 뿐 아니라,[292] 합리적 이유 없이 X에 대한 접속 자체를 차단하는 것은 행동의 자유나 표현의 자유와 같은 B의 기본권을 침해할 소지가 있기 때문이다. 따라서 수범자의 자발적 협조가 없는 한 인공지능 위험성 평가를 역외적용하는 것은 가능하지 않다고 생각된다. 집행관할권의 부재를 해결하기 위한 방안으로 국내 시장에 영향을 미치는 일정 규모 이상의 글로벌 기업에게 국내대리인을 두도록 강제하는 입법이 이루어지고 있으나,[293] 국내대리인을 지정하지 않는다 하더라도 해당 글로벌 기업에게 과태료를 부과하는 것 외에는 뚜렷한 제재 수단이 없다는 한계가 있다.

인공지능 위험성 평가의 역외적용이 법리적 또는 현실적으로 가능하지 않다면, 이를 전제로 한 위험책임 또한 역외적용이 가능하지 않다. 인공지능 사고에 대한 위험책임의 핵심 요건사실은 '고위험 인공지능으로 야기된 사고'이므로, 고위험 인공지능으로 분류되지 않은 인공지능으로 인하여 발생한 사고는 위 요건사실 자체를 충족시키지 않기 때문이다. 그러나 외국인 A가 운영하는 인공지능 서비스 X로 인한 사고의 불법행위지가 국내라고 인정될 경우에는 앞서 언급한 국제사법상의 준거법 결정 원칙에 따라 국내법을 적용할 수 있다(「국제사법」 제32조 제1항). 특히 국제사법상 불법행위지는 그 원인이 된 사실이 발생한 곳에는 불법행위를 한 행동지뿐 아니라 손해의 결과발생지도 포함되므로,[294] A가 외국인이고 X가 국내가 아닌 외국에 위치한 서버에서 실행되었다 하더라도 그로 인한

---

291) 일례로 해외 업체에 대하여는 국내법상 게임물등급제나 불법·유해 정보의 유통금지와 같은 규제가 적용되지 않고 있다. 국회입법조사처, "국내 인터넷 규제의 역외 적용 한계와 개선 과제", NARS 현안보고서 제322호(2017. 12.), 26-29쪽.
292) A가 X를 국내 시장을 상대로 출시할 의도가 없었다 하더라도 B가 인터넷 검색을 통하여 X를 발견한 후 접속하여 X를 이용한 경우라면 이를 '국내 시장 출시'라고 볼 수는 없을 것이다.
293) 일례로 「개인정보 보호법」 제31조의2, 「전기통신사업법」 제22조의8 등.
294) 대법원 1994. 1. 28. 선고 983다18167 판결 참조.

사고의 손해가 국내에서 발생한다면 A에게는 국내법을 적용할 수 있다. 따라서 X가 고위험 인공지능으로 분류되지 않더라도 적어도 X의 결함으로 사고가 발생하여 그 손해가 국내에서 발생하였다면 당사자들 사이에 준거법에 관한 합의가 있다는 등의 특별한 사정이 없는 한 국내법이 준거법이 된다.[295]

정리하면, 인공지능 위험성 평가 및 그에 기반한 위험책임을 입법하더라도 내국인이 아닌 외국인에게는 법리적으로나 현실적으로나 역외적용을 강제할 수는 없다. 그러나 인공지능 사고가 국내에 손해를 발생시킨 경우에는 국제사법의 준거법 결정 원칙에 따라 불법행위책임에 관한 국내법(민법, 제조물 책임법 등)이 외국인에게 역외적용될 수 있다.

Ⅲ. 이원적 구성에서의 책임의 주체

1. 쟁점

이원적 접근법을 취할 경우 우선 저위험 인공지능 사고의 책임 주체는 제조물책임법에 따른 제조업자라는 점에 이론의 여지가 없다. 고위험 인공지능 사고의 경우에도 원자력, 우주(space), 항공 등 이미 실정법상 이미 위험책임이 적용되는 영역에서 사용되어 고위험으로 분류된 인공지능 사고(이하 '제1유형 고위험 인공지능 사고'라 한다)에는 해당 영역을 규율하는 실정법에 따라 책임 주체를 결정하면 충분하다.[296] 그러나 '위험성 평가'를 통하여 고위험으로 분류된 인공지능 사고(이하 '제2유형 고위험 인공지능 사고'라 한다)의 책임 주체에 관하여는 실정법상 명문의 규정이 없고 새롭게 입법이 필요한 부분이므로 검토가 필요하다.

---

295) 실제로 대법원은 고엽제로 인하여 피해를 입은 베트남파병 참전군인들이 국내에서 고엽제 제조 회사인 미국 법인 다우케미컬 등을 상대로 제조물책임을 물은 사건에서 우리 제조물 책임법이 준거법이라고 판단하였다. 대법원 2013. 7. 12. 선고 2006다17539 판결 참조. 물론 불법행위사고 발생 이전 또는 이후에도 당사자들이 합의한다면 준거법을 달리 정할 수 있다. 「국제사법」 제25조, 제33조.
296) 일례로 인공지능이 원자력 발전소에서 사용되던 중 오류를 일으켜 손해를 발생시킨 경우에는 해당 원자력사업자가 무과실책임을 진다(「원자력 손해배상법」 제3조).

2. 인공지능 이용자

인공지능 사고에 관하여 위험책임의 적용을 긍정하는 견해의 상당수는 인공지능 이용자가 책임의 주체가 되어야 한다고 주장한다.[297] ① 이용자는 인공지능을 이용할 것을 스스로 선택하였고 그 이용으로 인하여 이익을 취하는 자이고(선택·이익의 주체성), ② 이용자는 인공지능의 구체적 사용처 및 작동 여부를 결정하고 인공지능의 위험성을 시간적·장소적 근접성을 가지고 감시·통제할 수 있으며(통제가능성), ③ 이용자가 인공지능의 위험을 최소 비용으로 억제할 수 있는 지위(최소비용회피가능성)에 있다는 것이 위 견해의 주요 논거이다. 그러나 이러한 견해에 관하여는 다음과 같은 반박이 가능하다.

첫째, 인공지능 이용자가 인공지능을 이용하기로 선택하고 그로 인하여 이익을 얻는 것은 사실이지만, 이는 비단 인공지능 이용자에게만 특수하게 인정되는 사정이 아니라, 그 대상을 불문하고 시장에서 유통되는 모든 제품 또는 서비스의 이용자에게 공통적으로 인정되는 사정이다. 이용자가 시장에서 어떤 제품 또는 서비스를 이용할 것인지 스스로 선택하는 것은 당연하며, 이용자가 그렇게 선택한 제품 또는 서비스를 이용하여 이익을 얻는 것 또한 당연한 일이다. 더욱이 이용자가 해당 제품이나 서비스를 이용함으로써 얻는 이익은 많은 경우 이용자가 지불한 대가와 등가관계에 있는 이익으로서 이용자가 무상으로 누리는 것이 아니다. 따라서 인공지능 이용자의 '선택'이나 '이익'은 그에게 위험책임을 귀속시킬 타당한 논거가 되기에는 부족하다. 만약 선택과 이익을 인공지능 사고의 위험책임 귀속 주체의 결정 기준으로 본다면, 인공지능을 개발하고 이를 시장에 출시하기로 선택하고 그로 인하여 이윤을 창출하는 인공지능 제조업자 또는 인공지능 서비스 제공자에게 책임을 귀속시키는 것이 합리적이다.

둘째, 위험책임이 도입된 근본 취지는 위험원을 지배하는 원인야기자에게 무과실책임을 지움으로써 위험원으로부터 야기되는 손해 발생을 예방·억제하고

---

297) 서종희(각주 7), 93−94쪽, 김진우(각주 7), 69−71쪽, 김성호(각주 1), 278쪽. 편익책임을 주장하는 견해도 위 견해들과 유사한 이유로 인공지능 보유자가 책임의 주체가 되어야 한다는 입장인데, 인공지능 보유자는 대부분 인공지능을 말단에서 소유하는 최종 이용자가 될 것이다. 오병철(각주 7), 211−213쪽.

나아가 실제 손해가 발생한 경우 사회적으로 공평타당한 분담을 달성함에 있다. 인공지능의 구체적인 사용처를 결정하고 최종 작동 여부를 결정하는 자는 인공지능 이용자, 정확하게는 인공지능을 유통 단계의 최종 말단에서 이용하는 '최종이용자(end-user)'일 것이다. 그러나 인공지능 이용자가 언제나 인공지능의 위험성을 감시·통제할 수 있다고 보는 것은 무리이다. 인공지능의 본질적 속성인 자율성 및 예측불가능성으로 인하여 인공지능을 완벽하게 감시·통제하는 것은 기본적으로 불가능하다. 특히 인공지능 이용자는 대부분의 경우 인공지능에 관한 전문적 지식이 없는 통상적인 자연인일 것인바, 이들은 인공지능을 이용할 능력은 있어도 그 위험을 감시·통제할 능력은 부족하다. 나아가 위험책임이 문제되는 상황은 인공지능 이용자가 인공지능을 정상적인 방법으로 적법하게 사용하였음에도 불구하고 인공지능이 오작동을 일으켜 손해가 발생한 경우일 것인데,[298] 이러한 경우 인공지능 이용자는 인공지능 사고에 대한 예측가능성이 없으므로 그로 인한 위험성을 감시·통제할 것을 기대하기 어렵다. 이처럼 인공지능 이용자는 위험원을 지배하지 않는 자임에도 불구하고 규범적으로 원인야기자로 취급하여 위험책임을 부담시키는 법정책은 타당성이 부족하다.

셋째, 인공지능 이용자는 '최소비용회피자(least-cost avoider)'가 아니라 아무리 비용을 들여도 위험을 회피할 수 없는 자, 소위 '회피불가능자(inevitabler)'인 경우가 대부분이라고 생각된다. 특단의 사정이 없는 한 인공지능 이용자는 인공지능의 구조나 동작 원리 등 인공지능 사고를 회피하기 위하여 필요한 정보를 알지 못한다. 정보가 부재한 상황에서 인공지능을 정상적인 용법에 따라 사용했음에도 불구하고 사고가 발생하는 것을 막기 위하여 인공지능 이용자가 취할 수 있는 조치는 사실상 많지 않다. [사례 4]의 경우 가사도우미 인공지능 X가 C에게 상해를 입히는 것을 막기 위하여 이용자 B가 취할 수 있는 조치는 기껏해야 X의 전원을 차단하는 것 정도일 것인데, 이마저도 X의 통제 영역에 있다면(즉 X가 내장 배터리로 동작하며 갑작스런 전원 차단은 X에 고장을 일으킬 수 있어 X 자체가 그 당부를 판단한다면) 결국 사고는 피할 수 없을 것이다. 따라서 인공지능 이용자가 인

---

298) 인공지능 이용자가 인공지능을 비정상적인 방법으로 이용하거나(예컨대 사용설명서에서 금지한 방법으로 이용) 위법하게 이용하였다면(예를 들어 범죄의 도구로 이용) 그 자체로 일반불법행위책임을 질 것이다.

공지능 사고를 회피하기 위하여 취할 수 있는 조치는 인공지능을 24시간 365일 한순간도 쉬지 않고 감시하는 '상시 모니터링' 외에는 상정하기 어렵다. 그러나 이는 그 자체로 비현실적이다. 비교법적으로 보더라도 EU 인공지능법안은 고위 험 인공지능이라 하더라도 이용자에게 상시 모니터링 의무를 규정하고 있지 않 으며, 인공지능 제조업자나 서비스 제공자가 사용설명서 등에서 제시한 사용 방 법(instruction)에 따른 한정된 모니터링 의무만 부담할 뿐이다.[299] 비용 측면으로 보더라도 상시 모니터링은 설사 인공지능 이용자 1인을 기준으로 하면 경미한 비용일지 모르나 사회 전체적으로 볼 때 상당한 비용을 야기할 것이다.[300]

넷째, 앞서 언급하였듯이 인공지능 이용자의 대부분은 최종 이용자일 것이고, 최종 이용자의 상당수는 일반 자연인일 것이다. 법인에 비하여 통상적으로 자력 이 부족한 일반 자연인에게 위험책임을 지우는 것은 기본적으로 피해자 구제에 적합하지 않으며, 많은 경우 피해자가 손해의 상당수를 부담해야 할 것이다. 인 공지능의 발전 및 그로 인한 혁신 측면에서도 최종 이용자에게 위험책임과 같은 무과실책임을 지우는 것은 극히 신중해야 한다. 이러한 법정책은 강력한 입법 저 항을 불러일으킬 뿐 아니라,[301] 최종 이용자는 과도한 책임 위험에 노출되지 않 을 때에만 인공지능을 구매할 것이므로, 인공지능과 같은 신기술이 시장에서 수 용될 것인지는 결국 최종 이용자가 부담하게 될 책임위험의 적절성 여부에 달려 있기 때문이다.[302] 예컨대 앞서 살펴본 [사례 1]~[사례 4]에서 만약 가사 도우 미 인공지능 X가 사고를 일으킨 경우 최종 이용자가 자신의 고의 또는 과실과 무관하게 위험책임을 부담한다고 하면 B는 X의 구매를 망설일 수밖에 없다.

---

299) EU 인공지능법안 제29조 (4).
300) Richard A. Posner, ECONOMIC ANALYSIS OF LAW 210 (Wolters Kluwer Law & Business 2014).
301) 이중기, "인공지능을 가진 로봇의 법적 취급 : 자율주행자동차 사고의 법적 인식과 책임을 중심으로", 홍익법학 제17권 제3호, 홍익대학교 법학연구소(2016. 9.), 22쪽.
302) 김진우(각주 7), 66쪽.

3. 인공지능 공급자

가. 개념 정의

앞서 인공지능 사고에 관하여 인공지능 이용자에게 위험책임을 지우는 것은 타당하지 않다고 결론지었다. 그렇다면 누가 위험책임 주체로서 적절한가? 인공지능 이용자는 인공지능 시장에서의 행위자(player) 중 '수요' 측면에 해당하므로, 이에 대립하는 공급 측면의 행위자, 즉 이용자가 인공지능을 이용할 수 있도록 인공지능 상품(제품 또는 서비스)을 출시하에 제공하는 주체에게 위험책임을 묻는 방안을 생각해 볼 수 있다. EU 인공지능법안에서는 이러한 주체를 인공지능의 '공급자(provider)'라고 표현하는바,303) 이 책에서도 이와 유사하게 인공지능 시장의 공급 측면의 행위자를 '인공지능 공급자'라고 칭하기로 한다.304) '인공지능 공급자'라는 다소 생소한 용어를 도입하는 이유는 기존 연구와 달리 인공지능 시장의 행위자를 '이용'이라는 모호한 개념을 사용하여 구분하지 않고 '공급'과 '수요'라는 개념징표를 사용하여 명확히 구분하기 위함이다.305)

이 책에서 '인공지능 공급자'는 영리성을 불문하고 ① 인공지능을 그 자체로 제품 또는 서비스의 형태로 불특정 다수에게 공급하는 자(일례로 가사 도우미 인공지능 X를 그 자체로 제품으로 시장에 출시하는 A사) 및 ② 인공지능을 원재료, 자본재 또는 이에 준하는 용도로 사용하여 이에 기반한 제품 또는 서비스를 시장에 공급하는 자(일례로 A사로부터 가사 도우미 인공지능 X를 구매하여 렌탈 서비스를 제공

---

303) EU 인공지능법안 제3조 (2).
304) '인공지능 공급자' 대신 '인공지능 사업자'라는 용어도 생각해 볼 수 있으나, 사업은 영리성을 본질로 하는데 인공지능을 제품 또는 서비스 형태로 공급하는 주체는 국가 등 영리성이 없는 공공인 경우도 상당할 것이므로 '사업자'라는 표현이 적절치 않은 측면이 있다. 더욱이 제7절 Ⅱ.에서 인공지능 위험성 평가의 기준 중 하나로서 '공공에서 행정처분을 위하여 사용하는 경우'를 제시한 바 있다. 그러므로 공공까지 포괄할 수 있는 '인공지능 공급자'라는 용어를 사용하는 것이 적절하다.
305) 기존 연구들에서의 '인공지능 이용자'의 개념은 '인공지능 최종 이용자'뿐 아니라 '인공지능 제품이나 서비스를 구입 후 이를 이용하여 다시 제품이나 서비스를 시장에 공급하는 자'도 포함하는 모호한 개념이다. 양자는 인공지능 이용의 양상도 다를 뿐 아니라 인공지능 이용으로 인한 이익의 귀속이나 통제가능성 등에서 상당한 차이를 보이고 있어 하나로 묶을 수 없는 개념임에도 기존 연구들은 이를 준별하지 않고 있어 논의가 혼란스럽다.

하는 B사)의 양자를 모두 포함하는 개념으로 정의한다. 인공지능 공급자를 위와 같이 정의하면, 인공지능 이용자는 '인공지능 공급자로부터 인공지능 제품 또는 서비스를 제공받아 최종적으로 이용하는 자', 즉 소위 '최종 이용자(end-user)'라고 정의할 수 있다. 이와 같이 개념정의하면 인공지능 시장에서의 행위자는 공급 측면의 '인공지능 공급자'와 수요 측면의 '인공지능 이용자'로 개념적으로 명확하게 양분할 수 있으며 각 행위자간 중첩되는 영역은 존재하지 않는다.

나. 책임 주체로서의 인공지능 공급자

가.와 같이 개념정의하면, 결국 쟁점은 인공지능 공급자와 인공지능 이용자 중 누가 위험책임을 부담하는 것이 타당한 법원리인지로 귀결되는바, 다음과 같은 이유로 인공지능 공급자가 위험책임을 부담하는 것이 법리적으로나 실제적으로나 타당하다고 생각된다.

첫째, 위험책임의 연혁적 기원이나 현행 우리 입법례를 볼 때 기본적으로 위험원을 이용하여 자신의 업무를 처리하는 자가 위험책임의 주체가 되는 것이 타당하며, 특히 업무처리자가 영리 목적의 사업자인 경우에는 더욱 그러하다. 일례로 독일에서 위험책임을 최초로 입법화한 법률로 알려진 1838년 「프로이센 철도법」 제25조는 철도사업과 내적 관련이 있는 모든 손해에 관하여 철도 이용자가 아니라 철도회사가 손해배상책임을 지도록 규정하였다. 어떤 사업의 위험성에 기인하여 발생한 손해는 마땅히 해당 사업의 주체에게 귀속되어야 하고, 이는 특히 이윤을 추구하는 사기업이 법인의 형태를 갖춘 경우에 그러하다는 것이 위 법률의 입안을 주도한 사비니(Friedrich Carl von Savigny)의 생각이었다. 어떤 사업의 이윤은 그 사업 자체에 내재하는 위험한 특성으로 말미암아 발생한 모든 손해가 공제된 후에야 비로소 논할 수 있다는 것이다.[306] 이처럼 연혁적으로 위험책임은 애초부터 자연인이 아닌 법인에게 적용될 것을 예정하고 있었다. 우리나라의 입법례를 보더라도 위험책임을 규정한 것으로 평가되는 「원자력 손해배상법」, 「광업법」, 「환경정책기본법」 등은 모두 해당 위험원에 기반하여 사업을 영위하는 자를 손해배상책임의 주체로 규정하고 있다.

---

306) 신유철, "대규모 피해와 손해배상", 민사법학 제75호, 한국민사법학회(2016. 6.), 437-438쪽.

둘째, 위험책임을 정당화하는 논리적 근거 중의 하나는 위험원을 사회에 현출시켜 그로 인하여 이익을 얻는 자에게 그로 인한 손해도 부담시키는 것이 공평타당하다는 점에 있다. 인공지능 공급자는 인공지능을 사회에 제공함으로써 추상적·개념적으로만 존재하던 인공지능이라는 위험원을 현실화시킨 주체이며, 이를 통하여 가장 큰 경제적 이익을 얻는 자이다. 따라서 인공지능 공급자가 그로 인한 위험책임을 부담하는 것이 논리적으로 타당하다.

셋째, 인공지능의 오류를 선제적으로 방지하는 방법은 인공지능 제작 과정에서의 오류(설계, 학습, 구현에서 발생하는 오류 등) 및 서비스 제공 과정에서의 오류(환경 설정 오류 등)를 최소화하는 것이다. 이와 같은 오류는 상당 부분 인공지능 공급자의 통제가능한 영역에 속하며 인공지능 이용자가 여기에 영향을 미칠 수 있는 가능성은 거의 존재하지 않는다. 따라서 인공지능의 통제가능성이 상대적으로 높은 인공지능 공급자에게 인공지능 이용자보다 무거운 법적 책임을 부담시키는 것이 타당하다.[307] 참고로 자율주행자동차로 발생한 사고에 관하여 호주나 미국에서는 자율주행자동차의 소유자가 아니라 자율주행자동차에 탑재된 자율주행시스템(automated driving system, 이하 'ADS')을 개발, 제작하고 이를 인증한 추상적 주체인 ADS Entity(통상적으로 ADS의 개발사나 제작사가 이에 해당한다)에게 일차적 책임을 부담하는 원칙이 유력하게 주장되고 있는데, 이는 자율주행자동차의 이용자인 '운전자'가 아니라 자율주행시스템을 개발, 제작한 'ADS Entity'가 ADS의 위험을 가장 잘 통제할 수 있는 자라는 사상에 기초하고 있다.[308]

넷째, 인공지능 공급자는 대부분의 경우 인공지능 이용자에 비하여 자력이 풍부한 법인일 것이다. 따라서 피해자 구제 측면에서도 인공지능 공급자에게 위험책임을 지우는 것이 바람직하다.

다섯째, 인공지능 사고에 관하여 제조물책임 외에 위험책임이라는 무과실책임 원리를 별도로 적용하고자 하는 이유는 말 그대로 인공지능이 기존의 통상적인 제조물보다 더욱 위험한 대상이라는 점, 즉 '특별한 위험원'이라는 전제를 기본으로 한다. 그런데 기존의 제조물로 인하여 발생한 사고의 책임은 제조업자에게 지

---

307) Melinda F. Lohmann, *Liability Issues Concerning Self−Driving Vehicles*, 7 European Journal of Risk Regulation Iss. 2 335, at 338−339 (2016).
308) 이중기·황창근(각주 36), 353−354쪽.

우면서 그보다 더 위험하다고 전제하고 있는 인공지능에서 발생한 사고의 책임은 이용자에게 지운다는 것은 쉽게 수긍하기 어렵다. 논리적 일관성을 유지한다면 제조물책임에서의 제조업자에 비견되는 인공지능 공급자에게 위험책임을 부담시키는 것이 타당하다.

다. 가격전가론에 대한 재반론

인공지능 공급자에게 위험책임을 지울 경우 예상되는 가장 유력한 반론은 해당 공급자가 질 수 있는 손해배상책임의 부담이 가격 등의 형태로 인공지능 이용자에게 전가될 수 있어 결과적으로 이용자 후생이 감소한다는 것이다.[309] 그러나이에 대하여는 다음과 같은 재반론이 가능하다고 생각된다.

첫째, 위험책임으로 인하여 인공지능 공급자에게 증대되는 부담은 인공지능시장의 '공급' 측면에서의 부담인 반면, 위험책임으로 인하여 인공지능 이용자에게 증대되는 부담은 인공지능 시장의 '수요' 측면에서의 부담이다. 공급 측면에서의 부담의 증가는 수요 측면에서의 부담의 증가보다 시장 위축이나 혁신 저하와같은 부작용이 상대적으로 덜하다. 앞서 살펴보았듯이 인공지능 이용자가 위험책임을 부담하게 된다면 인공지능 수요 자체가 위축되며, 인공지능 공급자는 수요가 위축된 인공지능을 개발하여 시장에 출시할 유인이 없으므로 공급도 자연스럽게 감소하게 되므로, 결국 인공지능 시장 자체가 형성되지 않을 것이다. 그러나 이와 달리 인공지능 공급자가 위험책임을 부담하게 되더라도 인공지능 이용자 입장에서 자신이 부담하는 법률상 위험이 증대된 측면은 없으므로 이 때문에수요가 위축되는 효과는 발생하지 않는다. 수요만 충분하다면 사업자 간의 경쟁이나 기술 혁신 등을 통하여 공급 측면의 위험은 극복될 수 있고 시장도 창출되게 된다.[310]

둘째, 가격 전가로 발생하는 부작용은 사실 크지 않다. 수요자가 아닌 공급자에게 일정 부분 무과실책임을 묻는 법리는 생소한 것이 아니며 제조물책임을 통하여 오랫동안 인정되어 온 법리이다. 제조물책임이 인정된다고 하여 제조업자가

---

309) 서종희(각주 7), 93−94쪽. 오병철(각주 7), 212−213쪽도 유사한 취지이다.
310) Herbert Zech, *Liability for AI: public policy considerations*, ERA Forum (2021), at 1, 6 f.

신상품을 시장에 출시하지 않거나 기술 개발을 게을리하지는 않았다는 점은 제조물책임 도입 이후의 경제 발전 역사가 실증해 주고 있다.[311] 시장경쟁 원리상 인공지능 공급자는 위험책임을 지게 될 법률상 위험이 있더라도 이를 전부 인공지능 이용자에게 가격으로 전가시키는 것 또한 사실상 불가능하다. 인공지능 이용자는 유사 또는 동종 인공지능 상품 또는 서비스 중 가격이 저렴한 것을 선택할 것이므로, 위험책임을 지나치게 가격으로 전가시킨 인공지능 공급자는 가격경쟁력을 상실하여 결국 시장에서 도태될 것이기 때문이다. 특히 이 책은 모든 인공지능 공급자에게 위험책임을 지우는 것이 아니라, '고위험 인공지능 공급자'에 한정하여 위험책임을 지우자는 입장이므로, 설사 가격 전가 현상이 발생한다 하더라도 그 영향은 전체 인공지능 시장의 일부에만 미칠 것이다.

라. 인공지능 공급자가 다수인 경우

인공지능 제품이나 서비스의 유통 양상을 고려하면 하나의 인공지능 사고에 관하여 인공지능 공급자가 다수 존재할 수 있다. 예컨대 [사례 1]~[사례 4]에서 예를 든 가사 도우미 인공지능 X이 위험도 평가 결과 고위험 인공지능으로 분류되었다고 가정하자. A사가 X를 유체물의 형태로 제작하였으며, B사는 X를 대량 구입하여 이용자 C에게 빌려주는(rental) 서비스를 시장에 제공한다면, 앞서 살펴본 인공지능 공급자의 정의상 A(인공지능 X를 제품의 형태로 시장에 공급한 자)와 B(인공지능 X를 중간재로 사용하여 영리 활동을 하는 자)는 모두 인공지능 공급자에 해당한다. 그렇다면 C가 X를 사용하던 중 D에게 손해를 입힌 경우, A와 B에게 모두 위험책임을 지울 것인지, 아니면 A와 B 중 일방에게만 위험책임을 지울 것인지가 문제된다.

이론적으로는 A, B 양자에게 모두 위험책임을 부담시키고 양자와 피해자와의 관계를 연대책임으로 구성하는 방안과 A, B 중 적절한 일방에게만 위험책임을 부담시키는 방안의 양자를 생각해 볼 수 있다. 그러나 위험책임은 행위, 귀책사

---

311) 제조업자가 손해배상책임의 증가에 따른 원가부담을 100% 가격에 전가할 경우의 가격상승 요인은 0.095%에 불과하며, 제조물 책임법의 시행에도 불구하고 일본이나 EU에서는 보험 요율의 상승은 없었다는 연구 결과도 있다. 임영주, "제조물책임법과 경제환경의 변화", 2016. 4, https://www.kplc.or.kr/

유, 나아가 위법성의 존부와도 무관하게 위험이 실제로 발현되어 손해가 발생하였을 경우에 인정되는 무과실책임이라는 점에 비추어 볼 때, 위험이 실제로 현실화되고 그로 인하여 손해가 발생하는 과정에 직접적으로 관련된 인공지능 공급자, 즉 인공지능 시장의 공급 사슬(supply chain)에서 인공지능을 최종 이용자에게 상품이나 서비스 형태로 최종적으로 공급한 인공지능 공급자(소위 '최종 공급자')에게만 위험책임을 지우는 것이 보다 합리적이고 간명한 방안이라고 생각된다.312) 입법례를 보더라도 원자력 사고, 우주 사고, 환경오염 사고 등과 같이 위험책임을 규정하고 있는 실정법은 위험책임의 주체를 사고를 발생시킨 '해당 사업자'로 한정하고,313) 해당 사업자에게 부품이나 서비스 등을 공급하는 등 사고의 배후에 있는 자에게는 위험책임 주체성을 부정하는 '책임집중의 원칙(channeling of liability)'을 채택하고 있다.314)

인공지능의 최종 공급자에게만 위험책임을 지우더라도 피해자는 다른 인공지능 공급자를 상대로 제조물책임이나 기타 다른 책임법리에 따른 책임을 여전히 추궁할 수 있다.315) 인공지능 최종 공급자 또한 자신에게 인공지능을 상품이나 서비스로 제공한 인공지능 공급자가 존재한다면 그와의 계약 관계를 통하여 인공지능 사고로 인한 손해배상책임을 적절히 배분 또는 분산시킬 수 있다. 따라서 인공지능 최종 공급자에게만 위험책임을 인정하는 방안이 피해자나 최종 사업자에게 부당하게 불리하다고 보기는 어렵다고 생각된다.

만약 인공지능 사고에 관하여 위험책임을 부담하는 최종 사업자가 복수라면 전 손해에 대하여 연대책임을 부담케 하면 충분할 것이며, 만약 최종 사업자에 해당될 수 있는 개연성있는 주체가 다수이고 이들 중 누가 최종 사업자인지 피해자 입장에서 불분명한 경우에는 제3절 V.에서 살펴본 '가해자 불명의 공동불법행위책임'과 유사하게 개연성이 인정되는 다수가 전 손해에 대하여 연대하여 위

---

312) 환경오염책임의 경우이기는 하지만 동일한 취지로 이동진(각주 133), 99쪽.
313) 「원자력 손해배상법」 제3조 제1항, 「우주손해배상법」 제4조 제1항, 「환경오염피해 배상책임 및 구제에 관한 법률」 제6조 제1항 각 참조.
314) 전경운, "원자력손해 배상책임에 관한 일고찰", 경희법학 제50권 제3호, 경희법학연구소 (2015. 9.), 274−275쪽.
315) 이는 원자력 손해배상법 등에서 채택한 책임집중의 원칙 하에서도 마찬가지이다. 전경운(각주 314), 279−281쪽.

험책임을 지게 하되 자신이 최종 사업자가 아니라는 점을 증명하면 연대책임을 면하게 하는 것이 합리적일 것이다.

IV. 책임의 성립 요건

지금까지 살펴본 책임법리 중 민법상 일반불법행위책임, 민법상 특수불법행위책임, 제조물책임은 모두 실정법상 그 책임의 성립 요건이 규정되어 있다. 또한 제1유형 고위험 인공지능 사고 역시 해당 영역을 규율하는 개별 법률(원자력 손해배상법, 우주손해배상법, 환경오염피해 배상책임 및 구제에 관한 법률 등)에서 책임의 성립 요건이 법정화되어 있다. 따라서 책임의 성립 요건에 관하여 검토가 필요한 경우는 제2유형 고위험 인공지능 사고로 한정된다.

제2유형 고위험 인공지능 사고의 책임 성립 요건은 ① 위험성 평가를 거쳐 고위험으로 분류된 고위험 인공지능의 존재, ② 손해의 발생, ③ 고위험 인공지능의 운용(operation)과 손해 사이의 인과관계의 세 가지라고 생각되며,316) 그 책임의 주체는 III.에서 검토하였듯이 해당 인공지능의 공급자라고 봄이 타당하다. 위험책임은 사회의 발전과 과학기술의 진보로 인하여 필연적으로 등장하며 그 사용을 합법적으로 허용할 필요가 있는 영역에서 내재된 특별한 위험이 현실화된 경우에 손해배상책임을 지우는 것이므로, 통상적인 불법행위책임과 달리 위법성은 책임의 성립 요건이라고 볼 수 없다.317)

V. 다른 책임과의 관계

고위험 인공지능에는 위험책임을 적용하고 저위험 인공지능에는 수정제조물책임을 적용하는 이원적 접근법을 채택할 경우 추가로 검토되어야 하는 것은 다른 책임과의 관계이다. 바꾸어 말하면 이원적 접근법에 따라 고위험 인공지능 사

---

316) 편익책임주의를 채택할 경우 위 3가지 요건 외에 '인공지능의 적법한 편익'이라는 요건이 필요하다. 오병철(각주 7), 218쪽.
317) 윤용석, "위험책임분야의 민법개정안의견서에 관한 일고", 법학연구 제41권 제4호, 부산대학교 법학연구소(2000. 12.), 332쪽.

고에 위험책임을 적용할 경우 다른 책임법리에 따른 청구권의 경합을 인정할 것인지의 문제이다.

주지하다시피 하나의 단일한 사실관계에 관하여 법리적으로 다양한 청구권이 성립할 수 있는 경우 우리 법제가 채택하고 있는 일반적인 원칙은 청구권경합을 허용하는 것이다.[318] 인공지능 사고라고 하여 위 원칙을 따르지 않아야 할 특별한 사정은 없는 것으로 생각된다. 인공지능 사고에 관하여 위험책임이 아닌 다른 책임법리의 적용이 가능하고 요건사실이 증명되었다면 그 책임 또한 적용이 가능하다며 피해자가 손해배상책임자에게 가지는 각 청구권들은 청구권 경합 관계라고 보아야 할 것이다. 만약 단일한 인공지능 사고에 관하여 그 책임 주체가 다수(多數)이면 제3절 Ⅴ.에서 살펴보았듯이 공동불법행위책임 또한 성립할 것이다.

지금까지 인공지능 사고에 관하여 불법행위책임이 성립하는 경우를 중심으로 논하였으나, 사실 인공지능 사고의 피해자가 인공지능 이용자라면, 이용자는 인공지능의 이용과 관련된 계약관계(인공지능 매매계약이나 인공지능 서비스 이용계약)에 따른 채무불이행책임이나 담보책임을 통하여도 손해를 배상받을 수 있다. 따라서 하나의 인공지능 사고에 관하여 여러 개의 청구권이 성립가능하면 그 경합을 인정하는 것이 피해자 보호 측면에서도 유리하다.

제7절 결어

지금까지 인공지능 사고의 책임 귀속 근거를 해석론과 입법론의 양 측면에서 살펴보았다. 해석론적 접근으로는 일반불법행위책임, 민법상 특수불법행위책임, 제조물책임의 적용 당부를, 입법론적 접근으로는 무과실책임을 입법할 경우 타당한 법리 구성이 무엇인지를 각 검토하였다. 그 상세한 검토 결과는 각 절을 정리

---

318) 통설 및 판례의 입장도 이와 같다. 채무불이행책임과 불법행위책임간의 청구권 경합에 관하여는 대법원 1983. 3. 22. 선고 82다카1533 전원합의체 판결 참조. 일반불법행위책임과 제조물책임의 청구권경합에 관하여는 대법원 2013. 7. 12. 선고 2006다17546 판결 참조. 소송법적으로도 실체법상의 권리관계마다 별개의 소송물을 구성한다는 구소송물이론을 채택하고 있는 판례법리상 청구권 경합이 인정되는 것이 논리적으로 타당하다.

하면서 제시하였으므로 반복하지 않으나, 핵심은 다음과 같다.

(1) 일반불법행위책임, 책임무능력자의 감독자책임, 사용자책임, 공작물책임, 동물점유자책임은 인공지능 사고에 관하여 법리적으로 적용 자체가 불가능하다고 보기는 어렵지만 그 이론 구성에 다소 난점이 있거나, 모든 인공지능 사고에 보편적으로 적용되기 어렵거나, 증명책임의 문제상 현실적으로 피해자 구제에 취약하다는 등의 문제가 있어 인공지능 사고에 관한 일반적인 책임법리로 기능하기에는 한계가 있다.

(2) 인공지능 사고에 관하여 현재 해석론상 가장 유력한 책임법리는 제조물책임이다. 입법론으로는 소프트웨어를 제조물 개념에 포함시키고 피해자에게 인공지능 로그 접근권을 부여하여 증명곤란을 해결한 '수정제조물책임'이 도입될 필요가 있다.

(3) 특별한 위험이 인정되는 '고위험 인공지능' 사고에 관하여는 (2)와 별도로 위험책임에 근거한 무과실책임법리를 입법론으로 도입할 필요가 있다. 여기서 고위험 인공지능은 원자력, 우주, 항공 등 이미 위험책임이 인정된 영역에서 사용되는 인공지능 또는 인공지능 위험성 평가를 거쳐 고위험 인공지능으로 분류된 인공지능을 말한다.

(4) (2)와 (3)을 결합한 이원적 접근법, 즉 고위험 인공지능 사고에는 위험책임에 따른 무과실책임을 적용하고, 그렇지 않은 저위험 인공지능 사고에는 (수정)제조물책임을 적용하는 방안이 모든 인공지능 사고에 관하여 일반적·보편적으로 적용될 수 있는 타당한 책임 원리라고 생각된다. 이원적 접근법에서 위험책임을 부담하는 주체는 인공지능 이용자가 아닌 인공지능 공급자라고 봄이 타당하다.

(5) (4)에서 제안한 이원적 접근법을 취하더라도 인공지능 사고에 관하여 계약법상 또는 불법행위법상 다른 민사책임의 추궁이 가능하다면 이를 긍정하여야 하며, 이 경우 피해자가 책임의 주체에게 가지는 청구권들은 청구권 경합 관계라고 보아야 한다.

제5장

인공지능과 불법행위책임: 책임의 내용

인공지능과 불법행위책임: 책임의 내용

제1절 서론

　지금까지 이 책의 주제질문인 "인공지능 사고에 관하여 누구에게 어떠한 근거로 어떠한 내용의 민사책임을 물어야 하는가"에 관하여 책임의 주체(제3장) 및 책임의 근거(제4장)에 관하여 각 살펴보았다. 본 장에서는 주제질문에 관한 논의의 세 번째 단계로서 '책임의 내용'에 관하여 살펴본다.

　책임의 내용에 관한 논의의 전제가 되는 책임의 근거는 제4장에서 제시한 이원적 접근법, 즉 고위험 인공지능에는 위험책임에 기반한 무과실책임을, 저위험 인공지능에는 수정제조물책임을 각 적용하는 방안이다. 그런데 제4장에서 살펴보았듯이 수정제조물책임은 제조물의 개념에 소프트웨어를 포함시키고 피해자의 증명곤란을 일부 해결해주는 것 외에는 기본적으로 기존 제조물책임의 법리를 따르는바, 제조물책임의 내용에 관하여는 제조물 책임법의 규정 및 축적된 판례를 통하여 이미 확립되어 있다. 제1유형 고위험 인공지능 사고(전통적인 위험책임 영역에서의 인공지능 사고)의 책임의 내용 또한 해당 영역을 규율하는 개별 법률에서 이미 법정화되어 있다.

요컨대, 제4장에서 제안한 이원적 접근법이 적용되는 인공지능 사고 중 책임의 내용이 해석론으로나 입법론으로나 불명확하여 검토가 필요한 부분은 제2유형 고위험 인공지능 사고(인공지능 위험성 평가에 따라 고위험으로 분류된 인공지능에서 발생한 사고)이다.

따라서 본 장에서의 논의는 인공지능 사고 중 책임의 내용이 불명확한 영역인 제2유형 고위험 인공지능 사고에서의 책임의 내용을 중점적으로 다룬다. 이하 특별히 명시적으로 구분하지 않는 경우 본 장에서의 '인공지능 사고'는 '제2유형 고위험 인공지능 사고'를 의미한다.

제2절 손해배상청구권

Ⅰ. 의의

주지하다시피 불법행위책임이 성립한 경우 피해자가 가지는 가장 대표적인 구제 수단은 손해배상청구권이며(민법 제750조), 그 구체적인 내용은 금전배상주의에 관한 채권편의 규정이 준용된다(민법 제763조, 제393조, 제394조, 제396조, 제399조). 인공지능 사고에 있어 그 이론 구성과 관계없이 불법행위책임이 성립할 경우 피해자에게 손해배상청구권이 인정된다는 점 자체에는 별다른 이론의 여지가 없을 것이다.

Ⅱ. 손해배상의 범위

1. 쟁점

민법 제763조는 채무불이행으로 인한 손해배상에 관한 민법 제393조를 불법행위책임으로 인한 손해배상에 준용하도록 규정하고 있다. 민법 제393조는 채무불이행으로 인한 손해배상의 범위를 통상손해와 특별손해라는 틀로서 결정한다. 채무불이행에서의 손해배상범위에 관한 체계 및 법리가 불법행위법에도 준용되는 것이 타당한지에 관하여 논란은 있지만,[1] 적어도 실정법상으로는 통상손해 및 예견가능한 특별손해가 불법행위책임에 따른 손해배상의 범위가 되며, 구체적인 배상액은 판례상 확립된 '손해 3분설'에 따라 적극적 손해, 소극적 손해, 정신적 손해의 세 가지로 나뉘어 산정된다.[2]

인공지능 사고에 있어 손해배상의 범위는 법률로서 달리 정하지 않는 한 위 민법의 법리에 따라 정하여진다는 점에는 별다른 이론이 없을 것이다. 따라서 쟁점은 인공지능 사고의 손해배상 범위를 민법과 달리 정하여야 할 필요가 있는지로 귀결된다.

2. 문제되는 손해

가. 특별손해

민법 제763조에 따라 준용되는 민법 제393조 제2항이 규정하고 있듯이 특별손해는 손해배상책임자가 "그 사정을 알았거나 알 수 있었을 때에 한하여" 인정된다. '알았거나 알 수 있었을 때'라는 문구는 '예견가능성'의 다른 표현이므로, 불법행위책임의 손해배상범위에 특별손해가 포함되는지는 손해배상책임자의 예

---

1) 양창수·권영준, 「민법 II(권리의 변동과 구제)」, 박영사(2011), 573쪽. 그 논란을 상세히 살펴보는 것은 이 책의 범위를 벗어나지만 간략하게만 언급하면 다음과 같다. 채무불이행에서의 손해배상범위에 관한 민법 제393조는 영미법에서 유래하는 계약책임에서의 손해배상범위제한의 법리를 일본을 거쳐 우리 민법이 계수한 것으로 이해되는 것이 통설이다. 그런데 영미법상 불법행위법에서의 손해배상범위는 실체법상으로는 통상손해와 특별손해의 구분이 없으며 예견가능성에 의하여만 정해지며, 이 또한 과실불법행위에만 적용되므로 채무불이행에서의 손해배상범위와는 큰 차이를 보인다. 그럼에도 불구하고 우리 민법은 계약책임에서의 손해배상범위에 관한 영미법의 이론을 계수하면서 그와 성격이 상이한 불법행위에서의 손해배상범위까지 위 이론을 적용하도록 규정하여 혼란을 주고 있다. 이에 관하여는 소재선·양승욱, "불법행위책임의 손해배상범위결정에 있어서의 민법 제393조 준용의 타당성에 관한 고찰", 재산법연구 제27권 제3호, 한국재산법학회(2011. 2.), 35-60쪽.
2) 대법원 1976. 10. 12. 선고 76다1313 판결 참조.

견가능성에 달려 있다. 그런데 예견가능성은 그 가능성을 인식하는 주체의 주관적 사정이나 특성에 좌우되는 개념이므로 본질적으로 위험책임과 친하지 않다. 위험책임은 책임 주체의 주관적 사정이나 특성과는 무관하게 특별한 위험의 현실화라는 객관적 사실에 따라 성립하는 책임법리이기 때문이다. 그럼에도 불구하고 위험책임에서의 손해배상 범위를 통상손해와 특별손해로 구분하고 예견가능성을 특별손해의 판단 기준으로 적용하는 것은 책임 주체의 주관적 사정이나 특성과는 무관하게 책임의 성부가 결정되는 위험책임의 본질에 반하므로 법리적으로 타당하다 보기 어렵다.[3] 위험책임을 인정하는 주요한 목적 중의 하나는 예견가능성과 같은 주관적 사정을 배제하고 특별한 위험의 실현이라는 객관적 사정에 터잡아 그로 인하여 발생한 손해를 배상하는 것인데, 예견가능성을 손해배상 범위에 고려하는 것은 이러한 위험책임의 목적에 반하는 결과를 초래하는 문제도 있다.[4]

이러한 이유로 위험책임이 적용되는 고위험 인공지능 사고의 경우에는 '예견가능한 특별손해'라는 개념을 사용하여 손해배상의 범위를 정하는 것은 적절치 않다고 생각된다. 위험책임의 본질에 부합하도록 실제 발생한 손해와 위험 그 자체의 관계를 기준으로 손해배상의 범위를 정하는 것이 타당하며, 그 구체적 기준은 손해배상 범위의 이론적 기초인 '상당인과관계설'에서 찾을 수 있다고 생각된다. 즉, 고위험 인공지능 사고의 손해배상 범위는 책임 주체의 예견가능성과는 무관하게 특별한 위험원의 현실화(고위험 인공지능의 운용)와 상당인과관계있는 손해라고 보아야 할 것이다.

나. 확대손해

손해배상책임의 범위와 관련한 또 다른 쟁점은 제조물책임과 유사하게 확대손해만을 배상하도록 할 것인지,[5] 즉 '인공지능 그 자체에 발생한 손해'는 손해

---

3) 이제우, "우리 민사법상 위험책임에서의 손해배상범위에 관한 비판적 고찰", 민사법학 제70호, 한국민사법학회(2015. 3.), 277쪽.
4) 이제우(각주 3), 277쪽.
5) 제조물 책임법 제3조(제조물 책임) ① 제조업자는 제조물의 결함으로 생명·신체 또는 재산에 손해(그 제조물에 대하여만 발생한 손해는 제외한다)를 입은 자에게 그 손해를 배상하여야 한다. 한편 판례는 제조물의 결함 때문에 발생한 영업 손실은 제조물책임에 따른 확대손해가 아니

배상의 범위에서 제외할 것인지의 문제이다.

제조물책임이 확대손해만을 배상 범위로 삼는 근본적인 이유는 제조물책임의 본질 자체에서 찾을 수 있다. 주지하다시피 제조물책임은 제조물에 통상적으로 기대되는 '안전성'이 결여된 결함(defect)을 귀책의 근거로 삼는 법리이다. 따라서 제조물의 '안전성' 문제가 아니라 '상품적합성'의 문제인 하자(deficiency)로 인하여 제조물 그 자체에 발생한 손해는 제조물책임의 영역이 아니라 하자담보책임의 영역이다.[6] 제조물의 하자로 인하여 발생한 손해의 피해자는 제조물을 공급한 자와의 계약 관계(대부분 매매계약일 것이다)에 따라 그 계약의 상대방에게 무과실책임인 하자담보책임을 물으면 충분히 보호받을 수 있으므로 제조물책임을 이러한 경우까지 확대 적용할 필요가 없다는 것이다. 이러한 이유로 제조물 책임법이 확대손해를 명시적으로 손해배상 범위에서 제외토록 규정하기 이전에도 대법원은 "제조물에 상품적합성이 결여되어 제조물 그 자체에 발생한 손해는 제조물책임의 적용 대상이 아니므로, 하자담보책임으로서 그 배상을 구하여야 한다."고 판시하여 확대손해는 제조물책임에 따른 손해배상 범위에 해당하지 않는다는 판례법리를 확립하여 왔다.[7]

인공지능 사고의 경우에도 피해자가 해당 인공지능 공급자와 계약 관계에 있는 경우, 예컨대 인공지능 상품 또는 서비스를 구매한 자가 피해자가 되는 경우라면 제조물책임과 동일한 논리로서 하자담보책임과 같은 계약법상 책임을 통하여 구제받으면 충분하다고 볼 여지가 있다. 그러나 이러한 논리는 (수정)제조물책임이 적용되는 저위험 인공지능 사고에는 타당할 수 있으나, 위험책임이 적용되는 고위험 인공지능 사고에는 타당하다 보기 어렵다. 제조물책임이 결함을 귀책의 근거로 삼는 것과 달리 고위험 인공지능 사고에 적용되는 위험책임은 인공지능의 결함이나 하자 여부를 불문하고 특별한 위험원인 인공지능의 운용 자체를 귀책의 근거로 삼는 법리라는 점에서 인공지능의 상품적합성(즉 하자) 여부는 위

므로 제조물책임의 배상 범위에 해당하지 않는다는 입장이다. 대법원 2015. 3. 26. 선고 2012 다4824 판결 참조.

6) 이동환·김제완, "제조물의 결함과 영업상의 손실", 고려법학 제89호, 고려대학교 법학연구원 (2018. 6.), 97–98쪽.

7) 대법원 1999. 2. 5. 선고 97다26593 판결, 대법원 2000. 7. 28. 선고 98다35525 판결 각 참조.

험책임의 손해배상 범위를 좌우하는 합리적인 기준이 되기에 부족하기 때문이다. 고위험 인공지능에는 제조물책임보다 무거운 위험책임을 적용하면서 정작 그 손해배상의 범위는 제조물책임과 동일하게 확대손해를 제외한다면, 피해자 입장에서는 굳이 고위험 인공지능과 저위험 인공지능을 구분하여 서로 다른 책임원리를 적용할 실익이 크다고 보기도 어렵다. 마지막으로 전통적인 위험책임의 영역인 원자력 사고나 우주 사고의 경우 실정법상 확대손해를 손해배상 범위에서 제외하지 않고 있는바,[8] 특별한 위험성이 인정된 고위험 인공지능에서 발생한 사고에서 확대손해를 손해배상 범위에서 제외하는 것은 이러한 입법례와도 다소 부합하지 않는다.

이러한 점을 고려하면, 고위험 인공지능 사고의 경우에는 확대손해를 손해배상 범위에서 제외하는 것은 타당하지 않으며, 만약 손해배상 범위에 관하여 특별한 입법적 고려가 필요하다고 인정된다면 3.에서 후술하는 배상책임액의 한도를 법률에 규정하는 방안이 바람직하다고 생각된다. 한편 (수정)제조물책임이 적용되는 저위험 인공지능의 경우에는 통상의 제조물책임과 손해배상의 범위를 달리 규정해야 할 타당한 이유를 찾기 어려우므로 이 경우에는 확대손해는 손해배상 범위에서 제외된다고 봄이 타당하다.

3. 배상책임액의 한도

불법행위책임에서 손해배상의 범위를 정하는 것과 그렇게 정해진 손해를 전부 배상하는 것은 엄밀히 말하여 별개의 문제이다. 특히 위험책임의 경우 유책성을 요하지 않는 특성상 손해배상 범위가 지나치게 확장되는 것을 방지하기 위하여 배상책임액의 상한을 두어야 한다는 견해가 있으며,[9] 실제로 독일의 경우 위험책임에서의 배상책임액의 상한을 법률에 규정하는 것이 일반적이다.[10] 우리의

---

8) 특히 원자력 사고의 경우 「원자력 손해배상법」 제3조 제5항은 제조물 책임법 적용을 명문으로 배제하고 있다.

9) 이제우(각주 3), 282 – 283쪽.

10) 강대옥, "위험책임론", 전남대학교 박사학위청구논문(1998. 2.), 89쪽. 특히 독일은 2002년 개정 손해배상법을 통하여 기존에 다양하게 규정되어 있었던 위험책임에서의 배상책임 한도액이 통일적으로 설정되었다. 이제우(각주 3), 285 – 286쪽.

경우에도 전통적인 위험책임의 적용 영역 중 원자력 사고나 우주 사고의 경우에는 배상책임액의 한도가 법률에 규정되어 있다.[11] 그렇다면 위험책임이 적용되는 고위험 인공지능 사고의 경우 배상책임액의 한도를 둘 필요가 있는지가 문제된다.

고위험 인공지능 사고에 관하여 배상책임액의 한도를 설정할 경우 그 사고의 책임 주체인 인공지능 공급자는 자신이 부담할 수 있는 배상책임액의 최대치를 예측할 수 있고 그로 인한 위험을 보험에 붙이는 것이 가능하다는 장점이 있다.[12] 반면 그 배상책임액 한도가 적정한 것인가에 관하여 합리적 설명을 하기 어렵고, 입법기술적으로 배상책임액 한도를 둔다면 법령에 규정하여야 할 것인데 법령의 제·개정이 쉽지 않다는 점에서 현실 변화에 탄력적으로 대응하기가 어렵다는 등의 단점도 있다. 오늘날 보험기술상 배상책임액의 한도가 정하지지 않은 무한책임보험이 전혀 불가능한 것은 아니므로,[13] 보험의 부보가능성 보장 또한 고위험 인공지능 사고에 있어 배상책임액의 한도를 두어야 할 적절한 논거가 되기는 다소 부족하다. 특히 제1유형 고위험 인공지능 사고(전통적인 위험책임 영역에서의 인공지능 사고)와 달리 제2유형 고위험 인공지능 사고(위험도 평가에 따라 고위험 인공지능으로 분류된 인공지능이 일으킨 사고)의 경우에는 사고를 일으킨 인공지능의 발현 형태, 사용 영역, 사고 유형, 예상 손해액의 범위 등이 매우 다양하게 전개될 수 있으므로 배상책임액의 한도를 일률적으로 정하기가 매우 곤란할 것으로 생각된다. 참고로 종류를 가리지 않고 모든 제조물을 대상으로 하는 제조물책임의 경우에도 배상책임액의 상한을 법률에 규정하고 있지는 않다.

이러한 점을 종합하면, 모든 고위험 인공지능 사고에 일률적으로 적용되는 배상책임액 한도를 두는 것은 타당하지 않다고 생각되며, 만약 그 한도가 합리적으로 설정가능한 영역이 있다면 그러한 영역을 규율하는 특별법을 통하여 개별적·예외적으로 인정되는 것이 바람직하다고 본다. 일례로 앞서 언급하였듯이 원자력 사고나 우주 사고 등은 개별법률에서 배상책임액의 한도를 규정하고 있으므로, 제1유형 고위험 인공지능 사고 중 위 영역에 해당하는 사고는 해당 법률에 따라

---

11) 「원자력 손해배상법」 제3조의2, 「우주손해배상법」 제5조.
12) 강대옥(각주 10), 89쪽.
13) 신유철, "대규모 피해와 손해배상", 민사법학 제75호, 한국민사법학회(2016. 6.), 430쪽.

배상책임액의 상한을 적용받을 것이다. 다만 고위험 인공지능 사고의 위험책임 주체인 인공지능 공급자 중에는 영세한 사업자도 존재할 것이고, 이들에게까지 무제한적인 위험책임을 지우는 것은 지나치게 가혹한 측면이 있으므로, 법령에서 정한 일정 규모 이하의 영세한 인공지능 공급자에게는 정책적 배려 측면에서 배상책임액의 상한선을 두는 방안도 생각해 볼 수 있다. 물론 이 경우에도 인공지능 공급자의 고의나 중대한 과실로 인하여 사고가 발생한 경우라면 피해자 구제 측면에서 배상책임액의 상한은 적용되지 않아야 할 것이다.[14]

III. 손해배상액의 조정

1. 과실상계 또는 책임제한

가. 쟁점

불법행위책임이 성립하여 손해배상의 범위가 결정되었다면 그 범위 내에서 가해자가 실제로 피해자에게 배상하여야 하는 배상액의 조정이 이루어진다. 대표적인 법적 수단이 바로 과실상계와 책임제한이다. 과실상계는 손해의 발생이나 확대에 관하여 피해자의 과실이 있는 경우 이를 고려하여 가해자의 배상액을 감경하는 법리를 말하며(민법 제763조, 제396조),[15] 책임제한은 민법상 명문의 규정은 없으나 피해자의 과실이 없더라도 손해의 공평·타당한 분담, 신의칙, 형평의 원칙, 과실상계법리의 유추적용 등에 기초하여 가해자의 배상액을 감경하는 판례법리를 말한다.[16]

인공지능 사고라는 이유만으로 과실상계나 책임제한의 법리를 배제하여야 할 논리필연성은 없다. 다만 고위험 인공지능 사고의 경우에는 과실책임이 아닌 위험책임이 적용되는바, 말 그대로 과실을 전제한 개념인 과실상계가 과실과 무관

---

14) 유사한 입법례로 「원자력 손해배상법」 제3조의2 제1항, 「환경오염피해 배상책임 및 구제에 관한 법률」 제7조 제1호 참조.
15) 대법원 2018. 9. 13. 선고 2016다35082 판결 참조.
16) 이은영, "판례상 책임제한의 의미와 정당화", 법학논총 제36권 제2호, 단국대학교 법학연구소(2012. 12.), 583쪽. 대법원 2004. 12. 10. 선고 2002다60467, 60474 판결 참조.

하게 책임을 인정하는 위험책임에도 적용될 수 있는지가 문제된다.

나. 학설 및 판례

위험책임과 같은 무과실책임에도 과실상계를 적용할 수 있는지에 관하여는 부정설과 긍정설로 견해가 나누어진다. 부정설은 민법상 과실상계는 귀책을 요건으로 하는 채무불이행책임 및 일반불법행위책임에 규정되어 있을 뿐이므로 귀책을 요하지 않는 무과실책임에는 과실상계를 적용할 수 없고 책임제한과 같은 별도의 법리를 통하여 가해자의 책임제한이 가능하다는 입장이다.[17] 반면 긍정설은 무과실책임이 그 실질상 과실을 요건으로 하는 불법행위책임의 성질을 갖는 경우에는 과실상계가 가능하다고 본다.[18] 판례는 대표적인 무과실책임인 하자담보책임의 경우에는 과실상계는 적용할 수 없고 공평의 원칙에 비추어 책임제한만 가능하다는 입장인 반면,[19] 무과실책임으로 이해되고 있는 공작물소유자책임의 경우에는 과실상계를 긍정하고 있어,[20] 입장이 통일되지 않은 것으로 보인다.

다. 검토

부정설과 긍정설 중 어느 견해를 취하더라도 위험책임에 있어서도 피해자의 과실 등 여러 제반 사정을 고려하여 가해자의 배상책임을 감경할 수 있다는 결론은 동일하다. 단지 그 이론 구성을 과실상계로 할 것인지 아니면 책임제한으로 할 것인지의 차이만 있을 뿐이다. 실질적 측면에 방점을 둔다면 책임 감경의 법적 근거가 과실상계인지 책임제한인지를 엄격히 구별할 실익은 크지 않다고 생각된다.[21] 따라서 고위험 인공지능 사고의 경우에도 그 법리 구성과 관계없이 피해자가 손해의 발생 및 확대에 관여한 정도, 손해가 현실화된 경위, 가해자의 손해방지 노력 등 구체적 사정을 종합하여 민법의 대원칙인 형평의 원리에 비추어 가해자의 책임을 감경할 만한 사정이 인정된다면 책임을 감경할 수 있다고 봄이

---

17) 이제우(각주 3), 288쪽.
18) 이호행, "과실상계의 적용범위와 한계", 법학연구 제20권 제4호, 인하대학교 법학연구소 (2017. 12.), 319–320쪽.
19) 대법원 1990. 3. 9. 선고 88다카31866 판결 참조.
20) 대법원 1991. 12. 24. 선고 91다29767 판결 참조.
21) 이호행(각주 18), 316쪽.

타당하다고 생각된다.

　다만 법리적으로 보다 정치(精緻)한 이론을 구성한다는 관점에서는 책임 감경의 법리적 근거를 과실상계보다는 책임제한에 두는 것이 타당할 것으로 보인다. 위험책임은 행위자의 주관적 요건인 과실을 요건으로 하지 않는 책임법리인데, 그로 인하여 성립한 책임의 범위를 과실을 요건으로 하는 과실상계를 통하여 감경한다는 것은 위험책임의 본질과는 다소 상충되기 때문이다.

2. 손익상계

　인공지능 사고의 경우에도 손해배상은 피해자가 입은 실손해의 범위에서 이루어져야 하며, 인공지능 사고라는 이유로 피해자가 손해를 넘어 이득을 얻는 것은 민법의 근본 이념상 허용될 수 없으므로, 손익상계는 인공지능 사고에 적용되어야 한다고 본다.

3. 배상액 경감청구

　민법 제756조는 배상의무자에게 고의 또는 중과실이 없고 그 배상으로 배상자의 생계에 중대한 영향을 미치게 되는 경우에 배상의무자가 청구하면 법원이 재량으로 배상액을 경감할 수 있는 '배상액 경감청구'를 규정하고 있다. 이는 민법에서는 찾아보기 어려운 형평법적 관점의 구제 수단을 입법화한 것으로서 손해의 공평한 분담을 입법 취지로 한다.[22]

　인공지능 사고라고 하여 배상액 경감청구의 적용을 배제하여야 할 특별한 이유는 없다. 그러나 문제는 법리가 아닌 현실에 있다. 오늘날 민법 제765조는 사실상 사문화(死文化)된 규정이라 할 수 있다. 민법전 제정 이후 현재까지 법원 실무상 민법 제765조에 따른 배상액 경감청구가 받아들여진 경우는 물론이거니와 배상액 경감청구가 쟁점으로 다루어진 경우조차 극히 찾아보기 어렵기 때문이다.

---

22) 양창수, "민법 제765조 - 잊혀진 규정?", 서울대학교 법학 제39권 제4호, 서울대학교 법학연구소(1999. 2.), 254쪽.

2011년 연구에 의하면 공간(公刊)된 대법원 판례 중 민법 제765조가 쟁점이 된 판례는 단 5건뿐이며 이 중 배상액 경감청구를 받아들인 사례는 한 건도 없고,[23] 미공간 판결까지 조사해 보더라도 배상액 경감청구를 인정하였다고 평가할 수 있는 대법원 판결은 1996년 선고된 1건[24] 외에는 찾아볼 수 없는 것이 현실이다. 배상액 경감청구는 학술적으로도 별다른 주목을 받지 못하고 있고, 이를 다룬 연구도 손에 꼽을 정도이다.[25] 이러한 이유 때문인지 재판실무에서도 배상액 경감청구는 거의 활용되지 않는 것으로 보인다.[26]

제3절 기타 구제 수단

I. 금지(또는 정지)청구권

1. 의의

인공지능 사고의 피해 구제 수단으로 피해자에게 손해배상청구권 외에 인공지능 사용 또는 동작 자체에 관한 금지(또는 정지)청구권(이하 양자의 구분이 필요하지 않은 경우 통칭하여 '금지청구권'이라고 한다)을 인정하는 방안도 이론적으로 생각해 볼 수 있다. 인공지능 알고리즘이나 이를 구현한 컴퓨터 프로그램 자체에 오류가 있다면 이를 바로잡지 않을 경우 동일 또는 유사한 인공지능 사고가 재발할

---

23) 이은영, "손해배상법의 이념에 비춰본 민법 제765조 배상액 경감청구", 재산법연구 제27권 제3호, 한국재산법학회(2011. 2.), 227쪽.
24) 대법원 1996. 5. 10. 선고 93다40454 판결 참조. 위 판결 중 배상액 경감청구와 관련된 판시는 "과실상계사유에 관한 사실인정이나 그 비율을 정하는 것은 형평의 원칙에 비추어 현저히 불합리하다고 인정되지 아니하는 한 사실심의 전권사항에 속한다고 할 것이고, 민법 제765조 소정의 배상액경감사유에 관한 사실인정이나 그 비율을 정하는 것도 마찬가지로 사실심의 전권사항에 속한다. …(중략)… 이 사건 의료사고에 있어서 위 피고들 소송대리인의 과실상계 주장을 배척하고 과실상계사유가 없다고 보는 한편, 위 피고들이 배상할 손해배상책임액을 위 민법의 규정에 따라 전체의 1/2로 경감한 원심의 판단은 정당하[다.]"는 것으로서 엄밀히 말하여 민법 제765조에 관한 법리를 설시한 것이라고 볼 수 없다.
25) 본 장의 각주 22, 각주 23의 연구 외에는 찾아보기 어렵다.
26) 양창수·권영준(각주 1), 590쪽.

위험이 있다. 특히 사고를 일으킨 인공지능과 동일한 알고리즘 또는 컴퓨터 프로그램을 사용하고 있는 다른 인공지능이 있을 경우 사고의 재발 위험은 더욱 증가할 것이다. 많은 경우 인공지능 사고는 반복적 또는 동시다발적인 형태로 출현할 수 있는바, 이런 경우 일회성에 그치는 손해배상청구권의 행사만으로는 피해자의 구제나 사고의 재발 방지에 충분하지 않을 수 있으므로 다른 법적 구제 수단으로서 금지청구권을 논할 실익이 있다.27) 여기서 '금지청구'란 이미 발생한 법익침해행위가 반복될 위험이 있을 경우 그 '중지'를 청구하는 것과 아직 법익침해행위가 발생하지는 않았지만 장래에 발생할 우려가 있는 경우 그 '예방'을 청구하는 것을 통칭하는 개념을 뜻한다.28)

2. 인정 여부

가. 학설 및 판례

현행 민법상 불법행위의 효과로서 금지청구권이 명문으로 규정되어 있지는 않다. 해석론으로 불법행위책임에서 피해자의 구제 수단으로 일반적 금지청구권이 인정될 수 있는지는 긍정설, 부정설, 절충설 등의 다양한 견해가 제시되어 왔으나,29) 다수 견해는 해석론만으로는 일반적 금지청구권을 인정할 수 없다는 입장이다.30) 물론 이러한 입장에 의하더라도 불법행위가 물권이나 인격권과 같이 배타적인 성질을 가지는 권리를 침해하는 경우 및 개별 법률에 명문으로 금지청구권이 규정된 경우에는 금지청구권을 인정한다.

판례는 명문의 규정이 없더라도 인격권 침해의 경우 불법행위책임의 효과로서 금지청구권을 인정하여 왔으며,31) 2010년에는 일정한 요건을 갖춘 부정한 경쟁행위가 민법상 불법행위를 구성할 경우 "[불법행위 상태가 계속되어] 금전배상

---

27) 오병철, "인공지능 로봇에 의한 손해의 불법행위책임", 법학연구 제27권 제4호, 연세대학교 법학연구소(2017. 12.), 222쪽.
28) 박시훈, "위법행위에 대한 금지청구권의 연구", 서울대학교 박사학위청구논문(2015. 2.), 5쪽.
29) 박시훈(각주 28), 196－197쪽. 각 학설들에 관한 상세한 논의는 이 책의 주제와는 다소 벗어나 있으므로 생략한다.
30) 양창수·권영준(각주 1), 568쪽.
31) 대법원 1996. 4. 12. 선고 93다40614, 40621 판결 참조.

을 명하는 것만으로는 피해자 구제의 실효성을 기대하기 어렵고 무단이용의 금지로 인하여 보호되는 피해자의 이익과 그로 인한 가해자의 불이익을 비교·교량할 때 피해자의 이익이 더 큰 경우에는 그 행위의 금지 또는 예방을 청구할 수 있다."고 판시하여 금지청구권을 인정한 바 있다.[32)

나. 입법례

비교법적으로 볼 때 독일은 불법행위로부터 보호받아야 하는 권리나 법익의 급박한 침해의 경우 금지청구권에 의한 예방적 보호를 판례법리로 인정하고 있으며, 미국은 형평법상의 구제수단인 피해자의 금지청구(injunction)를 광범위하게 인정하고 있다.[33)] 2008년 발표된 유럽연합의 유럽계약법 공통참조기준 초안 (Draft Common Frame of Reference, 이하 'DCFR'이라 한다)[34)] 또한 제6편(계약외적 책임의 구제수단)에서 손해배상청구권뿐 아니라 예방청구권(right to prevention) 또한 규정하고 있다.[35)]

우리나라의 경우 현행 민법상 불법행위책임 효과로서의 일반적인 금지청구권에 관한 규정은 없으나, 비록 입법에 이르지는 못했지만 2013년 민법개정 논의 시 금지청구권을 명문으로 규정하는 개정시안이 개정위원회 안으로 확정된 사례가 있다.[36)]

---

32) 대법원 2010. 8. 25.자 2008마1541 결정 참조.

33) 김상중, "불법행위의 사전적 구제수단으로서 금지청구권의 소고", 비교사법 제17권 제4호, 한국비교사법학회(2010. 8.), 152−153쪽, 157−158쪽.

34) DCFR의 성립 배경 및 주요 내용에 관하여는 김진우, "최근 유럽민사법의 발전동향", 법학연구 제50권 제2호, 부산대학교 법학연구소(2009. 10.), 351−358쪽.

35) DCFR VI. − 6 : 301 : Right to prevention
   (1) The right to prevention exists only in so far as :
   (a) reparation would not be an adequate alternative remedy ; and
   (b) it is reasonable for the person who would be accountable for the causation of the damage to prevent it from occurring.
   (2) Where the source of danger is an object or an animal and it is not reasonably possible for the endangered person to avoid the danger the right to prevention includes a right to have the source of danger removed.

36) 김재형, "민법상 구제수단의 다양화: 이행·추완·금지청구권에 관한 민법개정안", 서울대학교 법학 제57권 제4호, 서울대학교 법학연구소(2016. 12.), 130−132쪽. 당시 개정시안은 다음과 같다.

다. 검토

인공지능 사고의 차원을 떠나서 불법행위책임이 성립하는 모든 사고에 대하여 적용가능한 금지청구권의 도입 필요성은 이론적 측면과 현실적 측면의 관점에서 모두 인정될 수 있다고 생각된다. 우선 이론적 측면에서 볼 때 금지청구권은 불법행위법의 주된 목적인 '손해예방'과 '손해회복' 양 관점에서 모두 유용한 구제 수단을 제공한다. 손해예방의 관점에서 금지청구는 당해 사건에서 발생하게 될 손해를 사전에 예방할 뿐 아니라 향후 유사한 다른 사건에서 발생할 수 있는 손해도 예방할 수 있는 효율적인 법적 수단이 되며, 손해회복의 관점에서도 불법행위의 금지는 손해회복의 가장 원천적인 구제 수단인 원상회복의 중요한 형태이거나 이를 위한 필수적인 선행단계에 해당하기 때문이다.[37] 다음으로 현실적 측면을 생각해 보더라도 불법행위가 지속되는 소위 '계속적 불법행위'이거나 일단 손해가 발생하면 손해배상만으로는 회복이 어려운 불법행위의 경우에는 일회적이고 사후적인 성격을 가진 손해배상청구만으로는 피해 구제에 한계가 있으므로 금지청구를 인정할 필요가 있다.

모든 불법행위책임에 관하여 일반적 금지청구권을 인정한다면, 인공지능 사고라는 이유로 이를 적용하지 않을 이유는 없다. 오히려 1.에서 언급하였듯이 인공지능 사고가 그 알고리즘이나 컴퓨터 프로그램 등의 동일성으로 인하여 동시다발적이고 반복적으로 발생할 수 있다는 점을 고려하면 고위험 인공지능인지 저위험 인공지능인지를 불문하고 모든 인공지능 사고에 관하여 금지청구권이 인정될 필요가 있다고 본다. 물론 금지청구권의 행사가 지나치게 광범위하게 인정될 경우에는 (잠재적)가해자의 행동의 자유를 중대하게 침해할 수 있으므로, 손해발생의 급박함, 사후적 손해배상의 부적절함, 회복할 수 없는 손해의 발생가능성,

---

민법 제766조의2(금지청구) ① 타인의 위법행위로 인하여 손해를 입거나 입을 염려가 있는 자는 손해배상에 의하여 손해를 충분히 회복할 수 없고 손해의 발생을 중지 또는 예방하도록 함이 적당한 경우에는 그 행위의 금지를 청구할 수 있다.
② 제1항의 금지를 위하여 필요한 경우에는 손해를 입거나 입을 염려가 있는 자는 위법행위에 사용되는 물건의 폐기 또는 그 밖에 적절한 조치를 청구할 수 있다.
37) 권영준, "불법행위와 금지청구권", LAW & TECHNOLOGY 제4권 제2호, 서울대학교 기술과법센터(2008. 6.), 58쪽.

금지청구자와 피청구자 사이의 이익형량, 예방적 청구의 합리성 등과 같은 엄격한 요건이 갖추어진 경우에 한하여 금지청구가 인정되어야 할 것이다.

한편 금지청구는 그 청구가 문제된 당해 사건에 한하여 인정되는 민사상 구제수단이므로, 만약 시장에 출시된 인공지능 제품(혹은 서비스) 전체가 문제되어 그 사용을 일괄적으로 금지하여야 한다면, 금지청구가 아니라 리콜(recall) 명령과 같은 행정처분을 통하여 이루어져야 한다.[38]

Ⅱ. 강제매각청구권 또는 폐기청구권

1. 의의

Ⅰ.에서 살펴본 금지청구권 외에도 인공지능 사고의 배상책임주체가 책임재산이 부족한 경우 사고를 일으킨 인공지능 그 자체의 금전적 가치를 통하여 손해배상을 할 수 있도록 피해자에게 인공지능의 강제매각청구권을 인정하는 방안 및 피해자에게 금지청구를 넘어 사고를 일으킨 인공지능 자체의 폐기청구권을 인정하는 방안을 적극 고려할 필요가 있다는 견해가 있다.[39] 금지청구가 가해자의 소극적 부작위를 구하는 것이라면 강제매각청구 또는 폐기청구는 이를 넘어 가해자의 적극적 작위를 구하는 것이라 할 수 있다.

2. 검토

가. 강제매각청구권

강제매각은 실정법상 민법상의 구제 수단은 아니다. 민사집행법상 강제집행(강제경매 또는 강제관리)과 관련되어 집행법원이 행하는 절차의 일환이다.[40] 따라서 이를 실체법상 권리로 도입하는 것은 기본적으로 신중해야 한다. 나아가 배상책임주체의 자력 부족은 비단 인공지능 사고에 국한되지 않으며 불법행위책임이

---

38) 일례로 「제품안전기본법」 제11조.
39) 오병철(각주 27), 223쪽.
40) 일례로 동산의 경우 「민사집행법」 제199조 참조.

문제되는 모든 사고에 일반적으로 발생할 수 있는 문제인데, 인공지능 사고라는 이유로 특별히 피해자에게 강제매각청구권이라는 실체법상 청구권을 별도로 인정하여야 하는 이론적 또는 현실적 필요성이 있는지는 다소 의문이다. 강제매각청구권은 결국 손해배상을 충실히 받기 위한 수단이므로 인공지능 사고의 피해자는 강제매각청구권만 단독으로 행사하지 않고 손해배상청구권과 함께 행사할 것인바, 양 청구가 모두 받아들여지면 가해자는 손해배상책임을 부담함과 동시에 인공지능 자체의 소유권도 상실하게 될 것이다. 이는 인공지능 사고가 아닌 일반적인 불법행위 사고에서 피해자에게 손해배상청구만 인정되는 경우와 비교할 때 가해자에게 지나치게 가혹한 측면이 있다.

절차법적 측면에서 보더라도 피해자에게 강제매각청구권을 인정할 실익이 크다고 보기 어렵다. 인공지능 사고의 피해자에게 강제매각청구권이 인정되지 않더라도 피해자는 가해자에게 손해배상청구권을 행사하여 집행권원을 확보하면 강제집행 단계에서 사고를 일으킨 인공지능(또는 그 인공지능에 대한 영업권 등 무형의 재산)을 대상으로 강제경매 절차를 진행할 수 있다.[41] 이 점에서 강제매각청구권을 굳이 별도의 실체법상 권리로 인정하지 않더라도 실질적으로 동일한 효과(해당 인공지능 자체의 현금화)를 얻을 수 있다. 피해자의 강제매각청구가 법원의 확정판결 등으로 확정되더라도 가해자가 임의이행하지 않으면 결국 민사집행법상 강제집행절차를 거쳐 인공지능에 대하여 강제매각이 진행되어야 하는바, 이 점에서도 민사집행 단계 이전에 피해자에게 강제매각청구를 굳이 별도로 인정할 필요가 있는지 의문이다.

나. 폐기청구권

폐기청구는 Ⅰ.에서 살펴본 금지청구의 일부분이라고 볼 수도 있으며, DCFR이나 2013년 민법개정시안에서도 금지청구의 일환으로 그 도입이 제안된 바 있으므로,[42] 강제매각청구권보다는 상대적으로 긍정적인 고려가 가능하다고 생각된다. 그러나 강제매각청구권과 마찬가지로 폐기청구권 또한 그 청구가 받아들여

---

41) 민사집행법 제251조, 대법원 2015. 12. 10. 선고 2013다84162 판결 참조. 물론 해당 인공지능(또는 그 인공지능에 대한 영업권 등)이 가해자의 책임재산이어야 한다.
42) 본 장의 각주 35, 각주 36.

질 경우 가해자는 인공지능의 소유권 자체를 상실하게 되는바, 이로 인하여 피해자가 얻는 이익(불법행위 자체의 영구 중단)과 가해자의 침해되는 이익(소유권의 상실)을 비교형량하면 가해자에게 지나치게 가혹한 측면이 있다고 생각된다. 그러므로 폐기청구권을 도입하더라도 금지청구권보다 더욱 엄격한 요건, 예컨대 금지를 넘어서 해당 인공지능을 폐기하지 않으면 피해자가 입은 손해의 온전한 회복이 불가능하거나 침해가 계속될 가능성이 매우 높다는 등의 특별한 요건이 인정되는 경우에 한하여 극히 제한적으로 인정되어야 할 것으로 생각된다.

특히 금지청구와 달리 실제로 피해자에게 손해가 발생하기 전 단계에서의 '예방적 폐기청구'는 그 필요성과 (잠재적)가해자가 입는 불이익 사이에 상당한 불균형이 발생할 수 있으므로 특별한 사정이 없는 한 허용되어서는 안 될 것이다.[43]

제4절 면책사유

Ⅰ. 의의

인공지능과 불법행위책임이라는 주제를 논하는 근본적인 이유 중의 하나는 자율성이나 예측불가능성과 같은 인공지능의 속성상 사람이 아무리 주의를 기울이더라도 인공지능으로 발생하는 사고를 완벽히 예측하고 방비하기 어렵다는 점에 있다. 이러한 이유에서 제4장에서 전술하였듯이 인공지능 사고에 관하여 위험책임 또는 (수정)제조물책임과 같이 과실이라는 귀책사유를 요하지 않는 책임법리를 적용할 실익이 인정되는 것이다.

그러나 인공지능 사고에 관하여 과실책임이 아닌 책임법리를 적용하는 것은 가해자 입장에서는 과실이 없음에도 불구하고 사고에 관하여 책임을 져야 한다는 점에서 다소 억울한 측면이 있다. '피해자가 입은 손해의 배상(矯正的 正義)'뿐 아니라 '손해의 공평타당한 분담(配分的 正義)' 또한 불법행위법의 중요한 지도원

---

43) 다소 결은 다르지만 권리자의 폐기청구권이 인정되는 지식재산권 침해의 경우에도 재판실무상 가처분 단계에서는 침해행위의 중지나 침해물품의 점유해제 및 집행보관은 인정하여도 침해물품의 폐기는 인정하지 않고 있다. 권창영, 「민사보전」, 한국사법행정학회(2018), 1092쪽.

리라는 점에서[44] 인공지능 사고에 위험책임이나 (수정)제조물책임을 적용한다 하
더라도 손해의 적절한 분담은 필요하다.

이러한 측면에서 인공지능 사고가 발생하더라도 가해자에게 면책사유를 인정
할 것인지, 인정한다면 어떠한 경우를 면책사유로 할 것인지가 문제된다. 그런데
제1유형 고위험 인공지능 사고(전통적인 위험책임 영역에서 발생한 인공지능 사고)는
해당 영역을 규율하는 개별법에 이미 면책사유가 규정되어 있다.[45] 제조물책임
이 적용되는 저위험 인공지능 사고의 경우에는 제4장 제4절 Ⅵ.에서 검토하였듯
이 제조물책임법상에 규정된 개발위험의 항변, 공적 기준의 준수 항변 등과 같은
면책사유를 적용할 수 있다. 따라서 면책사유의 존부 및 그 내용이 구체적으로
문제되는 국면은 제2유형 고위험 인공지능 사고(위험도 평가 결과 고위험으로 분류
된 인공지능 사고)이다.

Ⅱ. 면책사유의 당부

위험책임의 경우 가해자에게 면책사유를 인정하여야 하는지에 관하여 견해는
나누어지나 면책사유를 인정하는 견해가 일반적이다.[46] 위험책임은 가해자에게
기존의 불법행위책임에 비하여 과중한 책임을 지우는 것이므로 일정한 사유가
존재할 경우에는 가해자의 책임을 면제하여 줌으로써 가해자와 피해자의 이해를
조정할 필요가 있기 때문이다.[47] 위험책임은 책임의 성립요건 측면에서 피해자
를 위하여 과실 및 위법성의 요건을 제외하고 있으므로, 이와 균형을 맞추는 측
면에서 가해자를 위하여는 책임의 성립요건과 관련하여 일정한 면책사유를 인정

---

44) 박동진, "손해배상법의 지도원리와 기능", 비교사법 제11권 제4호, 한국비교사법학회(2004.
　　9.), 294－297쪽. 판례 또한 "손해의 공평분담을 지도원리로 하는 손해배상제도의 취지"라
　　는 표현을 사용하고 있다. 대법원 1998. 2. 13. 선고 95다30468 판결 등 참조. 다만 판례 중
　　에는 손해의 공평분담을 언급하지 않고 '손해의 전보'만을 손해배상제도의 목적으로 언급한
　　경우도 있음을 유의하여야 한다. 대법원 1995. 4. 25. 선고 93다61703 판결 등 참조.
45) 일례로 우주손해의 경우에는 국가간의 무력충돌, 내란 또는 반란으로 인한 우주손해와 우주
　　공간에서 발생한 손해에 관하여는 우주물체 발사자의 고의 또는 과실이 있는 경우에만 손해
　　배상책임이 성립하며, 그 외의 경우에는 면책된다(「우주손해배상법」 제4조 제1항).
46) 오병철(각주 27), 219쪽.
47) 강대옥(각주 10), 76쪽.

할 필요가 있는 것이다.[48] 위 견해는 타당하다고 생각되며, 따라서 인공지능 사고의 경우에도 면책사유를 두어야 할 필요성은 인정된다고 생각된다.

Ⅲ. 구체적 면책사유

1. 불가항력

구체적으로 위험책임의 면책사유를 무엇으로 할 것인지에 관하여는 일치된 견해는 존재하지 않는다.[49] 국내 입법례만 살펴보더라도 토양오염피해에 관하여는 "천재지변이나 전쟁, 그 밖의 불가항력"(「토양환경보전법」 제10조의3 제1항), 환경오염손해에 관하여는 "전쟁·내란·폭동 또는 천재지변, 그 밖의 불가항력"(「환경오염피해 배상책임 및 구제에 관한 법률」 제6조 제1항), 원자력손해의 경우에는 "국가 간의 무력 충돌, 적대 행위, 내란 또는 반란"(「원자력 손해배상법」 제3조 제1항)을 각 면책사유로 규정되어 있다. 그러나 위 입법례에서 공통되는 면책사유는 다름 아닌 '불가항력'이다. 불가항력은 연혁적으로 로마법의 절대적 반환책임(*receptum*)에 관한 면책사유에서 유래된 것으로서 그 역사가 장구하며,[50] 비교법적으로 대륙법계나 영미법계 양 쪽에서 모두 인정되고 있는 법리이고, 판례 또한 불가항력을 불법행위책임의 일반적인 면책사유로 인정하고 있다는 점을 종합해 보면,[51] 인공지능 사고의 경우에도 불가항력을 면책사유로 인정할 수 있다고 본다.[52]

다만 불가항력은 추상적이고 모호한 개념이므로 구체적으로 어떤 경우를 인공지능 사고에서의 불가항력으로 볼 것인지는 여전히 문제된다. 불가항력의 개념

---

48) 윤용석, "불법행위책임의 면책사유", 재산법연구 제16권 제1호, 한국재산법학회(1999. 12.), 31－32쪽.
49) 강대옥(각주 10), 76쪽.
50) 윤용석, "불가항력에 관한 일고찰", 재산법연구 제33권 제1호, 한국재산법학회(2016. 5.), 144쪽.
51) 그러나 판례는 불가항력이 불법행위책임의 면책사유라는 점은 인정하지만 실제로 불가항력에 따른 면책을 인정한 경우는 극히 드물다. 불가항력을 인정한 판례로는 대법원 2007. 9. 21. 선고 2005다65678 판결 참조. 불가항력을 인정하지 않은 판례로는 대법원 1982. 8. 24. 선고 82다카348 판결, 대법원 2014. 6. 26. 선고 2001다85413 판결 등 참조.
52) 오병철(각주 27), 220쪽.

은 그 자체로 독립적인 연구 주제이므로 상세히 논하는 것은 적절치 않다고 생각되나, 간략히만 언급하면 다음과 같다.

판례는 불가항력의 개념에 관하여 "천재지변 또는 이에 준하는 불가항력",[53] "채무자의 지배영역 밖에서 발생한 사건으로서 채무자가 통상의 수단을 다하였어도 이를 예상하거나 방지하는 것이 불가능한 경우"[54] 등의 표현을 사용하고 있으나, 이에 관하여는 동어 반복일 뿐이며 무과실과 불가항력의 구분이 모호하다는 등의 비판이 제기되고 있다.[55] 프랑스 민법에서 불가항력은 손해발생의 예견불가능성, 극복불가능성, 외재성(外在性)을 개념 요소로 하고 있으며,[56] 국내의 견해도 외부성(外部性), 예견불가능성, 회피불가능성을 개념 요소로 보고 있다.[57] 그러나 예견불가능성과 회피불가능성은 과실책임에서는 몰라도 위험책임에서는 책임의 성부에서 고려 대상이 아니다. 따라서 인공지능 사고에서 불가항력을 면책사유로 인정할 경우, 불가항력의 개념징표는 '외재성' 또는 '외부성'에 두어야 할 것으로 생각된다. 즉 책임의 주체인 고위험 인공지능 공급자가 지배 또는 통제하는 위험 영역 외에서 발생한 것인지가 불가항력 판단의 핵심 기준이 되어야 할 것이다. 구체적으로는 지진, 화산폭발, 대홍수와 같은 소위 'Act of God'으로 불리는 자연재해와 전쟁, 테러, 내란, 폭동 등이 이에 해당할 것이다. 물론 불가항력의 개념을 폭넓게 인정하는 경우에는 인공지능 사고에 위험책임을 지우는 취지를 몰각시킬 우려가 있으므로[58] 가능한 좁게 해석하여야 할 것이다.

2. 피해자나 제3자의 행위

인공지능 사고에 관하여 불가항력 외에 생각할 수 있는 면책사유는 피해자나

---

53) 대법원 1982. 8. 24. 선고 82다카348 판결 참조.
54) 대법원 2008. 7. 10. 선고 2008다15940, 15957 판결 참조.
55) 조인영, "불가항력(Force majeure)의 의미와 효과", 법조 제742호, 법조협회(2020. 8.), 190–191쪽.
56) 여하윤, "민법 제758조 개정시안에 관한 검토", 민사법학 제69호, 한국민사법학회(2014. 12.), 533쪽.
57) 조인영(각주 55), 191–194쪽.
58) 오병철(각주 27), 220쪽.

제3자의 행위로 인하여 손해가 발생한 경우이다.

우선 피해자나 제3자가 고의로 인공지능을 이용하여 사고를 발생시킨 경우라면 이는 인공지능에 내재된 특별한 위험이 현실화된 것이라기보다는 피해자나 제3자가 해당 인공지능을 불법행위의 도구로서 악용한 것이므로 당연한 논리적 귀결로서 면책사유로 인정되어야 할 것이며(엄밀히 말하여 이 경우에는 위험책임 자체가 성립되지 않는다), 피해자나 제3자가 그 사고로 인한 책임을 져야 할 것이다.[59]

다만 피해자나 제3자의 '과실'에 의한 행위로 손해가 발생한 경우까지 면책사유에 포함시키는 것은 타당하지 않다. 과실은 본질적으로 모호하고 광범위한 개념이므로 이를 면책사유로 인정할 경우 인공지능 사고에 관하여 위험책임이 성립하는 경우는 매우 축소될 것이다. 또한 과실은 유무(existance)의 문제인 고의와는 달리 정도(degree)의 문제이므로, 과실을 면책사유로 인정할 경우 과실이 조금이라도 인정되면 면책을 인정할 것인지, 아니라면 과실이 어느 정도에 해당하여야 면책을 인정할 것이 인정되는지와 같은 추가적인 문제 또한 발생하게 된다. 따라서 피해자 또는 제3자의 과실은 면책사유가 아니라 제2절 Ⅲ.에서 전술한 손해배상액 조정 사유의 하나로서 고려하면 충분할 것이다.

3. 면책특약

제조물 책임법 제6조는 "이 법에 따른 손해배상책임을 배제하거나 제한하는 특약(特約)은 무효로 한다. 다만, 자신의 영업에 이용하기 위하여 제조물을 공급받은 자가 자신의 영업용 재산에 발생한 손해에 관하여 그와 같은 특약을 체결한 경우에는 그러하지 아니하다."라고 규정하여 면책특약을 원칙적으로 불인정하되 영업용으로 제조물을 공급받은 경우(즉 중간 사업자)에 한하여 예외적으로 인정하고 있다. 「환경보건법」 제19조에 따른 배상책임,[60] 「자동차관리법」 제74조의2에

---

59) 이제우(각주 3), 297쪽.
60) 「환경보건법」 제19조(환경성질환에 대한 배상책임) ① 사업활동 등에서 생긴 환경유해인자로 인하여 다른 사람에게 환경성질환을 발생하게 한 자는 그 피해를 배상하여야 한다.
　　② (생략)

따른 배상책임[61] 또한 이를 준용하는 규정을 둠으로써 면책특약을 예외적인 경우에만 인정하고 있다. 그렇다면 이러한 입법례와 유사하게 인공지능 사고에 관하여도 면책특약을 인정할 것인지가 문제된다.

위험책임이 인정되는 취지는 사회적으로 허용된 위험원에 내재된 위험이 현실화되어 발현된 손해는 위험원을 지배·관리하고 있고 이러한 위험원을 자신의 이익을 위하여 운영하는 자가 부담하는 것이 공평타당한 손해의 분담이라는 점에 있다. 이에 비추어 보면, 면책특약은 위험책임과는 기본적으로 친하기 어렵다. 면책특약을 인정한다면 특별한 위험원이 현실화되어 발생한 손해에 관하여 그로 인하여 이익을 얻어온 자가 아닌 피해자가 부담하게 되는 결과가 초래되어 위험책임의 도입 취지와 근본적으로 상충되기 때문이다. 특히 면책특약의 당사자가 인공지능 공급자와 인공지능 최종 이용자(즉 일반 소비자)라면 거래상 우월적 지위에 있는 인공지능 공급자가 작성한 면책특약을 인공지능 최종 이용자가 거절하는 것은 사실상 불가능하므로 인공지능 공급자에게 일방적으로 유리할 수 있다.

이러한 이유로 인공지능 사고에서 면책특약의 효력은 원칙적으로 인정하기 어렵다고 생각되며,[62] 만약 면책특약을 인정한다고 하더라도 기존 입법례와 유사하게 인공지능을 자신의 영업에 이용하는 '중간 사업자'가 면책특약의 상대방인 경우에만 예외적으로 인정할 수 있다고 생각된다.

---

③ 면책사유, 연대책임, 면책특약의 제한, 소멸시효 등에 관하여는 「제조물 책임법」 제4조부터 제7조까지를 준용한다. 다만, 면책사유는 제1항의 책임에 한정하여 준용한다.
61) 「자동차관리법」 제74조의2(손해배상) ① 제31조제1항에 따른 결함으로 발생한 생명, 신체 및 재산상의 손해(해당 자동차 또는 자동차부품에 대하여만 발생한 손해는 제외한다)에 대하여는 자동차제작자등이나 부품제작자등이 손해배상의 책임이 있다.
② ~ ⑥ (생략)
⑦ 연대책임, 면책특약의 제한에 관하여는 「제조물 책임법」 제5조 및 제6조를 준용한다.
62) 오병철(각주 27), 221쪽.

제5절 공동불법행위책임의 내용

I. 의의

다수의 관련자가 관계된 인공지능 사고의 경우 다른 사고와 마찬가지로 그들에게 민법 제760조에 따른 공동불법행위가 성립할 수 있으며, 이 경우 '공동'의 개념은 통설 및 판례의 입장과 같이 객관적 공동설이 타당하다는 점에 관하여는 제4장 제3절 Ⅴ.에서 검토한 바 있다.

공동불법행위책임이 성립할 경우 그 책임의 법적 성격은 부진정연대책임이며, 특별한 사정이 없는 한 각 가해자별로 개별적 사정을 고려한 과실상계나 책임제한은 허용되지 않는다는 것이 통설 및 판례의 입장이다.[63][64] 그러나 인공지능 사고의 경우에도 위와 같은 공동불법행위책임의 내용을 그대로 적용하여야 하는지는 다음과 같은 이유에서 검토가 필요하다고 생각된다. 첫째, 제4장 제3절 Ⅴ.에서 살펴보았듯이 인공지능 사고는 인공지능의 제작, 운영, 외부 환경 등 다양한 요인에서 기인할 수 있으며 그 사고 발생에 기여한 다수의 관련자들이 존재할 수 있다. 둘째, 다수 관련자들 사이에는 특별한 사정이 없는 한 주관적 관련공동이 없으므로 비난가능성이 크지 않다. 셋째, 인공지능 사고에 기여한 다수 관련자들의 행위는 시간적·장소적으로 근접하지 않고 산발적으로 행하여질 수 있다.[65] 넷째, 다수 관련자들이 사고 발생에 동일하게 기여한 경우보다는 차등적으로 기여한 경우가 대부분이며, 따라서 사고 발생에 기여한 정도가 중한 자와 경미한 자가 혼재되어 있다. 이러한 사정에도 불구하고 통설 및 판례와 같이 공동불법행위자에게 일률적으로 부진정연대책임을 지우는 것이 타당한지, 아니면 각

---

63) 이은영, 「채권각론(제5판)」, 박영사(2007), 837쪽, 송덕수, 「채권법각론(제2판)」, 박영사(2016), 551쪽, 김상용, 「채권각론(제3판)」, 화산미디어(2016), 723쪽.

64) 대법원 1998. 10. 20. 선고 98다31691 판결, 대법원 1998. 11. 10. 선고 98다20059 판결, 대법원 2000. 9. 29. 선고 2000다13900 판결, 대법원 2007. 6. 14. 선고 2005다32999 판결 등 다수.

65) 제4장 제1절에서의 [사례 1] ~ [사례 4]를 예로 살펴보면, A사가 가사 도우미 인공지능 X를 과실로 오류가 있는 상태로 개발하였으며, 그 상태로 출시된 X를 B가 시장에서 구입한 후 제대로 유지관리를 하지 않았으며, 이후 X가 C가 관리하는 인터넷망의 오류로 네트워크에 접속하지 못한 채 동작하던 중 D에게 사고를 일으킨 경우를 들 수 있다.

공동불법행위자의 구체적 사정을 고려하여 책임의 내용을 달리 정하는 것이 타당한지가 논의의 핵심이다.

II. 학설 및 판례

1. 학설

인공지능 사고의 공동불법행위책임을 정면으로 다룬 학설이나 판례는 아직까지 존재하지 않는다. 그러나 사실 I.에서 언급한 문제점은 인공지능 사고에 국한되지 않고 오늘날 발생하는 대부분의 사고에서 공통적으로 제기되는 것인바, 이러한 문제의식 하에 통설 및 판례와 달리 공동불법행위책임이 성립하더라도 일정한 요건이 충족되면 가해자별로 손해배상책임을 달리 정하거나 과실상계또는 책임제한 비율을 달리 정하자는 견해가 지속적으로 제기되어 왔다.[66] 공동불법행위자 중 일부의 과실이 경미한 경우나 각 공동불법행위자들이 공동불법행위에 가공한 정도가 구분되는 경우 등 구체적 사안에 따라서는 각 공동불법행위자들에게 전체 손해에 대한 책임을 지우는 것이 지나치게 가혹할 수 있으며, 그럼에도 부진정연대책임을 획일적으로 적용하는 것은 불법행위법의 지도원리인 '손해의 공평타당한 부담'에 위배된다는 것이다.

이러한 문제의식에서 출발하여 공동불법행위책임의 내용에 관한 통설 및 판례를 비판하는 견해는 책임의 성립 단계에서 부진정연대책임이 아니라 각 행위자의 개별 책임을 인정하거나, 책임의 성립 자체는 부진정연대책임을 인정하되 각 행위자의 구체적 사정을 고려하여 과실상계나 책임제한을 달리 적용하여 결과적으로 각 행위자별로 개별 책임을 부담하도록 이론 구성을 시도한다.[67]

---

66) 김제완, "대규모 집회·시위 참가자의 공동불법행위책임에 관한 연구", 고려법학 제61호, 고려대학교 법학연구원(2011. 6.), 281–317쪽, 박설아, "공동불법행위자 중 일부의 책임제한 가능성 – '기여도 감책론'에 대한 분석을 중심으로", 재산법연구 제34권 제4호, 한국재산법학회(2018. 2.), 59–89쪽, 한태일, "불법행위 손해배상 원칙의 수정으로서의 책임제한과 비례책임의 비교", 법학논총 제29권 제1호, 국민대학교 법학연구소(2016. 6.), 223–267쪽.

67) 개별 책임의 구성을 위한 구체적 이론으로는 비례책임론, 병존형 불법행위론, 시장점유율 책임론, 기여도 감책론 등이 있으나 이에 관한 상세한 소개는 이 책의 범위를 벗어나므로 생략한다. 위 이론들에 관하여는 박설아(각주 66), 59–89쪽, 한태일(각주 66), 223–267쪽, 윤

2. 판례

전술하였듯이 판례의 주류적 입장은 공동불법행위책임이 성립하면 각 가해자별 구체적 사정을 고려하지 않고 공동불법행위자 전원에게 부진정연대책임을 지우는 것이다.[68]

다만 대법원 판결 중에는 예외적으로 공동불법행위자별로 과실상계나 책임제한을 달리 적용한 하급심 판결을 수긍함으로써 결과적으로 공동불법행위자들에게 개별책임을 인정한 것과 동일한 결론에 이른 경우가 있다. 선도적 사례로 대법원 1992. 2. 11. 선고 91다34233 판결이 언급된다. 위 판결은 건물 신축공사장에서 비계공이 비계해체공사 중 고압선에 감전되어 추락하여 병원에서 치료를 받던 중 위 추락사고 2일 후에 발작을 일으켜 투신하여 사망하자 유족이 고압선의 관리의무자인 X회사와 건물신축공사를 맡은 Y회사를 상대로 공동불법행위책임을 물은 사안이다. 위 판결의 원심은[69] X와 Y의 공동불법행위책임을 인정하면서도 구체적 사실관계상 피해자의 과실비율을 공동불법행위자별로 다르게 보아 X에 대하여는 80%, Y에 대하여는 55%로 각 인정하였고, 대법원은 원심의 사실인정과 판단이 그대로 수긍이 된다는 이유로 상고를 기각하였다. 이후에도 드물지만 위 판결과 동일한 취지의 대법원 판결(대법원 2016. 4. 15. 선고 2013다20427 판결, 2016. 9. 30. 선고 2013다85172 판결)를 찾아볼 수 있다. 나아가 최근 대법원은 위법한 노동쟁의에 참가한 노조조합원이 노동조합과 함께 공동불법행위책임을 부담하더라도 "위법한 쟁의행위를 결정·주도한 주체인 노동조합과 개별 조합원 등의 손해배상책임의 범위를 동일하게 보는 것은 헌법상 근로자에게 보장된 단결권과 단체행동권을 위축시킬 우려가 있을 뿐만 아니라 손해의 공평·타당한 분담이라는 손해배상제도의 이념에도 어긋난다. 따라서 개별 조합원 등에 대한 책임제한의 정도는 노동조합에서의 지위와 역할, 쟁의행위 참여 경위 및 정도,

---

익준, "공동불법행위의 책임분배와 시장점유율 책임이론", 법과 정책연구 제14권 제4호, 한국법정책학회(2014. 12.), 2095-2119쪽 각 참조.

68) 대법원 1998. 10. 20. 선고 98다31691 판결, 대법원 1998. 11. 10. 선고 98다20059 판결, 대법원 2000. 9. 29. 선고 2000다13900 판결, 대법원 2007. 6. 14. 선고 2005다32999 판결 등 다수.

69) 부산고등법원 1991. 8. 23. 선고 90나14744 판결.

손해 발생에 대한 기여 정도, 현실적인 임금 수준과 손해배상 청구금액 등을 종합적으로 고려하여 판단하여야 한다."라고 설시하여 노조조합원의 책임은 노동조합과 달리 정할 수 있다고(즉 제한할 수 있다고) 판단하였다.[70]

그러나 위 대법원 판결들은 공동불법행위자들에게 개별책임이 성립할 수 있다는 법리를 설시한 것이 아니라, 과실상계 또는 책임제한은 법률 사항이 아닌 사실 판단에 관한 것으로서 사실심의 전권 사항이며 다만 형평의 원칙에 반하는 경우에만 예외적으로 상고심의 판단 대상이 된다는 기존 법리를 재확인한 것에 불과하다. 공동불법행위자들의 책임의 내용에 관하여 주류적 판례와 다른 법리를 설시한 판례에는 해당하지 않는다.[71]

Ⅲ. 검토

공동불법행위자들 각자의 개별적 사정을 고려하지 않고 획일적으로 전손해에 대하여 부진정연대책임을 지우는 통설 및 판례의 입장이 피해자 구제 측면에서 유리한 측면이 있는 것은 사실이다. 그러나 공동불법행위책임이 성립하는 사고의 다양한 유형이나 공동불법행위자들의 구체적 사정을 고려하지 않은 채 획일적으로 부진정연대책임을 지우는 것은 '손해의 공평·타당한 분담'이라는 불법행위법의 원칙에 반하는 경우도 분명히 존재한다.

공동불법행위자들 사이의 구체적 사정을 고려하지 않았을 경우의 폐단으로 거론되는 대표적인 사례가 *Ziemer v. City of Milwaukee* 사건이다.[72] 위 사례는 자동차보험에 가입하지 않은 운전자가 학교 앞 건널목에서 6세 아동을 추돌하여 사망케 한 사건이다.[73] 사망한 아동의 부모는 운전자를 상대로 불법행위에 따른

---

70) 대법원 2023. 6. 15. 선고 2017다46274 판결. 위 사건에서 대법원은 노조조합원의 책임을 50%로 제한한 원심 판결이 형평의 원칙에 비추어 현저히 불합리하다는 이유로(즉, 책임을 더 제한해야 한다는 취지로) 파기환송하였다.
71) 이와 같이 "… 원심의 판단은 정당하다."는 형식의 대법원 판결은 당해 사건의 개별 사안에 대한 판단의 정당성만을 인정한 것으로서, 이러한 판례에 터잡아 일반적인 판례법리의 성립을 주장하는 것은 "성급한 일반화의 오류"에 해당한다는 지적이 있다. 김지형, "노동법리의 법적 논증", 법학평론 제4권, 서울대학교 법학평론 편집위원회(2013. 12.), 24쪽.
72) Ziemer v. City of Milwaukee, 461 N.W.2d 448 (Wis. App., 1990).
73) 사실관계, 쟁점 및 법원의 판단에 관하여는 가정준, "미국 공동불법행위책임(다수당사자책

손해배상을 청구하여 전부 승소하였다. 그러나 운전자는 자동차보험에 가입하지 않았고 경제적 자력도 없어 손해를 실제로 배상할 능력이 없었다. 이에 사망한 아동의 부모는 손해배상을 할 수 있는 자력이 풍부한 주체, 즉 공동책임을 부담할 수 있는 재력가(deep pocket)를 찾기 시작하였고, 위 사건을 수임한 부모의 소송대리인 변호사는 그러한 재력가로서 밀워키 시(City of Milwaukee)를 찾아내어 밀워키 시를 상대로 다시 소송을 제기하였다. 밀워키 시가 학교 앞 건널목에서 아이들이 안전하게 횡단할 수 있도록 교통안전 유도원을 고용하였거나 자원봉사자를 선발하였다면 이 사고는 일어나지 않았을 것이므로 밀워키 시는 운전자와 공동불법행위책임을 진다는 것이 위 소송의 주된 논거였다. 법원은 밀워키 시의 공동불법행위책임을 긍정하면서도 그 과실 비율은 1%에 불과하다고 보았으며 운전자의 과실 비율을 99%로 인정하였다. 물론 위 소송에서 사망한 아동의 부모는 밀워키 시에 대하여 연대책임을 주장하여 손해액 전부를 배상받았으며, 결과적으로 공동불법행위자인 운전자와의 관계에서 1%의 과실만 있는 밀워키 시가 운전자의 무자력 위험을 전부 부담하였다. 이러한 결론이 피해자 손해의 전보라는 측면에서 타당하다는 점을 부정할 수는 없다. 그러나 사고 발생에 관하여 내부적으로 1%에 불과한 극히 경미한 과실을 범한 밀워키 시가 전 손해를 부담하는 것은 손해의 공평·타당한 분담이라는 불법행위법의 지도원리에 반하는 매우 어색하고 부당한 결론이라는 점 또한 부정하기 어렵다.

물론 이에 관하여는 통설 및 판례의 견해를 따르더라도 공동불법행위자들 상호 간에는 구상권이 인정되므로 최종적으로는 가해자가 자신의 행위 이상의 책임을 부담하지 않게 되어 결과적으로 가해자들간 손해의 공평·타당한 분담이 달성된다는 반론이 가능하다. 그러나 위 반론은 가해자들 사이에 변제능력의 비대칭이 존재할 경우 이를 해결하는 법적 수단이 존재하지 않는다는 점에서 문제가 있다. 공동불법행위책임을 지는 가해자들 중 일부는 변제능력이 있는 반면 다른 가해자들은 변제능력이 없는 경우 변제능력 있는 가해자들은 피해자에게 손해를 배상한 후 변제능력 없는 가해자들에게 구상권을 행사하더라도 실제 구상을 받지 못하게 되는바, 결국 변제능력 없는 가해자들이 피해자에게 부담해야 할 손해

임)의 시사점", 재산법연구 제31권 제4호, 한국재산법학회(2015. 2.), 95쪽.

배상액까지 변제능력 있는 가해자들이 부담하게 된다. 즉 변제능력이 없는 가해자들의 무자력 위험은 구상권의 인정 여부와 무관하게 전적으로 변제능력 있는 가해자들에게 전가된다.[74] *Ziemer v. City of Milwaukee* 사건에서도 사고에 99%의 과실이 있는 운전자는 무자력자였으므로 실제로 피해자에게 손해를 배상하지는 않았으며, 그 무자력 위험은 사고에 1%의 과실만 있지만 변제능력이 사실상 무한대인 밀워키 시에게 전부 전가되었다.

공동불법행위의 피해자를 보호하면서도 공동불법행위자들간의 형평성과 합리적 책임 분담 또한 달성하기 위하여는 원칙적으로는 통설 및 판례와 같이 공동불법행위책임의 내용을 부진정연대책임으로 구성하되, 사고 기여도가 경미하거나 기타 특별한 과실상계 또는 책임제한 사유가 있는 공동불법행위자에 관하여는 책임 비율을 달리 정할 수 있도록 이론구성하는 것이 타당하다고 생각된다. 특히 판례는 사고 기여도가 매우 경미한 자라 하더라도 객관적 공동설에 기초하여 공동불법행위책임을 쉽사리 인정하는 경향을 보이고 있는데, 이는 법윤리적으로도 정당화되기 어려우므로 인과관계 자체를 부정하여 공동불법행위책임 자체가 성립되지 않는다고 보아야 할 것이다.[75] 그러나 여기서 간과하지 말아야 할 점은, 인공지능 사고에만 위와 같은 이론을 채택하기는 어렵다는 것이다. 통설 및 판례가 취하는 '획일적 부진정연대책임 적용'의 문제는 비단 인공지능 사고에 국한되지 않으며 오늘날 발생하는 대부분의 사고에서도 발생하는 문제이다. 그럼에도 불구하고 인공지능 사고에만 개별 책임을 일부 인정하는 이론을 채택한다면 피해자는 그 문제된 사고가 인공지능 사고인지 아닌지와 같은 우연한 사정에 의하여 공동불법행위책임의 내용이 달라지게 되는바, 이 역시 불합리한 결론이라 할 수 있다.

이상을 종합하면, 위에서 제안한 이론구성은 공동불법행위책임의 내용에 관한 판례가 이와 같이 변경되거나, 공동불법행위책임을 규정한 민법 제760조가 개정되어 일반론적으로 인정되는 경우에 인공지능 사고에 관하여도 동일하게 채택되

---

74) 최광선, "개정 외감법 상의 비례책임제도에 관한 고찰", 저스티스 제143호, 한국법학원 (2014. 8.), 31쪽.

75) 이동진, "다수에 의한 환경오염피해의 책임과 구상관계", 환경법연구 제38권 제2호, 한국환경법학회(2016. 8.), 109쪽.

어야할 것이며, 그 이전에는 피해자 구제에 다소 치우친 측면은 있지만 통설 및 판례와 동일하게 인공지능 사고의 공동불법행위자들의 책임 내용을 '획일적 부진 정연대책임'으로 구성하는 것이 현실적인 방안이라고 생각된다.

제6절 기타 사항

Ⅰ. 소멸시효

불법행위로 인한 손해배상청구권은 ① 피해자나 그 법정대리인이 그 손해 및 가해자를 안 날로부터 3년간 이를 행사하지 않거나(단기소멸시효) 또는 ② 불법행 위를 한 날로부터 10년을 경과하면(장기소멸시효) 시효로 인하여 소멸한다(민법 제 766조). 단기소멸시효의 기산점이 되는 '손해 및 가해자를 안 날'의 의미에 관하 여 판례는 "손해의 발생, 위법한 가해행위의 존재, 가해행위와 손해의 발생 사이 에 상당인과관계가 있다는 사실 등 불법행위의 요건사실에 대하여 현실적·구체 적으로 인식하였을 때를 의미하며, 피해자가 언제 불법행위의 요건사실을 현실적· 구체적으로 인식하였는지는 개별 사건에서 여러 객관적 사정을 참작하고 손해배 상청구가 사실상 가능한 상황을 고려하여 합리적으로 인정하여야 한다."라고 본 다.[76] 나아가 판례는 장기소멸시효의 기산점인 '불법행위를 한 날'에 관하여는 "가해행위가 있었던 날이 아니라 현실적으로 손해의 결과가 발생한 날을 의미하 나, 그 손해의 결과발생이 현실적인 것으로 되었다면 그 소멸시효는 피해자가 손 해의 결과발생을 알았거나 예상할 수 있는지 여부에 관계없이 가해행위로 인한 손해가 현실적인 것으로 되었다고 볼 수 있는 때부터 진행한다."라고 본다.[77]

인공지능 사고로 발생한 손해배상청구권의 소멸시효에 관하여는 민법 제766 조 및 그간 축적된 판례법리를 적용하면 충분할 것으로 생각되며 이와 다른 단기 소멸시효 또는 장기소멸시효를 인정해야 할 당위성이나 필요성은 특별히 존재하 지 않는 것으로 보인다. 제조물 책임법 또한 민법 제766조와 유사하게 3년의 단

---

76) 대법원 2008. 4. 24. 선고 2006다30440 판결 참조.
77) 대법원 2005. 5. 13. 선고 2004다71881 판결 참조.

기소멸시효와 10년의 장기소멸시효를 각 규정하고 있다.[78] 참고로 유럽의 경우 일부 소비자단체는 소비자 보호 관점에서 제조물책임에서의 10년의 장기소멸시효는 늘어나야 한다고 주장하나, 유럽연합 집행위원회는 10년의 장기소멸시효가 실제로 적용된 사례는 드물고, 이를 늘릴 경우 산업계와 보험업계에 미치는 경제적 영향에 관한 확실한 정보가 없다는 이유로 부정적인 입장이다.[79]

Ⅱ. 의무보험

책임의 내용과 관련하여 입법론적으로 반드시 검토가 필요한 부분 중의 하나는 의무보험제도의 도입 여부이다. 구체적으로는 위험책임의 주체인 인공지능 공급자에게 책임보험의 가입을 의무화할 것인지의 문제이다.

이론적으로는 의무보험제도의 도입을 긍정하는 견해와 부정하는 견해 모두 구성이 가능하며,[80] 이는 법리적 문제라기보다는 법정책적 문제라고 생각한다. 피해자 구제 측면에서는 의무보험제도의 도입이 유리할 수 있다. 위험책임의 주체인 인공지능 공급자가 무자력이더라도 보험자로부터 손해를 배상받을 수 있기 때문이다. 그러나 의무보험제도를 도입한다면 인공지능 공급자는 위험책임을 부담함으로써 발생하는 비용을 자체적으로 적절히 내부화할 수 있는 경우에도 강제적으로 책임보험에 가입하여야 하는바, 이는 인공지능 공급자의 행동의 자유나 영업의 자유 등에 대한 제약 요소로 작용할 수 있다. 의무보험제도가 도입되면 인공지능 공급자는 보험에 가입하지 않는 선택이 불가능하므로 보험자와의 협상력이 저하되고, 이는 부보대상 위험보다 과도한 보험료의 지출로 이어질 가능성도 있다. 즉 피해자 보호에 방점을 둔 법정책적 입장이라면 의무보험제도를 도입

---

78) 제조물 책임법 제7조.
79) 박동진, "제조물책임법 개정 방안 연구", 법무부·공정거래위원회(2012. 12.), 196쪽.
80) 인공지능 사고에 있어 의무보험제도 도입을 긍정하는 견해는 고세일, "인공지능과 불법행위 책임 법리", 법학연구 제29권 제2호, 충남대학교 법학연구소(2018. 5.), 106쪽, 최민수, "인공지능 로봇의 오작동에 의한 사고로 인한 불법행위책임", 민사법의 이론과 실무 제23권 제3호, 민사법이론과실무학회(2020. 8.), 52쪽이 있다. 단 김진우, "지능형 로봇과 민사책임", 저스티스 제164호, 한국법학원(2018. 2.), 72쪽은 의무보험제도 도입에 신중해야 한다는 입장이다.

하는 것이, 사적 자치나 시장경제원리를 강조하는 법정책적 입장이라면 의무보험제도를 도입하지 않는 것이 논리적이다.

다만 위험책임이 적용되는 고위험 인공지능, 특히 위험도 평가에 따라 고위험으로 분류된 인공지능은 그 발현 형태, 사용 영역, 예상되는 손해 등이 매우 다양할 것으로 예상되는바, 이를 고려하지 않고 의무보험제도의 도입 여부를 획일적으로 정하는 것은 합리적이지 않다. 경제사회 각 영역별로 제반 사정을 고려하여 개별법을 통해 의무보험제도의 도입 여부를 결정하는 것이 타당하다고 보인다. 일례로 자율주행자동차의 경우 자율주행자동차를 규율하는 개별 법률(「자동차손해배상 보장법」, 「자동차관리법」 등)에서 의무보험제도에 관한 규정을 두는 것이다.

제7절 결어

본 장에서는 제4장에서 검토한 책임의 근거 법리에 따라 인공지능 사고에 불법행위책임이 성립한 경우 그 책임의 내용에 관하여 살펴보았다. 검토의 주된 대상은 제4장에서 제안한 이원적 접근법 중 '고위험 인공지능으로 분류되어 위험책임이 적용되는 인공지능 사고'이다. 위 경우는 아직까지 책임의 내용에 관하여 해석론이나 입법론으로 정립된 이론이 없기 때문이다. 검토 결과를 정리하면 다음과 같다.

(1) 통상적인 불법행위책임의 경우와 마찬가지로 피해자에게는 손해배상청구권이 인정되며, 사고의 급박함, 사후적 손해배상의 부적절함, 회복할 수 없는 손해의 발생가능성, 피해자와 가해자 사이의 이익형량, 예방적 청구의 합리성 등과 같은 엄격한 요건이 갖추어진 경우 손해배상청구권 외의 구제 수단으로 금지청구권을 인정함이 타당하다.

(2) 손해배상의 범위와 관련, 예견가능성이라는 개념 자체와 친하지 않은 위험책임에 있어 손해배상의 범위를 통상손해와 특별손해로 정하는 것은 타당하지 않으며, 인공지능의 운용과 상당인과관계있는 손해로 정하는 것이

합리적이라고 본다. 한편 손해배상의 범위가 지나치게 확장되는 것을 방지하기 위하여 배상책임액의 한도를 두는 방안을 생각해 볼 수 있으나, 모든 인공지능 사고에 관하여 배상책임액의 한도를 두는 것은 타당하지 않다고 생각되며, 만약 그 한도가 합리적으로 설정가능한 영역이 있다면 그러한 영역을 규율하는 특별법을 통하여 개별적·예외적으로 인정되는 것이 바람직하다고 본다.

(3) 손해배상액의 조정과 관련, 피해자가 손해의 발생 및 확대에 관여한 정도, 손해가 현실화된 경위, 가해자의 손해방지 노력 등 구체적 사정을 종합하여 책임을 감경할 수 있다고 봄이 타당하다.

(4) 가해자의 면책사유로는 '불가항력'과 '피해자 또는 제3자의 고의에 의한 행위'를 생각해 볼 수 있다. 면책특약은 근본적으로 위험책임과 친하기 어렵고 가해자의 책임 면제 수단으로 악용될 우려도 있으므로 그 효력은 일반적으로 부정하는 것이 타당하다.

(5) 인공지능 사고에 관하여 공동불법행위책임이 성립하는 경우 그 책임의 내용은 인공지능이 아닌 다른 사고와의 형평성이나 피해자 보호 측면에서 기존의 통설 및 판례와 동일하게 각 행위자의 개별적 사정을 원칙적으로 고려하지 않는 '획일적 부진정연대책임'이 타당하다.

(6) 인공지능 사고의 불법행위책임에 관한 소멸시효는 민법 제766조 및 기존의 판례법리와 동일하게 적용하는 것이 타당하다. 의무보험제도의 도입여부는 모든 인공지능에 대하여 일률적으로 결정하기보다는 인공지능이 이용되는 각 경제사회 영역별로 제반 사정을 고려하여 개별법을 통해 결정하는 것이 합리적이다.

제6장

법경제학적 분석

법경제학적 분석

제1절 서론

지금까지 '인공지능과 불법행위책임'에 관하여 책임의 주체(제3장), 책임의 근거(제4장), 그리고 책임의 내용(제5장)을 각 살펴보았다.

이상의 논의는 모두 전통적인 법학적 논증, 즉 규범적 가치의 제시와 그 가치 충족 여부에 관한 논리적 논증에 기초한 것이다.[1] 그러나 전통적인 법학적 논증만으로는 인공지능 사고의 불법행위책임과 관련하여 발생하는 다양한 쟁점의 당

---

1) 전통적인 법학적 논증의 개념을 일의적(一義的)으로 규정하는 것은 사실상 불가능하며, 사실 이에 관한 논의는 이 책의 연구 범위를 벗어나는 것으로서 법철학, 수사학, 논리학 등의 측면에서 깊은 논의가 필요하다. 다만 법학에서의 전통적 접근법은 올바로 진행된 법적 추론을 통하여 법문제에 관한 정답에 도달하는 것으로서 자연과학적 접근법과는 구별된다는 점에 관하여는 대체로 견해가 일치하는 것으로 보인다. 조홍식, "법경제학적 논증의 법적 지위", 서울대학교 법학 제48권 제4호, 서울대학교 법학연구소(2007. 12.), 126쪽, 김지형, "노동법리의 법적 논증", 법학평론 제4권, 서울대학교 법학평론 편집위원회(2013. 12.), 11-20쪽.

부를 판단하기에는 일정한 한계가 있다. 앞서 살펴보았듯이 각 쟁점에 관하여 대립하는 각 견해들은 모두 나름의 규범적 가치와 이를 뒷받침하는 철학적, 법리적 측면의 다양한 논거를 갖추고 있으므로 전통적인 법학방법론적 시각만으로는 각 견해들의 우열을 설득력있게 논증하기 어렵기 때문이다. 이런 이유로 본 장에서는 지금까지의 논의 중 핵심 부분인 책임의 근거(제4장)에 대한 소결론에 관하여 법경제학 관점에서의 분석을 시도하여 그 타당성 여부를 살펴보고자 한다.

　법학에서 과연 법경제학적 분석이 필요한지에 관하여는 긍정론과 회의론이 대립하고 있다.[2] 법학자들이 법경제학에 관하여 가지는 가장 큰 오해는 법학과 경제학은 서로 학문적 관심의 대상이 다르므로 양자는 융합될 수 없으며 이에 관한 통섭(consilience)의 논의는 실제로는 의미가 크지 않다는 것으로 보인다. 그러나 경제학은 자원이 희소한 상황에서 인간이 무엇을 선택해야 하며 그로 인한 결과가 무엇인지에 관심을 두는 학문이고, 법학은 자원이 희소한 상황에서 인간에게 돌아가야 할 바람직한 자원 배분 방식에 관한 규칙(rule)을 제정하고 집행하는 문제를 다루는 학문이라는 점에서 근본적으로는 동일한 관점을 공유한다고 생각한다. 요컨대 양자는 '자원의 희소성'이라는 동일 상황을 다른 측면에서 접근하는 학문이다.[3] 이런 의미에서 법학과 경제학은 각각의 영역에서의 담론이 서로에게 영향을 미치는 상호보완적 관계이다.[4] 따라서 법학에서 법경제학적 분석론을 채택하는 것이 무의미하다고 보기는 어렵다.

---

2) 긍정적 입장으로는 윤진수, "법의 해석과 적용에서 경제적 효율의 고려는 가능한가?", 서울대학교 법학 제50권 제1호, 서울대학교 법학연구소(2009. 3.), 39－81쪽, 이동진, "정의·형평과 효율: 민사법의 경제분석에 국한하여", 법경제학연구 제17권 제1호, 한국법경제학회(2020. 4.), 1－13쪽, 허성욱, "법의 경제적 분석에 관한 몇 가지 오해에 관한 고찰", 서울대학교 법학 제48권 제4호, 서울대학교 법학연구소(2007. 12.), 179－205쪽. 부정적 입장으로는 송옥렬, "법경제학적 방법론의 유용성과 한계에 관한 소고", 서울대학교 법학 제55권 제3호, 서울대학교 법학연구소(2014. 9.), 1－30쪽.
3) 허성욱(각주 2), 185－186쪽.
4) Fritz Berolzheimer, THE WORLD'S LEGAL PHILOSOPHIES 23 (Boston Book Co. 1912), Nicholas Mercuro & Steven G. Medena, ECONOMICS AND THE LAW － FROM POSNER TO POST－MODERNISM － 1 (2nd ed. Princeton University Press 2006)에서 재인용.

전통적인 법학 담론이 가지는 한계 중의 하나는 많은 경우 그 담론에 관한 논증이 추상적·규범적 수준에서 그치며 과학적 증명이 이루어지지 않는다는 점에 있다. 반면 경제학은 사회과학 중에서 가장 과학적이고 수학적인 이론 체계를 가지고 있는 학문이다. 경제학은 인간의 행동을 수학적 모델에 따라 예측하며 행동의 결과를 수치로 계량화하여 보여준다. 따라서 경제학적 방법론을 법학에 접목하면 사람들이 법에 대하여 어떻게 반응할 것인지에 관하여 과학적이고 수학적인 예측을 할 수 있다. 이러한 예측은 전통적인 법학에서의 직관적 설명보다 우월할 수 있는데, 이는 마치 과학적 방법론이 상식에 기반한 논증보다 우월할 수 있는 것과 마찬가지이다.[5] 특히 사회가 복잡화·다원화될수록 법학에서의 전통적인 규범적 당위론만으로는 법적 분쟁의 합리적 해결이 어려워지는바,[6] 이 점에서도 법경제학은 분쟁 해결에 필요한 유용한 통찰과 이론적 모형을 제공해 줄 수 있다고 생각한다.[7]

다만 이 책은 기본적으로 법학 연구이며, 법경제학적 분석을 전면적으로 다루는 것은 이 책의 범위, 목적, 그리고 저자의 개인적 능력을 초과하는 것임을 인정하지 않을 수 없다. 이 책에서 시도하는 법경제학적 분석은 논의의 장을 열기 위한 '시론(試論)'적 수준이다. 보다 상세한 분석은 향후 연구 과제로 남겨둔다.

제2절 분석의 틀

Ⅰ. 가정

불법행위책임에 관한 기존의 법경제학 연구 및 방법론은 상당히 축적되어 있으나, 이 책에서는 보편적으로 많이 언급되는 샤벨(Steven Shavell)의 모델을 기초

---

5) Robert D. Cooter & Thomas Ulen, 한순구 역, 「법경제학」, 경문사(2009), 5쪽.
6) 조홍식(각주 1), 125쪽.
7) 법경제학적 접근방법이 정책적 요청이나 인간의 행동 및 선호체계 등 현실에서의 중요한 요소를 법의 분석틀로 포섭한다는 점에서도 경청할 가치가 있다는 점에 관하여는 권영준, "민사재판에 있어서 이론, 법리, 실무", 서울대학교 법학 제49권 제3호, 서울대학교 법학연구소(2008. 9.), 331-332쪽.

로 한다.[8) 위 모델의 기본 가정은 다음과 같다.[9)

① 행위자들은 경제학에서 말하는 합리적 인간, 즉 자신의 이익 극대화를 추구하는 이기적인 존재이자 안정적이고 뚜렷하게 자신의 선호도(preference)의 순위를 매길 수 있는 존재이다.
② 사고에 있어 누가 가해자이고 누가 피해자인지는 행위자들 사이에서 이미 정해져 있다.
③ 행위자들은 경제학적으로 자신의 행위를 최적 수준으로 결정할 수 있는 완전한 정보를 보유하고 있다.
④ 가해자와 피해자 사이의 사전적 또는 사후적 교섭은 없다.
⑤ 가해자와 피해자는 모두 위험중립적(risk−neutral) 성향이다.[10)
⑥ 모든 가해자는 배상능력이 있고 완벽한 배상을 한다.
⑦ 모든 비용(cost)은 금전으로 환산 가능하다.
⑧ 외부성(externality)을 줄이기 위한 규제가 존재하지 않는다.[11)

---

8) Steven Shavell, ECONOMIC ANALYSIS OF ACCIDENT LAW 32−46 (Harvard Univ. Press 2007). 샤벨의 이론적 모델에 기초한 기존의 법경제학 연구로는 대표적으로 Cooter & Ulen(각주 5), 395−410쪽, 박세일, 「법경제학(중판)」, 박영사(2013), 314−358쪽. 물론 Shavell의 모델은 기본적으로 교통사고를 전제한 것으로서 인공지능 사고에 정확히 부합하지는 않는다. 그러나 법경제학에서 Shavell의 모델이 가장 광범위하게 사용되고 있으므로, 이 책에서는 Shavell의 모델을 기초로 삼는다.
9) Shavell, *supra note* 8, at 32−33, Cooter & Ulen(각주 5), 432쪽.
10) 경제학에서 위험이란 '불확실한 결과들의 변화의 폭(variability of uncertain outcomes)'을 의미한다. 예를 들어 동전을 던져 앞면이 나오면 10만 원을 받고 뒷면이 나오면 10만 원을 주기로 하였다면 이때의 +10만 원과 -10만 원 사이가 바로 변화의 폭이 된다. 변화의 폭이 크면 위험이 크고 그 폭이 작으면 위험이 작다고 할 수 있다. 위험기피적(risk−averse)이란 바로 이 변화의 폭이 큰 것보다 작은 것을 선호하는 경우를, 위험중립적(risk−neutral)이란 변화의 폭의 대소에 대하여 특별한 선호가 없는 경우를, 위험선호적(risk−loving)이란 변화의 폭이 작은 것보다 큰 쪽을 선호하는 경우를 각 말한다. 경제학 용어로 표현하면 '위험기피적'은 부(wealth)의 한계효용이 체감하는 경우를, '위험중립적'은 부의 한계효용이 일정한 경우를, '위험선호적'은 부의 한계효용이 체증하는 경우를 각 말한다. 박세일 외, 「법경제학」, 박영사(2019), 359−360쪽.
11) '외부성' 또는 '외부효과'란 거래에 참여하지 않은 제3자에게 거래에 따른 편익이 발생하는 경우를 의미한다. 예를 들어 A공장이 B에게 공급할 물건을 생산하는 중 폐수가 발생하였고 이를 무단 방출하여 C에게 환경피해가 발생하였다고 하자. C는 A와 B사이의 거래 당사자가

Ⅱ. 수학적 모델

불법행위로 인한 사고가 발생할 확률을 p라 하고, 행위자(가해자 또는 피해자)가 취할 수 있는 주의수준(level of care)을 x라고 하자. 일반적으로 주의수준이 커질수록 사고가 발생할 확률은 감소할 것이다. 따라서 p는 주의수준 x에 대한 감소함수이다[$p = p(x)$].

사고가 발생하면 피해자는 치료비, 수리비, 소득 감소 등 각종 경제적 손해를 입게 된다. 사고가 발생하여 피해자가 입게 되는 총 손해를 A라고 하자. 그렇다면 주의수준이 x일 경우 사고가 발생하여 피해자가 입게 되는 손해의 기댓값, 즉 '기대손해비용(cost of expected damages)'은 $p(x)A$가 된다.[12] $p(x)$가 x에 대한 감소함수이므로 $p(x)A$ 또한 x에 대한 감소함수이다.

행위자(가해자, 피해자 불문)가 주의를 기울이기 위해서는 돈이나 시간과 같은 자원이 투입되어야 한다. 행위자가 주의수준을 한 단위 올리기 위한 비용을 w로 표시하자. 논의의 간명함을 위하여 w는 x에 따라 변화하지 않는 고정값이라고 가정하자. 그러면 행위자가 주의수준 x를 달성하기 위하여 투자한 총 비용, 즉 '사고를 회피하기 위한 주의비용(cost of precaution)'은 wx가 된다.

Ⅰ.에서 외부성을 줄이기 위한 규제가 존재하지 않는다고 가정하였다. 따라서 사고로 발생하는 사회적 비용은 '기대손해비용'(①)과 '사고를 회피하기 위한 주의비용'(②) 외의 다른 비용은 없다. 즉, 사고로 인하여 발생하는 '사회적 비용(Social Cost)'은 ①＋② 이며, 다음과 같이 x에 대한 함수 $SC(x)$로 표시할 수

아니지만 그 거래로 인하여 손해를 입게 된다. 외부성은 전형적인 시장실패 사례이며 이를 교정하기 위한 대표적 수단으로 규제와 같은 정부의 개입을 들 수 있다. Cooter & Ulen(각주 5), 48－49쪽. 샤벨의 모델에서 외부성에 대한 규제가 없다는 가정은 사고 발생시 당사자간의 자발적 해결을 전제하며 정부의 개입이 없다는 취지이다.

12) 논의의 간명함을 위하여 A의 값이 고정되어 있다고 가정하였을 경우이다. $A = A(x)$라고 볼 경우 피해자가 입게 되는 손해의 기댓값은 수학적으로 각 사고가 발생하였을 때의 손해와 그 사고가 발생할 확률을 곱한 것을 전체 사건에 대하여 합한 값이며, 특히 사고 발생 확률이 연속적(continuous)일 경우 전체 사건에 대한 확률 분포 함수(probability density function)의 정적분값에 확률값을 곱한 값이 되지만, $A(x)$가 $p(x)$와 마찬가지로 x에 대한 감소함수라면 A의 값이 고정된 경우와 수학적 모델링에 있어 차이가 없다. 상세한 내용은 Shavell, *supra note* 8, at 33.

있다.

$$SC(x) = wx + p(x)A \qquad (6.\ 1)$$

식(6. 1)을 그래프로 나타내면 다음과 같다.

그림 1 ┃ 사고와 관련된 사회적 비용[13]

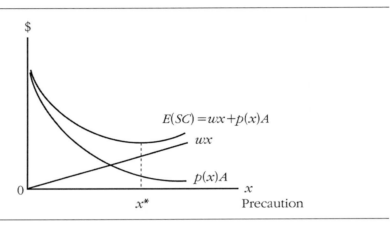

<그림 1>에서 알 수 있듯이 $SC(x)$는 x에 대하여 아래로 볼록한 U자형의 함수이므로 사회적 비용을 최소화하는 x값인 x^*가 존재한다. 이를 '효율적 주의수준'이라고 하자. 불법행위법에 관한 법경제학의 목적은 행위자의 주의수준을 x^*로 달성하는 것이다. 바꾸어 말하면 법경제학적 관점에서 가장 효율적(efficient)인 상태는 '행위자의 주의수준＝효율적 주의수준'인 경우이다.

참고로 위 모델에서 제시하는 '최적의 효율'은 사고로 발생하는 비용(cost)만 고려한 것이고 사고로 발생하는 효용(benefit)은 고려하지 않았다고 오해할 수 있으나, 그렇지 않다. 위 모델은 '비용－편익 분석'에 해당한다.[14] 행위자가 투입하

---

13) Robert Cooter & Thomas Ulen, LAW AND ECONOMICS 200 (Berkeley Law Books, Book 2, 2016).
14) Cooter & Ulen(각주 5), 394－397쪽.

는 주의비용은 '비용'에, 피해자의 사고비용의 감소는 '편익'에 해당하며, 위 모델은 한계비용과 한계편익이 같아지는 수준을 x^*로 제시하고 있기 때문이다.[15] 참고로 불법행위법에서의 법경제학적 분석에서 '편익'은 사고를 허용함으로써 사회에 발생하는 효용이 아니라, 사고를 방지함으로써 사회에 발생하는 효용일 수밖에 없다. 불법행위법에서 사고는 기본적으로 허용의 대상이 아니라 금지의 대상이기 때문이다. 예컨대 1시간 동안 차량을 운전하여 100억 원의 경제적 이익을 발생시킬 수 있다 하더라도 이를 위하여 사람을 차량으로 충격하여 사망케 한다는 것은 법체계상 허용될 수 없는 것이다.[16]

효율적 주의수준 x^*는 식 (6. 1)을 x에 대하여 미분하면 얻을 수 있다. x^*에서 한계비용과 한계이득은 같아진다. 즉 x^*에서 $SC(x)$의 미분값은 0이다.[17] 따라서 다음과 같은 식을 얻을 수 있다.

$$w = -p'(x)A \qquad (6.\ 2)[18]$$

효율적 주의수준 x^*는 결국 식 (6. 2)를 만족시키는 x를 말한다. 만일 주의수준이 효율적 주의수준에 미치지 못하면$(x < x^*)$, 사고비용이 주의비용보다 높으므로 이 경우에는 주의수준을 늘려 주의비용을 증가시키는 것이 법경제학적으로 효율적이다. 반대로 만일 주의수준이 효율적 주의수준을 초과한다면$(x > x^*)$, 주의비용이 사고비용보다 높으므로 주의수준을 낮추는 것이 법경제학적으로 효율적이다.

---

15) 불법행위법의 법경제학에서 많이 언급되는 '핸드 공식'(Hand Rule), 즉 사고방지비용(B)과 사고발생확률(P) 및 사고발생시의 비용(L)을 곱한 기대비용(P · L)을 비교하여 B<P · L인 경우 사고방지비용을 투입하지 않은 자에게 손해배상책임을 인정하는 것 또한 B가 '비용', P · L이 사고회피의 '편익'에 해당하는 대표적인 '비용－편익 분석'이다. 사실 샤벨의 모델은 핸드 공식을 수학을 사용하여 경제학적으로 보다 정치하게 표현한 것이다. Cooter & Ulen(각주 5), 394－397쪽.

16) 물론 사고로 인하여 발생한 손해뿐 아니라 사고로 인하여 발생한 효용까지 고려하는 모델이 경제학적으로 불가능한 것은 아니나, '법'경제학에서 이를 허용할 수 있을지는 의문이다.

17) 이는 <그림 1>에서 $x = x^*$일 때 $SC(x)$의 기울기가 0이 된다는 사실만 보더라도 직관적으로 알 수 있다.

18) $p(x)$가 음의 기울기를 가지므로 $-p'(x)$는 양의 값을 가진다.

III. 분석 범위

위에서 언급한 가정 및 수학적 모델을 기초로 '인공지능과 불법행위책임'에 관하여 ① 제4장에서 제시한 책임 법리의 타당성(제3절), ② 제5장에서 살펴본 책임 내용의 타당성(제4절), ③ 제3장 및 제4장에서 제시한 책임 주체의 타당성(제5절)을 각 살펴본다. 이 책의 편제상 책임 주체의 타당성을 검토한 후 책임 법리 및 책임 내용을 검토하는 것이 일관성이 있으나, 법경제학적 측면에서는 책임 근거에 관한 논의가 선행되는 것이 보다 용이하므로, 위에서 언급한 순서대로 검토한다.

제3절 책임의 근거에 관한 분석

본 절에서는 제4장에서 제시한 인공지능 사고의 책임 법리의 타당성을 법경제학적으로 분석한다. 논의의 간명함을 위하여 가해자와 피해자가 각각 단수(單數)인 경우로 한정한다. 또한 인공지능 사고와 관련하여 법경제학적 분석의 대상으로 삼는 책임 법리는 '면책주의', '과실책임주의', '무과실책임주의'의 세 가지로 통칭하며, 과실책임주의 및 무과실책임주의에 해당하는 각각의 세부적인 법리(일례로 무과실책임주의의 경우 위험책임, 보상책임, 편익책임)별로 법경제학적 분석은 하지 않는다. 이러한 분석의 틀은 기존의 전통적인 법경제학에서 사용되어 온 불법행위책임 법리의 분류 체계 및 분석의 틀을 따른 것이다.[19] 후술하듯이 법경제학 관점에서는 과실책임과 무과실책임의 구분이 유의미할 뿐, 각각의 경우 구체적으

---

19) 국내에 소개된 대부분의 법경제학 서적에서는 '무과실책임' 대신 '엄격책임'이라는 용어를 사용한다. 그 이유는 추측건대 법경제학의 주류는 미국이며, 미국의 불법행위법체계는 고의에 의한 불법행위, 과실에 의한 불법행위, 그리고 엄격책임으로 3분화 되어 있으므로, 미국의 법경제학자들이 본인들에게 익숙한 '엄격책임'이라는 용어를 사용하였기 때문일 것이다. 그러나 법경제학에서 '엄격책임'이라는 용어는 미국의 불법행위법체계에서의 엄격책임 개념과 정확히 일치된다기 보다는 귀책의 근거로서 행위자의 과실을 요구하지 않는 책임법리를 통칭하는 개념으로 사용되고 있어 '무과실책임'과 매우 유사하다. 따라서 혼란의 방지를 위하여 이 책에서는 '무과실책임'이라는 용어를 사용한다.

로 어떠한 법리에 근거한 것인지는 그 분석에 있어 유의미한 차이점을 제공하지 않는다.[20]

I. 일방적 사고

1. 의의

불법행위로 인한 사고 중에는 사고 방지를 위하여 주의할 수 있는 사람이 가해자 뿐이며 피해자의 주의 여부는 사고에 어떠한 영향을 미칠 수 없는 경우가 있다. 대표적으로 비행기가 비행 중에 추락하여 지상 건물과 충돌한 경우, 자동차가 운행 중 주차된 차량을 충격하는 경우, 주식 매매 알고리즘이 오동작을 일으켜 사람이 원하지 않는 주식 거래를 체결한 경우 등을 생각할 수 있다. 이를 '일방적 사고(unilateral accident)'라고 부르기로 한다. 인공지능 사고의 상당수는 일방적 사고에 해당할 것이므로, 이를 다른 사고 유형과 분리하여 살펴보는 것은 법경제학적으로 유의미한 시사점을 제공할 수 있다.

2. 주의수준만을 고려하는 경우

가. 면책주의

면책주의의 경우 가해자는 불법행위에 따른 손해를 내부화할 유인이 없다. 자신이 주의를 기울이지 않더라도 불법행위에 따른 손해를 배상할 책임이 없기 때문이다. 따라서 가해자는 주의를 전혀 기울이지 않고 가해자가 지출하는 주의비용은 0이다. 반면 피해자는 불법행위로 인한 손해를 모두 부담하게 되지만, 피해자의 행위가 불법행위로 인한 손해에 어떠한 영향을 미칠 수 없는 일방적 사고 상황이므로 피해자로서는 어떠한 주의수준을 선택하더라도 자신이 입는 손해를 감소시킬 수 없다. 따라서 피해자가 어떠한 주의수준을 선택하더라도 사회적으로

---

20) 즉 법경제학에서는 일단 책임이 성립하였음을 전제로 그 책임의 경제적 효과를 분석하기 때문에 무과실책임이 보상책임, 위험책임, 편익책임 중 어느 법리에 근거한 것인지는 관심을 가지지 않는다.

비효율적인 결과가 발생한다.[21]

나. 과실책임주의

가해자에게 과실책임주의가 적용되는 경우는 어떠한가? 과실책임주의에서는 가해자가 법적으로 요구되는 주의의무를 다한 경우라면 불법행위책임을 지지 않는다. 과실책임주의하에서 가해자가 불법행위책임에서 면책되는 수준의 주의의무를 '상당한 주의의무(due care)'라고 명명하고, 이를 '효율적인 주의수준' x^*와 구분하기 위하여 $\tilde{x}$이라고 표시하자. 그렇다면 과실책임에서의 가해자의 사회적 비용함수 $SC(x)$는 식(6. 3)과 같다.

$$SC(x) = \begin{cases} wx + p(x)A & (x < \tilde{x}) \\ wx & (x \geq \tilde{x}) \end{cases} \qquad (6.\ 3)$$

식 (6. 3)에서 알 수 있듯이, 가해자의 주의수준은 법적으로 허용된 영역에 속하는 것과 금지된 영역에 속하는 것으로 양분되며, 그 경계선은 '상당한 주의의무'인 $\tilde{x}$ 이다. 가해자의 주의수준이 $\tilde{x}$ 미만이면($x < \tilde{x}$) 가해자는 사고가 발생하면 손해배상책임을 지게 된다. 반면 가해자의 주의수준이 $\tilde{x}$ 이상이면($x \geq \tilde{x}$) 가해자는 사고가 발생하더라도 손해배상책임을 지지 않으며 피해자가 이를 부담하게 된다. 그러므로 가해자는 자신이 부담하는 비용을 최소화할 수 있는 주의수준인 $\tilde{x}$까지만 주의를 기울일 유인을 가지게 된다. 따라서 법원이 상당한 주의의무를 효율적인 주의의무와 동일하게 제시할 수 있다면($\tilde{x} = x^*$), 가해자는 자신의 주의의무 수준을 x^*까지 기울일 것이며 결과적으로 효율성이 달성될 수 있다.[22] 이를 그래프로 표시하면 <그림 2>와 같다.

---

21) 박세일(각주 8), 321쪽, Cooter & Ulen(각주 5), 395 – 396쪽.
22) Shavell, *supra note* 8, at 8, 박세일(각주 8), 322쪽.

그림 2 ┃ 주의의무에 불연속성이 존재할 때의 기대비용[23]

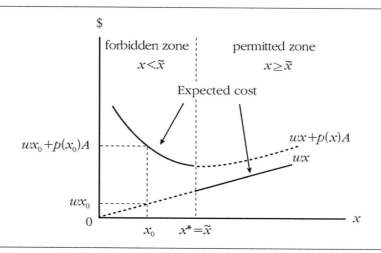

다. 무과실책임주의

무과실책임주의를 채택할 경우 피해자는 사고 발생을 방지하기 위하여 주의의무를 이행할 필요가 없다. 근본적으로 일방적 사고의 경우 피해자의 주의수준은 손해에 어떠한 영향도 미치지 못한다. 더욱이 피해자가 주의를 기울이지 않더라도, 즉 주의의무에 따른 비용을 지출하지 않더라도, 무과실책임주의 하에서 가해자는 언제나 손해배상책임을 부담하며 피해자에게 완전한 배상을 해 줄 것이므로 피해자는 주의의무에 비용을 투입해야 할 유인이 없다. 반면 가해자는 불법행위로 인하여 손해가 발생할 경우 언제나 피해자에게 전 손해를 배상해야 하므로 '효율적 주의의무', 즉 x^*를 기울일 유인을 가지게 된다. 따라서 가해자가 x^*를 찾아낼 수 있다면 효율성이 달성될 수 있다.[24] 그런데 제2절 Ⅰ.에서 언급하였듯이 본 분석 모델의 기본 가정상 행위자는 자신의 행위 수준을 최적으로 맞출 수 있는 완전정보 상태에 있다. 따라서 가해자는 x^*를 찾아낼 수 있고, 결과적으로 효율성이 달성된다.

---

23) Cooter & Ulen, *supra note* 13, at 207.
24) Cooter & Ulen(각주 5), 399쪽.

3. 주의수준과 행위수준을 모두 고려하는 경우

지금까지는 행위자의 주의수준만을 고려하였다. 그러나 현실적으로 사고발생 확률과 사고발생빈도는 행위자의 주의수준뿐 아니라 이들이 얼마나 자주 위험한 행위를 하는지의 문제인 행위수준(level of activity)과도 관계된다. 예를 들어 자동차 사고는 운전속도와 같은 주의수준뿐 아니라 운행거리와 같은 행위수준에 의해서도 영향을 받는다. 연간 15,000㎞를 운행하는 경우의 연간 사고 발생 확률과 그 10배인 연간 150,000㎞를 운행하는 경우의 연간 사고 발생 확률은 직관적으로 보더라도 후자가 더 높을 것이다. 이런 이유로 행위자의 주의수준뿐 아니라 행위수준까지 모두 고려한 분석이 필요하다.

행위수준을 고려할 때의 수학적 모델은 앞서 살펴본 주의수준을 고려한 수학적 모델에 행위수준이 변수로 추가된 것으로서, 그 기본 구조 및 논리는 주의수준을 고려한 경우와 크게 차이가 없다. 따라서 논의의 간명함을 위하여 수학적 모델의 사용은 최소화한다.25) 한편 '일방적 사고'이므로 피해자의 주의수준과 행위수준은 사고 발생에 영향을 주지 않는다.

가. 면책주의

면책주의하에서 가해자는 손해를 고려하지 않고 의사결정을 할 것이므로 가해자는 주의수준이나 행위수준을 최적 수준으로 맞추어야 할 유인을 갖지 못한다. 가해자는 주의의무를 전혀 기울이지 않을 것이며, 사회적 비용의 최소화가 아니라 자신의 한계효용을 극대화할 수 있는 행위수준을 채택할 것이다. 따라서 효율성은 달성될 수 없다.26)

나. 과실책임주의

과실책임주의에서는 앞서 살펴보았듯이 법원이 사회적 주의수준을 효율적 주

---

25) 가해자의 행위수준을 고려한 경우에 있어 수식을 최소화한 직관적인 설명에 관한 상세한 내용은 박세일 외(각주 10), 323-326쪽.
26) 가해자의 한계효용이 극대화되는 행위수준과 가해자의 행위로 인한 사고비용을 최소화하는 행위수준은 다르기 때문이다.

의수준으로 제시한다는 전제 하에 가해자는 주의수준을 효율적 주의수준과 동일하게 맞출 유인을 가지게 된다. 그러나 가해자의 주의수준이 효율적 주의수준과 같다면($x = x^*$) 가해자는 사고가 발생하더라도 손해배상책임을 부담하지 않으므로 자신의 행위수준이 사고에 미치는 영향은 고려할 필요가 없다. 따라서 가해자가 선택하는 행위수준은 기대사고비용을 최소화하는 수준이 아닌 다른 수준이 될 것이고 이는 효율성 측면에서 과다한 수준이 된다. 그러므로 과실책임하에서는 주의수준은 효율성을 달성할 수 있으나 행위수준은 효율성을 달성할 수 없다.

물론 과실책임원칙하에서 법원이 가해자의 과실 여부를 판단할 때 가해자의 평소의 행위수준도 고려한다면 가해자는 행위수준을 효율적 수준으로 기울일 유인을 갖게 될 것이다. 그러나 법원은 과실책임의 성부 판단에 있어 가해자의 사고 전 행위수준은 고려하지 않는다. 예를 들어 A가 제한속도 50㎞인 도로에서 차량을 60㎞로 운전하다가 교통사고를 낸 경우, 법원은 A가 사고를 내기 전에는 단 한 번도 제한속도를 위반한 사실이 없다는 점을 과실책임 성부 판단 단계에서는 고려하지 않는다. 불법행위책임이 문제되는 바로 그 사고 당시에 A가 제한속도를 얼마나 위반하여 운전하였는지를 고려할 뿐이다. 물론 가해자의 손해배상액 산정 단계에서는 가해자의 사고 전 행위수준을 고려하여 책임을 일정 부분 제한할 여지는 있으나, 이는 가해자의 책임이 인정된 이후의 문제이다. 이는 구체적 분쟁이 소송의 형태로 제기되어야만 판단의 대상으로 삼는 사법체계의 본질상 불가피하다. 이와 같은 법원의 판단 구조에 비추어 보더라도 과실책임원칙하에서 가해자는 행위수준을 최적으로 맞출 유인을 갖지 못하게 될 것이다.

다. 무과실책임주의

무과실책임주의에서 가해자는 언제나 피해자가 입은 모든 손해를 배상해야 하므로 이를 자신의 비용으로 내부화시킬 필요가 있다. 따라서 가해자는 주의수준과 행위수준을 모두 기대사고비용을 최소화하는 수준으로 기울일 유인을 가지게 되며, 가해자가 완전정보하에 있다는 전제 하에 결과적으로 주의수준과 행위수준 양 측면에서 모두 효율성이 달성된다.

4. 검토

일방적 사고의 경우의 분석 결과를 정리하면 다음과 같다. 첫째, 행위자의 주의수준만을 고려한 경우에는 무과실책임주의나 과실책임주의 모두 효율성을 달성할 수 있다. 둘째, 행위자의 주의수준과 행위수준을 모두 고려한 경우에는 무과실책임주의가 효율성을 달성할 수 있다.

여기서 유의할 점은, "행위자의 주의수준만을 고려한 경우 과실책임주의가 효율성을 달성할 수 있다."는 분석 결과는 법원이 가해자가 준수하여야 하는 효율적 주의수준, 즉 x^*를 제시할 수 있다고 전제한 경우에만 성립한다는 것이다.[27] 그러나 적어도 인공지능 사고에 있어서 이는 매우 비현실적인 가정이라고 생각된다. 인공지능과 같이 현대 사회에서 출현하는 전문적·기술적 영역에서는 해당 영역에서 발생하는 문제를 처리하는 독자적인 해결 방식이 자리잡고 있으며, 그 해결 방식은 해당 영역의 독자적 가치 체계와 인식 체계에 터잡은 것이므로 제너럴리스트인 법관이 이를 따라잡기에는 역부족이다.[28] 따라서 현실에서 법원이 인공지능 사고에 있어 가해자에게 요구되는 상당한 주의의무 수준을 사회적 총비용을 최소화할 수 있는 효율적 주의의무 수준과 동일하게 제시하는 것은 거의 불가능에 가까울 것이다. 법원은 인공지능에 관한 전문가라고 보기 어려우며, 인공지능 사고에 관한 관한 효율적 주의의무 수준을 산출하기 위하여는 상당한 정보가 필요한데 이러한 정보는 법원이 아닌 당사자(특히 가해자)에게 편중되어 있기 때문이다.

이는 식 (6. 1)을 살펴보더라도 쉽게 알 수 있다. 법원이 $\tilde{x} = x^*$를 만족하는 $\tilde{x}$를 제시하기 위하여는 가해자의 주의의무 단위당 비용인 w, 사고발생확률 $p(x)$와 피해자가 입은 손해 비용 D를 모두 계산할 수 있어야 한다. 이 중 D는 상대적으로 법원이 계산하기 쉬울 수 있으나,[29] w와 $p(x)$를 법원이 계산하는

---

27) Herbert Zech, *Liability for AI: public policy considerations*, ERA Forum (2021), at 5.
28) 조홍식(각주 1), 127쪽.
29) 일례로 인신사고의 경우 손해 3분법(적극적 손해, 소극적 손해, 위자료)에 따라 법원이 손해액을 계산할 수 있다. 그 외의 경우에도 손해액을 법원에 현출하는 것은 감정 등의 증거방법을 통하여 상대적으로 용이하게 이루어질 수 있다.

것은 다수의 사례가 장기간 축적되어 일종의 빅데이터가 형성되어 통계학적으로 유의미한 추론을 할 수 있는 경우를 제외하고는 사실상 불가능하다. 예컨대 교통 사고의 경우 우리나라 기준으로 연간 약 20만 건이 발생하고 있으며, 시간대, 장소, 기상, 가해자 및 피해자의 특성, 사고 유형 등 다양한 지표를 기준으로 대량의 통계가 매년 생성, 축적되고 있다.[30] 따라서 교통사고의 경우에는 법원이 이러한 통계를 참조하여 x^*에 근사하는 $\tilde{x}$를 제시하는 것도 일정 부분 가능할 수 있다고 본다. 그러나 교통사고와 같이 대량의 통계가 축적되지 않은 사고에서는 법원이 $\tilde{x}$를 제시하더라도 그 값은 x^*와 편차가 발생할 수 밖에 없는 일종의 추상적, 규범적 수치일 수밖에 없다. 인공지능 사고와 같이 아직 발전단계에 있는 기술로 인한 사고의 경우는 더욱 그러할 것이다.

이와 같은 현실적 측면까지 고려하면, 결국 일방적 사고의 경우 행위자의 주의수준만을 고려한 경우뿐 아니라 행위자의 주의수준 및 행위수준을 모두 고려한 경우에도 가해자에게 무과실책임을 지우는 것이 효율성 측면에서 상대적으로 우월하다고 봄이 타당하다.

II. 쌍방적 사고

1. 의의

I.에서는 가해자의 주의 여부만이 사고 방지에 영향을 미치며 피해자의 주의 여부는 어떠한 영향도 미치지 않는 '일방적 사고'를 검토하였다. 다음으로 사고 방지를 위하여 가해자와 피해자 쌍방의 주의가 모두 모두 영향을 미치는 경우를 살펴본다. 이를 일방적 사고(unilateral accident)와 구분하기 위하여 '쌍방적 사고(bilateral accident)'라고 부르기로 한다.

---

30) 일례로 연간 교통사고 통계에 관하여는 도로교통공단이 운영하는 교통사고분석시스템(TAAS) 홈페이지(http://taas.koroad.or.kr)에서 상세하게 확인할 수 있다.

2. 수학적 모델

일방적 사고와 달리 쌍방적 사고에서는 피해자가 사고 발생에 영향을 줄 수 있으므로, 앞서 살펴본 기본 모델의 구조를 가해자와 피해자의 주의수준과 행위수준을 모두 고려할 수 있도록 일부 확장할 필요가 있다.

가해자가 취할 수 있는 주의수준(level of care)을 x, 피해자가 취할 수 있는 주의수준을 y라고 하자. 그렇다면 사고발생확률 p은 x와 y를 모두 변수로 하는 함수 $p = p(x, y)$가 되고, 피해자의 기대손해비용은 $p(x, y)A$이며, 이는 기본 모델과 마찬가지로 x 및 y에 대한 감소함수이다.

다음으로 가해자가 주의수준을 한 단위 올리기 위한 비용을 w_i, 피해자가 주의수준을 한 단위 올리기 위한 비용을 w_v라고 하자. 그러면 사고를 회피하기 위한 총 주의비용은 $w_i x + w_v y$가 된다.

따라서 쌍방적 사고의 경우 총 사회적 비용은 다음과 같이 x 및 y에 대한 함수 $SC(x, y)$로 표시할 수 있다.

$$SC(x, y) = w_i x + w_v y + p(x, y)A \qquad (6.\ 4)$$

앞서와 마찬가지로 가해자의 효율적인 주의의무 수준을 x^*, 피해자의 효율적인 주의의무 수준을 y^*라고 하자. 또한 $x^*(y)$를 y가 주어졌을 때 식(6. 4)의 값을 최소화하는 가해자의 주의의무 수준으로, $y^*(x)$를 x가 주어졌을 때 식(6. 4)의 값을 최소화하는 피해자의 주의의무 수준으로 각 정의하자. 그렇다면 위 정의에서 $x^* = x^*(y^*)$이고 $y^* = y^*(x^*)$이다.

법경제학적으로 가장 최적의 결론은 x^*와 y^*를 구하는 것이다. 이를 구하기 위하여는 먼저 식(6. 4)를 x와 y에 대하여 각각 편미분하여 식(6. 5)을 얻는다.

$$\frac{SC(x, y)}{dx} = w_i + \frac{p(x, y)A}{dx}, \quad \frac{SC(x, y)}{dy} = w_v + \frac{p(x, y)A}{dy} \qquad (6.\ 5)$$

앞서 기본모델에서 살펴보았듯이, x^*와 y^*에서 $SC(x, y)$의 편미분함수값 $\dfrac{SC(x, y)}{dx}$, $\dfrac{SC(x, y)}{dy}$ 은 각각 0이 되어야 하므로, 결국 x^*는 식(6. 6)을 만족하는 x, y^*는 식(6. 7)을 만족하는 y를 각 의미한다.

$$w_i = -\frac{p(x, y)A}{dx} \qquad (6.\ 6)$$

$$w_v = -\frac{p(x, y)A}{dy} \qquad (6.\ 7)$$

이러한 수학적 모델을 기반으로 일방적 사고와 마찬가지로 행위자의 주의수준만을 고려하는 경우와 행위자의 주의수준 및 행위수준을 모두 고려하는 경우를 각 분석한다.

3. 주의수준만을 고려하는 경우

가. 면책주의

면책주의하에서 가해자는 주의의무를 기울일 유인이 전혀 없으므로 $x = 0$이 된다. 피해자는 자신이 모든 손해를 부담하므로 가해자의 주의의무 수준과 관계없이 최적의 주의의무를 취할 유인을 갖게 된다. 따라서 면책주의에서 $y = y^*(0)$ 이다. 이는 어떠한 경우에도 사회적으로 최적의 효율을 달성할 수 없음이 당연하다.[31] $(x, y) = (0, y^*(0)) \neq (x^*, y^*)$이기 때문이다. 이는 직관적으로도 명백하다. $p(x, y)$를 x, y에 대한 감소함수라고 가정하였으므로 $p(x, y)$는 가해자의 주의의무 수준이 최적인 경우보다 가해자가 주의의무를 전혀 기울이지 않는 경우가 당연히 더 높고, 피해자의 기대손해비용 $p(x, y)A$ 또한 후자가 더 높기 때문이다. 따라서 가해자의 주의의무 수준이 0인 경우에는 피해자가 최적의 주의의무를 취한다 하더라도 양자가 최적의 주의의무 수준을 취한 경우보다 사회적 비용이

---

31) Shavell, *supra note* 8, at 37, Cooter & Ulen(각주 5), 400쪽, 박세일(각주 8), 328쪽.

더 발생하게 된다.

나. 과실책임주의

과실책임주의를 채택할 경우 가해자는 상당한 주의의무($\tilde{x}$) 이상의 주의를 기울이면 면책되며 피해자가 손해를 부담하게 된다. 즉 $x < \tilde{x}$ 이면 가해자는 과실책임을 지게 되며, $x \geq \tilde{x}$이면 가해자는 면책된다.

과실책임하에서 가해자는 피해자의 주의의무 수준과 무관하게 자신이 부담하는 비용을 최소화할 수 있는 주의수준인 $\tilde{x}$까지만 주의를 기울이면 충분하며 그 이상의 주의의무를 부담하는 것은 경제적으로 낭비이다. 따라서 앞서 살펴보았듯이 법원이 가해자가 준수해야 하는 상당한 주의의무 수준을 이론상 존재하는 효율적 주의의무 수준과 동일하게 제시할 수 있다면, 즉 $\tilde{x} = x^*$라면, 가해자는 자신의 주의의무 수준을 x^*까지 기울이게 될 유인을 가지게 된다. 이렇게 되면 가해자는 면책되고 피해자가 손해를 부담하게 되므로 피해자 또한 자신의 주의의무 수준을 y^*까지 기울일 유인을 가지게 된다. 요컨대, 과실책임주의에서는 가해자와 피해자 모두 효율적 주의수준인 x^*, y^*을 달성해야 할 유인을 가지게 되므로 결과적으로 효율성이 달성된다.

다. 무과실책임주의

앞서 일방적 사고의 경우에는 무과실책임주의를 채택하면 효율성을 달성할 수 있었다. 그러나 쌍방적 사고에서는 무과실책임주의하에서 효율성을 달성할 수 없다. 무과실책임주의하에서 피해자는 주의의무를 기울일 유인이 전혀 없기 때문이다. 즉 무과실책임주의에서는 $y = 0$이 되고 $x = x^*(0)$이 된다. 이는 면책주의와 마찬가지로 어떠한 경우에도 비효율적인 결과를 초래한다.[32] $(x, y) = (x^*(0), 0)$ $\neq (x^*, y^*)$이기 때문이다.

라. 과실상계

일방적 사고와 달리 쌍방적 사고에서는 피해자의 주의수준이 사고 발생에 영

---

32) Shavell, *supra note* 8, at 37, Cooter & Ulen(각주 5), 400쪽, 박세일(각주 8), 329쪽.

향을 미치므로 과실상계를 검토할 필요가 있다. 피해자가 면책되는 경우의 과실상계는 법리적으로나 현실적으로나 무의미하므로, 과실책임주의 및 무과실책임주의하에서 '과실상계'를 각 검토한다.[33] 이는 우리 법제가 채택하고 있는 실제 손해배상제도와 가장 유사한 모델이다.

여기서 유의할 점은, 기존의 전통적인 법경제학 연구에서 '과실상계'라고 언급하는 제도는 엄밀히 말하여 미국법에서의 '비교과실(comparative negligence)'을 의미한다는 점이다.[34] 미국 불법행위법상의 과실비교제도는 애초 피해자의 과실이 조금이라도 있으면 가해자의 책임을 면하는 '기여과실(contributory negligence)' 법리에서 출발하여 점차적으로 가해자와 피해자의 과실을 비교하여 책임을 적절히 분배하는 비교과실 제도로 변화하여 왔으나,[35] 그 구체적 내용에 있어서는 통일적이지 않고 후술하듯이 다양한 모습으로 발전하여 왔다. 우선 '순수 비교과실(pure comparative negligence)'은 피해자의 과실비율만큼 가해자의 책임을 감면하는 것으로서 우리의 과실상계와 상당히 유사하다.[36] 다음으로 '(기본적) 비교과실(comparative negligence)'은 가해자와 피해자의 과실을 비교하기는 하지만 피해자의 과실이 일정 비율을 초과하면 가해자의 책임을 면책시키는 제도이다.[37] 예를 들

---

33) 통상적으로 불법행위를 다룬 미국의 법경제학책은 과실책임과 관련하여 단순과실(simple negligence), 기여과실(contributory negligence), 비교과실(comparative negligence), 기여과실 항변이 인정되는 엄격책임(strict liability with a defence of contributory negligence)의 4가지 제도를 분석 대상으로 삼는다. Cooter & Ulen(각주 5), 404-408쪽, Shavell, *supra note* 8, at 9-16. 미국의 연구로부터 지대한 영향을 받은 국내 법경제학에서의 논의도 이와 같다. 박세일(각주 8), 327-339쪽. 그러나 우리 법제는 미국과 달리 기여과실제도를 채택하고 있지 않으며, 미국에서의 비교과실은 후술하듯이 우리의 과실상계와 일치하는 제도가 아니므로, 미국에서의 논의를 그대로 답습하는 것은 타당하지 않다고 생각한다. 기여과실 제도는 우리 법제에서는 채택하지 않고 있으며 본고장이라 할 수 있는 미국에서도 점차적으로 폐지되고 있는 제도이므로 검토하지 않으며, 전술한 대로 비교과실 중 우리의 과실상계와 개념적으로 동일한 '순수비교과실'만을 법경제학적 검토 대상으로 삼는다.
34) 일례로 박세일(각주 8), 327-329쪽은 comparative negligence를 과실상계로 번역하였으나 그 내용은 우리의 과실상계 제도가 아니라 미국의 비교과실 제도이다.
35) 기여과실제도와 비교과실제도의 연혁에 관하여는 정준혁, "미국 불법행위법상의 기여과실", 민사법학 제66호, 한국민사법학회(2014. 3.), 317-328쪽.
36) 김영희, "미국 불법행위법상 과실비교 제도의 전개", 법학연구 제23권 제4호, 연세대학교 법학연구원(2013. 12.), 153쪽.
37) 김영희(각주 36), 153쪽.

어 피해자의 과실이 50% 이상이면 가해자의 책임은 0%가 되고, 그렇지 않을 경우에 피해자의 과실을 가해자의 책임에서 감면하는 것이다. 마지막으로 '수정 비교과실(modified comparative negligence)'은 (기본적) 비교과실제도에 기초하지만 피해자의 과실이 일정 비율을 초과하거나 미달하였을 때 가해자의 책임의 존부 및 그 비율의 판단 기준 또는 방식에 차별화를 보이는 제도이다.[38]

비교과실제도에 관하여 미국에서는 각 주(state)마다 상이한 양상을 보이지만 순수 비교과실을 채택한 주에 비하여 (기본적) 비교과실 또는 수정 비교과실을 채택한 주가 다수이며, 순수 비교과실은 미국에서 일반적인 법리가 아니다.[39] 그러나 영국, 캐나다, 호주, 뉴질랜드 등 미국을 제외한 거의 모든 영미법계 국가들은 순수 비교과실을 채택하고 있다.[40] 전술하였듯이 우리의 과실상계에 대응할 수 있는 제도 또한 순수 비교과실이다. 따라서 이 책에서는 기존의 전통적인 법경제학 연구와 달리 미국의 비교과실제도 전체를 과실상계로 칭하지 않으며, 우리의 과실상계와 비견될 수 있는 순수 비교과실만을 과실상계로 칭한다.

(1) 가해자가 과실책임을 지는 경우

피해자에게 요구되는 상당한 주의의무 수준을 $\tilde{y}$라고 하자. 그렇다면 가해자가 과실책임을 지는 경우의 과실상계는 다음과 같이 표현할 수 있다.

① $x < \tilde{x}$ 이고 $y \geq \tilde{y}$ 이면 가해자가 전부 책임을 진다.

② $x \geq \tilde{x}$ 이고 $y < \tilde{y}$ 이면 피해자가 전부 책임을 진다.

③ $x < \tilde{x}$ 이고 $y < \tilde{y}$ 이면 과실에 비례하여 책임을 분담한다. 가해자의 과실 정도는 $\tilde{x} - x$, 피해자의 과실 정도는 $\tilde{y} - y$ 이므로, 가해자의 책임비율과 피해자의 책임비율은 각 $\dfrac{\tilde{x}-x}{(\tilde{x}-x)+(\tilde{y}-y)}$, $\dfrac{\tilde{y}-y}{(\tilde{x}-x)+(\tilde{y}-y)}$ 이다.

위 식에서 알 수 있듯이, 가해자는 주의의무를 $\tilde{x}$까지 기울일 유인을, 피해자

---

38) 김영희(각주 36), 154쪽.
39) 김영희(각주 36), 153쪽.
40) 정준혁(각주 35), 326쪽.

는 주의의무를 $\tilde{y}$까지 기울일 유인을 각 가지게 된다. $x = \tilde{x}$이면 가해자의 책임비율은 0(0%)이 되고 피해자의 책임비율은 1(100%)이 되는데, 피해자의 책임비율을 최소화하기 위하여는 $y = \tilde{y}$가 되어야 하기 때문이다. 따라서 가해자가 과실책임을 지되 피해자의 과실상계를 하는 경우 법원이 가해자와 피해자의 상당한 주의의무 수준을 효율적 주의의무 수준과 동일하게 제시할 수 있다면, 즉 $\tilde{x} = x^*$이고 $\tilde{y} = y^*$이라면 효율성을 달성할 수 있다.[41]

(2) 가해자가 무과실책임을 지는 경우

가해자가 무과실책임을 지되 피해자의 과실을 상계하는 경우는 다음과 같다.

① 원칙적으로 x, y에 관계없이 가해자가 전부 책임을 진다.
② 단 $x < x^*$ 이고 $y < \tilde{y}$ 이면 과실에 비례하여 책임을 분담한다. 가해자의 과실 정도는 $x^* - x$, 피해자의 과실 정도는 $\tilde{y} - y$ 이므로, 가해자의 책임비율과 피해자의 책임비율은 각 $\dfrac{x^* - x}{(x^* - x) + (\tilde{y} - y)}$, $\dfrac{\tilde{y} - y}{(x^* - x) + (\tilde{y} - y)}$ 이다.

이 경우에는 가해자가 과실책임을 지는 경우와 달리 가해자의 상당한 주의수준($\tilde{x}$)이라는 개념은 상정할 수 없다. 가해자는 자신의 주의의무 수준과 관계없이 손해배상책임을 지기 때문이다. 따라서 가해자는 효율적 주의수준인 x^*까지 자신의 주의의무를 기울여 총비용을 최소화할 유인을 가지게 된다. $x = x^*$인 경우 피해자의 책임비율이 최소화되려면 $y = \tilde{y}$이어야 한다. 이 경우 가해자가 모든 손해를 부담하게 된다. 따라서 법원이 피해자의 상당한 주의의무 수준을 효율적 주의의무 수준과 동일하게 제시할 수 있다면, 즉 $\tilde{y} = y^*$이면 효율성을 달성할 수 있다.

---

41) 이에 관한 엄밀한 수학적 증명은 Shavell, *supra note* 8, at 39 참조.

(3) 양자의 비교

그림 3 ┃ 쌍방적 사고에서 과실상계[42]

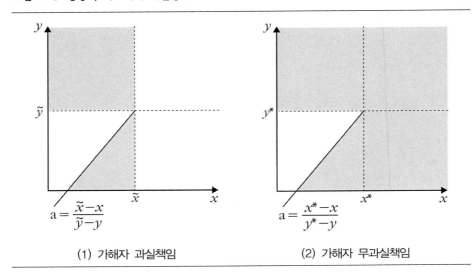

(1) 가해자 과실책임   (2) 가해자 무과실책임

(1)과 (2)는 모두 효율성을 달성할 수 있다는 결론에서는 동일하다. 그러나 양자는 가해자의 손해배상책임 범위(음영 부분)에 있어서는 <그림 3>과 같이 상당한 차이를 보인다. 즉 피해자 구제 측면에서는 (2)가 (1)보다 우월하다.

4. 주의수준과 행위수준을 모두 고려한 경우

쌍방적 사고에서 가해자의 주의수준 및 행위수준뿐 아니라 피해자의 주의수준 및 행위수준도 사고 발생에 영향을 주는 경우, 사회적 효율성은 가해자 및 피해자가 각자의 행위로부터 얻은 효용의 가치에서 총주의비용 및 기대사고비용을 뺀 값을 극대화시키는 데 있다.[43] 주의수준만을 고려한 쌍방적 사고의 경우와 마찬가지로 ① 가해자의 면책, ② 가해자의 무과실책임, ③ 가해자의 과실책임, ④ 가

---

42) 박세일(각주 8), 298쪽.
43) 박세일(각주 8), 340쪽 및 각주 21.

해자의 무과실책임에 피해자의 과실상계를 합친 경우, ⑤ 가해자의 과실책임에 피해자의 과실상계를 합친 경우로 나누어 각 살펴본다.

가. 면책주의

가해자가 면책되는 경우 가해자는 주의수준이나 행위수준 어느 쪽도 효율적 수준으로 맞추어야 할 유인이 없다. 따라서 사고발생 위험은 높아질 것이며, 피해자는 이에 대응하여 자신이 부담하는 기대사고비용을 최소화할 수 있는 주의정도와 행위정도를 선택해야 한다, 따라서 효율성은 달성될 수 없다.

나. 과실책임주의

법원이 가해자의 효율적 주의수준을 제시할 수 있다면($\tilde{x}=x^*$) 가해자는 손해배상책임을 면하기 위하여 효율적 주의수준만큼 주의를 기울일 유인을 가지게 된다($x=x^*$). 그러나 가해자의 행위수준은 가해자의 손해배상책임에 아무런 영향을 주지 않으므로, 가해자의 행위수준은 최적수준으로 맞추어질 유인이 없다. 따라서 효율성은 달성될 수 없다.

다. 무과실책임주의

이 경우는 가해자가 면책되는 경우와 대칭이다. 무과실책임하에서는 피해자가 주의수준이나 행위수준을 효율적 수준으로 조정해야 할 유인이 없는 반면, 가해자는 이에 대응하여 자신이 부담하는 총사고비용을 최소화할 수 있는 주의정도와 행위정도를 선택할 유인이 있다. 따라서 이 경우에도 효율성은 달성될 수 없다.

라. 과실상계

우선 가해자에게 과실책임을 지우는 경우, 피해자의 과실을 상계하더라도 효율성은 달성될 수 없다. 법원이 가해자와 피해자의 효율적 주의수준($\tilde{x}=x^*$, $\tilde{y}=y^*$)을 모두 제시할 수 있다고 가정해 보더라도(인공지능 사고에 있어 이러한 가정이 비현실적임은 Ⅰ.3.에서 논한 바와 같다), 앞서 일방적 사고에서 살펴보았듯이 가해자는 상당한 주의수준을 기울일 유인은 가지게 되지만($x=x^*$), 상당한 주의수준을 기울이고 난 후에는 자신이 부담하게 되는 손해배상책임이 최소화되므로 행위수준을 적정 수준으로 맞출 유인은 가지지 못하게 된다. 따라서 가해자의 행위수준은 사회적 효율성의 달성과 무관하게 선택되고, 이는 통상적으로 효율성을 달성할 수 있는 수준보다 과다한 행위수준이 된다.[44] 한편 가해자가 상당한 주의수준을 기울이고 난 후에는 사고위험의 부담이 전적으로 피해자에게 이전되므로, 피해자는 기대사고비용을 최소화하기 위하여 최적의 주의수준과 행위수준을 선택할 유인을 갖게 된다.

가해자에게 무과실책임을 지우되 피해자의 과실을 상계하는 경우 역시 효율성은 달성될 수 없다. 앞서 일방적 사고에서 살펴보았듯이 우선 가해자는 주의수준 및 행위수준을 모두 효율적 수준으로 맞출 유인을 가지게 된다. 법원이 피해자의 상당한 주의수준을 효율적 주의수준과 동일하게 제시할 수 있다면($\tilde{y}=y^*$) 피해자는 자신의 과실상계 비율을 최소화하기 위하여 주의수준을 이에 맞출 유인을 가지게 된다($y=y^*$). 하지만 피해자는 행위수준을 최적수준으로 선택할 유인은 가지지 못하는데, 주의수준만 최적수준으로 맞춘다면 피해자가 아무리 많은 행위를 하더라도 피해자는 손해를 부담하지 않으며(즉 피해자의 과실비율은 0%이므로 과실상계가 이루어지지 않으므로) 가해자가 손해를 부담하기 때문이다. 따라서 피해자의 행위수준은 사회적 효율성의 달성과는 무관하게 선택되고, 이는 통상적으로 효율성을 달성할 수 있는 수준보다 과다한 행위수준이 된다.[45]

결론적으로, 주의수준만을 고려한 경우와 달리 주의수준과 행위수준을 모두 고려한 쌍방적 사고의 경우에는 가해자와 행위자 양측의 주의수준과 행위수준을 모두 최적으로 하는 책임 모델은 존재하지 않는다.[46]

---

44) 박세일(각주 8), 341쪽, Shavell, *supra note* 8, at 27-28.
45) 박세일(각주 8), 341쪽, Shavell, *supra note* 8, at 28.
46) 이러한 사실은 이미 수학적으로 증명되어 있다. Shavell, *supra note* 8, at 45, Nuno M. Garoupa & Giuseppe Dari-Mattiacci, *Least Cost Avoidance: The Tragedy of Common Safety*, 25 J. L. ECON. & ORGANIZATION 235, 257-258 (2007).

5. 검토

가. 행위자의 주의수준만을 고려한 경우

쌍방적 사고에서 행위자의 주의수준만을 고려하는 경우, 불법행위로 인한 손해를 가해자나 피해자 중 일방이 전부 부담한다면(즉 가해자가 면책되거나 가해자가 무과실책임을 진다면) 효율성을 달성할 수 없으며, 피해자의 과실상계를 한다면 법원이 효율적 주의수준을 제시할 수 있다는 전제하에 가해자에게 무과실책임을 지우거나 과실책임을 지우거나 관계없이 효율성이 달성된다는 분석 결과가 도출되었다. 그러나 "법원이 효율적 주의수준을 제시할 수 있다."는 전제는 Ⅰ.3.에서 살펴보았듯이 인공지능 사고의 경우에는 사실상 달성될 수 없는 가정이다. 오히려 인공지능 사고에 관하여는 법원이 효율적 주의수준을 제시할 수 없다고 전제하는 것이 현실적이라 할 것이다. 그렇다면 이론과 달리 현실에서 쌍방적 사고의 경우에는 어떠한 책임 모델을 취하더라도 최적의 효율성이 달성되기는 것은 사실상 불가능하다.

하지만 법경제학적으로 최선(best)은 아니라도 차선(sub-optimal)의 효율성을 달성할 수 있는 모델을 상정할 수 없는 것은 아니다. 쌍방적 사고에서 가해자나 피해자 중 일방에게만 책임을 지우는 제도는 가해자나 피해자 중 일방의 주의수준을 이끌어 낼 유인만 존재하며 타방의 주의의무를 이끌어 낼 유인은 전혀 없기 때문에 효율적이지 않다. 한편 피해자가 주의를 기울일 유인을 제공하기 위하여는 피해자의 주의 정도가 손해배상책임에 반영되어야 하므로 어떠한 책임법리를 채택하건 피해자의 주의 정도가 손해배상책임에 반영되는 과실상계는 필수적으로 적용되어야 한다. 그렇다면 결국 피해자의 과실상계가 적용되는 가운데 가해자에게 무과실책임을 묻는 것과 과실책임을 묻는 것 중 어느 쪽이 상대적으로 효율성 측면에서 유리한지가 핵심이다.

가해자의 과실책임과 피해자의 과실상계가 결합된 경우, 효율성이 달성되기 위하여는 법원이 가해자의 효율적 주의의무($x*$)와 피해자의 효율적 주의의무($y*$) 양자를 모두 고려하여 이에 최대한 근접한 상당한 주의의무($\tilde{x}$, $\tilde{y}$)를 모두 제시하여야 한다. 이와 달리 가해자의 무과실책임과 피해자의 과실상계가 결합된 경우 효율성의 달성을 위하여 법원은 가해자의 상당한 주의의무($\tilde{x}$) 및 효율적 주의의무(x^*)를 고려할 필요 없이 피해자가 취해야 할 상당한 주의의무($\tilde{y}$)를 효율적 주의의무(y^*)와 최대한 동일한 수준으로 제시하면 충분하다. 법원이 가해자와 피해자의 상당한 주의의무를 모두 제시해야 하는 경우보다 피해자의 상당한 주의의무만을 제시해야 하는 경우를 비교하면, 전자가 후자보다 현실성이 떨어진다는 것은 직관적으로 분명하다. 따라서 전자보다 후자의 경우에 법원이 사회적 효율성을 실제로 달성할 수 있는 주의의무를 도출할 가능성이 높다.[47]

현실적으로도 대부분의 불법행위 사고에 있어 법원은 가해자의 효율적 주의수준보다 피해자의 효율적 주의수준을 제시하는 것이 보다 용이하다. 가해자의 효율적 주의수준, 즉 가해자의 과실은 의무위반이라는 강력한 과실을 의미하는 바, 그에 관한 정보는 통상적으로 가해자에게 편중되어 있고 피해자나 법원과 같은 제3자가 접근하기가 용이하지 않다. 그러나 피해자의 효율적 주의수준, 즉 과실상계에서의 피해자의 과실은 가해자의 과실과 달리 사회통념상, 신의성실의 원칙상, 공동생활상 요구되는 약한 의미의 부주의를 가리키는 것으로서[48] 이를 판단하기 위한 정보는 가해자의 과실에 관한 정보보다 상대적으로 법원이나 가해자가 접근하기 쉽다. 그렇다면 쌍방적 사고에서 행위자의 주의수준만을 고려하는 경우에는 가해자의 무과실책임과 피해자의 과실상계가 결합된 모델이 효율성 달성 측면에서 가장 타당하다고 판단된다.

나. 행위자의 주의수준과 행위수준을 모두 고려하는 경우

행위자의 주의수준과 행위수준을 모두 고려하는 경우 일방적 사고에서는 가해자에게 무과실책임을 지우는 것이 사회적 효율성을 달성할 수 있다는 점은 앞서 살펴보았다. 그러나 쌍방적 사고에서는 가해자와 피해자의 주의수준과 행위수준을 모두 최적화하여 사회적 효율성을 달성하는 이상적인 책임 원리는 없으며, 책임 원리별로 장단점이 존재한다는 분석 결과가 도출되었다.[49] 그렇다면 주의

---

47) Shavell, *supra note 8*, at 16−17.
48) 대법원 1992. 11. 13. 선고 92다14687 판결 참조.
49) 다음의 표에서 알 수 있듯이 쌍방적 사고에서 한 제도 하에서의 피해자의 유인은 다른 제도 하에서의 가해자의 유인과 동일하다는 일종의 대칭성을 이루고 있으므로 완벽한 최적화를

수준과 행위수준을 모두 고려한 쌍방적 사고 상황에서는 어떠한 책임 원리를 채택하는 것이 최선은 아니지만 차선(sub-optimal)의 결과를 도출하는지가 문제된다.

사고 방지를 위하여 가해자의 행위수준을 적절히 통제하는 것이 중요한 경우에는 무과실책임 원칙을 채택하는 것이 바람직하며, 그 반대의 경우, 즉 사고 방지를 위하여 피해자의 효율적 행위수준을 유도할 필요가 있는 경우는 과실책임 원칙을 채택하는 것이 합리적이다. 바꾸어 말하면 사고 발생에서 가해자의 행위가 결정적인 경우 무과실책임 원리가 과실책임 원리에 비하여 보다 타당한 원리가 된다. 이 경우 과실책임 원리를 채택하면 가해자의 행위가 과다 생산되고, 그 결과 사고 발생 빈도 또한 증가한다.[50] 그런데 인공지능으로 인하여 사고가 발생하는 경우 일반적으로 피해자의 행위보다 가해자의 행위가 해당 사고 발생에 있어 결정적이라고 보는 것이 합리적이므로, 결국 무과실책임 원리를 채택하는 것이 효율성 측면에서 타당하다 할 수 있다. 한편 가해자에게 무과실책임 원리를 적용하거나 과실책임 원리를 적용하거나에 관계없이 과실상계를 채택하는 것이 그렇지 않은 경우보다 효율성 측면에서 상대적으로 우월하다. 앞서 살펴보았듯이 쌍방적 사고의 경우 가해자가 부담하는 책임의 원리가 무엇이건 과실상계 제도가 채택되어야만 피해자가 사고 방지를 위하여 주의를 기울일 유인이 제공되기 때문이다.

Ⅲ. 소결

지금까지 제4장에서 제시한 인공지능 사고의 책임 법리의 타당성에 관하여

달성하는 책임원리는 존재하지 않는다. Cooter & Ulen(각주 5), 399-400쪽.

구분	주의수준		행위수준	
	가해자	피해자	가해자	피해자
면책	zero	yes	no	yes
과실책임	yes	yes	no	yes
무과실책임	yes	zero	yes	no
과실책임+과실상계	yes	yes	no	yes
무과실책임+과실상계	yes	yes	yes	no

* yes는 효율적인 유인을, no는 비효율적인 유인을, zero는 유인이 전혀 없음을 의미
50) 박세일(각주 8), 342쪽.

법경제학적 관점에서 검토를 시도하였다. 그 결과는 한마디로 사고의 유형이 일방적 사고인지 아니면 쌍방적 사고인지에 관계없이, 그리고 사고 발생에 있어 행위자의 주의수준만이 고려되는지 아니면 주의수준과 행위수준이 모두 고려되는지에 관계없이 가해자에게 무과실책임법리를 적용하는 것이 다른 책임 원리를 적용하는 것에 비하여 법경제학적으로 효율적이라는 것이다. 특히 쌍방적 사고의 경우에는 무과실책임원리와 과실상계를 결합하는 것이 보다 효율적인데, 가해자와 피해자 쌍방의 주의수준이 최적화될 수 있는 유인을 제공하기 때문이다.

제4절 책임 주체에 관한 분석

I. 의의

제3절의 결론은 "인공지능 사고의 책임법리로서 가해자에게 무과실책임을 지우는 것이 법경제학적 측면에서 효율성을 달성할 수 있다."는 것이었다. 그런데 위 결론은 무과실책임이 효율적이라는 것일 뿐, 누가 무과실책임을 지는 것이 효율적인가에 관한 것은 아니다.

무과실책임의 주체에 관하여는 제4장 제7절 Ⅲ.에서 "고위험 인공지능에 위험책임을 적용할 경우 그 책임의 주체는 '인공지능 이용자'가 아니라 '인공지능 공급자'가 되는 것이 이론적·현실적 측면에서 타당하다."고 결론을 내린 바 있다. 본 절에서는 위 결론의 타당 여부를 법경제학적 측면에서 분석하고자 한다.

Ⅱ. 정보 비대칭 측면

1. 의의

앞서 살펴본 법경제학 분석은 모두 행위자가 자신의 주의수준 결정에 필요한 완전한 정보(complete information)를 보유하고 있다고 전제한 것이다. 구체적으로는 식 (6. 2)를 최소화할 수 있는 주의수준을 선택하기 위하여 필요한 정보인

w(주의수준 단위당 주의비용), $p(x)$(사고발생 확률), A(사고비용)을 행위자가 모두 알고 있다는 '정보완전성'의 가정 하에 이루어진 분석이다.

그러나 정보완전성의 가정은 현실에서는 특단의 사정이 없는 한 달성되기 어려우며, 행위자들 사이에 정보의 보유량에 대한 상대적 우위와 열위만이 있을 뿐이다. 이를 경제학에서는 '정보 비대칭(information asymmetry)'이라고 부른다.[51]

정보 비대칭이 존재하는 시장의 대표적인 예로 2001년 노벨 경제학상을 수상한 애컬로프(George. A. Akerlof)가 지적한 중고차 시장이 있다.[52] 중고차 시장에서 판매되는 중고차의 결점에 관한 정보는 일반적으로 중고차 판매업자가 가지고 있다. 중고차 구매희망자는 중고차의 결점에 관한 정보를 알지 못할 뿐 아니라 설사 알 수 있다 하더라도 이를 알기 위한 탐색 비용이 너무 높다. 따라서 중고차 판매업자는 중고차 구매희망자에게 품질이 낮은 중고차를 판매할 가능성이, 중고차 구매희망자는 가격에 비하여 품질이 낮은 불량품(lemon)을 선택할 가능성이 각 높다. 이를 경제학적으로 표현하면 정보가 없는 쪽에서 볼 때 관찰할 수 없는 속성이 작용하여 결과적으로 경제적 비효율이 달성되는 역선택(adverse selection)이 발생하는 것이다.

2. 인공지능 시장에서의 정보 비대칭

정보 비대칭은 비단 중고차 시장뿐 아니라 경제적 거래가 발생하는 모든 시장에서 공급자와 수요자 사이에 존재한다는 것이 통설이다.[53] 특히 첨단 ICT 기기 및 서비스 시장에 있어서는 더욱 그러하다.[54] ICT 기술은 급격히 발전하는 반면

---

51) 정보 비대칭을 경제학적으로는 "시장에서의 각 거래 주체가 보유한 정보에 차이가 있을 때 그 불균등한 정보 구조"로 정의할 수 있다. N. Gregory Mankiw, 김경환·김종석 역, 「맨큐의 경제학(제8판)」, Cengage Learning Korea(2018), 534쪽.
52) George A. Akerlof, *The Market for "Lemons": Quality Uncertainty and the Market Mechanism*, 84 THE QUARTERLY JOURNAL OF ECONOMICS 488, 488 – 492 (1970). 위 논문의 제목에서도 알 수 있듯이 정보 비대칭으로 인하여 역선택이 발생하는 시장을 애컬로프는 '레몬 시장(lemon market)'이라고 칭하였다.
53) Aidan R. Vining & David L. Weime, *Information asymmetry favoring sellers: a policy framework*, 21 POLICY SCIENCES 281, 281 – 282 (1988).
54) Miranda Kajtazi, *Information Asymmetry in the Digital Economy*, 2010 PROCEEDINGS

수요자의 이해 능력은 이에 따르지 못하기 때문이다. 인공지능 시장에 있어서도 인공지능 공급자가 인공지능 이용자보다 정보 우위에 있다는 점은 별다른 이론이 없을 것이다. 특별한 사정이 없는 한 인공지능 이용자는 자신이 보유 또는 사용하는 인공지능이 얼마나 위험하며 인공지능으로 인한 사고를 방지하기 위하여 어떠한 주의를 얼마나 기울여야 하는지 등의 판단에 필요한 충분한 정보를 가지고 있지 않기 때문이다. 보다 구체적으로 언급하면, 인공지능이 사고를 발생시킬 확률이나 인공지능 사고를 방지하기 위한 주의비용과 같은 정보는 인공지능 공급자가 보유하고 있거나, 설사 보유하고 있지 않더라도 인공지능 제품 또는 서비스의 개발과 관련된 당사자들(학습 데이터 제공자, 알고리즘 제공자, 부품 공급자 등)과의 계약 관계를 통하여 인공지능 공급자가 인공지능 이용자보다 낮은 탐색비용(search cost)을 투입하여 취득할 수 있는 정보라고 보는 것이 합리적이다.

3. 검토

위에서 살펴본 정보 비대칭 상황을 고려할 때, 정보 우위에 있는 인공지능 사업자에게 무과실책임을 지우는 것이 정보 열위에 있는 인공지능 이용자에게 무과실책임을 지우는 것보다 효율성 달성 측면에서 유리하다. 제3절에서 살펴보았듯이 무과실책임하에서 합리적인 가해자는 자신이 보유한 정보를 최대한 활용하여 사고방지비용과 기대사고비용을 최소화할 수 있는 주의수준과 행위수준을 선택할 것인데, 정보 우위에 있는 인공지능 공급자가 선택한 주의수준과 행위수준이 정보 열위에 있는 인공지능 이용자가 선택한 주의수준과 행위수준에 비하여 효율성을 극대화할 수 있는 이론상의 값인 효율적 주의수준 및 행위수준에 보다 근접할 것이기 때문이다.

이와 달리 인공지능 공급자보다 정보 열위에 있는 인공지능 이용자에게 무과실책임을 지운다면 인공지능 공급자에게 무과실책임을 지운 경우에 비하여 효율성은 떨어질 것이다. 인공지능 이용자의 추가적인 정보 수집이 어렵기 때문이다.

OF THE IEEE INTERNATIONAL CONFERENCE ON INFORMATION SOCIETY (I-SOCIETY 2010) 148, 150 (2010).

인공지능의 위험에 관한 정보는 인공지능 공급자 입장에서는 자신에게 불리한 정보이기 때문에 가급적 인공지능 이용자에게 적게 제공하려는 성향이 있다.[55] 특히 인공지능의 위험에 관한 정보 중에는 영업비밀과 같이 외부에 알려져서는 정보가 포함될 수 있고 이에 관하여는 특별한 사정이 없는 한 인공지능 이용자는 접근 자체가 불가능하다. 견해를 달리하여 인공지능 공급자가 인공지능 이용자에게 인공지능의 위험에 관한 정보를 충분히 제공한다고 가정해 보더라도, 일반적으로 인공지능 이용자는 인공지능 공급자에 비하여 인공지능 기술에 관한 이해도가 낮으므로 인공지능 공급자가 제공한 정보의 의미를 정확히 이해하기 어려울 것이다.

이처럼 인공지능 이용자는 정보 보유량뿐 아니라 정보 수집 능력 및 이해 능력에 있어서도 인공지능 공급자보다 비교열위에 있으므로 인공지능 공급자에 비하여 자신의 주의수준과 행위수준을 효율적 주의수준 및 행위수준에 근접한 값으로 선택할 가능성이 상대적으로 낮다.

Ⅲ. 안전성 측면

1. 의의

Ⅰ.에서 살펴보았듯이 전통적인 법경제학에서의 가정과 달리 현실에서는 인공지능 사업자와 인공지능 이용자 사이에 인공지능 사업자가 시장에 공급하는 제품 및 서비스의 위험에 관한 정보 비대칭이 존재하는바, 정보 비대칭은 효율성 측면 뿐 아니라 안정성 측면에도 중차대한 영향을 미친다.

정보 비대칭으로 인하여 인공지능 이용자는 인공지능 사업자에 비하여 위험성을 과소하게 인식할 가능성이 매우 높다. 또한 행동경제학적 측면에서 볼 때 인공지능 이용자는 위험성에 관한 정보가 충분히 주어진 상황이라 할지라도 실제 위험을 정확하게 측정하지 못하는 경우가 많다. 이는 행동경제학에서 말하는 인간의 비합리성 때문이다.[56] 일례로 대부분의 사람들은 발생확률이 아주 작은

---

55) 이종인, "생산물책임 원칙이 제품 안전성에 미치는 효과에 관한 연구", 서울시립대학교 박사 학위 청구논문(1998. 12.), 81쪽.

대부분의 상황은 무시하면서도 원자력 사고와 같이 다수에게 알려지고 잠재적으로 큰 재난을 일으킬 수 있는 사고에 대하여는 그 발생확률을 과장되게 인식하는 경향이 있다.[57] 이와 같은 현실을 고려할 때 인공지능 이공급자에게 무과실책임을 지우는 원칙과 인공지능 이용자에게 무과실책임을 지우는 원칙의 양자간 우월성을 판단함에 있어서는 안전성 또한 중요한 기준이 된다.

2. 검토

시장에서 유통되는 제품 및 서비스의 안전성이란 결국 사고발생확률[$p(x)$]을 최소화할 수 있는지의 문제이다. 이는 엄밀히 말하여 사고방지비용과 기대사고비용을 더한 사회비용함수의 최소화를 추구하는 효율성과는 다소 궤를 달리하는 개념이나, 이론과 달리 현실에서는 기대사고비용이 사고방지비용을 현저히 초월하거나 기대사고비용 자체를 금전으로 산정하는 것이 불가능한 경우가 얼마든지 존재하고(예를 들어 배우자나 직계존비속이 사고로 사망한 경우 망자 본인 또는 유족이 입게 되는 손해는 금전으로 보상이 불가능한 경우가 대부분이다), 사고가 발생한 후 이를 배상하는 것보다는 사고 발생 자체를 최소화하는 것이 사회 안전 측면에서 훨씬 바람직하므로, 효율성이 다소 희생되더라도 안전성이 제고될 수 있다면 그러한 책임 원리를 채택하는 것이 법정책적으로 타당할 수 있다.

그런데 정보 비대칭 상황에서 인공지능 이용자에게 무과실책임을 지우는 경우와 인공지능 사업자에게 무과실책임을 지우는 경우를 비교하면 후자의 사고발생확률이 상대적으로 낮다.[58] 이에 관한 수학적 증명은 논의의 간명함을 위하여 생략하되,[59] 포즈너(Posner)의 설명을 빌려 살펴보면 다음과 같다.

---

56) Richard H. Thaler, MISBEHAVING: THE MAKING OF BEHAVIORAL ECONOMICS (W. W. Norton & Company 2015).

57) Cooter & Ulen(각주 5), 433–434쪽.

58) 수학적 증명을 시도한 국내 연구로는 이종인(각주 55), 91–117쪽. 해외의 이론적 연구로는 대표적으로 William M. Landes & Richard A. Posner, *A Positive Economic Analysis of Products Liability*, 14 J. LEGAL STUD. 535, 535–568 (1985). 국내의 실증적 연구로는 이종인·이번송, "제조물책임원칙이 제품 안전성에 미치는 효과", 경제학연구 제48권 제3호, 한국경제학회(2000. 9.), 139–161쪽.

59) 수학적 증명에 관하여는 이종인(각주 55), 91–117쪽.

무과실책임이 모든 인공지능 공급자에게 적용된다고 가정하고, 사고비용이 인공지능 산업 산출량에 비례한다고 가정하자. 그렇다면 아래 <그림 4>에서 MC_P는 산업의 사적 한계비용곡선이고 MC_S는 사고비용을 포함한 산업의 사회적 한계비용곡선이 된다. 무과실책임하에서 $MC_P = MC_S$가 되고 가격은 p_O에서 p_S로 상승하게 되지만, 그 대신 위험한 제품의 공급량은 q_O에서 q^*로 감소하여 사고발생건수가 줄어들고 사회적으로 낭비되는 사고비용(그래프에서 빗금친 부분) 또한 제거된다.

그림 4 ┃ 무과실책임 하에서의 사고비용[60]

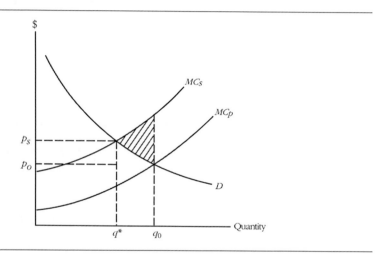

<그림 4>에서 알 수 있듯이, 인공지능 공급자에게 무과실책임을 지우는 것은 인공지능의 위험성에 관하여 인공지능 공급자가 보유한 정보를 사실상 인공지능 가격에 포함되도록 함으로써(즉 인공지능 공급자가 인공지능의 위험성을 내부화하도록 함으로써) 인공지능 이용자의 정보 열위 상황을 해소하고 결과적으로 인공지능 이용자가 상대적으로 덜 위험한 인공지능(즉 가격이 낮은 인공지능)을 선택하

---

60) Richard A. Posner, ECONOMIC ANALYSIS OF LAW 205 – 206 (Wolters Kluwer Law & Business 2014).

도록 함에 있다.[61] 그런데 정보 열위에 있는 인공지능 이용자에게 무과실책임을 지운다면 인공지능 이용자의 정보 열위 상황은 해소되지 않으므로 인공지능 이용자가 상대적으로 덜 위험한 인공지능을 선택하는 결과는 발생하지 않는다. 따라서 사회 전체적으로는 인공지능 이용자가 무과실책임을 질 때의 인공지능 사고 발생확률이 인공지능 공급자가 무과실책임을 질때보다 높다. 특히 실제로 위험한 인공지능이지만 인공지능 이용자가 그 위험도를 정확히 인지할 수 없는 경우, 즉 인공지능 이용자는 사고확률이 거의 없거나 0이라고 판단하여 주의를 기울이지 않는 경우에는 현실적으로 인공지능 공급자만이 사고확률을 감소시킬 수 있는 적절한 조치를 취할 수 있다.[62]

IV. 보험 측면

1. 의의

지금까지의 논의는 인공지능으로 야기된 손해에 관하여 보험이 존재하지 않는다는 가정하에 이루어졌다. 그러나 현실에서는 사고로 인한 위험을 회피 (hedge)하기 위한 수단으로 다양한 종류의 보험이 활용되고 있다. 만약 인공지능 사고에 관하여 그 책임의 주체가 자신의 위험을 제거 또는 분산시키기 위하여 책임보험에 가입한다면 적어도 피해자 입장에서는 어떠한 책임법리에 따라 누가 책임을 부담하는지는 중요하지 않다.[63] 피해자는 책임보험의 보험자로부터 일차적으로 손해배상을 받을 것이기 때문이다. 그렇다면 인공지능 이용자와 인공지능 공급자 중 누가 책임의 주체가 되는 것이 보험 측면에서 타당한지에 관하여도 검토가 필요하다.

---

61) Posner, *supra note* 59, at 210-212, Cooter & Ulen(각주 5), 427쪽.
62) 이종인, 「불법행위법의 경제학」, 한울아카데미(2010), 132-133쪽.
63) 단 제5장 제6절 II.에서 검토하였듯이 이 책에서는 책임보험의 가입을 의무화하는 의무보험 제도를 모든 인공지능에 일률적으로 도입하는 것은 타당하지 않다는 입장을 취한다.

2. 쟁점

논의의 간명함을 위하여 모든 인공지능 사고에 관하여 책임보험이 존재하고, 피해자는 보험자로부터 완전한 배상을 받는다고 가정하자. 또 보험시장이 완전경쟁시장이라고 가정하자.[64] 보험시장이 완전경쟁시장이라는 것은 보험자의 순이익은 0이며, 보험료(premium)의 크기는 보험금 청구액과 그에 필요한 행정비용을 합한 금액과 같음을 뜻한다. 이러한 가정 하에서 사회적 총비용을 최소화한다는 불법행위법의 경제적 목표와 보험가입자의 보험료를 최소한다는 목표는 동일한 사항이 된다. 보험시장이 완전경쟁시장이므로 인공지능 사고로 발생하는 사회적 총비용은 피해자가 지급받는 보험료와 같기 때문이다.[65]

제4장 제7절 Ⅲ.에서 살펴보았듯이 인공지능 사고에 위험책임을 적용할 경우 가능한 책임의 주체는 인공지능 공급자와 인공지능 이용자로 양분할 수 있다. 그렇다면 결국 보험 측면에서의 법경제학적 쟁점은 인공지능 공급자와 인공지능 이용자 중 누가 더 적은 보험료를 지불하고 인공지능 사고로 인한 손해배상책임위험을 회피할 수 있는 '최소비용보험가입자'(the cheapest insurer)인가의 문제로 귀결된다.

3. 검토

가. 보험요율 측면

(1) 개념

보험료 산출의 기초가 되는 수치는 담보하는 사건이 발생할 확률이며, 위 확률을 일반적으로 손해보험업계에서는 보험요율이라고 부른다.[66] 손해보험의 보험요율은 '자사요율', '참조순보험요율', '협의요율'의 3가지 요율 중의 하나로 결

---

64) Cooter & Ulen(각주 5), 441쪽.
65) Cooter & Ulen(각주 5), 442쪽.
66) 김석영·김혜란, "일반손해보험 요율제도 개선방안 연구", 보험연구원(2015. 12.), 30쪽. 참고로 책임보험은 상법상 손해보험의 일종이다(상법 제719조 내지 제726조).

정된다. 자사요율은 각 보험자가 자신의 경험을 바탕으로 산출한 요율로서 보험개발원이 산출한 사고건수 기준으로 각 보험자의 경험자료가 30% 이상을 충족하는 보험사고에 적용된다. 참조순보험요율은 보험개발원이 산출하여 보험자에게 제공하는 요율로서 각 보험자가 제공한 과거 경험통계를 기초로 계산된다. 협의요율은 위험이 거대하거나 통계가 부족한 위험을 담보하기 위한 보험계약에 사용되는 요율로서 말 그대로 보험자가 재보험자와 '협의'를 통하여 결정된 요율이다.[67]

(2) 협의요율의 중요성

자사요율과 참조순보험요율은 경험적인 통계치가 기본적으로 존재하는 사고에 관하여 적용될 수 있는 요율이며, 협의요율은 통계치가 존재하지 않는 새로운 사고나 위험에 관하여 적용될 수 있는 요율이다. 따라서 인공지능 사고로 인한 손해배상책임을 부보할 수 있는 가장 합리적인 보험요율은 적어도 사고율이나 손해액 등에 관한 통계치가 충분히 축적되기 전인 초창기 단계에서는 협의요율이다. 자사요율과 참조순보험요율은 굳이 적용하자면 적용할 수 있겠지만 그 산출 근거가 되는 통계가 없거나 부족한 상황에서 계산된 수치이므로 수학적으로 유의미한 요율이라 볼 수 없으며, 이를 적용할 경우 보험료가 위험에 비하여 과다 산정되거나 과소 산정될 가능성이 크다. 이와 달리 협의요율은 말 그대로 '협의', 즉 협상을 통하여 결정되는 보험요율이므로, 보험자와 보험계약자간 협상이 가능할 경우에 최적의 효율성을 발휘할 수 있다. 협의요율은 보험계약자가 다양한 보험조건을 제시하면 보험자가 이를 반영하여 보험요율을 산출한 후 이를 가지고 다시 재보험자와 협의를 하여 요율을 정하고, 협의로 정해진 요율로 보험자가 보험계약을 성사시키면 사전에 약속된 조건에 따라 일정부분을 재보험자에게 출재함으로써 위험을 전가하는 구조이므로, 보험자간의 경쟁 및 보험자와 재보험자 사이의 위험 분배를 통하여 요율이 하락될 수 있기 때문이다.[68]

---

67) 김석영·김혜란(각주 66), 34-35쪽.
68) 김석영·김혜란(각주 66), 34-35쪽.

(3) 협의요율 측면에서의 최소비용보험가입자: 인공지능 공급자

일반적으로 보험계약은 보험과 법률에 대한 전문가인 보험자가 보험소비자와 교섭없이 일방적으로 작성하는 보험약관에 의한 양자택일의 계약인 부합계약(附合契約)이므로, 보험계약자가 보험자와 요율을 협의한다는 것은 애초부터 상정하기 어렵다.[69] 그러나 예외적으로 보험계약자와 보험자가 계약조건을 정할 수 있는 보험계약이 있다. 기업이 보험계약자가 되는 기업보험계약이다.[70] 기업보험계약에서 보험계약자와 보험자는 서로 대등한 경제적 지위에서 사적 자치의 원칙에 따라 협상을 통하여 보험계약의 개별적인 조건을 정할 수 있는 서로 대등한 경제적 지위에 있다.[71]

따라서 인공지능으로 인한 사고를 담보하는 보험계약에서 협의요율이 합리적으로 산출되기 위하여는 보험계약의 당사자가 기업보험계약의 체결이 가능한 기업, 즉 인공지능 공급자가 되어야 한다. 인공지능 이용자가 보험계약자가 되는 경우에는 특별한 사정이 없는 한 보험자와 요율을 협의할 수 없으므로,[72] 인공지능으로 인한 사고의 손해보험에 협의요율을 적용하는 것 자체가 불가능하며, 인공지능 이용자는 자사요율 또는 참조순보험요율에 기초하여 과소 또는 과다하게 산출된 보험요율에 따른 보험료를 지급하고 보험에 가입하게 된다.

위험에 비하여 과다하게 산출된 보험료를 지급하는 것은 그 자체로 사회적 비효율을 초래한다. 위험에 비하여 과소하게 산출된 보험료를 지급하는 것은 일견 효율적이라고 보일지 모르나, 보험제도는 같은 위험에 놓인 다수의 경제주체 사이에 위험을 분산시켜 대수의 법칙(law of large numbers)에 따라 보험료 수입과 보험금 지급이 균형을 유지할 수 있도록 하는 보험단체를 전제로 하는바,[73] 위험

---

69) 한창희, "정보비대칭하에서 보험자의 정보제공의무", 법학논총 제23권 제2호, 국민대학교 법학연구소(2011. 2.), 133쪽.
70) 대법원 2000. 11. 14. 선고 90다52336 판결 참조.
71) 이런 이유로 판례는 기업보험계약에 있어서는 보험계약자에 대한 법의 후견적 배려를 규정한 상법상의 불이익변경금지원칙(상법 제663조 단서)이 적용되지 않는다고 본다. 대법원 1996. 12. 20. 선고 96다23818 판결 참조.
72) 일반 소비자를 보험계약자로 하는 자동차보험이나 상해보험 같은 경우가 대표적인 예이다.
73) 대법원 1989. 1. 31. 선고 87도2172 판결 참조.

에 비하여 낮은 보험료를 지급한 주체들로 구성된 보험단체로는 보험의 본질인 위험의 분산이 이루어질 수 없고 보험자의 손해율이 급증하게 되어 결국 보험가입자는 보험료를 지불하였음에도 불구하고 위험을 회피하지 못하게 되고 피해자 또한 보험자로부터 완전배상을 받지 못하게 되는 비효율이 발생한다.74) 그러므로 인공지능 공급자에게 무과실책임을 지워 인공지능 공급자가 책임보험에 가입토록 하는 것이 보다 효율적이다.75) 바꾸어 말하여 인공지능 공급자와 인공지능 이용자 중에서는 인공지능 공급자가 인공지능 사고로 인한 배상책임에 관한 최소보험가입자인 것이다.

나. 정보 비대칭 측면

보험료율의 측면 외에도 정보비대칭의 측면에서도 유사한 논증이 가능하다. 인공지능 공급자가 지불하는 보험료는 자신이 부담하는 손해배상책임을 내부화하는 것이다. 인공지능 공급자가 공급한 인공지능의 불량률이 늘어서 보험금 청구가 많아지면 보험자가 피해자에게 지불하여야 할 보험금액과 그에 필요한 행정비용이 늘어나므로 인공지능 공급자의 보험료 또한 상승한다.76) 따라서 인공지능 공급자는 보다 주의를 기울여서 자신이 공급하는 인공지능으로 인한 사고를 줄이려고 하는 유인(즉 보험료 상승을 막으려는 유인)을 가지게 된다. 인공지능 공급자는 인공지능 이용자에 비하여 상대적으로 사고 방지에 필요한 정보를 많이 보유하고 있으므로 사고 방지에 필요한 주의도 인공지능 이용자에 비하여 상대적으로 효율적인 수준으로 기울일 수 있다.

그러나 인공지능 이용자가 보험에 가입한다면 인공지능 사고를 방지하려는

---

74) 이현열, "보험단체론 – 보험의 본질을 중심으로 –", 보험학회지 제103권, 한국보험학회(2015. 7.), 18–19쪽.

75) 이동진, "공동불법행위, 구상, 과실상계의 경제적 분석", 법경제학연구 제9권 제1호, 한국법경제학회(2012. 6.), 89쪽은 "계속적·반복적으로 동종 활동을 수행하는 자가 보험에 가입시 교섭비용이나 정보비용 등 보험비용이 더 적게 소요되므로 최소비용보험가입자에 해당한다."는 취지로 주장한다. 이러한 주장은 인공지능 공급자와 인공지능 이용자의 국면에서는 인공지능 공급자가 보험에 가입해야 한다는 이 책의 입장과 일맥상통한다.

76) 앞서 언급하였듯이 완전경쟁적인 보험시장에서 보험료는 보험금 청구액과 그에 필요한 행정비용을 합한 금액과 같기 때문이다.

인공지능 공급자의 유인은 사라지게 된다.[77] 인공지능 공급자는 인공지능 이용자가 가입하는 보험을 통하여 자신의 위험 및 사고방지에 필요한 주의비용을 내부화하는 것이 아니라 인공지능 이용자의 보험자에게 외부화(externalize)할 수 있기 때문이다. 한편 인공지능 이용자가 보험에 가입한 경우에 보험료를 감소시키기 위하여는 인공지능 이용자가 주의를 기울여 사고를 방지할 수 있어야 한다. 그런데 앞서 살펴본 정보 비대칭을 고려하면 인공지능 이용자는 인공지능 사고를 방지하기 위하여 필요한 정보를 알지 못하는 경우가 대부분이므로 사고 방지를 위한 최적의 주의를 기울이는 것이 사실상 불가능하며, 설사 주의를 기울이더라도 사고를 방지하기도 어렵다. 따라서 인공지능 이용자는 사고 방지에 사실상 기여하지 않는 불필요한 주의비용을 지출하게 될 뿐 아니라 보험료까지 지불해야 하는 상황에 이르게 된다. 이는 인공지능 공급자가 보험에 가입한 경우보다 비효율적이다.

V. 소결

인공지능 사고에 있어 책임의 근거와 함께 중요한 쟁점은 실제 누가 책임을 부담할 것인가의 문제, 즉 '책임의 주체'의 문제이다. 이에 대한 법경제학적 관점에서의 결론은 정보 비대칭 측면, 안정성 측면, 그리고 보험 측면에서 모두 인공지능 이용자보다 인공지능 공급자가 책임의 주체가 되는 것이 효율성 측면에서 상대적으로 유리하다는 것이다.

제5절 결어

인공지능 사고의 불법행위책임과 관련하여, 본 장에서는 제4장에서 제시한 책임의 근거 및 그에 따른 책임의 주체의 타당성을 법경제학적 측면에서 분석하였다. 그 결과를 요약하면 다음과 같다.

---

77) Cooter & Ulen(각주 5), 443쪽.

(1) 책임의 근거 관련, 가해자에게 무과실책임법리를 적용하는 것이 다른 책임 원리에 비하여 법경제학적으로 효율적이며, 특히 가해자와 피해자 양쪽의 주의가 사고 발생에 기여하는 쌍방적 사고의 경우에는 무과실책임법리와 과실상계를 결합하는 것이 효율적이다.

(2) 책임의 주체 관련, 정보 비대칭 측면, 안정성 측면, 그리고 보험 측면에서 모두 인공지능 이용자보다 인공지능 공급자가 인공지능 사고의 불법행위책임을 부담하는 것이 효율적이다.

(1), (2)는 제4장에서의 소결론과 전체적으로 궤를 같이한다. 즉 본 장에서의 분석 결과가 시사하는 점은 한마디로 제4장에서의 소결론이 법경제학적 측면에서도 전반적으로 타당성을 인정받을 수 있다는 것이다.

유의하여야 할 점은, 본 장에서의 결론은 인공지능 사고를 넘어 불법행위책임이 문제되는 일반적인 사고까지 확대적용할 수는 없다는 것이다. 일례로 분석 결과 (1)에 터잡아 "불법행위책임이 문제되는 모든 사고에 있어 무과실책임이 과실책임보다 법경제학적으로 효율적이다."라고 결론짓는 것은 다음과 같은 이유로 지나친 확대해석이라고 생각된다.

본 장에서 무과실책임이 과실책임에 비하여 효율적이라는 결론이 도출된 가장 큰 이유는 인공지능 사고의 경우 불법행위로 인한 사회적 총비용을 최소화하기 위하여 가해자 및 피해자에게 요구되는 효율적 주의수준을 법원이 제시하는 것이 사실상 불가능하다는 점에 있다. 그러나 오늘날 발생하는 사고 중 상당수는 자동차 사고나 인신사고와 같이 일회성에 그치지 않고 동일 또는 유사한 유형이 반복되는 경우이며 그에 관한 법원의 판단도 상당히 축적되어 있으므로, 대부분의 사고에 있어 법원은 비록 이론적으로 완벽한 효율적 주의수준을 제시할 수는 없겠지만 이에 근접한 주의수준을 제시할 수는 있다고 생각된다. 다만 인공지능은 아직까지도 완전히 정립되지 않고 발전하고 있는 현재진행형 기술이고, 그 속성 또한 기존의 다른 도구에서는 찾아보기 어려운 자율성, 예측불가능성 등을 보유하고 있어 법원이 이해하기 어려우며, 인공지능 사고에 관한 법원의 판단도 사실상 전무한 상황이므로, 현 시점에서는 법원이 효율적 주의수준을 제시하는 것이 사실상 불가능하기 때문에 효율성 측면에서 이를 요하지 않는 무과실책임이 법경제학적으로 타당하다는 결론이 도출된 것이다.

제7장

결   론

결론

1956년 존 매카시가 다트머스 컨퍼런스(Dartmouth Conference)에서 처음으로 사용한 용어인 '인공지능'은 1990년대 중반 이후 전 세계적으로 촉발된 인터넷 혁명과 컴퓨팅 기술의 성장에 힘입어 급속히 발전하여 왔으며, 오늘날 경제사회 전 분야에 걸쳐 가장 파급력 있는 기술의 하나로 각광받고 있다. 지금까지 인간이 사용하여 온 도구와는 달리 인공지능은 자율성, 설명불가능성, 예측불가능성, 물리적 표출성으로 대표되는 특징을 가지고 있으며, 이러한 인공지능의 특징은 이성과 자유의지를 가진 주체로서의 인간에 기초한 민사법의 기본 질서에 관하여 근본적인 의문을 제기하고 있다.

이 책은 인공지능으로 인하여 제기되는 민사법상의 다양한 쟁점 중 '불법행위 책임'을 살펴보았다. 구체적으로 이 책은 "인공지능의 동작으로 타인에게 손해를 발생시킨 사고, 즉 '인공지능 사고'에 관하여 누구에게 어떠한 근거로 어떠한 내용의 민사책임을 물어야 하는가?"를 주제질문으로 설정하고, 그 답을 찾고자 하였다.

주제질문을 논하기 위한 사전 단계로서 이 책에서의 인공지능 개념을 추상적으로는 "인간의 구체적 지시나 통제가 없더라도 특정 목표를 달성하기 위하여 필요한 동작을 자율적으로 선택하고 실행할 수 있는 알고리즘이 컴퓨터 프로그램 형태로 체화된 소프트웨어와 그 특정 목표의 달성에 필요한 하드웨어가 총체적으로 결합된 전산 시스템"으로 정의하였고, 구체적으로는 자율성, 문제 해결력 및 인간과의 관계 등을 고려하여 보조 단계, 부분 자율화 단계, 고도 자율화 단계, 완전 자율화 단계의 4단계 분류 체계에 따라 구분하였다. 이와 같은 개념정의를 바탕으로 주제질문이 제기하는 쟁점을 '책임의 주체', '책임의 근거', '책임의 내용'의 세 가지로 세분화하여 검토하였으며, 그 검토 결과의 타당성에 관하여 법경제학적 측면의 검증을 시도하였다. 그 결과를 요약하면 다음과 같다.

첫째, 인공지능 사고의 '책임의 주체'와 관련, 핵심 쟁점은 인공지능 자체가 책임의 주체가 될 수 있는지, 즉 인공지능에게 권리능력을 인정할 수 있는지에 있다. 위 쟁점에 관하여는 1990년대부터 지금까지 긍정론, 부정론, 제한적 긍정론의 세 가지 견해를 중심으로 상당한 논의가 축적되어 왔으나, 과학기술적 측면, 철학적 측면, 법정책적 측면의 3대 관점을 기준으로 살펴볼 때 부정론이 다른 견해보다 타당하다고 생각된다. 그러므로 인공지능 사고에 관하여 인공지능 자체가 책임의 주체가 될 수 없으며, 전통적인 권리능력의 주체인 자연인 또는 법인 중 그 책임을 귀속시키는 것이 타당한 자가 책임의 주체가 되어야 한다. 이는 자연스럽게 '책임의 근거'에 관한 문제로 연결된다.

둘째, 인공지능 사고의 '책임의 근거'와 관련, 현행 법리 중 해석론상 가장 유력한 책임법리는 제조물책임이며, 다만 입법론으로는 제조물 개념에 소프트웨어를 포함시키고 피해자의 증명곤란을 일부 완화한 '수정제조물책임'이 도입될 필요가 있다. 한편 결함이 인정되지 않아 수정제조물책임의 적용이 곤란한 경우에도 특별한 위험이 인정되는 '고위험 인공지능' 사고의 경우에는 위험책임에 근거한 무과실책임법리를 입법론으로 도입할 필요가 있다. 즉, 이 책은 고위험 인공지능 사고에는 위험책임에 따른 무과실책임을 적용하고, 그렇지 않은 저위험 인공지능 사고에는 수정제조물책임을 적용하는 '이원적 접근법'을 제안한다. 고위험 인공지능은 원자력, 우주, 항공 등 이미 위험책임이 인정된 영역에서 사용되는 인공지능 또는 위험성 평가를 거쳐 고위험 인공지능으로 분류된 인공지능이다. 위험성 평가 기준으로는 인공지능이 사용되는 영역의 본질적 속성, 인공지능과 외부 환경과의 관계, 인공지능 사고 결과의 중대성, 그리고 공공 영역에서의 사용 여부 등을 생각해 볼 수 있다. 이원적 접근법을 적용할 경우 책임의 주체는 인공지능 사고의 예견가능성 및 회피가능성 측면, 사고 예방을 위한 혁신 측면, 그리고 피해자 구제 측면 등을 종합할 때 위험책임의 경우 '인공지능 공급자', 수정제조물책임의 경우 '인공지능 제조업자'가 됨이 타당하다. 이러한 결론은 법경제학적 관점에서도 그 정당성이 뒷받침된다.

셋째, 인공지능 사고의 '책임의 내용'과 관련, 핵심 쟁점은 입법론적으로 도입을 제안한 위험책임의 내용을 어떻게 정할 것인지의 문제이다. 피해 구제 수단으로는 손해배상청구권 외에 사고의 급박함이나 사후적 배상의 부적절함 등 엄격한 요건이 갖추어진 경우에 한하여 금지청구권을 인정하는 것이 타당하다. 손해배상의 범위는 위험책임이 예견가능성이라는 개념과 그 자체로 친하지 않다는 점을 볼 때 특별손해 개념은 상정하기 어려우므로 인공지능의 운용과 상당인과관계있는 손해로 정하는 것이 합리적이며, 그 한도는 모든 고위험 인공지능에 적용하기 보다는 그 설정이 합리적으로 가능한 영역에서 개별적·예외적으로 두는 것이 바람직하다. 형평의 원리상 위험책임의 경우에도 구체적 사정에 따라 책임의 감경도 가능하다고 생각된다. 면책사유로는 '불가항력'과 '피해자 또는 제3자의 고의에 의한 행위'를 생각해 볼 수 있다. 인공지능 사고에 관하여 공동불법행위책임이 성립하는 경우 그 책임의 내용은 인공지능 사고가 아닌 다른 사고와의 형평성이나 피해자 보호 측면에서 기존의 통설 및 판례와 동일하게 각 행위자의 개별적 사정을 원칙적으로 고려하지 않는 부진정연대책임이 타당하다. 소멸시효는 민법 제766조 및 기존의 판례법리와 동일하게 적용하면 충분하다. 마지막으로 의무보험제도의 도입 여부는 모든 인공지능에 대하여 일률적으로 결정하기 보다는 인공지능이 이용되는 각 경제사회 영역별로 제반 사정을 고려하여 개별법을 통해 결정하는 것이 합리적이다.

이상을 종합하여 주제질문에 대하여 답을 제시하여 보는 것으로 이 책을 마무리 지으려 한다. 인공지능의 동작으로 타인에게 손해를 입힌 '인공지능 사고'가 발생한 경우, 해당 인공지능이 고위험 인공지능이라면 피해자는 인공지능의 동작으로 사고가 발생하였고 그로 인하여 손해를 입었다는 사실만 주장·증명하여 그 인공지능의 공급자(이용자에게 최종적으로 인공지능 제품 또는 서비스를 공급한 자)에게 위험책임에 따른 무과실책임을 물을 수 있다. 이 경우 인공지능 공급자가 부담하는 책임의 내용은 제5장에서 전술한 바와 같다. 고위험 인공지능이 아니라면 피해자는 제조물책임의 요건사실을 주장·증명함으로써 해당 인공지능의 제조업자에게 제조물책임을 물을 수 있다. 물론 위험책임 또는 제조물책임 외에도 다른 불법행위법리상 책임이 성립하거나 계약책임과 같은 책임이 성립한다면 피해자는 해당 책임법리에 따른 권리를 행사함으로써 손해를 전보받을 수 있으며, 각 권리들은 청구권 경합 관계에 있다.

저자약력

이해원

서울대학교 컴퓨터공학과 학사(B.S.), 석사(M.S.)

연세대학교 법학전문대학원 석사(J.D., *summa cum laude*), 박사(S.J.D., Civil Law)

제37회 기술고등고시 합격(2003)

제1회 변호사시험 합격(2012)

(전) 한국수출입은행 행원

(전) 행정안전부 사무관

(전) 법무법인(유한) 지평 파트너 변호사

(현) 국립목포대학교 법학과 교수, 변호사

저서

인공지능법 총론(공저)

개인정보 판례백선(공저)

사이버 안보의 국가전략 3.0(공저)

사이버 안보의 법과 정책(공저)

인공지능과 불법행위책임

초판발행   2023년 10월 31일

지은이   이해원
펴낸이   안종만 · 안상준

편 집   윤혜경
기획/마케팅   박부하
표지디자인   이은지
제 작   고철민 · 조영환

펴낸곳   (주) 박영사
              서울특별시 금천구 가산디지털2로 53, 210호(가산동, 한라시그마밸리)
              등록 1959. 3. 11. 제300-1959-1호(倫)
전 화   02)733-6771
f a x   02)736-4818
e-mail   pys@pybook.co.kr
homepage   www.pybook.co.kr
ISBN   979-11-303-4563-5   93360

* 파본은 구입하신 곳에서 교환해 드립니다. 본서의 무단복제행위를 금합니다.

정 가   24,000원